DÉMOCRATIE, CULTURE ET DÉVELOPPEMENT EN AFRIQUE NOIRE

Sous la direction de Claude Beauchamp
Démocratie, culture et développement en Afrique noire

Diffusion Europe, Asie et Afrique :
L'Harmattan
5-7, rue de l'École Polytechnique
75005 Paris
FRANCE
33 (1) 43.54.79.10

Diffusion Amériques :
Harmattan Inc.
55, rue St-Jacques
Montréal
CANADA
H2Y 1K9
1 (514) 286-9048

ISBN : 2-89489-025-7

Bibliothèque nationale du Québec
Bibliothèque nationale du Canada

1 2 3 4 5 01 00 99 98 97

Collection Logiques sociales

Sous la direction de
CLAUDE BEAUCHAMP

DÉMOCRATIE, CULTURE ET DÉVELOPPEMENT EN AFRIQUE NOIRE

Harmattan inc.
55, rue St-Jacques Montréal
Canada H2Y 1K9

L'Harmattan
5-7, rue de l'École Polytechnique
75005 Paris France

AVANT-PROPOS

Ces actes prolongent le colloque de l'Association internationale des sociologues de langue française tenu à Cotonou, Bénin, du 23 au 26 janvier 1995. Nos remerciements vont d'abord à l'Université nationale du Bénin pour l'accueil chaleureux qu'elle nous a réservé. Le professeur Albert TINGBE-AZALOU a été le responsable local et il n'a ménagé aucun effort pour rendre notre séjour agréable et fructueux.

Une telle rencontre et la publication des actes auraient été impossibles sans le soutien financier de plusieurs organismes. Nous remercions pour leurs généreuses contributions l'Agence de coopération culturelle et technique et ses États membres, l'Association des universités partiellement ou entièrement de langue française, le CODESRIA, le ministère de la Coopération (France), le ministère des Affaires internationales (Québec), le Centre de recherches en développement international (Canada), le Centre canadien d'étude et de coopération internationale, Développement international Desjardins (Québec), la Société de coopération pour le développement international (Québec).

Nos remerciements s'adressent aussi à Marie-Claude TESSIER qui a effectué la revision linguistique et à Ginette CARRIER pour la saisie des textes et la mise en forme du manuscrit.

TABLE DES MATIÈRES

Pages

Pages

Pages

INTRODUCTION

Les difficultés que traverse actuellement l'Afrique noire, tant dans le domaine économique que dans le domaine politique, sollicitent tout autant les sociologues que les économistes et les politistes. L'Afrique est marquée par certaines lourdeurs sociologiques. Au point de ne pouvoir trouver le salut économique que dans l'imitation du modèle occidental comme le suggèrent fortement le Fonds monétaire international et la Banque mondiale en lui imposant des programmes d'ajustement structurel ? Son avenir politique repose-t-il nécessairement sur le multipartisme et le type occidental de démocratie ? Y a-t-il un lien obligatoire entre la transformation économique et la transformation politique ?

Ces questions posent le problème de la démocratie et du développement vécus dans des sociétés particulières. D'où le thème du colloque repris dans le titre de l'ouvrage *Démocratie, culture et développement en Afrique noire*.

Les notions de démocratie et de développement ne surprennent pas, même si elles peuvent revêtir plusieurs significations, tandis que la notion de culture peut en intriguer certains. La culture a en effet été pendant longtemps largement évacuée des débats et des recherches sur le Tiers-Monde, autant dans les approches nourries par les théories de la modernisation que dans celles s'appuyant sur les théories de la dépendance. Les échecs répétés des programmes et des projets de développement ont cependant conduit les chercheurs et les praticiens à reconnaître et à tenir davantage compte des façons particulières à chaque société d'être, de penser et d'agir.

Le texte inaugural de Jean-Marc ELA trace le cadre général de notre réflexion commune. Une première série de textes abordent ensuite la dimension économique en s'interrogeant sur le développement africain, ses atouts, ses impasses et ses perspectives. Les textes suivants discutent du développement à l'épreuve du politique et plus particulièrement des situations, des trajectoires et des acteurs de l'émergence démocratique en Afrique.

Nous retrouvons les mêmes préoccupations de départ en passant de la société globale à ses sous-ensembles. Deux cas retiennent notre attention : d'une part la question des femmes et celle des jeunes, deux groupes souvent exclus économiquement et socialement, d'autre part la question de la gestion des entreprises. Les divers courants féministes occidentaux peuvent-ils trouver un terrain favorable en Afrique ? La question des jeunes se pose-t-elle de la même façon en Afrique et en Occident ? Comment les nouvelles générations voient-elles l'avenir de l'Afrique face à la question du rapport à l'Occident en regard de la dimension identitaire ? Les méthodes de gestion des entreprises occidentales peuvent-elles être appliquées dans les entreprises africaines et inversement la gestion africaine peut-elle être utile aux entreprises occidentales ?

En nous demandant quel éclairage la sociologie francophone projette sur ces questions, nous nous interrogeons aussi sur la capacité de ses outils, concepts, théories et méthodes à rendre compte d'une réalité largement différente de celle qui a présidé à leur élaboration. Ces préoccupations théoriques, méthodologiques et épistémologiques nous conduisent à poser le problème des relations entre la sociologie et le développement en Afrique et à nous demander s'il faut une *sociologie africaine* pour étudier les sociétés africaines. Ces thèmes sont principalement abordés dans la dernière partie de l'ouvrage.

C.B.

PREMIÈRE PARTIE

DÉMOCRATIE, CULTURE ET DÉVELOPPEMENT

CHAPITRE 1

CULTURE, POUVOIR ET DÉVELOPPEMENT EN AFRIQUE

Jean-Marc Ela
Université Laval
Québec

En ouvrant les débats de ce colloque sur *Démocratie, Culture et Développement : contextes et enjeux sociologiques en Afrique aujourd'hui*, nous ne pouvons résister à la tentation de nous poser une question préalable : le choix du thème qui nous rassemble ne serait-il pas un effet de mode ? Après bien d'autres, les sociologues de langue française sortiraient de la marginalité pour s'inscrire dans les problématiques dominantes par une soumission rituelle à un discours d'usage – imposé par les « prêts-à-penser » – problématiques qui s'élaborent dans les mutations en cours à l'échelle internationale. Puisque tout le monde en parle, pourquoi nous mettre à l'écart et nous abstenir de prendre la parole sur les grandes questions du temps présent ? Il y a quelque chose de provocant à reprendre à notre compte les thèmes qui sont revenus invariablement au cours des dernières années dans les tribunes officielles, les officines diplomatiques, les vulgates des institutions financières internationales et les oracles des experts.

Pour marquer la différence, il importe de justifier le choix d'un sujet dont la pertinence n'est pas évidente si l'on veut bien prendre une distance critique par rapport aux discours conventionnels ; le sociologue ne peut prendre le risque de s'impliquer dans l'effort d'analyse des problèmes qui engagent l'avenir de l'Afrique sans se poser des questions inhérentes à sa discipline et conformes à sa démarche. Si l'on veut saisir l'importance des objets d'étude proposés à notre examen et mesurer la portée des questions radicales auxquelles les participants à ce colloque ont à répondre, il semble nécessaire d'assumer ces interrogations : quels complexes d'images et d'idées sous-tendent les nouvelles problématiques du développement qui ont surgi au cours de la dernière décennie ? Quelles logiques et stratégies traversent ces problématiques ?

En un mot, quel système se cache derrière les paradigmes dont il faut soupçonner les fonctions idéologiques, dans un contexte où le développement est en question, compte tenu des impasses et des faillites qui n'échappent plus à aucun observateur averti des réalités africaines ?

Ces questions s'imposent indiscutablement si l'on veut sortir des sentiers battus et ne pas reproduire les lieux communs. À cet égard, nous ne pouvons éviter de vérifier la capacité de nos outils d'analyse, l'efficacité de nos concepts et de nos théories, la pertinence des approches d'une réalité rebelle à des simplifications faciles. Un travail épistémologique en profondeur doit accompagner les efforts d'analyse des situations et des problèmes qui nécessitent un véritable renouvellement des connaissances. Après tant de discours sur le développement, il est urgent d'ouvrir de nouveaux espaces d'interrogations à partir des contextes spécifiques dont il nous faut élucider les enjeux théoriques. De toute évidence, ce qui peut paraître une mode devient un défi réel pour ceux qui investissent leur effort d'analyse dans le champ du social. Aussi faut-il garder à l'esprit le fil conducteur des questions majeures qui sont au centre des préoccupations de ce colloque :

– L'Afrique est-elle condamnée par certaines lourdeurs sociologiques ?

– Le salut économique ne peut-il lui venir que de l'imitation du modèle occidental comme le suggèrent fortement le Fonds monétaire international et la Banque mondiale en lui imposant des programmes d'ajustement structurel ?

– Son avenir politique repose-t-il nécessairement sur le multipartisme ?

– Y a-t-il un lien nécessaire entre transformations économiques et transformations politiques ?

– Est-ce que les modèles proposés ont valeur universelle ?

Il faut bien percevoir la gravité de ces questions et les objectifs qui s'imposent à la recherche sociologique en Afrique noire. Un nouveau questionnement surgit dès lors qu'on prend conscience de l'historicité des sociétés africaines, des pratiques, des structures sociales et des modèles culturels dont le poids ne peut être négligé dans la mise en œuvre de ce qu'on a convenu d'appeler le « développement ». Comme on le verra au cours des travaux de ce colloque, ce qui est en cause, c'est la prétention à l'efficacité des stratégies développementalistes qui ne peuvent faire l'économie d'une rencontre avec les sociétés qui ont leur éthos, leur système de référence et de représentation, leur structure de comportement. À partir de la problématique du développement, nous sommes renvoyés à « une société indigène et son style ». Car comme l'observe Lévi-Strauss (1955, p. 153) :

> L'ensemble des coutumes du peuple est toujours marqué par un style ; elles forment un système. Je suis persuadé que ces systèmes n'existent pas en nombre illimité, et que les sociétés humaines, comme les individus – dans leurs jeux, leurs rêves ou leurs délires – ne créent jamais de façon absolue, mais se bornent à choisir certaines combinaisons dans un répertoire idéal qu'il serait possible de reconstituer. En faisant l'inventaire de toutes les coutumes observées, de toutes celles imaginées dans les mythes, celles aussi évoquées dans les jeux des enfants et des adultes, les rêves des individus sains ou malades et les conduites psychopathologiques, on parviendrait à dresser une sorte de tableau périodique comme celui des éléments chimiques où toutes les coutumes réelles ou simplement possibles apparaîtraient groupées en familles, et où nous n'aurions plus qu'à reconnaître celles que les sociétés ont effectivement adoptées.

Qu'advient-il en Afrique noire lorsque s'opère la rencontre des logiques imposées par le FMI et la Banque mondiale et les sociétés qui ont leurs modes de production, leurs systèmes de relations sociales, leur rapport au travail et au temps ?

Que peut-on attendre des entreprises africaines aux prises avec le modèle occidental dans la perspective du désengagement de l'État qui ouvre la voie à la privatisation dans un nouveau système de partenariat entre les marchands du Nord et les hommes d'affaires de l'Afrique subsaharienne ?

C'est par rapport à un nouvel axe des relations entre économie et culture qu'il faut situer le débat sur le pouvoir et la société, dans un contexte où l'on commence à se demander si l'ajustement structurel est inséparable de l'ajustement démocratique.

À travers la diversité des itinéraires et des trajectoires, l'on entrevoit les enjeux sociologiques qu'il faut essayer de dégager pour identifier les défis majeurs auxquels les femmes et les jeunes sont confrontés dans les sociétés africaines, où, au-delà de la « débrouille », il faut oser aborder la question du rapport au travail en tenant compte des problèmes soulevés par la gestion des entreprises dans les sociétés africaines.

LA PERMANENCE D'UN MYTHE

Pour comprendre la portée des débats qui s'imposent, il n'est pas sans intérêt d'observer le refus de rompre avec les tabous concernant le terme *développement* ; terme qu'on se plaît à utiliser en renonçant à le définir et à en situer l'origine. En effet, est-on bien certain de savoir ce que recouvre la notion du développement aujourd'hui ? L'absence habituelle de définition du terme ou le flou sémantique dont on l'entoure n'est-il pas dû au fait que chacun croit savoir de quoi il parle ? D'où une sorte de consensus établi qui s'impose d'autant plus que derrière le mot difficile à traduire dans les langues africaines, on retrouve un héritage d'idées propres à une culture. De fait, si les experts s'abstiennent de toute définition du concept de développement, c'est que celui-ci s'impose comme un mythe à revisiter à partir des lieux de mémoire qui définissent ses configurations et son champ d'apparition. Il faut ici remonter à la culture des Lumières pour découvrir le terreau favorable où, comme l'a bien montré Latouche (1988), s'enracine l'archéologie d'un concept qui trouve son ancrage dans l'histoire occidentale – au cours de laquelle la croyance au progrès et la conception évolutive des sociétés humaines sont devenues une dimension de l'inconscient collectif. Dès le XVIIIe siècle, cette idée est une obsession qui hante l'homme d'Occident. Dans son discours de réception à l'Académie française, Condorcet prophétise : « L'esprit humain avancera toujours sans jamais trouver ni ses propres limites ni les bornes de la nature ».

Or la croyance au progrès s'incarne dans l'économie, dans un contexte où après la révolution industrielle, l'histoire sera rythmée par les phases du développement économique à partir des présupposés de l'évolutionnisme dont témoigne Marx lorsqu'il écrit dans la préface du *Capital* : « Le pays le plus développé industriellement ne fait que montrer à ceux qui le suivent sur l'échelle industrielle l'image de leur propre avenir ». Tel est le système de référence des théories économiques qui s'élaborent à travers les tendances diverses dans le contexte d'émergence des sciences sociales naissantes.

Il n'est pas nécessaire d'insister sur le poids de ces croyances dans le monde contemporain où, depuis la fin de la Seconde Guerre mondiale, l'Occident est devenu le laboratoire des paradigmes du développement. Ce qu'il convient de retenir, c'est la manière de définir le bien-être en termes de PNB par tête d'habitant à partir de l'universalisation du modèle occidental par rapport auquel, à travers l'opposition développés/sous-développés, l'on réactualise l'opposition primitifs/civilisés. Si le sauvage a pu être à la mode au XVIIIe siècle comme le rappelle le « rousseauisme », il semble nécessaire de rompre avec toutes les tentatives de sublimation des Tropiques lorsque les primitifs du XVIIIe siècle sont devenus les sous-développés des années 1960. Pour entrer dans le club des pays riches, les jeunes nations doivent se soumettre aux normes de la rationalité occidentale.

L'on ne souligne pas assez la permanence des mythes au sein des ruptures historiques où, l'explosion du concept du développement dans l'imaginaire contemporain éclate avec l'irruption de ce que l'on a appelé le Tiers-Monde sur la scène internationale. Car, autour du développement, l'on retrouve toujours derrière les affiches économétriques et statistiques, un fond de croyances communes sur les conditions de vie et d'accès au bien-être qui s'est construit à l'époque des Lumières. Le recours à l'histoire et l'examen des discours contemporains sur le développement permettent de montrer les illusions de la nouveauté et le fondement mythique d'une notion, à partir de laquelle s'organise l'ensemble des perceptions et des représentations que dégage ce que l'on pourrait considérer comme les sciences du développement. Au cœur de ces disciplines, se constitue un fond d'imaginaire d'où surgit le récit du développement avec toutes ses imprécisions, ses non-dits, ses silences et ses présupposés explicites ou implicites. Le poids d'occidentalité du concept se dissimule derrière les formules et les stratégies qui n'ont cessé de varier au cours des décennies.

Les débuts du développement au cours de la période coloniale ainsi que les tentatives innombrables, toujours avortées et recommencées de mettre un terme à la faim, à la maladie et à la misère, peuvent en témoigner. Les grands thèmes qui parcourent l'histoire du développement (croissance, expansion du commerce international, transfert des technologies, aide, industrialisation, etc.) et qui constituent l'inépuisable source où viennent puiser les experts en développement pour imaginer sans cesse de nouvelles stratégies – modernisation, satisfaction des besoins fondamentaux, développement intégré, développement humain, éco-développement, développement durable, développement social, etc. – s'inscrivent dans un système-monde où l'on retrouve toujours le miroir de l'autre. À propos du développement, Berthoud (1986, p. 125) écrit :

> (...) le développement peut s'assimiler à la phase la plus récente – prenant souvent le relais de la période coloniale – d'un processus visant à instaurer, dans l'ensemble du monde, une manière d'être et d'agir centrée sur les valeurs universalistes et individualistes propres à l'Occident moderne.

Et comme le reconnaît Singleton (1992, p. 20) :

> (...) notre projet, c'est le développement (...). Il est impossible qu'il puisse y avoir un développement qui ne soit pas situé culturellement, enraciné dans une histoire. Le développement est synonyme d'Occident. C'est le projet occidental.
>
> Ne nous leurrons pas : qui parle de « développement » parle d'« occidentalisation ».

AJUSTEMENT STRUCTUREL ET AJUSTEMENT DÉMOCRATIQUE

Or écrire l'histoire économique et sociale de l'Afrique contemporaine, c'est montrer l'écart qui n'a cessé de s'élargir entre le mythe du développement et la réalité africaine. Au lendemain des indépendances, R. Dumont voyait « l'Afrique mal partie ». À la fin de la première décennie Amin (1971) met en lumière les ponctions qui ferment tout espoir de progrès à la majorité des Africains. Il souligne le rôle des mécanismes d'extraversion qui ont ruiné toute possibilité d'une modernisation agricole et d'une industrialisation profonde. Par delà la variété des pays différents par leurs structures précoloniales, de même que par l'ampleur de la mise en valeur coloniale, l'histoire d'un blocage s'exprime par les mêmes difficultés économiques. Au début des années 1980, à partir des systèmes de travail institués par la tradition et ceux que les efforts de développement ont tenté d'implanter, Gosselin (1978) met en évidence les différents types de modernisation qui accentuent les contradictions de « l'Afrique désenchantée ».

Aujourd'hui, « l'Afrique est en panne » comme Giri (1986, p. 170) l'a bien observé : « Devant l'impuissance des investissements à faire apparaître le développement », une hypothèse s'impose à l'examen : derrière l'échec de l'agriculture et la déroute de l'industrialisation en Afrique, les illusions du développement ne révèlent-t-elles pas l'effondrement d'un mythe fondateur et la faillite d'un modèle imposé du dehors ? Plus précisément, la crise du « développement » ne consacre-t-elle pas l'échec du « projet occidental » dans les sociétés africaines ? Tous les bilans le confirment depuis trois décennies : la réappropriation des schèmes narratifs d'un mythe d'origine occidentale n'a pas obtenu les résultats attendus dans l'État postcolonial.

L'histoire économique et sociale de l'Occident, qui a fourni la référence obligée à une manière spécifique de raconter l'histoire, n'a pu se répéter dans la mesure où la faillite du développement est synonyme de l'échec du capitalisme en Afrique noire. Comment expliquer cet échec ? Si l'on insiste sur les facteurs sociaux internes, sur lesquels nous reviendrons, ce sont surtout les systèmes politiques africains qui retiennent aujourd'hui l'attention des analystes ; ces derniers se rendent compte que l'on ne peut laisser aux seuls économistes la responsabilité des études des problèmes du développement, car ces problèmes relèvent du champ politique. Aussi, la conscience s'éveille sur la manière dont les hommes sont gouvernés dans les sociétés africaines où les économistes ont longtemps négligé l'examen des rapports entre le secteur public et le marché.

La problématique démocratique s'articule aujourd'hui avec la problématique du développement dans un contexte où, comme le suggère Sandbrook (1987), la « personnalisation du pouvoir » est à l'origine de la « stagnation capitaliste » en Afrique noire. Cette lecture politique, à laquelle on soumet le bilan économique des théories et des pratiques de développement, ne s'inscrit-elle pas dans un processus de restructuration idéologique ? On sait que les anciennes métropoles coloniales ont longtemps considéré le multipartisme comme un luxe pour les pays pauvres ; elles ont ainsi légitimé et soutenu les dictatures indigènes avec lesquelles la coopération s'est dévoyée. Comment comprendre que les phénomènes d'intolérance et la violation des Droits de l'homme qui se sont généralisés dans les régimes policiers soient aujourd'hui l'objet de préoccupations et des discours des démocraties occidentales ? Pour répondre à ces questions, il faut se situer dans la dynamique des mutations contemporaines. Avant la chute du mur de Berlin et l'effondrement du communisme, c'est à peine si dans les ambassades accréditées auprès des nouveaux États, l'on a pu imaginer et soupçonner qu'en Afrique aussi des femmes et des hommes étaient torturés et pouvaient mourir pour la liberté. Il a fallu que l'Occident soit délivré de l'épouvantail communiste après la guerre froide pour découvrir, soudain, l'archaïsme des mythes fondateurs de l'État postcolonial. On mesure ici le poids des bouleversements du monde contemporain. Car, au moment où le modèle libéral triomphe sur toute la ligne, l'effondrement du communisme permet aux puissances occidentales d'être plus attentives aux pratiques de pouvoir qui s'écartent des règles démocratiques. L'anticommunisme a justifié naguère le soutien à toutes les dictatures du Tiers-Monde. L'expansion du marché à l'échelle planétaire est incompatible avec les survivances des autoritarismes africains. On comprend alors le sens des analyses qui ont tendance à rejeter toutes les responsabilités de l'échec du développement sur les régimes autoritaires.

Si un malheur ne vient jamais seul, pourquoi le désastre économique de l'Afrique n'irait-il pas de pair avec les calamités politiques ? Dès lors, pour redresser la situation économique, des réformes institutionnelles sont posées comme un préalable à toute aide au développement. À partir de la rue où les générations sans espoir remettent en cause la légitimité des régimes qui ont conduit aux impasses actuelles, les conversions à la démocratie s'opèrent sous la pression des économies en crise et des sociétés en révolte et ce, dans un environnement international où l'on est bien obligé d'admettre que la démocratie n'est pas un luxe pour les Africains qui sont aujourd'hui plus pauvres que jamais. En d'autres termes, si le modèle démocratique est « le nouveau présupposé pour la modernisation des sociétés non occidentales, pour bénéficier de l'aide au développement », les pays d'Afrique se voient imposer le respect des Droits de l'homme et de la démocratie comme une réalité incontournable. Que les organismes internationaux et les bailleurs de fonds en soient venus à réviser leur attitude d'hostilité au multipartisme et à la démocratie n'est pas un fait du hasard. Il s'agit là d'une exigence du marché libre, plus conforme aux logiques d'un capitalisme sans entraves. Manifestement, la question de savoir s'il y a une liaison évidente entre démocratie et développement est écartée par les milieux pour lesquels le changement en profondeur des conditions de vie des Africains n'est pas un défi majeur. L'on sait que la Corée du Sud s'est développée sous la férule d'une dictature. En Afrique noire, si la démocratie intéresse les bailleurs de fonds, c'est parce qu'elle permet de limiter les effets prédateurs des patrimonialismes jusqu'ici triomphants.

En définitive, le retour à la démocratie n'est recherché que comme un moyen de contrôle de la classe dirigeante qui, par sa place prépondérante dans le système social, s'est donné des libertés exorbitantes à l'égard des finances publiques en s'appuyant sur une culture de la violence inscrite dans les structures d'un régime de terreur. Car, le lieu privilégié à partir duquel s'élabore la problématique démocratique, est défini par les processus d'accumulation faisant des richesses publiques une affaire de famille se réglant entre les réseaux clientélistes qui s'approprient l'appareil d'État pour s'enrichir. Afin d'être à l'abri de toute contestation populaire, les élites du pouvoir utilisent la violence comme une méthode de gouvernement et un facteur de contrôle social.

On est bien conscient de ce rapport entre les autoritarismes africains, le modèle d'accumulation et les pratiques de la violence nécessaires au fonctionnement des systèmes politiques mis en place dès les années de l'indépendance. Mesurons ici la responsabilité de l'État dans la faillite du capitalisme compte tenu des mécanismes de privatisation du pouvoir soumis aux logiques. L'État est d'autant plus impliqué dans cette faillite qu'il s'est constitué en tant que seul relais du capital extérieur au moment où les régimes de parti unique n'ont cessé de fonctionner sur la base de « la politique du ventre ». Après l'épuisement des modèles autoritaires qui ont donné la preuve de leurs limites, les revendications démocratiques sont venues imposer la nécessité d'instaurer un « bon gouvernement ». Au cœur des déchéances multiformes qui se manifestent dans les sociétés bloquées, on s'aperçoit que c'est en démocratisant l'État qu'on le rendra plus efficace. Ainsi, responsabiliser l'État et ses dirigeants devant le peuple, c'est poser les conditions d'un État de droit favorable au développement des affaires. Pour mettre fin au clientélisme et empêcher que les capitaux soient détournés à des fins somptuaires ou d'autoreproduction du personnel politico-administratif, l'État et ses dirigeants doivent rendre compte à la société de la gestion des affaires publiques. Si l'on veut modifier la trajectoire, des réformes internes s'imposent, la première consistant à réduire le contrôle de l'État de manière à l'affaiblir. Les pressions exercées par les institutions financières internationales sur les dépenses publiques en Afrique vont dans ce sens, car l'État hypertrophié et tentaculaire ne peut répondre aux exigences du développement. En même temps, l'on admet la nécessité de désacraliser le pouvoir en le soumettant au contrôle de la société. Ainsi, le processus de « décompression autoritaire » (Bayart, 1991) répond à une double exigence. D'une part, il est question de refondre l'État qui a été en Afrique une machine à « décivilisation » depuis 35 ans. D'autre part, s'il est exact que la gestion rentière des richesses publiques est à l'origine de la crise qui sévit sur le continent africain, le retour à la démocratie apparaît comme la condition préalable à la solution de tous les problèmes, de la crise économique à la pauvreté, du mépris des droits de l'homme à la liberté d'expression. Bref, les conditions du développement dépendent de la nature même de l'État dont le rôle doit être soumis aux mesures du programme d'ajustement structurel imposé par le FMI et la Banque mondiale.

Il faut bien le constater : subordonner le développement à la démocratie dans la situation actuelle des sociétés africaines est une idéologie adaptée au contexte de l'ajustement structurel et à l'expansion du marché dans une nouvelle phase de redéploiement du capitalisme à l'échelle mondiale. Cette idéologie s'inscrit dans le nouvel axe des rapports entre gouvernance, pouvoir et marché. Dans la mesure où la concentration du pouvoir et la lourdeur étatique constituent un obstacle à l'expansion du marché, la réduction du rôle de l'État, l'importance de la communication et de l'information sont les atouts d'un management moderne. Pour les nouveaux stratèges qui programment l'avenir, les conditions de développement dépendent d'autant plus de la nature même de l'État que le pluralisme politique apparaît comme la voie d'accès des économies productives. On le voit : la transition démocratique s'inscrit dans un processus de reproduction de la division internationale du travail et de la stabilité des rapports de force en présence.

Sans insister sur les ambiguïtés des « démocraties à la carte » instaurées sous la pression du FMI et de la Banque mondiale, reconnaissons l'importance des efforts d'analyse qui, dans les milieux d'affaires, les cercles de réflexion et les institutions financières internationales, prennent conscience des contraintes politiques créées par la manière de gérer les rapports entre l'État et la société en Afrique. Pendant longtemps, les conceptions dominantes au sein des agences de développement ont occulté ces contraintes en les considérant comme secondaires par rapport au développement. Au moment où l'on réhabilite le politique dans l'évaluation des impasses économiques, ne faut-il pas redonner toute leur place aux facteurs socioculturels tenus, eux aussi, en médiocre estime par les experts et les planificateurs ? Plus précisément, le retour à la culture des sociétés à développer n'est-il pas une démarche préalable à l'heure du marché où il ne semble pas évident que le développement soit possible en dehors du modèle dominant ?

LA CULTURE : FREIN OU MOTEUR DU DÉVELOPPEMENT ?

On ne peut contourner ces questions au moment où, aux yeux des experts, il n'y a d'autre choix que le capitalisme qui se confond avec le développement. Celui-ci, pensé en termes économiques, apparaît comme quelque chose d'achevé en Occident et s'impose comme un projet et une démarche uniforme à l'échelle planétaire. Pour approfondir le sens du débat, il convient de s'interroger sur l'ampleur de la crise du développement à partir des prétentions du modèle libéral qui fait de l'efficacité un slogan privilégié. Si l'on veut sortir des abstractions vides, la question est de savoir comment les sociétés africaines doivent repenser en profondeur le rapport à leurs cultures dans le contexte d'ouverture au marché en prenant en considération sa volonté d'expansion et de domination. Bref, si le marché représente cette « main invisible » et tend à devenir une panacée à tous les problèmes de la société, ne risque-t-il pas, en fin de compte, d'expulser les cultures indigènes dans son processus de reconquête du monde ? À la limite, les systèmes socioculturels africains ne seront-ils pas considérés comme un obstacle fondamental à l'activisme structurel du système occidental postmoderne ? L'enjeu du débat réside ici dans le sens de notre altérité définie à partir des groupes sociaux qui doivent affronter les logiques marchandes.

Pour s'en rendre compte, rappelons-nous que dans son développement historique, le modèle occidental de développement, en expansion à l'échelle planétaire, a introduit des nouveaux rapports au travail, au temps, à la richesse et à l'argent, à la discipline, aux relations humaines elles-mêmes. Ce modèle s'accompagne de normes sociales et il commande un autre rapport à l'espace propre à la société de consommation. Les mutations contemporaines exigent un renouvellement des problématiques compte tenu de l'extraordinaire réalignement idéologique auquel nous assistons depuis qu'il n'y a plus, comme le mentionne Comeliau (1989) qu'« une seule politique » : celle de l'ajustement structurel.

Les années 1980 ont vu déferler de nouveaux concepts tels que *gouvernance*, *démocratisation* et *dimension culturelle du développement*. Ces concepts sont « commercialisés » par les institutions internationales et les centres de recherche qui réussissent à asseoir leur leadership doctrinal sur la capacité des bailleurs de fonds de débourser des montants financiers importants. « L'Afrique en panne » n'échappe pas aux contraintes de ce nouveau marché du langage caractérisé par la froideur des appareils conceptuels qui contrastent avec les pratiques sociales enracinées dans les cultures du terroir. Aussi devons-nous procéder à la mise à jour de « l'impensé » des discours officiels si nous voulons aborder d'une autre façon les véritables enjeux de cette fin de siècle en Afrique noire. Comment ne pas le constater ? La pensée sur le développement s'est considérablement appauvrie ces dernières années en cédant le pas au réductionnisme économiciste et libéral. Pour mieux cerner les ressources et les limites des nouvelles approches qui refusent de laisser le champ libre aux théories dominantes, il s'agit de vérifier si les hypothèses en débat parviennent à rendre compte des processus locaux et nationaux à l'œuvre dans les sociétés africaines. Ces hypothèses sont-elles capables de nourrir les débats contemporains des acteurs indigènes en leur proposant des orientations concrètes et crédibles ? Au cœur des enjeux à définir, c'est sur les rapports entre rationalité et développement que les discussions se polarisent.

Si l'on admet avec les politistes que la crise de l'État et la crise du développement sont inséparables en Afrique noire, il faut éviter de sortir l'État de la société ; il convient plutôt d'y retrouver le miroir d'une culture. En effet, la réforme des institutions, qui préoccupe les bailleurs de fonds et les mouvements protestataires en quête de démocratie, ne peut avoir d'impact sur les dynamiques historiques que si l'on s'efforce de relever parallèlement le défi culturel auquel il faut bien revenir pour rejoindre les sociétés africaines au quotidien[1]. D'où la pertinence de cette question fondamentale : l'Afrique a-t-elle le sens du bien commun ?

Le débat sur l'État en Afrique, à partir des pratiques néopatrimoniales, nous ramène à cette question majeure compte tenu de l'absence de différenciation véritable entre le public et le privé. Comme on a pu l'observer, partout où ces pratiques ont vidé l'État de tout contenu en ruinant les économies fragiles, c'est bien la société elle-même qui, en investissant et subvertissant l'État, l'a modelé à son image à travers les formes de redistribution des ressources fondées sur les logiques lignagères ou ethniques. Autrement dit, il y a ici une sorte d'adaptation de l'État aux systèmes de parenté et à leurs obligations. Les nuisances politiques, susceptibles de compromettre le développement national, correspondent à une vision de la société selon laquelle les classes dirigeantes ne parviennent pas à s'affranchir des représentations et des normes de référence, qui elles-mêmes sont liées à une vision du monde qui ne dépasse pas toujours le cadre du village d'origine. En dehors de quelques acteurs atypiques mal à l'aise dans leur milieu d'appartenance, la majorité des cadres dirigeants restent enfermés dans les logiques alimentaires qui font de l'État un reflet de la société. De ce point de vue, la crise de l'État et du développement doit être située en profondeur dans l'axe des rapports entre la culture et l'économie en Afrique noire.

Sous cet éclairage, l'on peut tenter une autre lecture de la « faillite du développement » lui-même. Dès le départ, on

---

1. Sur cette approche, lire KELLERMANN, L. (1992). *La dimension culturelle du développement*, Paris, L'Harmattan.

reconnaît que le modèle occidental de développement est « une violence faite aux formes traditionnelles d'organisation sociale des pays en voie de développement, donc à la "personnalité de base" des individus et des groupes qui les composent » (Coquery-Vidrovitch *et al.*, 1988, p. 29).

Concrètement, penser le développement d'un village africain en se référant à l'Occident, c'est installer une « dictature sur les besoins » qui ne tienne nullement compte des conditions réelles du développement des bases matérielles et culturelles des populations locales. Pour comprendre la crise des théories et des pratiques de développement inspirées par les modèles dominants, il convient de saisir tout le jeu des relations qui s'établit entre les promoteurs de ces modèles et les sociétés africaines. Dans toute pratique du développement, ce qui est en cause, c'est *la rencontre de l'autre dans sa culture*. Jusqu'où les développeurs prennent-ils le risque de donner à une culture, radicalement différente de la culture occidentale, un droit d'ingérence sur les questions de la santé, de l'agriculture, de l'alimentation ou de l'éducation ? L'analyse de ces problèmes peut-elle se faire en dehors du regard que les populations concernées portent sur leur propre situation ? En d'autres termes, comment assumer les apports de l'autre culture en les reconstituant par un effort de dépassement de soi-même, qui suppose un retour à soi après le détour de l'autre, dans un processus dynamique par lequel l'on découvre les potentialités de sa propre humanité ?

Toute problématique du développement qui n'intègre pas le défi de l'« interculturel », et ses contraintes spécifiques, s'apparente à un système de violence déguisée. En évaluant les trois décennies de développement en Afrique, peut-on affirmer que le « sens de l'autre » ait été au centre des pratiques et des stratégies élaborées selon un modèle à prétention universelle ? Sans chercher à idéaliser l'Afrique, il peut être facile de croire à un « refus du développement » là où, en réalité, s'affirme la volonté de préserver certaines valeurs dont on vit la menace dans un cadre de pratiques uniformisatrices. Au moment où les représentants des nouvelles générations africaines règlent leurs comptes à la négritude, il faut bien identifier les freins au développement qui sont liés aux systèmes sociotraditionnels ainsi qu'à l'ensemble des modèles de comportements, des normes, des conduites et des modes de représentations imposés aux individus par les processus de socialisation. À ce sujet, l'on n'a plus besoin de souligner la pression du groupe sur l'individu. Par ailleurs, on se demande si le respect des anciens ne risque pas d'étouffer les jeunes à force de privilégier le principe de séniorité dans les relations sociales. Considérons aussi la gravité des conséquences de toute tentative de mise à l'écart des femmes dans les décisions qui engagent l'avenir du groupe au sein des structures sociales où elles sont limitées à donner la vie et sont contraintes de se tenir dans une position de stricte obéissance aux hiérarchies établies. Insistons sur le poids des croyances à la sorcellerie à tous les niveaux de la vie en société où la crainte des forces maléfiques est paralysante. Dans cet environnement social, Kabou (1991, p. 176) a raison d'écrire :

> On ne dira jamais assez à quel point la croyance en la sorcellerie a été, et reste, un frein d'une puissance insoupçonnée dans l'histoire de l'évolution sociale de l'Afrique. La puissance des tabous paraît avoir été décisive pour ce qui concerne le progrès du savoir. La permanence des vérités et leur immuabilité, vont de pair avec celles des mentalités. Il est même possible que les interdits se soient multipliés ou renforcés avec l'arrivée des occidentaux afin d'affirmer le pouvoir des élites traditionnelles (...). Il serait d'ailleurs naïf de penser que de telles attitudes disparaissent avec l'extension de l'éducation, car, plus on est diplômé en Afrique, plus on croit être la proie désignée de la jalousie sociale et de la sorcellerie, et plus on a recours aux gris-gris pour s'en protéger.

On peut enrichir la litanie des obstacles auxquels se heurte le développement dans cette Afrique qui apparaît, comme le dit aussi Kabou (1991, p. 24), « une grande gaspilleuse de temps, d'argent, de talent, d'énergie ». En procédant à une analyse sans fard des sociétés africaines, Etounga-Manguelle (1993) arrive à la conclusion selon laquelle l'ajustement structurel ne peut réussir sans une véritable révolution culturelle.

L'histoire économique emprunte un tournant marqué au coin du partenariat ; puisque celui-ci se révèle un choix d'avenir, on retiendra l'importance des analyses qui mettent en lumière l'impact des cultures africaines sur les entreprises industrielles. Le poids de ces modèles traditionnels peut être déterminant non seulement dans le rapport au travail et au temps, mais aussi dans la sélection, la gestion du personnel et les modes de gestion du pouvoir et des conflits, ainsi que dans la relation à la clientèle et aux mécanismes de marché. En résumé, de graves enjeux théoriques se dessinent dans une nouvelle perspective suivant laquelle il faut s'interroger sur l'emprise qu'exercent les systèmes culturels sur l'entreprise africaine. On comprend que la Banque mondiale s'adapte à l'air du temps en amorçant une réflexion inédite sur les « moteurs culturels du développement[2] ». Peut-être les entreprises qui s'intéressent à l'Afrique devront-elles recourir plus que par le passé à l'expertise des anthropologues et des sociologues susceptibles de mieux éclairer les conditions de réussite des investissements économiques. Un fait est certain : l'incitation à l'accumulation, le rapport au travail et à l'argent, en un mot, les affaires, se butent contre les structures des sociétés africaines peu portées à l'individualisme ; celles-ci possèdent, en effet, leur sens de la durée et leur goût de l'humain qui ne cadrent pas, de toute évidence, avec les impératifs d'efficacité et d'accumulation économique propres aux logiques marchandes. Mamadou Dia (1994, p. 189-216) a bien relevé ces contradictions lors du colloque organisé par la Banque mondiale sur « culture et développement en Afrique ».

Si le passé éclaire le présent et l'avenir, ce que l'on a appelé l'échec du développement rappelle que les Africains ne sont pas condamnés à subir passivement « l'occidentalisation ». Sans vouloir expliquer la déstructuration des sociétés traditionnelles et leur « retard » par le seul processus de déculturation (Latouche, 1992), constatons les limites des modèles imposés qui ont cru que le développement fonctionne comme une « loi naturelle » dans un système où l'on ne résiste pas à la tentation de transporter, sans la moindre prudence, des normes et des valeurs étrangères dans d'autres espaces symboliques et humains. Si les pratiques du développement doivent être replacées dans l'environnement social et culturel où les acteurs agissent en fonction d'autres repères symboliques, soit en renonçant à séparer artificiellement les lois économiques des croyances, des savoirs et des pratiques sociales qui caractérisent la subjectivité des acteurs, il faut alors reprendre cette question provocante de Verhelst (1994) : « l'échec du développement n'est-il pas, en fin de compte, un signe de bonne santé ? ». Pour une relecture des impasses actuelles de l'Afrique, on ne peut écarter cette hypothèse d'un « devoir de désobéissance civile » que les

2. Lire *Culture et développement en Afrique*, « Actes de la Conférence internationale », 2-3 avril 1992, Banque mondiale.

sociétés africaines assument face à la violence des normes de développement étrangères à l'imaginaire africain. Ce devoir s'exprime en creux dans les attitudes économiques et les relations sociales opposées à l'esprit du capitalisme.

À travers le refus du développement, n'assistons-nous pas à une sorte de résistance à l'économisme qui coïncide avec l'émergence des approches alternatives qui procèdent à une remise en cause de « la rationalité close » (Zaoual, 1994, p. 28-33) ? La crise de l'économisme remet en honneur le social et le culturel ; elle oblige donc le développeur à se mettre à l'écoute de l'autre. Ce qui est acquis aujourd'hui, c'est que les pratiques de développement sont à l'origine des relations interculturelles puisqu'elles mettent en présence de gré ou de force, selon les acteurs considérés, des univers culturels différents par le biais de transferts de toutes sortes de capitaux, de technologies, de systèmes d'évaluation, de machines, de volontaires et d'experts socialement déterminés. Or les pratiques ainsi que les représentations sur lesquelles elles se fondent (productivité, aide, etc.) ne sont pas pour autant transculturelles même si certains les considèrent comme universellement souhaitables. Dans cette perspective, si la modernité ne se décrète pas, il faut s'attendre au rejet de l'impérialisme de la raison instrumentale de l'Occident.

Si nous replaçons le débat sur le développement au cœur de la crise actuelle de l'économisme, on comprend alors *l'émergence de la problématique culturelle*. On voit aussi la nécessité de s'affranchir du paradigme de la « faillite » en ce sens que les sociétés africaines auraient échoué dans la maîtrise du développement économique. S'il y a une « crise du développement », c'est en vertu du maniement idéologique de la notion elle-même à travers laquelle on a voulu soumettre les sociétés entières à un modèle dont ces sociétés ont nettement perçu les limites. Sous le règne de l'économisme, l'Afrique prouve de manière brutale que le capitalisme n'est pas synonyme de développement. En clair, ce que l'Afrique a refusé, c'est le capitalisme qui a échoué à s'implanter en dépit des safaris technologiques et des investissements considérables. Les Africains n'ont pas assumé ce système et lui ont résisté parce qu'il n'a cessé de porter atteinte à leurs modèles socioculturels.

Ce système n'a pas cherché à comprendre l'homme africain et sa culture pour se laisser interroger par une autre manière d'habiter le monde. Les Africains ont vite compris qu'ils n'ont aucun intérêt à intégrer ce système en sa totalité qui écrase les autres au nom de l'évangile de la compétitivité et du dogme de la maximalisation du profit. Si on laisse tomber les masques du développement que porte le capitalisme, on mesure la gravité des enjeux qui interpellent le continent noir. La quête d'un développement à visage culturel témoigne d'une recherche de quelque chose d'autre à inventer au-delà des modèles dominants.

POUR UN RETOUR À L'ACTEUR

Au bout de la démarche, nous sommes ramenés au point d'origine qui nous oblige à explorer les lieux et les stratégies par lesquelles l'Afrique s'invente. À cet égard, au lieu de s'intéresser aux seules structures de production, il faut faire un retour à l'acteur et découvrir les stratégies que les producteurs mettent en œuvre, la rationalité de ces stratégies et leur diversité, ainsi que la mise en scène des logiques sociales dans les situations concrètes de précarité socio-économique. À travers les mille ruses de l'imaginaire, les groupes de base repensent leurs problèmes et conçoivent des réponses spécifiques aux contraintes du présent. C'est l'ensemble de ces « ripostes » à la « crise du développement » qu'il convient d'investir pour comprendre dans quel sens l'Afrique confrontée au « scandale du capitalisme » tend à devenir un véritable laboratoire d'innovations et de changement social. Saisir le jeu des acteurs et son impact, au cœur des luttes contre la pauvreté, est un défi pour la sociologie qui veut comprendre comment se forment les dynamiques sociales à partir des problèmes de développement local.

S'il est vrai qu'aucune société ne peut plus vivre en vase clos dans les pays africains où l'autarcie villageoise est un mythe, n'est-il pas préférable que chaque culture ait beaucoup à apprendre des autres ? Mais pour ce faire, il faut au préalable assumer la « fin des certitudes » pour reconnaître qu'aucune culture n'a le monopole de quoi que ce soit. Ainsi, tout en réexaminant les questions du développement qui se posent à l'homme africain pris dans sa toile de rapports sociaux, nous devons rappeler que l'avenir se joue dans le passage d'un conflit des cultures à une culture de la confrontation. Car, c'est en nous interrogeant sur la culture des autres et leur impact sur le devenir historique que les groupes de base doivent mettre en lumière le potentiel de leur créativité. Dans cette recherche, pour empêcher la culture d'être l'otage du développement[3], peut-être faudra-t-il sortir du flou conceptuel qui entoure les rapports entre culture et développement. Il est urgent de donner à la culture un sens en montrant qu'elle n'est pas un en-soi et qu'on la retrouve partout parce qu'elle est le socle de toute réalité humaine et sociale. Rien n'y échappe, y compris l'économique et le politique. On voit ici la nécessité de remettre en cause les notions à succès qui, à travers les paradigmes à la mode, ont tendance à séparer la culture et le développement en oubliant leur interaction. Sans enfermer la culture dans les croyances, les rites et les mythes comme s'il s'agissait des objets de musée qu'on peut réifier et absolutiser, il faut retrouver la culture dans toutes les trajectoires de la vie en société, partout où les hommes et les groupes se donnent un art de vivre en se référant à des schémas de représentation et des logiques concrètes. C'est pourquoi, au-delà de la dérive culturaliste qui tend à faire l'impasse de la complexité du réel africain et à écarter le caractère conflictuel des sociétés en crise d'identité, il faut retrouver la façon dont la culture est présente jusque dans les manières de gérer les contradictions de la richesse et de la pauvreté et ce, par la prise en compte de l'ancrage de cette culture dans la réalité matérielle, la production, l'alimentation, les échanges, le travail, les loisirs, la religion, les conflits et la politique. C'est dire qu'il n'est pas nécessaire de revenir à un passé lointain pour comprendre l'Afrique au présent. C'est dans la quotidienneté que les sociétés africaines produisent et reproduisent leur culture, la relisent et la réactualisent dans un processus de « permanence » et de « rupture » qui caractérise la vitalité des peuples engagés dans l'histoire. On le voit bien en ces temps de crise où les acteurs procèdent à de véritables « recréations culturelles » à partir des situations inédites qui obligent les sociétés africaines à « retravailler » et à « réinterpréter » leurs modèles culturels sous la pression des contraintes et des déterminants socio-économiques ou politiques.

Pour ne pas reproduire les idéologies de l'authenticité, qui ont longtemps justifié les dictatures burlesques en manipulant la culture, on doit se méfier de toute référence aux identités culturelles qui peuvent conduire à tous les intégris-

---

3. Sur ce sujet, lire les études publiées sous la direction de RIST, G. (1994). *La culture, otage du développement ?* Paris, L'Harmattan.

mes. Face au défi du développement, le sociologue doit se rappeler qu'il n'y a pas d'homogénéité dans les sociétés africaines ; celles-ci sont traversées par les tensions qu'aucune appartenance à une même culture ne saurait masquer. Dans les pays profondément traumatisés par les transformations nées de la colonisation et accélérées par l'expansion du capitalisme contemporain, la problématique culturelle a le mérite de rappeler les dimensions trop oubliées, mais elle court le risque d'occulter les ingérences du FMI, les effets pervers de l'ajustement structurel et de la dévaluation. Tout ne se réduit pas à la culture dans les exigences actuelles du développement en Afrique. En réalité, l'homme africain vit le rapport à la culture dans un système global qui cherche à réduire nos sociétés à être une « modernité de rebut », une sorte de banlieue du nord où les États doivent aujourd'hui sacrifier la santé et l'éducation de la majorité des populations afin de rembourser les dettes ; pour ce faire, ils mettent en œuvre un processus de clochardisation des agents de l'État et de surexploitation de la force de travail des paysans noirs.

Peut-être faut-il craindre le pire avec le retour en force du libéralisme qui, par les mécanismes de l'argent fou, accroît les disparités en aggravant les processus d'exclusion sociale. À cet égard, examiner les conditions qui rendent compte de l'émergence de l'Afrique et de ses marges, ouvre un champ d'analyse à partir des effets des politiques à courte vue qui déséquilibrent l'existence des populations pour équilibrer le budget. Dans cette situation critique, comment comprendre les jeunes et les femmes, leurs identités, leurs langages, leurs stratégies, leurs modes de vie et leurs cultures ? Face aux déséquilibres actuels imposés par le FMI et la Banque mondiale, comment réagissent-ils ? À la limite, pour que ces groupes cibles sortent de leur marginalité, peut-on se contenter d'un développement faxé ? Ou alors, la transformation des conditions d'existence des catégories défavorisées ne fait-elle pas partie d'un vaste processus de changement social qui exige une autre manière de gérer les rapports entre le pouvoir, le développement et la société ? On le voit : l'avenir se joue autour du contrôle des changements socio-économiques à partir des intérêts divergents. Comment établir des structures sociales ayant un seuil de tolérance suffisant pour que, d'abord, les points de vue opposés puissent se mesurer de manière à répondre aux différents besoins, et ensuite, pour que les fruits du développement social soient accessibles et redistribués au grand nombre d'individus et de groupes sociaux ? La réponse à ce défi laisse entrevoir un champ de lutte qui met en cause la capacité d'intervention de nombreux acteurs.

La recrudescence du mouvement associatif auquel nous assistons, notamment en milieu rural, apparaît à la fois comme révélateur et vecteur des dynamiques de changement social en Afrique noire. En effet, groupements de jeunes et de femmes, associations villageoises, fédérations, et plus récemment syndicats, tentent de conquérir leur reconnaissance sociale. Compte tenu de l'émergence de ces nouvelles forces sociales, l'accès aux conditions de bien-être est lié à des stratégies d'alliance, de même qu'au rôle d'interface des associations de base avec des organismes de développement et de financement ou avec les nouveaux rapports à l'État. On perçoit ici l'ampleur des mouvements sociaux qui s'amorcent avec la prolifération des organisations paysannes et populaires porteuses de multiples enjeux sociopolitiques et économiques. Dans cette perspective, il semble urgent de résister à ceux qui n'invoquent que la culture pour repenser le développement en Afrique noire. Une telle dérive risque de détourner les groupes d'action qui émergent des problèmes d'engagement face à des conditions de vie inacceptables dans les pays africains où l'avènement de l'État s'est manifesté par un système d'inégalité et de domination. Dès lors, la question du développement, qu'il soit durable ou non, ne peut pas trouver de réponses satisfaisantes si l'on ne parvient pas à réduire les inégalités criardes entre les « gens d'en haut et les gens d'en bas ». Si l'on admet que l'accès au développement se confond avec un processus de changement social, il faut alors identifier les dynamismes internes, les structures de concertation et de pouvoir, les lieux de parole et de réflexion où des alternatives se cherchent. Dans cette optique, à l'heure de la débâcle des États et des villes, peut-être convient-il d'apprendre à « dialoguer avec la brousse » dont les multiples associations paysannes semblent offrir une solution de rechange durable. Comme le rappelle le jeune sociologue ivoirien, Koffi (1993), il n'y a « ni démocratie ni développement sans les paysans organisés ». C'est aussi la démarche qui s'impose aux rescapés de la ville où les jeunes risquent de basculer dans une urbanité de la revanche, au sein d'un système social où l'accès des pauvres au sol urbain est un lieu de conflits aggravés par la pression démographique et la spéculation immobilière. Au centre des enjeux qui se profilent à l'horizon, une attention spéciale doit être portée aux femmes qui sont restées longtemps les oubliées du développement en Afrique. Leur sort est loin d'être modifié dans les États où l'impact des programmes d'ajustement structurel et de la dévaluation aggrave leurs conditions de vie, notamment dans les villes où l'on assiste à l'explosion de la pauvreté.

Si les conditions des femmes paysannes commencent à préoccuper les opérateurs du développement[4], il n'est pas évident que l'articulation des rapports entre la femme et la ville soit au cœur des études et des projets qui mobilisent les centres de recherche et les agences de financement. Comme on l'a vu dans les villages, l'oubli des femmes annonce la faillite des programmes de développement urbain. Or, si la ville est un phénomène irréversible qui révèle et cristallise les problèmes de l'Afrique de demain (Ela, 1983), comment laisser les femmes en marge des nouveaux lieux de rapport au travail et à l'argent, à la culture et à la santé ? Ces questions se posent au moment où les entreprises et les entrepreneurs africains peuvent être considérés comme une force motrice d'une croissance solide et durable venant se substituer à un mode postcolonial d'accumulation rentière dont le ressort s'est brisé[5]. Sans doute, il ne suffit plus d'insister sur les contraintes subies par les femmes : il faut aussi observer et mettre en évidence leurs capacités de réaction et d'organisation, leurs lieux de parole et de réflexion ; il faut découvrir leurs modes de résistance, leurs formes de créativité, leur place et leurs rôles spécifiques dans les dynamiques en cours dans les villes et les villages.

En définitive, il semble nécessaire de voir comment une autre Afrique émerge de ce monde d'en bas qui retrouve le pouvoir de la parole et fait irruption dans l'histoire contemporaine. On entrevoit ici la formidable collision des forces sociales dont l'affrontement dessine le visage de la société de demain. Dans les contextes sociopolitiques où les processus d'exclusion acculent une masse de pauvres au désespoir et à la révolte, ne faut-il pas réinventer la démocratie au quotidien en renforçant la société civile et toutes ses tentatives d'organi-

---

4. Voir à ce sujet DROY, I. (1990). *Femmes et développement rural*, Paris, Karthala.
5. Voir ELLIS, S. et Y.A. FAURE (1995). *Entreprises et entrepreneurs africains*, Paris, Karthala.

sation autonome à l'échelle des villages, des quartiers, ou des régions, là où des réseaux se développent en fonction de leurs dynamiques propres ? Au-delà des procédures et des réformes institutionnelles qui ne peuvent épuiser le débat démocratique, ne faut-il pas incarner la société dans sa pluralité, en intégrant dans un nouveau rapport au pouvoir, les regroupements autour de la production, de l'agriculture, de la santé, de l'artisanat ou des recherches scientifiques ? Ce qui se cherche en fin de compte, c'est une nouvelle gestion des rapports sociaux qui organisent la vie quotidienne. Si la démocratie, c'est aussi une manière de vivre ensemble dans la reconnaissance et le respect de l'autre, on mesure l'ampleur des défis à relever à partir des questions fondamentales qui imposent à l'Afrique des choix porteurs d'avenir.

En assumant ces défis et ces choix dans leurs champs d'analyse et leurs problématiques de recherche, peut-être les sociologues de langue française s'engagent-ils à repenser leur discipline et à évaluer leurs apports en vue d'une recherche de réponses pertinentes aux enjeux auxquels des millions d'Africains sont confrontés au début du siècle qui vient. Quelles perspectives s'ouvrent à la sociologie à partir des questions qui viennent d'Afrique subsaharienne ? Tel est, sans doute, le sens des débats qui commencent.

BIBLIOGRAPHIE

AMIN, S. (1971). *L'Afrique de l'Ouest bloquée : l'économie politique de la colonisation 1880-1970*, Paris, Éditions de Minuit.

BAYART, J.-F. (1991). « La problématique démocratique en Afrique noire », *Politique africaine*, octobre, p. 5-20.

BERTHOUD, G. (1986). « Le développement entre l'impasse et le mirage », dans G. Ristet et S. Sabelli, *Il était une fois le développement*, Éditions d'en bas, Lausanne.

COMELIAU, C. (1989). « Une seule politique : l'Ajustement Structurel », *Le Monde diplomatique*, février.

COQUERY-VIDROVITCH, C. *et al.* (1988). *Pour une histoire du développement État-sociétés et culture. États-sociétés et développement*, Paris, L'Harmattan.

DIA, M. (1994). « Pratiques indigènes de gestion et développement en Afrique subsaharienne : leçons pour les années 90 », dans Ismail Serageldin et June Taboroof, *Culture et développement en Afrique*, Washington, Banque mondiale.

ELA, J.-M. (1983). *La ville en Afrique noire*, Paris, Karthala.

ETOUNGA-MANGUELLE, D. (1993). *L'Afrique a-t-elle besoin d'un programme d'ajustement culturel ?* Ivry, Éditions Nouvelles du Sud.

GIRI, J. (1986). *L'Afrique en panne. Vingt ans de « développement »*, Paris, Karthala.

GOSSELIN, G. (1978). *L'Afrique désenchantée : sociétés et stratégies de transition en Afrique tropicale*, vol. 1, Paris, Anthropos.

KOFFI, E. (1993). *Le pouvoir de la brousse, ni démocratie, ni développement sans les paysans organisés*, Paris, L'Harmattan,.

KABOU, A. (1991). *Et si l'Afrique refusait le développement ?* Paris, L'Harmattan.

LATOUCHE, S. (1992). *L'Occidentalisation du monde*, Paris, La Découverte.

LATOUCHE, S. (1988). « Contribution à l'histoire du concept du développement » dans Coquery-Vidrovitch, C. *et al.*, *Pour une histoire du développement, États, Sociétés, Développement*, Paris, L'Harmattan.

LEVI-STRAUSS, C. (1955). *Tristes Tropiques*, Paris, Collection 10-18.

SANDBROOK, R. (1987). « Personnalisation du pouvoir et stagnation capitaliste », *Politique africaine*, n° 26.

SINGLETON, M. (1992). « La coopération est un miroir, le nôtre », *Cultures et développement*, nos 8-9.

VERHELST, T. (1994). « Les Africains sont-ils de mauvais capitalistes ? », *Cultures et développement*, n° 19, novembre.

ZAOUAL, M. (1994). « Remise en cause de la rationalité close en économie , *Cultures et développement*, n° 19, novembre.

DEUXIÈME PARTIE

LE MAL DÉVELOPPEMENT AFRICAIN : ATOUTS, IMPASSES ET PERSECTIVES

CHAPITRE 2

CRISE ÉCONOMIQUE ET DÉMOCRATISATION POLITIQUE AU BURKINA FASO : QUELLES PERSPECTIVES DE DÉVELOPPEMENT ?

Jean-Baptiste Ouedraogo
CNRST/IRSSH
Ouagadougou

La persistance de la crise économique à l'échelle mondiale, et particulièrement en Afrique, a contribué à placer au cœur des préoccupations majeures des différents pays, les questions d'orientation économique ainsi que les fondements et les exigences sociopolitiques qui les accompagnent.

Le bilan des deux dernières décennies, en ce qui a trait au développement, est dans l'ensemble négatif pour les pays de l'Afrique subsaharienne :

- taux de croissance économique négatifs ;
- chute des investissements ;
- baisse des recettes d'exportation ;
- aggravation de la crise financière, etc.

Parallèlement à ce sombre tableau économique, s'imposent comme des exigences humaines fondamentales, la revendication démocratique et la consécration des droits politiques de même que sociaux pour les hommes et les peuples. La voie de sortie de cette crise économique, alors prônée par la quasi-totalité des États africains, est l'application des programmes d'ajustement structurel recommandés, sinon imposés par la Banque mondiale et le Fonds monétaire international.

Or la philosophie véhiculée par ces programmes d'ajustement structurel consiste à effectuer une libéralisation économique et une démocratisation politique. Par ailleurs, existe-t-il une dialectique obligée entre les processus de libéralisation économique et de démocratisation politique, et quelles en sont les limites objectives et la portée réelle pour un pays comme le Burkina Faso ? La politique d'ajustement structurel peut-elle contribuer à sortir le Burkina Faso de la crise économique dans laquelle il se trouve plongé ? Existe-t-il des stratégies alternatives autres que les programmes d'ajustement structurel qui permettent aux pays africains en général, et au Burkina Faso en particulier, de retrouver le chemin de la croissance économique ?

Historiens, sociologues et anthropologues avancent qu'au XIXe siècle, l'Afrique aurait été marquée par une mutation sociale profonde au terme d'une évolution selon laquelle le développement économique implique à la fois la modification des formes de pouvoir politique, l'asservissement et la dépossession des sociétés agricoles animistes. Il semble donc que c'est dans l'articulation de la culture et des formes de pouvoir qu'il faut rechercher la clé de la problématique du développement des sociétés africaines.

Aux questions que nous nous posons déjà, s'ajoutent celles-ci : Les systèmes politiques africains étaient-ils ou non démocratiques ? Le multipartisme préconisé aujourd'hui par les États africains répond-il à une exigence démocratique et à une demande sociale ? Quels peuvent être le contenu et la signification du multipartisme et de la démocratie pour les populations africaines, en rapport avec le développement ?

LE MULTIPARTISME, UNE EXIGENCE DE LA DÉMOCRATIE ?

Il n'y a pas si longtemps, le monopartisme était considéré comme la voie royale qui conduit les sociétés postcoloniales d'Afrique vers l'État-Nation en construction. En effet, le monopartisme était alors présenté comme une exigence de l'unité nationale, elle-même perçue comme une condition préalable à tout effort de développement. Le modèle de développement, prôné à l'époque par le Burkina comme par la plupart des pays africains nouvellement indépendants, était le capitalisme d'État qui semblait correspondre sur le plan politique au développement du parti unique : l'État apparaissait comme le principal acteur du développement économique, social et culturel, tout comme il passait pour être le premier animateur politique de la nation à travers le parti unique ou « Parti-État ».

Toutefois, le Burkina n'a pas suivi ce schéma d'évolution politique et économique : il s'est frayé un chemin d'évolution propre grâce à ses particularités socioculturelles et à certaines contingences politiques et économiques, notamment le peu d'intérêt économique qui lui était accordé par le colonisateur et la ferme volonté de reconstituer un État-Nation affichée par certains de ses responsables politiques d'alors, après que le pays eût été supprimé et ses portions de territoire rattachées à la Côte-d'Ivoire, au Mali et au Niger. Cette voie « originale » d'évolution sociopolitique et économique empruntée par le Burkina s'explique aussi par le refus de la société civile de se laisser « écraser » par l'État, refus exercé par l'alliance des syndicats et des partis politiques contre ce même État. C'est ainsi, par exemple, que l'action conjuguée des syndicats et des partis politiques d'opposition a mis fin à la Première République le 3 janvier 1966, six ans à peine après la proclamation de l'indépendance du pays. Enfin, l'ouverture de l'économie burkinabè au marché international, qui a placé le pays dans une dépendance vis-à-vis de l'extérieur, a révélé la fragilité de l'État et a fait prendre conscience à la société civile de la nécessité de lutter pour conquérir plus d'espace de liberté et pour améliorer ses conditions d'existence. Le refus obstiné du monopartisme par les burkinabè, avant comme après l'indépendance, ne signifie pas seulement le rejet de la dictature ou de l'autocratie. Il traduit aussi la détermination exprimée par un peuple et surtout concrétise le résultat de sa lutte politique contre le pouvoir colonial et néocolonial dans la conquête des libertés.

En effet, le parti unique au Burkina Faso peut être considéré comme une exception : le Rassemblement démocratique africain (RDA) de 1960 à 1966 pour la Première République et le Mouvement national pour le renouveau (MNR) sous la Deuxième République (1970-1977) ont été les seules tentatives d'imposition du monopartisme, mais en vain. Sous la pression des syndicats qui ont déclenché un mouvement de grève les 17, 18 et 19 décembre 1975, le général Sangoulé Lamizana, celui-là même qui avait été appelé à la tête du pays à la suite du renversement du régime de Maurice Yameogo (premier président du pays), fut contraint de dissoudre le MNR dont la création avait été perçue comme une atteinte à la démocratie.

Il convient aussi de souligner que le multipartisme qui a toujours régné au Burkina, n'a jamais constitué une source de conflit quelconque au point de menacer l'unité nationale. Faut-il alors conclure que le multipartisme est une exigence de la démocratie ? À cet égard, Comoe-Krou (1992, p. 9) souligne que :

> (...) multipartisme n'égale pas démocratie d'une égalité mathématique. Cependant, on est bien obligé de constater que le multipartisme est entré dans les mœurs politiques et qu'il est désormais impossible de concevoir une démocratie sans formation de partis dits d'opposition, de centre, de gauche, de droite, d'extrême droite (...).

Certes, le multipartisme est une condition nécessaire de la démocratie, mais il ne saurait en être le seul élément fondamental. D'autres éléments aussi essentiels comme l'organisation d'élections libres et transparentes et la possibilité d'une alternance, notamment, lui sont également nécessaires. C'est pourquoi Prouzet (1977, p. 943) fait remarquer que :

> (...) la démocratie pluraliste décrite dans les textes constitutionnels de certains pays d'Afrique occidentale est une comédie. Elle le restera aussi longtemps que les États africains connaîtront des problèmes de construction nationale, de développement économique et tant que la société restera marquée par une philosophie anti-individualiste.

Une autre question s'impose à nous : quel est l'effet concret de la démocratie multipartite au Burkina Faso ? Le multipartisme a incontestablement favorisé le développement de la tradition démocratique comme élément de la culture burkinabè. Car comme le faisait observer à juste titre le lieutenant-colonel Amadou Toumani Touré : « La démocratie existe dans la tradition africaine, mais nous voulons une démocratie de type occidental ». Cette démocratie multipartite née dans un contexte économique à mi-chemin entre le « secteur moderne » et le « secteur traditionnel » remplit une double fonction : une fonction d'intégration sociale et de régulation des tensions sociales, et une fonction de stabilisation du système socio-économique.

L'histoire politique du Burkina reste marquée depuis l'indépendance en 1960 par le pluralisme politique en dépit de la centralité et de l'omnipotence économique de l'État. L'initiative privée sur le plan économique était limitée, et l'articulation des syndicats et des partis politiques avait créé des conditions sociales et politiques favorables à l'émergence d'une démocratie qui demandait à être consolidée et approfondie. Ensuite, survint la période des dictatures militaires de 1966 à 1987 (avec une courte période de régime civil 1978-1980), caractérisée par un renforcement de la puissance de l'État dans tous les domaines de la vie politique, économique, sociale et culturelle. Cet État « fort » a considérablement affaibli la société civile en en réduisant la capacité d'autonomie et d'expression : l'inexistence d'une vie économique en dehors de l'État en est une illustration. Cependant si l'État semble puissant au point de vue interne, il ne l'est qu'en apparence ; en réalité, il demeure fragile et vulnérable, puisque soumis à des rapports internationaux d'inégalité. Une interrogation alors mérite d'être soulevée : dans quelle mesure le processus de démocratisation politique aujourd'hui engagé peut-il être conduit à terme sans que ne soient remises en cause l'existence et la survie de l'État ?

Actuellement, les appareils des partis politiques ont peu de prise sur les syndicats dont l'action était à la fois syndicale et politique en rapport avec la lutte contre les dictatures militaires. L'articulation des syndicats et des partis politiques a disparu, et la situation actuelle de démocratisation révèle un syndicalisme affaibli du point de vue de sa capacité à faire face à l'impact des mesures économiques consécutives à l'ajustement structurel sur les conditions de vie et de travail des populations.

Par ailleurs, le fait que les organisations syndicales n'ont pas réussi de façon évidente à jouer un rôle dans le système politique indique-t-il un phénomène de conjoncture passager, sujet aux avatars de la politique économique, ou indique-t-il une transformation profonde de la conscience des populations (surtout des populations urbaines) à forger des stratégies de survie alternatives face aux exigences des Institutions de Bretton-Woods ? À ce propos, citons Comoe-Krou (1992, p. 9) :

> L'histoire témoigne que la démocratie a presque toujours été le produit d'une réaction populaire contre l'oppression exercée par une dictature, une tyrannie ou une autocratie quelconque. C'est

généralement le résultat d'une lutte, parfois sanglante qui peut durer un certain temps.

La démocratie au Burkina, comme ailleurs en Afrique, semble se construire par le « haut » et non à la base, dans la mesure où les réformes politiques et économiques sont dictées par l'extérieur, lequel confère, en lieu et place du peuple, la légitimité à tout régime politique quelle qu'en soit la nature. En effet, ce sont les institutions financières internationales, en tant que pourvoyeuses de fonds, qui y instaurent la démocratie et en impriment le rythme d'évolution. Faut-il alors parler de simulacre de démocratie pour justifier la poursuite de l'ajustement structurel au Burkina Faso ? Et quelle est la valeur d'une démocratie imposée de l'extérieur ?

La démocratie serait-elle la rançon politique que le Burkina doit payer pour son acceptation de l'ajustement structurel ? Comoe-Krou (1991, p. 14) pose ainsi le problème :

> Si le peuple refuse le plan d'ajustement structurel tandis que le gouvernement persiste obstinément à l'appliquer, soit ouvertement, soit insidieusement, alors vers quel terme évolue-t-on ? Vers une démocratie sans le peuple, ou simplement vers une dictature, une tyrannie rigide déjà installée et parfaitement insensible au sort de la masse ?

AJUSTEMENT STRUCTUREL ET DÉMOCRATISATION AU BURKINA : UN PARADOXE ET UN DÉFI

Après plus de deux décennies d'état d'exception, le Burkina Faso s'est engagé dans un processus de démocratisation politique qui s'est manifesté concrètement par l'adoption d'une nouvelle constitution le 11 juin 1991 (la quatrième en 30 ans) et par la mise en place d'institutions républicaines à partir de 1992.

Toutefois, suffit-il à un État de se doter d'une constitution pour être un État de droit ? Pour Kambou (1994, p. 148) : « Formellement, tout État doté d'une constitution est un État de droit car l'objet d'une Constitution est précisément de soumettre l'État au droit. Elle en est donc la condition, le symbole et la source (...) ». Et de poursuivre l'auteur :

> Dans ces conditions, on peut se demander si l'État de droit ne comporte pas les germes de sa propre destruction (...) D'un côté, la constitution arrime les principes de l'État de droit et de l'autre,

elle renforce les pouvoirs de l'exécutif, ce qui ne manquera pas, avec un environnement politico-juridique peu favorable, d'hypothéquer l'avenir de l'État de droit. Partant, l'État de droit proclamé sera difficilement en harmonie avec l'État de droit vécu.

Ce nouveau contexte politique a favorisé le développement des droits de l'homme et du pluralisme politique, tout en contribuant à l'élargissement et à l'approfondissement des libertés individuelles et collectives. Parallèlement à ce nouveau contexte politique, le Burkina Faso a souscrit depuis 1990 à un programme d'ajustement structurel sous l'égide de la Banque mondiale et du FMI dans une perspective de libéralisation économique et un contexte socio-économique particulièrement difficile.

La situation économique et financière du Burkina Faso demeure précaire malgré quelques progrès significatifs réalisés dans les domaines de la production intérieure et de la sécurité alimentaire au cours de la décennie écoulée. D'une part, ces progrès ont été rendus possibles grâce à la pluviométrie supérieure à la normale mais instable, enregistrée au cours de la période considérée, et d'autre part, grâce aux retombées positives d'une politique d'investissement soutenue en dépit de la stagnation du secteur industriel peu compétitif.

Cependant le contexte économique international peu favorable, la croissance démographique rapide (3 % environ par an), le faible développement des ressources humaines et la dégradation continue du milieu naturel représentent des risques sérieux pour un développement durable du pays. De plus, l'économie burkinabè souffre de la faible efficacité de l'investissement public (plus de 90 % des investissements publics sont financés par l'aide extérieure) et de rigidités structurelles qui freinent la promotion des exportations et la production de biens de substitution aux importations. En 1990, le produit intérieur brut (PIB) du Burkina était estimé à 320 $ par habitant sur une population évaluée à 8 millions d'habitants en 1985. Cette population est essentiellement jeune (33,5 % des habitants ont moins de 10 ans et 45,7 % moins de 15 ans selon le recensement général de la population de 1985). L'espérance de vie à la naissance est de 47 ans.

En outre, l'économie du Burkina est caractérisée par le rôle primordial que jouent l'agriculture (le secteur agricole représente 40 % du PIB et occupe 90 % de la population active) et le secteur informel. Le secteur secondaire reste peu développé et le secteur tertiaire est dominé par l'administration publique qui participe pour environ 7 % au PIB.

Après une période d'auto-ajustement (1983-1989) au cours de laquelle le Burkina Faso a enregistré des performances économiques significatives (4,3 % de taux de croissance), malgré les effets douloureux pour les populations – surtout urbaines – la tentative de relance économique amorcée depuis lors demeure limitée par des facteurs surtout endogènes :

- l'insuffisance des ressources de l'État pour financer les dépenses courantes et envisager des projets d'investissement ;
- l'aggravation du déficit du compte courant de la balance des paiements ;
- la rapidité de la croissance démographique ;
- le faible développement des ressources humaines ;
- la dégradation de l'environnement.

C'est la situation économique telle que nous venons de la décrire qui a conduit le Burkina à mettre en œuvre un programme d'ajustement structurel. Ce programme vise ultimement à accroître la qualité du niveau de vie de la population par le biais d'une croissance de l'emploi et des revenus, de même qu'à favoriser la participation des producteurs burkinabè au commerce international tout en améliorant la balance des paiements.

À travers les programmes d'ajustement structurel, les principaux acteurs du système de l'économie mondiale (notamment la Banque mondiale et le Fonds monétaire international) enseignent la soumission aux lois du marché : libéralisation des importations, incitation à l'exportation, vérité des prix (c'est-à-dire l'alignement sur les prix mondiaux), désengagement de l'État de certains secteurs économiques et sociaux, privatisation, etc. Au moment de cette libéralisation tous azimuts, s'amorcent simultanément des tentatives d'ouverture politique et de démocratisation politique de la société civile.

Si l'objectif proclamé par la Banque mondiale et le Fonds monétaire international vise à améliorer les recettes publiques, à rétablir les grands équilibres des finances publiques et de la balance des paiements et ce, en vue d'instaurer le plein emploi et une croissance économique durable, les mesures recommandées pour y parvenir posent de multiples problèmes à la fois sociaux et politiques. Ces mesures sont pour l'essentiel : la réduction du train de vie de l'État et de son interventionnisme économique, la limitation de ses emprunts extérieurs, la restructuration du secteur public et parapublic, la réduction, voire la suppression des subventions aux produits de première nécessité, la compression du personnel administratif, l'arrêt des recrutements, le blocage, et parfois la diminution des salaires, la création de la taxe à la valeur ajoutée (TVA), la simplification du régime douanier, etc. À l'instar de Bayart (1991, p. 14-15), nous croyons que toutes ces mesures des programmes d'ajustement structurel :

> (...) en procédant à une forte réduction de la surface d'action de l'État, entendent introduire un peu de moralisation dans la gestion de la chose publique et le cantonner dans des tâches essentielles de police et d'administration dans le but de libérer l'initiative privée et le marché des contraintes bureaucratiques afin de parvenir à la « croissance durable.

Toutefois, nous nous demandons comment s'articulent en théorie et dans les faits, libéralisme économique et démocratie politique au Burkina ? Tout d'abord, arrêtons-nous à la signification du concept de démocratie et pour ce faire, laissons la parole à Azzan (1988, p. 4-5) qui en explique l'origine :

> (...) [la] démocratie désigne un mode politique (formule, modalités) d'agencement, d'aménagement des rapports sociaux. Elle se présente d'abord comme un mode d'organisation politique s'exprimant dans un ensemble formel d'institutions politiques. Comme telle, la démocratie s'inscrit dans le cours historique de l'émergence et de la consolidation du capitalisme ; elle ne peut être dissociée de ses « stigmates » originelles : l'existence d'un système économique (le capitalisme) qui opère en distanciant, autonomisant, d'une manière de plus en plus élargie, l'économique du politique.

Comme nous pouvons le constater, le concept de démocratie englobe le régime de libertés politiques et privilégie le libéralisme économique considéré comme l'apanage exclusif du capitalisme.

Le degré de développement économique, social et politique du Burkina l'autorise-t-il aujourd'hui à s'engager dans un processus de démocratisation politique ? Quelles conséquences peut-il en résulter pour l'État et la société civile ?

LA DÉMOCRATISATION, UNE RÉPONSE POLITIQUE AUX PROGRAMMES D'AJUSTEMENT STRUCTUREL?

Toute aide financière accordée au Burkina comme aux pays les moins avancés en général, dépend désormais de l'acceptation des programmes d'ajustement structurel, et depuis 1990, celle-ci est soumise en plus à la « conditionalité démocratique », ces mesures offrant ainsi la possibilité aux puissances extérieures d'exercer des pressions directes ou indirectes sur le régime politique en place. Ces nouvelles exigences du système de l'économie mondiale, imposées à l'État burkinabè, procèdent de considérations d'efficacité purement économico-financière et s'avèrent dans la pratique inconciliables avec les contraintes de légitimation du pouvoir politique actuel. Aussi l'État doit-il affronter le dilemme suivant :

- se conformer à l'orthodoxie financière que recommandent la Banque mondiale et le Fonds monétaire international ;
- tenir compte des contraintes internes de légitimation du pouvoir, lesquelles contraintes signifient la négation même de cette orthodoxie compte tenu du coût financier élevé qu'elles impliquent.

Comment l'État peut-il alors conserver sa souveraineté et s'acquitter de ses tâches classiques de police, de défense et d'administration de la société tout en libérant l'initiative privée et le marché pour répondre aux exigences des programmes d'ajustement structurel ? Faut-il conclure dans le même sens que Médard (1992, p. 323-353), à savoir que « l'État en Afrique est au mieux seulement une création en pointillés ? ».

Certes les programmes d'ajustement structurel instaurent une gestion plus rigoureuse et transparente des affaires de l'État. Par ailleurs, la philosophie qui les sous-tend vise au bout du compte la ruine de cet État qu'ils prétendent paradoxalement réhabiliter. À ce sujet, citons les propos de Toulabor (1992, p. 10) :

> L'État africain extorque des plus-values qu'il centralise et redistribue ensuite à ses clients qui sont au centre ou à la périphérie du système politico-administratif. Cette redistribution des rentes et des prébendes constitue sa fonction « institutionnalisante » essentielle à laquelle il se confond. Une grande partie du capital de légitimité des gouvernants est fondée sur cette capacité d'extraction et de redistribution (...) Ce qui est remarquable dans les

programmes d'ajustement structurel, c'est qu'ils touchent au fondement même de l'État africain qui se conçoit mal en dehors de la modalité patrimonialiste et clientéliste avec son corollaire de pouvoir violent et meurtrier (...).

Cependant, la poursuite de l'ajustement structurel qui apparaît comme une « panacée universelle » ne saurait s'opérer sans un ajustement social et politique : l'équilibre entre l'État et la société civile ne saurait se rétablir que dans un contexte de démocratisation de l'ensemble de la société.

Faut-il alors considérer la conditionalité démocratique comme une réponse politique aux programmes d'ajustement structurel ? La réponse à une telle interrogation est volontiers affirmative : non seulement la conditionalité démocratique confère la légitimité au pouvoir politique, mais encore elle ouvre la voie à l'aide financière internationale. Et la plupart des dirigeants africains ont si bien compris ce fait qu'ils mettent en place des réformes politiques (dotation du pays d'une nouvelle constitution, multipartisme, liberté de presse, etc.) débouchant sur un processus démocratique dont ils espèrent toucher les dividendes sur les plans politique et financier.

Toute consultation électorale est considérée comme un pas franchi sur la voie de la démocratisation et présentée comme telle pour séduire les bailleurs de fonds internationaux. Du reste, le président français François Mitterrand n'a-t-il pas promis, en juin 1990 à la Baule, une « prime à la démocratie » ? Comme le souligne Toulabor (1992, p. 7) : « (...) programme d'ajustement structurel et démocratisation apparaissent comme de nouveaux instruments entre les mains des dirigeants africains leur permettant d'accéder notamment aux ressources financières extérieures (...) ».

LOGIQUE ÉTATIQUE ET LOGIQUE DE L'AJUSTEMENT STRUCTUREL DANS LE CONTEXTE DÉMOCRATIQUE BURKINABÈ

Parler de la nature et du mode de fonctionnement à la fois de la logique étatique et de la logique de l'ajustement structurel, c'est s'interroger sur l'avenir de la démocratie au Burkina. L'État peut-il se survivre à lui-même en souscrivant à des programmes d'ajustement structurel qui le dépouillent de son essence propre et ce, en réduisant au maximum sa capacité d'action pour cause de libéralisation économique ?

Les programmes d'ajustement structurel, comme ils ont été conçus et vulgarisés par les Institutions de Bretton-Woods, comportent, au-delà des aspects économico-financiers, de véritables enjeux politiques : l'État, préoccupé par le rétablissement des grands équilibres macroéconomiques, reste sourd aux revendications sociales des syndicats en ne répondant pas par la violence pour assurer l'ordre intérieur.

La légitimité extérieure prime en effet sur la légitimité intérieure, et la perte de la première marque la fin des financements extérieurs en raison de l'insécurité. L'interdiction des manifestations de rues, comme les marches, pour décourager les mouvements de grève s'inscrit dans cette logique.

De plus, l'apparition de la conditionalité démocratique dans les programmes d'ajustement structurel perturbe le mode de fonctionnement de l'État, désormais contraint de concéder de plus en plus d'espace de liberté à la société civile. Comme le remarque encore Toulabor (1992, p. 5) : « Faire de la démocratie une condition préalable du développement économique, c'est oublier qu'un système démocratique a sa propre logique qui est une procédure de régulation politique des tensions et des conflits sociaux ».

Et la démocratie occidentale appliquée ainsi au Burkina, et ailleurs en Afrique, reste difficile à consolider et à approfondir étant donné les effets sociaux excessifs produits par les programmes d'ajustement structurel.

Le multipartisme, qui caractérise la démocratie au Burkina aujourd'hui, fournira-t-il à l'État les moyens politiques et techniques de régulation des tensions sociales consécutives aux coûts sociaux élevés des programmes d'ajustement structurel ? Des réponses originales à cette interrogation peuvent être trouvées, mais il existe des obstacles qui en empêchent la possibilité et dont les principaux sont :

– l'accélération de l'ouverture de l'économie burkinabè au marché international en constitue un premier obstacle. En effet, il s'agit pour l'État d'instrumentaliser cette ouverture pour relever un défi central : le paiement des échéances de la dette, puis ensuite, permettre la mise en place du libéralisme économique comme nouveau modèle de développement. Ce nouveau contexte favorise la création d'entreprises liées à ce marché, ou encore l'amélioration de celles déjà existantes, tandis que d'autres entreprises se recyclent pour répondre au même marché. Quant à l'État, il renonce au rôle qui était le sien depuis 1960 tout en œuvrant pour le développement de la nouvelle dynamique économique.

– le second obstacle concerne le comportement des populations en face de la crise : la précarité de l'emploi et l'instabilité du marché du travail d'une manière générale ont contribué à détruire les bases sociales sur lesquelles les syndicats et les partis politiques effectuaient leur recrutement ; cette situation a favorisé le développement du clientélisme pratiqué aussi bien par l'État dans le secteur public que par les entreprises nouvellement privatisées.

– le troisième obstacle est subordonné à la privatisation des entreprises de l'État : l'opération de privatisation ne semble pas toujours obéir à une logique d'efficacité économique, puisque certaines d'entre elles sont rentables (par exemple, le cas des Grands Moulins du Burkina), mais répond aussi à des préoccupations politiques : certains barons du régime ou leurs clients, ou les deux, se sont approprié les entreprises après leur privatisation. Et ce faisant, l'État en tant qu'interlocuteur dans les discussions contractuelles avec les entreprises est tenu à l'écart, ce qui a donné lieu à de nouvelles pratiques de négociation entre les syndicats et le patronat. Cette nouvelle situation socio-économique affecte les rapports entre le syndicalisme et le système politique, et l'une des conséquences majeures de cet état de fait est l'éloignement de l'action syndicale du plan politique, pour la renvoyer purement et simplement à la revendication. La privatisation met également un terme à l'articulation des syndicats et des partis politiques, et enlève ainsi au multipartisme le ferment démocratique qui l'a longtemps caractérisé au Burkina Faso.

Comme le fait observer Toulabor (1992, p. 3-4), « il ne faut pas déconsidérer la première démocratie au monde qui est celle du ventre, c'est-à-dire tout simplement la satisfaction des besoins de l'individu ». Les programmes d'ajustement structurel à travers les mesures économiques appliquées permettront-ils alors à l'État d'assurer le minimum vital à chaque citoyen burkinabè ? « Il y a de fortes raisons, poursuit Toulabor (1992, p. 5), de ne jamais voir se réaliser la démocratie politique si la démocratie du ventre par laquelle elle se régule est repoussée aux calendes grecques ».

PROGRAMME D'AJUSTEMENT STRUCTUREL ET DÉMOCRATISATION POLITIQUE : QUELLES PERSPECTIVES DE DÉVELOPPEMENT POUR LE BURKINA FASO ?

Il est peut-être prématuré de tirer toutes les conclusions de l'application des programmes d'ajustement structurel au Burkina, mais une évidence s'impose : les conséquences des politiques d'ajustement structurel sont multiples et graves, en ce sens qu'elles entraînent la destruction du tissu social et économique à l'état embryonnaire, des révoltes et des résistances populaires, de même qu'un déficit de légitimité de l'État, etc. Ce rétrécissement de la marge de manœuvre de l'État, conjugué au manque cruel de moyens financiers, l'empêche de satisfaire à une demande sociale toujours plus forte (sur les plans de la santé, de l'éducation, de l'emploi, etc.) provoquée par les pressions démographiques et l'accroissement rapide des populations urbaines.

Dans ce cas, la poursuite de la politique d'ajustement structurel signifie-t-elle en fin de compte l'élimination de l'État ? À ce sujet, voici la réflexion de Toulabor (1992, p. 7) :

> Si la démocratisation est donnée comme réponse politique à la crise économique, dans leur logique, les programmes d'ajustement structurel s'inscrivent quelque part et contre l'État africain et contre la démocratisation, alors même que l'Afrique a besoin de l'un et de l'autre pour sa modernisation.

Un effet particulier de la politique d'ajustement structurel mérite toutefois d'être relevé, celui relatif à l'afflux des capitaux injectés dans l'économie nationale pour en assurer la « relance ». C'est là, du moins, l'aspect attrayant des programmes d'ajustement structurel, celui qui fonde l'enthousiasme qui accompagne leur acceptation par l'État.

Tout compte fait, ces considérations soulèvent le questionnement suivant : comment ces nouveaux capitaux sont-ils gérés et au profit de qui ? De la réponse adéquate à cette question, dépendent aussi l'avenir de l'État et le développement du Burkina. En effet, comme le souligne si bien Toulabor (1992, p. 10) :

> Les plans d'ajustement structurel et la démocratie dans l'état actuel des États africains sont difficilement gérables et conciliables. L'un joue, à terme contre l'autre. S'il s'agit de

promouvoir véritablement l'idéal démocratique, il faudra desserrer les lourdes contraintes des Programmes d'Ajustement Structurel (PAS) qui obligent les États ajustés à imaginer des stratégies de contournement. Mais si les PAS ont seulement pour but d'extraire le maximum de ressources pour résorber la dette des États en faillite, on ne s'y pendrait autrement que l'on s'y prend actuellement. Mais les États africains doivent retenir comme leçon des PAS la gestion rigoureuse des affaires, ce qui est loin d'être acquis, en raison de la nature patrimoniale et alimentaire de l'État qu'il n'est pas certain que la démocratie naissante corrigera.

CONCLUSION

La crise économique persiste, les programmes d'ajustement structurel se poursuivent et la démocratisation, sous-tendue par le multipartisme et présentée comme une panacée universelle, ne semble pas apporter de véritables solutions aux multiples et complexes problèmes de développement tant du Burkina que de l'Afrique en général.

Les développeurs se rétractent, laissant les pays africains face à eux-mêmes : ils leur indiquent par le fait même, une voie de développement à suivre, soit la leur propre. Et le recours aux sociologues et aux anthropologues par ces mêmes développeurs constitue une occasion d'esquisser cette voie de développement.

BIBLIOGRAPHIE

AZZAN, M. (1988). « Crise économique et démocratisation politique en Tunisie, communication sur "l'Afrique face à l'économie mondiale" », 6e Assemblée Générale du CODESRIA, Dakar.

BAYART, J.-F. (1991). « La problématique de la démocratie en Afrique noire, La Baule, et après ? », *Politique africaine*, n° 43.

COMOE-KROU, B. (1991). *Conception de l'État et forme de démocratie en Afrique*, Abidjan, Éditions des Lagunes.

COMOE-KROU, B. (1992). « Simulation de la démocratie et poursuite de l'ajustement structurel en Côte-d'Ivoire », communication sur les dimensions sociales et culturelles du développement en Afrique, Bingerville, 30 novembre - 2 décembre.

KAMBOU, B. (1994). « La constitution burkinabè et l'État de droit », *Constitution et régime politique au Burkina Faso*, Toulouse, Presses de l'Institut d'études politiques de Toulouse.

MÉNARD, J.-F. (1992). *États d'Afrique : formations, mécanismes, crises*, Paris, Karthala.

PROUZET, M. (1977). « Contribution à la notion de liberté publique en Afrique Noire : cas particulier de l'Afrique occidentale », *Mélanges G. Burdeau, Le Pouvoir*, L.G.D.J.

TOULABOR, C.M. (1992). « Quelques réflexions sur les PAS », communication sur les dimensions sociales et culturelles du développement en Afrique, Bingerville, 30 novembre - 2 décembre.

CHAPITRE 3

ENVIRONNEMENT, DÉMOCRATIE, POPULATION : CAS DU SÉNÉGAL

Abdoulaye Sène
Université Cheikh Anta Diop
Dakar

Les thèmes *environnement, démocratie* et *population* apparaissent de plus en plus évidents en Afrique tant le processus de développement est relié aux questions de la gestion de l'environnement, de la démocratisation de la société et du respect des libertés publiques et individuelles. De même, le facteur démographique est évoqué en vue d'éclairer les problèmes de la croissance économique et de la dégradation des ressources naturelles. Les questions ayant trait à la population, aux ressources naturelles et à l'environnement ne peuvent pas être appréhendées en faisant abstraction de leur interdépendance. Au contraire, l'interdépendance de ces questions est devenue plus complexe et transparaît à plusieurs niveaux de développement ; ces niveaux incluent tous des rapports sociaux de sexe et concerne la question du pouvoir.

En ce qui touche la question du développement, nous croyons que le processus même du développement en cours risque aujourd'hui de compromettre de façon durable la qualité de l'environnement. Si on ne réajuste pas rapidement nos comportements, ce processus peut mettre en péril les identités culturelles, les représentations actuelles, et la dignité humaine tout court. Nous sommes donc tenus de déterminer la place de l'environnement dans la démocratisation des sociétés africaines en développement au moment où celles-ci doivent trouver la stratégie de conciliation entre modernisation et démocratisation.

Afin de conquérir de nouveaux espaces de liberté, les luttes sociales et politiques s'alimentent de préoccupations qui relèvent de deux ordres : premièrement, la protection de l'environnement, et deuxièmement, la prise en compte d'une gestion plus efficiente des ressources naturelles. En outre, nous sommes d'avis que l'évolution de la conscience environnementale qui se dégage du constat des problèmes découlant du sous-développement, exige une responsabilisation sociale et civique accrue de la part des citoyens. Le degré de perception au regard de la qualité de l'environnement chez les populations indique la nature des problèmes d'éducation de celles-ci en cette matière.

Une nouvelle citoyenneté, en réaction à la dégradation de l'environnement et à l'exclusion sociale, est en train de s'élaborer. Cette prise de parole réclame une intervention des acteurs individuels et collectifs dans le processus de prise de décision ainsi que leur participation à ce même processus. C'est en ces termes que la démocratisation vole au secours de l'environnement, c'est-à-dire par le moyen d'une approche participative vécue de façon consciente et responsable.

Compte tenu des considérations précédentes, nous estimons que les objectifs de la politique de développement et la protection appropriée de l'environnement doivent conduire à une amélioration du bien-être et satisfaire les besoins des générations actuelles, sans compromettre la possibilité de répondre à ceux des générations futures (Commission mondiale sur l'environnement et le développement, 1989). Ainsi, le développement durable ne saurait se manifester concrètement en écartant les libertés publiques et individuelles, de même qu'en aggravant l'exclusion sociale et la négation de la marginalité.

Nous limiterons notre propos à la situation sénégalaise en étant conscient que nos autres collègues, africains en particulier, pourront faire le rapprochement entre cette situation et la leur. L'articulation des thèmes *environnement, démocratie* et *population* soulève d'emblée la problématique du développement sur les plans économique, politique, culturel et social du continent africain. La banqueroute des économies africaines est de nature similaire dans l'ensemble des pays de l'Afrique au sud du Sahara, et communément partagée par ceux-ci, à l'exception de la République sud-africaine.

Nous aborderons trois points que nous considérons comme des moyens-clés pour sortir du sous-développement : la protection de l'environnement, la démocratisation du pouvoir et de la société, ainsi que les figures d'une nouvelle citoyenneté de partage des responsabilités. Pour notre part, la participation des populations à la prise de décision, en conformité avec la philosophie de l'environnement, et les luttes pour la démocratisation à la fois de la société et des rapports de pouvoir au sein de la société, constituent les approches stratégiques de la planification du développement durable.

SOUS-DÉVELOPPEMENT ET DÉGRADATION DE L'ENVIRONNEMENT

Il est inconcevable, de nos jours, d'amorcer un développement économique durable sans garantir une base de ressources naturelles et un équilibre écologique stables. Sur le chemin de la lutte pour sortir du sous-développement, se présente pour l'Afrique un défi majeur, celui de savoir comment éviter la dégradation de l'environnement qui menace d'accompagner la croissance économique. Les formes courantes de gestion des ressources naturelles renouvelables (l'eau, le foncier, les forêts, l'élevage, la faune sauvage et les pêcheries) sont de plus en plus remises en question dans le cadre des modes d'appropriation, des droits de propriété et des processus de décision.

Caractéristiques du sous-développement

Les manifestations de la dégradation de l'environnement ont frappé avant tout le monde rural ; on a incriminé surtout l'inaptitude du paysan pour s'adapter à l'économie moderne ou l'activité des femmes dans la production et la reproduction de la vie en tant qu'agents de dilapidation des ressources naturelles. Des millions d'êtres humains en Afrique ne disposent ni d'un logement décent ni de revenus permanents et stables. En ce sens, les problèmes de survie immédiate se posent au quotidien et sous des formes multiples. La logique cruelle de la pauvreté, qui s'exprime en besoins à court terme, ne laisse à des populations démunies et défavorisées d'autre choix que la dégradation de l'environnement. Les écosystèmes appauvris ont moins à offrir aux populations et la dégradation des ressources naturelles, en retour, perpétue le processus de paupérisation.

Le fardeau de la dégradation de l'environnement et de la misère repose sur les épaules des femmes rurales alors que l'accès, pour une grande partie d'entre elles, aux ressources naturelles comme l'eau, le foncier et l'énergie est en fait de plus en plus limité. Le problème des liens qui existent entre l'énergie, le travail des femmes et l'environnement n'est une préoccupation véritable ni pour les politiques énergétiques ni pour celles du développement rural en général (Cecelski, 1987, p. 43-71).

Malaise paysan et survie des collectivités rurales ont signé la fin des illusions de l'après-indépendance (1970-1980). L'expérience quotidienne de la crise du développement économique et social par les populations laborieuses des villes et des campagnes est jalonnée de problèmes cruciaux en matière d'environnement, à savoir : appauvrissement des écosystèmes, crise énergétique, pollutions diverses, accidents industriels, insécurité urbaine. En outre, la fréquence des pénuries de nourriture a fragilisé l'état nutritionnel et la santé de la famille.

La sécheresse a amplifié le phénomène de la banqueroute économique, et les mesures d'intervention, ou ce qui tient lieu de « politiques », s'orientent vers la gestion des ressources naturelles, plus particulièrement des forêts. Les aléas climatiques et le cycle sec ont augmenté fortement la pression sur les ressources stratégiques ; la croissance démographique dans ce contexte peut être déterminante, elle peut être un facteur négatif de pénurie de terres comme elle peut amener une régression de l'érosion des terres[1].

Compte tenu de ce qui précède, un nouveau regard s'impose sur le statut de la terre et des ressources naturelles. C'est dans cette optique que le Sénégal a adopté et appliqué, depuis plusieurs années, un cadre législatif et institutionnel pour une gestion décentralisée des ressources naturelles (la *Loi sur le domaine national* en 1964 et la *Loi sur l'administration locale et territoriale* ayant trait au décret de 1972). Cette nécessaire étape consiste en un double processus : d'une part, le partage des rôles entre l'État et les collectivités locales, et d'autre part, la décentralisation des droits et des

1. Pour l'exemple du cas du district de Machakos au Kenya, voir TIFFEN *et al.* (1994).

responsabilités sur les ressources ; ce processus long et complexe demande de l'engagement, de la préparation, de l'appui et du suivi.

Le cadre de gestion macroéconomique a une influence sur la gestion des ressources naturelles et la tenure foncière des terres, de même qu'il ne peut se dissocier du processus de décentralisation ; la précarité croissante des droits d'occupation débouche ici et là sur une problématique de la sécurisation foncière. La maîtrise de l'homme sur les ressources foncières et les pratiques de gestion, qui lui sont associées, peuvent être durablement affectées par les spéculations, comme le montre l'importance que revêt la culture de l'arachide dans l'agriculture sénégalaise.

La désertification, expression d'un traumatisme écologique, est-elle irréversible ? L'agriculture est la principale source de croissance de l'Afrique subsaharienne, et malgré les contraintes écologiques, les possibilités d'accroissement de la production agricole sont considérables. Les nouvelles politiques agricoles mises en oeuvre çà et là s'orientent vers l'autosuffisance alimentaire sur la base d'une stratégie de diversification, d'intensification et de libéralisation tant du marché que de la production agricole ; ce qui n'est pas sans danger pour l'environnement.

Les obstacles structurels au développement rural sont encore considérables et, pour les surmonter, des efforts à long terme doivent être entrepris. Ceux-ci doivent viser, dans une large perspective, à valoriser les ressources humaines, à protéger l'environnement, à réduire le croît démographique et à accélérer le rythme de progrès dans l'agriculture.

L'exode rural et les stratégies de survie, comme processus sociaux et comportements de population contre la dégradation, vont alimenter une urbanisation qui atteint très rapidement ses limites. La faible industrialisation n'a pas empêché une pollution intense née de l'urbanisation ; les problèmes de terres, d'énergie et la gestion de l'eau affectent gravement l'environnement. Le système urbain, en raison de l'absence d'une politique d'assainissement cohérente et d'une insuffisance d'infrastructures de voirie, devient producteur de polluants et de déchets, mais de moins en moins producteur d'aménités.

Dans les villes, les ménages ont envahi l'espace public en s'appropriant la rue comme lieu de vie et de décharge des déchets. Les activités économiques et la consommation des ménages, par effets combinés et cumulés, contribuent à la pollution de l'eau, de l'air et des sols. Des questions lancinantes de coûts, quant à la protection de l'environnement et à la dotation d'équipements urbains, ont émaillé les tentatives de gestion de l'environnement urbain ; c'est ainsi que dès les années 1960, le Conseil municipal de Dakar élaborait déjà un projet d'usine de traitement des déchets, projet remis au goût du jour en 1995, mais qui n'est toujours pas réalisé.

Les sociétés d'économie mixte (Soadip et Sias) ont perdu le monopole de l'enlèvement des ordures. Ce sont maintenant des comités d'assainissement de quartier et des groupements d'intérêt économique qui sont responsables du système de gestion des ordures. Après les trépidantes opérations « coups de poing » et diverses augias, on s'achemine vers la gestion autonome et localisée des ordures.

Devant l'incurie de la société mixte de gestion des ordures – conflits sociaux au sein de l'entreprise et litiges entre la municipalité et la société – le système de ramassage a été confié à de multiples acteurs dont des jeunes, des exploitants privés et individuels qui utilisent des camions-bennes ou des charrettes. Les jeunes se sont organisés en coordinations d'associations locales sportives et culturelles (les Camcud) en vue d'assurer l'enlèvement des ordures. Tout ceci ne constitue que des solutions d'urgence, en somme, provisoires. Aucun système de traitement ou de recyclage des déchets n'est organisé dans la plupart des villes africaines ; les dépotoirs ne sont que des décharges contrôlées, et y vit une population flottante très importante qui s'adonne à la récupération.

Pollution, nuisances et exclusion sociale singularisent les villes africaines en expansion entre 1980 et 1990 ; rien qu'au Sénégal, le taux d'urbanisation se situe à 40% et les villes se situent sur le littoral, suivant une ligne Saint-Louis-Ziguinchor qui laisse un arrière-pays vide, non intégré. L'Afrique subsaharienne, au début de la décennie de 1980, comptait 12 villes de plus d'un million d'habitants (20% de la population urbaine totale), 161 villes de 100 000 à 1 million d'habitants (soit 38%) et près de 2 700 villes de 5 000 à 100 000 habitants. La répartition des sites urbains reflète largement la caractéristique de la répartition spatiale actuelle du développement. L'armature des systèmes urbains très modeste s'est mise en place dans un très court laps de temps entre 1950 et 1980.

La faillite du système économique, politique, culturel et social, que tentent d'adoucir les politiques d'ajustement structurel, a engendré d'importants problèmes d'environnement : appauvrissement des écosystèmes, désagrégation du tissu social, croissance démographique urbaine et dépeuplement des campagnes, pauvreté et exclusion sociale, crise énergétique, pollution et nuisances sous toutes les formes, accidents industriels et catastrophes naturelles.

À la dégradation du couvert végétal, s'ajoutent la pollution du littoral et la dilapidation sans retenue des ressources halieutiques. Les innombrables pertes de vies humaines au cours de la pêche maritime piroguière ainsi que l'inadmissible déversement en mer d'énormes prises accessoires de la pêche industrielle n'ont pas encore forcé les pouvoirs publics à reconsidérer la politique de gestion des ressources halieutiques. On frise le collapse des stocks des fonds marins, et à l'avant-scène, se déroule une série de conflits entre d'une part les communautés locales de pêcheurs en mer, et d'autre part entre les pêcheurs et la flottille industrielle.

La troisième décennie de la post-indépendance inaugure une nouvelle stratégie de contournement et de contestation du pouvoir étatique en place ; les états généraux de l'économie, de l'éducation, en particulier, les conférences nationales ou les concertations entre partenaires sociaux constituent l'expression d'un besoin réel de démocratisation de la société. L'intervention significative de la société civile dans ce processus témoigne de la volonté d'un renouveau. L'appel à la démocratie profite à l'environnement avec l'initiation des plans nationaux d'action environnementale (Lô et Sène, 1993).

Inévitablement, l'urgence de cerner les causes de la dégradation de l'environnement, ainsi que les solutions qu'elle requiert au Sénégal imposent de saisir les interactions entre le rural et l'urbain, et d'intégrer dans la gestion de l'environnement les éléments subjectifs tels que les droits de l'homme et du citoyen.

Un secteur informel, non structuré et non prévu est entré dans l'économie de marché

L'économie africaine, réelle et largement dominante, est informelle ; elle est faite de réseaux et de structures qui échappent à la logique de captation du pouvoir politique en place et de l'économie de rente. Ses mécanismes d'intégration à l'économie-monde remettent en question les rapports de l'État avec l'extérieur qui, lui, se trouve en concurrence avec les institutions non gouvernementales et la coopération décentralisée. L'économie informelle n'est pas marginale, elle est la norme. Dans l'évolution économique, elle correspond au stade actuel de développement du capitalisme sur le continent africain.

La libéralisation, que recherchent les politiques d'ajustement structurel, vise surtout à affaiblir les connexions et les monopoles du pouvoir central. La libéralisation ne concerne pas l'économie informelle, endogène ; elle intéresse l'économie moderne qui doit se démarginaliser par le désengagement de l'État. L'économie informelle constitue la caractéristique sociale dominante et l'acteur économique majoritaire de la société civile ; il a constamment détourné les règles du jeu de la technocratie.

L'économie parallèle, soit informelle, se révèle plus efficiente parce qu'elle s'appuie sur des structures et des logiques communautaires qui n'entravent ni le développement du libéralisme ni l'émergence du citoyen. On observe une « informalisation » des activités dans des secteurs tout nouveaux de l'économie moderne, tels la bureautique, l'informatique, la téléphonie, et même du secteur minier et ce, par la création de micro-entreprises (groupements d'intérêt économique, PME et PMI). Ainsi, en matière d'économie informelle, le processus de modernisation est en œuvre à la fois sur les plans économique, social, technique et culturel.

La culture des relations sociales ne doit pas être vue comme un obstacle à l'entrepreneurship ; c'est tout le contraire que prouve le dynamisme de la fraction de la force de travail immigrée et des opérateurs économiques de l'import-export du secteur informel, c'est-à-dire non structuré. Sur le plan interne, les stratégies de mobilisation de l'épargne domestique se fondent sur des pratiques traditionnelles de crédit et de mutuelles (tontines) dont l'impact économique montre la profonde incapacité de l'État africain contemporain à offrir des produits financiers productifs autres qu'une fiscalité pénalisante au point de vue des impôts et des taxes.

Fait alarmant, l'Afrique est devenue un terrain d'élection du commerce tant des déchets industriels, des produits périmés et frelatés que des technologies obsolètes, voire impropres. La crise de gestion des sociétés industrielles a conduit à un développement des exportations de déchets en Afrique. Le secteur informel d'import-export, en particulier, évolue dangereusement dans ce commerce au détriment de la santé et de la consommation, et il met ainsi en péril la sécurité des populations. Le « désordre macroéconomique » actuel ne peut justifier l'acceptation de coûts externes, environnementaux et des risques industriels graves pour les populations par l'implantation d'activités incommodes, insalubres et dangereuses.

Les déchets importés sont divers et variés : ils vont des déchets toxiques et des produits radioactifs, des cendres d'incinération et de mâchefer, des stocks de viande contaminés et des pesticides pour l'agriculture, aux médicaments pour la santé humaine.

CROISSANCE DÉMOGRAPHIQUE ET GESTION DES RESSOURCES NATURELLES

Les écosystèmes et les ressources naturelles ont longtemps conditionné l'évolution des populations ; cette tendance s'est progressivement inversée et l'avenir de notre planète dépend de plus en plus des attitudes et des comportements des populations. La variabilité sociale des ressources démographiques est plus courte et plus aléatoire que la variabilité des milieux naturels ; les temps de réponse aux changements entre l'homme et la nature ne sont pas du même ordre.

Les sociétés africaines contemporaines restent encore largement rurales et dépendent pour leur survie très fortement du capital naturel. Sociétés agraires par excellence, les populations ont vu reculer leur capacité à se nourrir elles-mêmes, et malgré cela, près des deux tiers des populations continuent de tirer leur revenu de l'exploitation des ressources naturelles. On se rend compte que leurs besoins vitaux sont en concurrence avec les demandes de l'économie d'exportation.

L'Afrique se nourrit de moins en moins de ses ressources naturelles propres ; ses villes sont alimentées en nourriture par le commerce international, et ses campagnes rurales sont obligées de se livrer à une économie de prédation et à une agriculture minière qui ne cessent d'accroître l'érosion et la pression sur les ressources naturelles. Les terres se dégradent et les conflits fonciers se multiplient là où la gestion des terres relevait de pratiques coutumières traditionnelles.

La dépendance du continent sur le plan des ressources naturelles est forte, bel et bien réelle, et profonde ; l'économie africaine n'a pas encore atteint le niveau d'artificialisation des sociétés modernes. Cependant elle bute contre des problèmes d'environnement, tels la déforestation, la dégradation des terres, la perte de biodiversité, et le manque d'accès à l'eau potable ; tous ces problèmes combinés avec des changements climatiques, soit la sécheresse.

Cette situation engendre une pauvreté économique et sociale massive, de même qu'une croissance démographique alarmante au point que l'on admet d'avance perdue la lutte pour la survie de la grande majorité des populations africaines : « the struggle for survival of those who depend upon natural resources of food, fuel, water and building materials seems doomed to fail » (Dankelman et Davidson, 1988, p. 131-132). L'effet sur l'environnement est nettement visible, aveuglant au point de dissocier environnement et développement.

Le sous-développement du continent s'est accompagné d'une dégradation sans commune mesure des ressources naturelles et de l'environnement, et en même temps, tout souci de protection de l'environnement a été considéré comme du superflu, voire un luxe. Les besoins et les aspirations d'une population qui augmente, doivent se concilier avec les impératifs écologiques quand, au même moment, la pollution de l'environnement et la dégradation des ressources naturelles s'accroissent selon des proportions identiques.

La gestion des ressources naturelles par les populations rurales est devenue problématique du fait que l'agriculture n'assure plus un revenu décent ; les prix agricoles ont chuté. On note une profonde détérioration des conditions de vie et de travail dans le secteur de subsistance des campagnes. Une bonne fraction de la paysannerie a été contrainte de prendre le chemin de l'exil, laissant avancer le désert derrière elle. Ce processus d'exode, qui concerne des générations de migrations, va gonfler les villes indolentes à les accueillir et incapables de leur offrir le progrès social attendu de la civilisation urbaine.

L'économie informelle est alimentée par un important volant de force de travail libre, un réservoir de main-d'œuvre qui ne serait possible sans une croissance démographique haute. C'est en fait, par sa nature, que la croissance démographique actuelle arrive à compenser les forts taux de mortalité générale et de mortalité infantile. Avec une espérance de vie la plus basse du monde, c'est par une telle croissance démographique que l'Afrique n'est pas devenue un continent vide.

C'est sur une très longue période, et plus qu'aucune autre région du monde, que l'Afrique a exporté ses ressources naturelles et humaines. Contrairement à la transition démographique européenne du XIXe siècle, l'Afrique devra compter sur son propre génie pour gérer le « surplus » de population vu la présente croissance démographique. Ici prend tout son sens l'idée galvaudée d'une « Afrique sous-peuplée, sous-polluée » au revenu par tête d'habitant le plus faible de la planète.

Il est admis que la croissance de la population tombe à mesure que s'améliorent les conditions de vie, et qu'un véritable développement urbain, qui réduit la pauvreté, s'appuie sur une baisse du taux de fertilité. Toutefois le processus d'urbanisation en cours pose problème à un moment où la nécessité d'accélérer le taux d'urbanisation est cruciale en Afrique. La civilisation urbaine, et le système environnemental urbain qui en découle, prédisposent les populations à des attitudes nouvelles, à des mutations sociales, à un éveil de conscience, à l'innovation et au changement qui améliorent la qualité de vie de celles-ci.

Devant la globalisation des marchés et le renforcement des blocs régionaux, faut-il craindre plus la dégradation des ressources naturelles imputable à une prétendue croissance démographique, que celle engendrée par la compétition tant commerciale, financière que culturelle et aussi par une révolution scientifique et technologique qui, elles, cultivent l'exclusion sociale et la pauvreté ? Faut-il accorder à la croissance démographique ou au commerce international le même prix écologique ?

Le rapport de la Banque mondiale (1989, p. 29) sur l'Afrique subsaharienne nous fournit les données suivantes :

> (...) on a constaté une diminution de la proportion de la population sachant lire et compter, correctement nourrie et en bonne santé, ce qui a eu un impact négatif sur la productivité à long terme. Même si la forte croissance démographique contribue au déclin du revenu par habitant, l'explication n'en est pas suffisante. Un facteur crucial est le faible taux de croissance du PIB,

qui découle lui-même de la baisse des taux d'investissement et du rendement médiocre des investissements.

L'Afrique ne profite pas des richesses de son sol, de son sous-sol, de ses mers, de ses forêts, de ses potentialités touristiques et culturelles mais pis encore, elle ne valorise pas ses ressources humaines. Nous assistons à une dilapidation sans précédent des ressources naturelles de l'Afrique par le commerce international, et le continent demeure toujours marginalisé dans ce commerce. Dans un quart de siècle, l'Afrique comptera 1,5 milliard de consommateurs ; ce n'est pas un handicap, c'est une force sur laquelle il faudra savoir compter. Le plus grand nombre de consommateurs est la source de vitalité de l'économie de marché.

Les établissements humains jouent un rôle essentiel et une fonction non négligeable dans le développement socio-économique ; la transition vers le développement durable se joue dans le passage d'un statut de ville parasite à un statut de ville génératrice (pour reprendre la distinction de Bert Hoselitz en 1955). La population rurale africaine au sud du Sahara atteindra son maximum vers 2040 avec 419 millions de personnes, date à partir de laquelle l'évolution de l'agriculture, des structures foncières, des agrosystèmes se fera à population décroissante.

Une politique de développement endogène durable pourrait trouver de véritables atouts dans une croissance démographique positive et maîtrisée. La modernisation de l'économie africaine s'invente et se développe à partir des stratégies de l'informel. L'Afrique souffre d'un taux de scolarisation très faible et d'analphabétisme élevé, d'un déficit au point de vue des moyens de communication, de même que d'un sous-équipement en infrastructures ; ces lacunes, par ailleurs, ont des conséquences sur la situation politique.

ENVIRONNEMENT ET DÉMOCRATIE PARTICIPATIVE

En matière de gestion de l'environnement, si la politique de l'environnement est une obligation d'État, il va sans dire que la protection de l'environnement reste, de prime abord, un devoir et une responsabilité des citoyens, et par conséquent, une action civique à inculquer et à développer par l'éducation auprès des populations ; ces dernières s'investissent sous des formes variées dans la lutte pour assainir et maintenir propre leur milieu quotidien. L'amélioration de l'environnement se manifeste par un cadre de vie sain, un logement adéquat, un approvisionnement en eau potable, une énergie économique et propre pour les ménages, des systèmes d'assainissement et d'évacuation des déchets, ainsi que leur élimination conformément aux normes d'hygiène ; ce qui est loin de correspondre à la réalité.

Des politiques avisées et des institutions solides doivent se mettre en place pour lutter contre la pollution de l'environnement et la dégradation des ressources naturelles. Malheureusement, l'État n'a pas brillé dans l'acquittement de cette obligation et les institutions tant municipales que rurales se sont montrées encore moins efficaces dans la gestion de l'environnement urbain et des terroirs. L'insalubrité est devenue permanente dans les villes, et les autorités municipales avouent leur échec concernant le problème des ordures, de même que leur incapacité à rendre les villes propres.

La municipalité, instance du pouvoir local, s'est révélée étrangère aux problèmes vécus par les citadins et distante envers eux ; elle s'installe dans une position de prédation des ressources locales (Diop et Diouf, 1993). Les collectivités rurales, rachitiques de formation, ne détiennent pas les moyens de leur croissance, tels un plan de développement local, des institutions de base, des instruments de gestion et de contrôle, des ressources financières définies et visibles.

Pouvoir central et pouvoir local, urbain en particulier, par le jeu d'inféodation de celui-ci à celui-là, ont longtemps empêché une participation directe ou influente des populations à la gestion des affaires publiques. C'est par le biais, entre autres, des questions d'environnement, d'hygiène et d'assainissement des établissements humains que les populations vont prendre langue avec les autorités, non pas par le truchement des urnes, mais, dans la rue, au quotidien. L'opération en vue d'un environnement local propre concernant la rue et de quartier ou « set-sétal » au Sénégal, a constitué pendant un certain moment un enjeu politique, certes provisoire, entre l'État et la société civile.

Les déchets des ménages et les nuisances qu'ils occasionnent, du fait qu'ils jonchent la voie publique, constituent le motif de contestation, mais aussi de négociation entre le pouvoir central ou local et l'imposante fraction de la population qu'est la jeunesse en quête d'avenir et de travail. À cet égard, des coopératives de ramassage des ordures se créent ici et là : par exemple, le projet pilote de gestion des ordures à Cotonou, ou bien des initiatives qui intègrent des activités à bon coefficient environnemental, se déploient en milieu urbain, notamment la coopérative des femmes pour l'éducation, la santé familiale et l'assainissement au Mali.

Cependant les moyens envisagés pour une nouvelle gestion se heurtent à des incohérences entre le code de l'hygiène, la politique municipale et l'investissement des populations en matière de contrôle social de l'espace urbain. Les difficultés de ramassage des ordures ont occasionné un renchérissement du prix du sable de mer pour la construction ; les camions de transport de sable louent leurs services à prix fort pour évacuer les ordures étalées dans les grandes artères de la ville, ce qui a fait doubler le prix du sable en moins d'une année. Les enfants de quartier s'improvisent en brigades de nettoiement de l'ensablement des rues et en arrivent à rançonner les automobilistes.

La centralisation du pouvoir politique et du pouvoir économique a institutionnalisé le « fait autoritaire », et c'est dans les voies de l'« informel » et de l'« associatif » que les populations vont trouver les moyens d'influencer, de tout leur poids, la gestion de la chose publique. Le mouvement associatif a très rapidement comblé les absences ou les fuites de l'État à tous les niveaux : 1) les niveaux national et régional qui incluent les associations de défense du consommateur et de protection de l'environnement, de même que des amis de la nature ; 2) le niveau urbain qui touche les comités de rénovation de ville ou de quartier, les associations culturelles et sportives, ainsi que les regroupements d'affinité ethnique ou géographique ; 3) le niveau rural qui concerne les foyers, les associations villageoises de développement, les organisations paysannes fédératives et les associations de ressortissants.

La démarche participative, qui anime le courant associatif, montre bien la volonté d'engagement des populations à respecter leurs cultures, à défendre leur identité et à protéger l'environnement ; les préoccupations environnementales sont entrées dans l'univers politique, dans les relations entre le pouvoir et la société. La dimension démocratique n'est pas du reste absente de la philosophie écologique. De fait, le recours à la concertation pour l'élaboration de plans d'action environnementale, l'institution d'audiences ou d'enquêtes publiques pour l'évaluation d'impact sur l'environnement composent les facettes de l'ancrage de la stratégie de planification environnementale dans la démocratie.

Quant aux politiques d'environnement, celles-ci s'insèrent dans un processus de démocratisation qui implique le citoyen dans le système de prise de décision. Comme nous le savons, la gestion de l'environnement et la mise en valeur des ressources naturelles visent la satisfaction de la totalité des besoins de la société. Nous constatons aussi que la défense de l'environnement, pour une gestion efficiente des ressources naturelles, s'accompagne de luttes sociales en vue de conquérir de nouveaux espaces de liberté. Ainsi, l'organisation de la vie politique nationale et le degré d'intégration des forces vives dans le processus de prise de décision influent beaucoup sur l'état et l'évolution des ressources et, par conséquent, sur la qualité du développement économique atteint.

Les stratégies de gestion de l'environnement et des ressources naturelles n'ont pas obéi à une volonté politique et à une logique internes propres à l'État en Afrique ; elles ont été conçues par la technocratie internationale à un moment où les populations africaines, sous des formes diverses, réclament plus de liberté et revendiquent leur implication dans la gestion des affaires et des ressources naturelles. Dans ce contexte, la gestion de l'environnement ne pouvait passer pour crédible sans le recours à la participation des populations.

Les stratégies de conservation de la nature, y compris les plans de lutte contre la désertification, tournent le dos progressivement aux solutions dirigistes et adoptent la foresterie sociale et rurale ; la gestion des ressources naturelles inclut la sécurisation des droits d'appropriation des populations sur les ressources et la négociation dans les conflits portant sur les ressources. En somme, la législation sur les ressources naturelles est en passe de subir une nouvelle toilette.

Chemin faisant, l'élaboration de plans nationaux d'action environnementale (PNAE) a dû tenir compte de la nature des régimes en place ; elle suscite à la fois la suspicion et l'adhésion du pouvoir étatique. Elle s'est heurtée à une tradition administrative qui ne peut intégrer l'évaluation environnementale qu'au prix de sa propre modernisation. Les PNAE sont intervenus, à la suite des politiques d'ajustement structurel (PAS), dans un contexte de démocratisation à la fois des sociétés et de la culture tant politique qu'économique de l'Afrique ; c'est un processus continu qui implique la majorité des citoyens afin de poser les jalons d'une politique de l'environnement viable.

La planification environnementale en Afrique, à la différence des plans verts en Europe, souffre d'une trop grande dépendance vis-à-vis du financement extérieur, d'une difficile gestion de l'espace consensuel, et par conséquent, d'une faiblesse de volonté politique. Les préoccupations, en matière d'intégration de l'environnement dans le processus du développement économique et social, connaissent un début de solution avec la mise en place d'un ensemble d'institutions et de mesures de conservation et de répression.

Par ailleurs, il n'existe pas de procédure formelle de mise en oeuvre des études d'impact quand bien même on trouve une administration et un code de l'environnement. La mise en place d'une politique nationale requiert la participation des citoyens, du temps et des ressources puisqu'il n'y a aucun secteur d'activité qui échappe à l'EIE (évaluation d'impact sur l'environnement).

Les efforts d'anticipation et de prévention sont encore minimisés, et force est de constater que la pratique systématique de l'évaluation d'impact sur l'environnement – par la création et la planification de projets de développement, de programmes et de politiques – demeure très insuffisante et rudimentaire, faute d'une volonté politique qui en reconnaîtrait la nécessité comme un outil de développement. En ces moments de libéralisation de l'économie et d'une plus grande intervention du secteur privé, la place de l'EIE dans le processus de prise de décision et de négociation n'est pas encore déterminante dans les stratégies de développement.

UNE AUTRE CITOYENNETÉ EN ÉMERGENCE

Les rapports de gouvernance – pouvoir central/pouvoir local, État/société civile/ secteur informel, collectivité/citoyen – sont réévalués à l'aune des enjeux liés à la protection de l'environnement. L'éveil de la conscience écologique a pris les canaux de la contestation de l'ordre social urbain dominant, a investi le cadre de la vie quotidienne. On peut observer une séquence en trois étapes qui va de la lutte contre les pollutions et les nuisances (set-sétal) à des actions de provocation des autorités centrales et municipales (enlaidissement de la voie publique par le déversement des ordures), et finalement, au recours à des structures participatives et à la privatisation de la gestion des déchets.

La question environnementale a dévoilé des vides de contrôle ou des vacances de pouvoir en permanente fluctuation dans l'espace social urbain et national. La gestion des ressources naturelles (foncier, eau, forêts, etc.) est de plus en plus au coeur des préoccupations du pouvoir local, et révèle des conflits d'intérêts très profonds qui témoignent de l'étendue du mouvement de différenciation sociale à la campagne.

Les problèmes d'environnement prennent de plus en plus d'importance dans les affaires locales ; les élections municipales et locales se jouent autour des questions de la participation des populations à la gestion de celles-ci. Ainsi, le député-maire d'une grande ville africaine peut expliquer la mauvaise prestation de son parti au niveau local, durant les élections législatives et présidentielles, à partir des aspects environnementaux.

Une nouvelle citoyenneté, faite de partage des responsabilités et de participation dans la prise de décision, s'élabore à partir d'une large variété de rôles sociaux et politiques. La capacité citoyenne des individus devient l'expression de leur aptitude à construire des espaces de sociabilité et de représentation, de même que les compétences qui lui sont associées. La pression du groupe sur l'individu s'est transformée en promotion du citoyen dans la société civile. On assiste donc à une nouvelle gestion des rapports sociaux autour de la vie quotidienne. Les forces du quotidien désarment et relancent les marges de l'Afrique subsaharienne.

Le respect de la dimension environnementale nécessite la réalisation d'un état de droit et l'enracinement de l'État dans la société ; cela suppose, en tant que citoyens, responsables au présent et devant les générations futures, la volonté d'en arriver à un consensus politique pour informer la population et intervenir librement sur les projets, les programmes et les stratégies de développement.

L'intégration de la préoccupation pour la protection de l'environnement dans le développement apparaît de plus en plus comme une stratégie cohérente et durable. En outre, il ne suffit plus de trouver les voies et les moyens de gérer et de protéger judicieusement les ressources, car le défi environnemental est au coeur à la fois des centres de prise de décision et de l'expression du pouvoir dans la société globale et locale. L'intégration est un processus social d'interactions entre des individus, des groupes, des organisations qui sont animés par des intérêts et qui disposent de ressources, de valeurs et de savoirs différents, voire contradictoires.

Les pratiques des acteurs concernés recouvrent des rapports sociaux (organisations, structures, règles, normes acceptées, légitimées et revendiquées par ces mêmes acteurs) qui se reproduisent dans un espace de plus en plus élargi ainsi que négocié entre l'État et la société civile. L'engagement des populations se perçoit en termes de genre et de citoyenneté.

CONCLUSION

La croissance démographique constitue, sans nul doute, un problème majeur pour le développement économique ; cependant l'obstacle qui nuit considérablement à la réalisation de ce dernier, consiste en la dégradation de l'environnement et en la dilapidation des ressources naturelles. La conséquence redoutable en est la paupérisation grandissante de la plus grande fraction de la population. L'état de pauvreté qui en découle est à la fois, une déchirure sociale, un état de déni de droit, une rupture de solidarité. Une stratégie viable de développement durable pour l'Afrique devrait concilier les aspirations et les besoins d'une population en croissance, les impératifs écologiques de durabilité environnementale et les droits fondamentaux de la personne humaine et du citoyen. Bref, nous en concluons qu'une nouvelle éthique de la qualité de vie est en chantier.

BIBLIOGRAPHIE

BANQUE MONDIALE (1989). *L'Afrique subsaharienne ; de la crise à une croissance durable.*

CECELSKI, E. (1987). « L'énergie et le travail des femmes en milieu rural : la crise, les réactions et les solutions », *Revue internationale du travail,* vol. 126, nº 1, janvier-février.

COMMISSION MONDIALE SUR L'ENVIRONNEMENT ET LE DÉVELOPPEMENT(1989). *Notre avenir à tous*, Montréal, Les Éditions du Fleuve.

DANKELMAN, I. et J. DAVIDSON (1988). *Women and Environment in the Third World, Alliance for the Future.* London, Earthscan.

DIOP, M.C. et M. DIOUF (1993). « Pouvoir central et pouvoir local : la crise de l'institution municipale au Sénégal », dans S. JAGLIN et A. DUBRESSON ; *Pouvoirs et cités en Afrique Noire, décentralisation en question*, Paris, Karthala, p. 101-125.

LÖ, H.M. et A. SÈNE (1993). « Le développement durable en Afrique. La démocratisation au secours de l'environnement », *Écodécision*, nº 10, septembre.

TIFFEN, M., MORTIMORE, M. et F. GICHUKI (1994). *More People, Less Erosion : Environmental Recovery in Kenya*, London, J. Wiley & Sons.

CHAPITRE 4

DYNAMIQUE DE POPULATION ET POLITIQUE D'ÉDUCATION ET DE FORMATION EN CÔTE-D'IVOIRE[1]

Souleymane S. Yeo Ouattara
Université d'Abidjan

LES FONDEMENTS D'UNE POLITIQUE VIGOUREUSE D'ÉDUCATION ET DE FORMATION

Comme nous l'enseigne l'histoire coloniale, la Côte-d'Ivoire dont on ne connaissait aucun passé glorieux à l'instar des contrées sahéliennes, berceau des grands empires, était la dernière née des colonies françaises, en tout cas la benjamine jusqu'au début des années 1920. Aussi n'avait-elle pas fait l'objet d'une attention particulière de la part de la métropole. Ce constat est encore plus manifeste dans le domaine de l'éducation et de la formation.

---

1. Les éléments de cet exposé sont tirés du travail effectué dans le cadre d'un programme du Conseil pour le développement de la recherche économique et sociale en Afrique (CODESRIA) intitulé «Politique de population, migrations, urbanisation et crises des zones rurales en Afrique au Sud du Sahara», – initié dans huit pays africains dont la République centrafricaine, le Congo, la Côte-d'Ivoire, le Lesotho, le Nigéria, le Sénégal, la Tanzanie et la Gambie. Des équipes pluridisciplinaires y ont travaillé d'octobre 1986 à juillet 1989 avec un double objectif : d'une part, parvenir à une meilleure connaissance des liens entre la dynamique de la population africaine, les politiques de développement et le processus d'urbanisation, et d'autre part, faire des propositions d'action en vue de résoudre les problèmes identifiés.

De ce fait, au moment de l'indépendance en 1960, la Côte-d'Ivoire ne comptait pas plus de trois licenciés universitaires. La plupart de ceux qui étaient les intellectuels de l'époque venaient des autres colonies comme le Dahomey (l'actuel Bénin), le Togo et le Sénégal. Ainsi lors de l'indépendance, les toutes nouvelles autorités nationales vont faire de l'éducation et de la formation leur cheval de bataille en élevant l'éducation au rang de la priorité des priorités. Cette volonté se traduira aussi par l'octroi de moyens financiers importants – plus de la moitié des budgets annuels – et par une politique énergique de recrutement des formateurs qui feront se côtoyer dans les structures d'éducation et de formation, non seulement des coopérants français, mais aussi africains venus de divers pays, attirés par les salaires mirobolants ayant cours dans le secteur de l'éducation nationale.

Cette politique éducative devait être menée en relation avec une dynamique de population, ce qui constituera plus tard un des avatars de la stratégie qui n'avait pas tenu compte de l'explosion démographique de la Côte-d'Ivoire. Il en est de même d'un paramètre idéologique oublié : l'école comme source fondamentale de promotion sociale dans une société en quête effrénée de modernité.

Trois thèmes ont été retenus dans une perspective comparative et historique, à savoir :
- interaction de la dynamique de population et des politiques de développement;
- migrations et politiques sectorielles d'éducation, de formation et d'emploi;
- migrations, urbanisation et politiques de développement.

L'ensemble des travaux a été publié dans la «Série des livres du CODESRIA» sous le titre «Migrations et urbanisation au sud du Sahara. Quels impacts sur les politiques de population et développement» sous la direction conjointe de T.O. Fadayomi et de Moriba Touré. Ce dernier a en même temps assuré la coordination scientifique de l'équipe ivoirienne, dont il a été lui-même membre à part entière, en plus de Elizabeth Annan-Yao et de Souleymane Ouattara. Après ces précisions d'ordre général, soulignons qu'il nous revenait de traiter du deuxième thème portant sur la dynamique de population et la politique d'éducation, de formation et d'emploi.

DYNAMIQUE DE LA POPULATION IVOIRIENNE

Plus que la plupart des pays de la sous-région, la Côte-d'Ivoire, à partir de 1960, connaît une explosion démographique imputable à la fois au taux d'accroissement naturel très élevé (lui-même dû au progrès de la médecine infantile et maternelle dans un contexte d'idéologie pro-nataliste) et un important apport migratoire – la Côte-d'Ivoire étant devenue l'Eldorado de l'Afrique de l'Ouest. Ainsi la population a triplé de 1960 à 1988 en passant de 3 865 000 à 12 000 000 environ. La population d'origine étrangère représente à peu près le tiers de la population totale.

Le taux d'accroissement naturel de 2,5 % est le résultat d'un taux de natalité autour de 5,1 % et d'une baisse de la mortalité descendant à 2,6 %. Avec l'apport migratoire étranger[2] de la population actuelle, la progression annuelle est de 4 %. Ce qu'il faut noter ici, ce n'est pas le volume de la population en tant que tel, mais le rythme exponentiel de l'augmentation de la population qui a fait d'un pays peu peuplé avant les années 1950 une des plus grandes concentrations humaines de la sous-région.

Un autre fait encore plus intéressant à signaler est la structure des âges qui se révèle en rapport direct avec notre thème de l'éducation et de la formation. Le renflement de la base indique bien que la proportion des jeunes est très importante. Les jeunes de moins de 20 ans représentent plus de la moitié de la population. Quant à ceux de moins de 14 ans, ils constituent 47 % de la population de nationalité ivoirienne et 36 % de la population étrangère[3].

Ces quelques statistiques évoquées témoignent du dynamisme démographique de la Côte-d'Ivoire dont une des conséquences est l'extrême jeunesse de la population ; celle-ci a besoin d'être éduquée et formée. Toutefois la stratégie et les structures répondent-elles à ce besoin ?

---

2. Cf. Institut national de la statistique. *Recensement général de la population et de l'habitat* (R.G.P.H.), 1988, Séminaire de présentation des résultats, Abidjan, octobre 1989.
3. Cf. Direction de la statistique et de la comptabilité nationale. *Principaux résultats du recensement 1975. Côte-d'Ivoire entière.* Abidjan, juillet 1978.

LES SYSTÈMES D'ÉDUCATION ET DE FORMATION EN CÔTE-D'IVOIRE

En Côte-d'Ivoire comme dans les autres pays africains francophones, il y a deux systèmes d'éducation : le système dit informel, propre à l'Afrique, et le système formel hérité de la colonisation. Le dernier système qui nous intéresse ici a surtout trait à l'éducation formelle donnée à l'école. Ainsi apparaît-il, selon Le Than Khoi (1988, p. 16-19), comme « le système d'enseignement institutionnalisé, chronologiquement gradué et hiérarchiquement structuré qui s'étend de l'école primaire à l'université ».

Le système comprend en réalité deux volets :

- l'enseignement général assuré et géré par le ministère chargé de l'enseignement primaire, et puis le ministère de l'Éducation nationale chargé de l'enseignement secondaire et supérieur ;
- la formation professionnelle et technique sous la tutelle du ministère de l'Enseignement technique et de la formation professionnelle.

Selon les exigences politiques et la disponibilité des moyens financiers, les structures de tutelle ont été soit éclatées, soit regroupées dans de superministères de l'Éducation nationale.

L'enseignement général comprend trois niveaux : le primaire qui s'étend sur six ans ; le secondaire sur sept ans et le supérieur dont la durée varie de deux à huit ans selon les spécialités et les types d'enseignement. Parmi ces types d'enseignement, notons, entre autres, ceux à caractère littéraire et scientifique ayant trait à la société, au droit, à l'économie, à la médecine, à la pharmacie, à la terre.

Le niveau primaire, dont la mission est de transmettre des connaissances élémentaires, mène à l'obtention du Certificat d'études primaires élémentaires (C.E.P.E.) à la fin de la sixième année. Alors qu'il a rassemblé près de 238 000 élèves en 1960, son effectif total est passé à 1 600 000 élèves en 1985. Il faut noter donc qu'en 25 ans, l'effectif a été multiplié par six, ce qui témoigne de l'attrait de l'école pour les Ivoiriens. Le passage des élèves du primaire au secondaire est conditionné par leur admission au concours d'entrée en classe de sixième.

Les établissements du secondaire donnent aux élèves des connaissances générales réparties sur deux cycles dont le second s'étend sur quatre ans (de la sixième à la troisième) et le second sur trois ans (de la seconde à la terminale). Si le premier cycle conduit à l'obtention du Brevet d'étude du premier cycle (B.E.P.C.), le second cycle est couronné par celle du baccalauréat. En 1960, le premier cycle comptait 7 571 élèves et 196 038 en 1984 ; quant au second cycle, ses effectifs sont passés de 755 à 33 870 élèves dans la même période, soit un taux d'accroissement de 17 % (Guirassi, 1985, p. 16-19).

Pour l'ensemble des niveaux primaire et secondaire, le nombre des écoles qui était de 4 807 en 1960, est passé à 5 785 en 1985. Il y a lieu de noter cependant que ce prodigieux développement des effectifs et des écoles a poussé les responsables de l'Éducation nationale à instituer un système d'orientation pour le passage du premier au second cycle, et un autre système pour le passage des bacheliers de l'enseignement secondaire à l'enseignement supérieur (université et grandes écoles).

L'enseignement supérieur général offert dans les facultés (médecine, pharmacie, sciences, lettres et sciences humaines, droit et sciences économiques) relève de l'université. Créée en 1959 sous forme d'écoles (de droit, sciences, lettres et de médecine), l'Université nationale de Côte-d'Ivoire, baptisée ainsi en 1973, s'est développée à telle enseigne qu'elle compte aujourd'hui dans les six facultés susmentionnées, près de 15 000 étudiants et d'un demi-millier d'enseignants. En effet, depuis 1960, le nombre d'étudiants est en constante hausse, car il est passé de 48 à 257 en 1961-62 ; à 8 575 en 1977-1978 ; à 12 755 en 1984-1985 et à plus de 15 000 étudiants en 1988-1989.

Tout comme l'enseignement général (à travers ses effectifs et ses structures), l'enseignement technique et professionnel a aussi connu un grand développement. Il comprend trois systèmes de formation : la formation initiale, la formation continue ou permanente et le système de formation des formateurs.

La formation initiale a pour objectif de former et de promouvoir une main-d'œuvre qualifiée pour le développement des entreprises publiques et privées. Les élèves sont choisis à la fin de leur cycle primaire et à la fin du premier cycle de l'enseignement secondaire. Cette formation comprend quatre niveaux : le premier, d'une durée de deux ans, débouche sur le Certificat d'aptitude professionnelle (C.A.P.) ; le deuxième s'échelonnant sur trois ans, se termine par l'obtention du Brevet d'étude professionnelle (B.E.P.) et on compte seulement une dizaine de diplômés de ce niveau dans le pays ; le troisième niveau, qui débouche sur les métiers de techniciens et de contremaîtres (maîtrise), offre un enseignement à la fois général, théorique et pratique dans les lycées techniques et dans les lycées professionnels. Les établissements reçoivent les élèves de l'enseignement général qui ont en principe obtenu le B.E.P.C.

Dans le pays, on ne comptait en 1985 que trois lycées techniques (ceux d'Abidjan, de Yopougon et de Bouaké) qui n'avaient ensemble qu'une capacité d'accueil de 3 858 élèves. Ceux-ci admettent soit des ouvriers qualifiés en vue de leur perfectionnement, soit des jeunes de 18 à 23 ans ayant atteint dans l'enseignement secondaire général le niveau de la classe de troisième (B.E.P.C.). La formation dans les lycées professionnels mène au Brevet de technicien (B.T.), alors que celle des lycées techniques conduit soit au baccalauréat (série F et G), soit au Brevet de technicien supérieur (B.T.S.). Enfin, la quatrième et la dernière étape de la formation initiale est le niveau des cadres, formation assurée par des institutions d'État et interétatiques.

L'Institut national supérieur de l'enseignement technique (INSET) créé par l'État, regroupe à Yamoussokro et à Abidjan quatre établissements de formation : l'Institut de technologie tertiaire, l'Institut de technologie industrielle, l'École supérieure de commerce (d'Abidjan) et l'École nationale supérieure des ingénieurs de spécialités. Ces établissements sélectionnent leurs candidats sur la base d'un concours parmi les jeunes bacheliers. À ces établissements d'État, il faut ajouter l'École nationale supérieure des travaux publics (ENSTP) de Yamoussokro, l'École nationale supérieure d'agronomie (ENSA), l'École nationale de statistiques et d'économie appliquée (ENSEA), l'École nationale supérieure des postes et télécommunications (ENSPT), l'École nationale d'administration (ENA). Ces établissements sont placés respectivement sous les tutelles des ministères des Travaux publics, de l'Agriculture et du développement rural, de l'Industrie et du plan, des Postes et Télécommunications et de la Fonction publique. Ils admettent des élèves diplômés de niveaux différents et forment soit des ingénieurs, soit des techniciens des travaux publics, agricoles, statistiques), soit des cadres supérieurs et des cadres moyens pour l'administration des postes et télécommunications ou de l'administration civile et financière de l'État.

Enfin, les institutions de formation interétatiques sont au nombre de trois. D'abord, l'École supérieure interafricaine d'électricité de Bingerville (ESIE) dont la capacité d'accueil est de 252 élèves ; ceux-ci proviennent de différents pays africains et sont formés dans trois domaines (génie, techniques et gestion). Ensuite, il y a le Centre africain de management et de perfectionnement des cadres (CAMPEC) et le Centre de formation d'Air Afrique, qui par certains de leurs modules de formation, touchent déjà à la formation continue.

Quant à la formation continue ou permanente en Côte-d'Ivoire, celle-ci relève surtout de l'Institut national de perfectionnement permanent (INPP) comprenant trois établissements qui sont nommément : l'École des techniciens d'encadrement, le Centre d'alphabétisation (Centre Alpha) et le Centre de perfectionnement audio-visuel (CEPAV). Cet institut qui est destiné aux travailleurs, est placé sous la tutelle du ministère de l'Enseignement technique et de la Formation professionnelle. Les trois établissements qui le constituent adaptent la formation des travailleurs en fonction des besoins des employeurs.

D'autres établissements privés et semi-privés s'occupent aussi de la formation continue en Côte-d'Ivoire. Au total, huit établissements dépendent du secteur semi-public et avaient en 1985, une capacité d'accueil de 947 élèves. Les établissements du secteur public, au nombre de 21, avaient en 1985 une capacité d'accueil de 2 080 élèves. On peut également classer parmi ces établissements les Centres de formation d'Air Afrique, celui de la Régie Abidjan-Niger (chemin de fer) et le CAMPEC. En général, dans ces établissements de formation continue, l'enseignement est donné par des professionnels et non des formateurs spécialisés.

La formation des formateurs en Côte-d'Ivoire est assurée par les différents ministères chargés de l'éducation, de la formation technique et professionnelle, par le ministère de la Jeunesse et des Sports. Ainsi, a-t-elle lieu à l'École normale supérieure du ministère de l'Éducation nationale de même que dans les Centres d'animation et de formation pédagogique (CAFOP) du ministère de l'Enseignement primaire, au

Centre national de formation permanente, à l'Institut pédagogique national de l'enseignement technique et professionnel (IPNETP) du ministère de l'Enseignement technique et de la Formation professionnelle, et à l'Institut national de la jeunesse et des sports (INJS).

Comme on le voit, la politique d'éducation et de formation de la Côte-d'Ivoire est caractérisée par la mise en place et ce, à tous les niveaux, de nombreuses structures dont le fonctionnement et la réalisation ont nécessité de la part de l'État des efforts financiers exceptionnels. C'est ainsi qu'en 1984, par exemple, le budget de l'éducation et de la formation représentait 46 % du budget général du pays, comparativement à 17 % en 1960 et 41 % en 1985. En outre, la régulation du système d'éducation et de formation repose essentiellement sur la sélection qui provoque à tous les niveaux des goulots d'étranglement.

Toutefois, l'accroissement exponentiel de la population scolaire et universitaire rend vain et inefficient cet inestimable effort consenti par l'État. Par conséquent, tout le système d'éducation et de formation se caractérise par de nombreuses et graves tares dont :

- une dispersion des structures et une multiplicité de tutelles ;
- la disparité dans la répartition des écoles, et donc, des taux de scolarisation sur l'étendue du territoire ;
- un contenu d'enseignement et des objectifs non adaptés aux réalités et besoins du pays ;
- la surcharge des classes ;
- de nombreuses déperditions.

LES TARES DU SYSTÈME D'ÉDUCATION ET DE FORMATION IVOIRIEN

Chacune des tares mentionnées ci-dessus comporte de nombreuses conséquences aggravant l'inefficience du système et de la politique qui gère ce dernier. En effet, la dispersion des structures et la multiplicité des tutelles rendent inefficients le contrôle et l'harmonisation du système, et constituent la première tare du fait des conflits de compétence entre les différents ministères en quête de gros budgets.

Quant à la deuxième tare, elle se manifeste par les faits d'une part, qu'il y a plus d'écoles primaires et secondaires dans le sud et l'est que dans le nord et l'ouest, et d'autre part, que toutes les grandes écoles et l'université nationale sont établies à Abidjan et Yamoussokro[4]. En conséquence, cette tare consiste en une disparité des taux de scolarisation de l'ordre de 90 % dans certaines régions du sud-est du pays en 1985, on a pu noter la même année des taux de moins de 13 % dans certaines régions du nord-ouest.

La troisième tare, qui a trait au contenu de l'enseignement, montre bien que l'enseignement qui se dispense à tous les niveaux – hérité de la colonisation – ainsi que les objectifs qu'il vise est bien orienté vers la diffusion des valeurs de l'Occident. De plus, axée sur les critères traditionnels des examens et sur l'acquisition des titres et diplômes, l'école ivoirienne a joué, et continue de jouer dans la nouvelle nation, un rôle plutôt dans le processus de différenciation sociale que dans celui de la promotion sociale de l'ensemble de la population.

La quatrième tare, liée aux surcharges des classes, fait apparaître un gonflement de plus en plus important des effectifs scolaires. Ainsi, pendant l'année scolaire 1988-1989, on a relevé dans certaines écoles primaires et secondaires des classes allant de 70 à 100 élèves. L'université conçue en 1971 pour 7 000 étudiants en contient 3 fois plus aujourd'hui, soit près de 25 000. Les conséquences de ces surcharges sont connues :

- insuffisance quantitative des formateurs ;
- accroissement du nombre des redoublements ;
- bisse du niveau de l'enseignement offert ;
- foisonnement des écoles privées avec un enseignement au rabais sinon douteux ;
- migrations des enfants ivoiriens vers les pays limitrophes et même lointains.

---

4. Abidjan est la capitale économique de la Côte-d'Ivoire et Yamoussokro, village devenu ville-champignon, et enfin, la capitale politique depuis mars 1983. Feu président Félix Houphouët-Boigny, natif de cette ville et ce, par le biais d'une politique volontariste, y a fait transférer toutes les grandes écoles techniques, agronomiques et même pédagogiques. Il existe un projet de création d'une seconde université à Bouaké, deuxième ville située au centre du pays, à une centaine de kilomètres de Yamoussokro.

Notons qu'à la fin des années 1980, il y avait 23 000 élèves et étudiants ivoiriens inscrits au Togo, au Mali, au Burkina-Faso, et au Sénégal. Il faut noter pour la même période le renversement du rapport entre le nombre des écoles publiques et des écoles privées. Alors qu'en 1960, il y avait 13 écoles privées de niveau secondaire (pour la plupart confessionnelles) pour 34 écoles publiques, en 1987 les nombres seront respectivement de 179 pour 119. Quarante-cinq pour cent des élèves étaient inscrits dans des écoles privées. Ainsi, contre toute attente, ce qui n'était qu'un appoint devient important.

Quant à la déperdition scolaire, son volume est impressionnant. Elle se traduit par des goulots d'étranglement aux fins de cycle : CM2, 3e, 1re (avec la réinstauration du baccalauréat probatoire pour le passage en terminale jusqu'à sa suppression en 1990), à l'entrée de l'université et des grandes écoles. Selon les statistiques du ministère de l'Éducation nationale, sur 1 000 élèves entrant au CPI, 733 parviennent au CM2, 344 accèdent à la classe de 6e, 16 entrent à l'université. Parmi ces 16 élus, la plupart d'entre eux ont connu un ou plusieurs redoublements. Selon les mêmes sources, le taux de déperdition scolaire était de 45,6 % entre 1979 et 1981. Enfin, signalons que les déperditions affectent plus les jeunes filles retirées prématurément de l'école pour un mariage ou éjectées après une grossesse accidentelle. Le processus de mise hors du circuit scolaire est le même pour les enfants provenant des milieux pauvres.

CONCLUSION

À la réflexion, il apparaît nettement que la croissance démographique, qui caractérise la Côte-d'Ivoire, va se poursuivre durablement et déterminera toujours la demande en divers besoins, dont ceux de l'éducation et de la formation. À cet égard, l'Afrique a bien tiré la leçon du fait que l'Occident ne s'est développé qu'à l'aide d'hommes formés et bien instruits. Bien que la Côte-d'Ivoire ait fait des efforts dans la construction des infrastructures, dans le recrutement des formateurs et dans la dotation en moyens financiers importants, le système d'éducation et de formation connaît des dysfonctionnements. Ils se nomment : dispersion des moyens, l'inefficacité des structures et la déperdition. Les différentes réformes d'adaptation du système au milieu et la volonté des programmes d'ajustement structurel qui font de la privatisation une panacée, ne touchent que superficiellement les problèmes. Peut-être est-il temps de s'interroger sur la finalité de l'école dans un pays en développement et la conception très élitiste qui la sous-tend. Tant que l'école demeurera la seule voie de promotion sociale, elle continuera de faire l'objet d'une vive convoitise et multipliera les problèmes que nous avons mentionnés tout en n'en posant d'autres inédits.

BIBLIOGRAPHIE

GUIRASSI, I. (1985). « Les possibilités de formation en Côte-d'Ivoire. », *Cahiers Formation-Emploi*, n° 7, janvier.

LÊ THÀNH KHOÎ (1985). « Problématique des relations entre l'éducation formelle et non formelle », *CIADFOR Informations*, n° 77, janvier, p. 16-19.

CHAPITRE 5

ÉCONOMIE INFORMELLE ET DÉVELOPPEMENT EN AFRIQUE NOIRE

Claude Beauchamp
Université Laval
Québec

Au moment des indépendances, l'économie informelle ne figurait pas parmi les moyens de développement envisagés par les nouveaux États africains et les divers bailleurs de fonds et agences qui les appuyaient. La réalité de l'économie informelle existait bien, mais elle n'était pas encore nommée. Aujourd'hui, la notion est largement répandue, entre autres dans les ouvrages scientifiques et dans les documents officiels.

Les jeunes États africains optèrent dans un premier temps pour une politique de forte intervention étatique, non seulement en élaborant des programmes et des plans, mais aussi en devenant eux-mêmes entrepreneurs. Cette option, longtemps tolérée sinon encouragée par les bailleurs de fonds et les agences d'aide au développement, n'a pas tellement réussi, si peu que plusieurs n'hésitèrent pas à parler d'échec. Les États se sont endettés au point d'en arriver à semer l'inquiétude chez les bailleurs de fonds. Le Fonds monétaire international et la Banque mondiale réagirent en imposant des programmes d'ajustement structurel qui prévoyaient en particulier un important désengagement des États, la privatisation de l'économie et l'émergence d'entrepreneurs privés.

Prévue pour se réaliser dans le cadre de l'économie formelle, cette nouvelle orientation laisse vite paraître ses limites.

Elle est en particulier incapable de satisfaire les besoins résultant de la forte pression démographique, de l'urbanisation accélérée et de la réduction de la taille des fonctions publiques, comme ceux reliés à l'emploi, à l'habitat et aux transports. Dans ce nouveau contexte, l'économie informelle jusque là officiellement discréditée ou vouée à la formalisation tout en étant parfois officieusement pratiquée par des responsables politiques de haut rang, est reconnue comme une voie conduisant à la modernisation de l'économie. La Banque mondiale y voit même «un vivier d'entrepreneurs» (1989, p. 161).

Cette reconnaissance de l'économie informelle par la Banque mondiale et autres agences d'aide au développement ne signifie aucunement qu'elles proposent un modèle africain de développement, mais plutôt qu'elles acceptent que l'Afrique emprunte pendant un certain temps une route secondaire avant de rejoindre l'autoroute de l'Occident. Cette approche est toutefois contestée. Certains auteurs, par exemple Serge Latouche (1991, p. 112-133), considèrent plutôt l'économie informelle comme un refus du modèle occidental et comme une option pour un développement alternatif reposant davantage sur la réalité africaine. Avant de nous pencher sur ces deux statuts différents accordés à l'économie informelle, arrêtons-nous à la définition de la notion.

QU'EST-CE QUE L'ÉCONOMIE INFORMELLE ?

L'expression aurait d'abord été utilisée par Keith Hart en 1971. « Le terme que je choisis est négatif mais poli; il nomme l'innommable, étiquetant les personnes et les activités par une absence, leur manque de « forme », comme l'entendent les bureaucrates...je soutins que les Africains que je connaissais, loin d'être sans emploi, travaillaient bien pour des revenus irréguliers et souvent faibles, » (1995, p. 118). Reprise par le Bureau international du travail en 1972, l'expression s'imposa rapidement. Elle ne fit cependant jamais l'unanimité, ainsi qu'en témoignent de nombreuses autres appellations comme, par exemple, l'économie souterraine, l'économie populaire, l'économie cachée, l'économie occulte ou l'économie parallèle.

Il existe plusieurs définitions de l'économie informelle ou du secteur informel, deux dénominations souvent utilisées indifféremment. Ces définitions découlent d'un long travail d'analyse de la réalité, mais nous remarquons aussi qu'elles sont établies par comparaison avec l'économie formelle dont elles prendraient le contre-pied. Selon Philippe Hugon, il s'agit d' « un ensemble d'organisations à petite échelle où le salariat est absent (ou limité), où le capital avancé est faible, mais où il y a néanmoins circulation monétaire et production de biens et services onéreux. Les règles dominantes ne sont pas salariales, mais coutumières, hiérarchiques, affectives... » (1993, p. 65-66). Pour Ernest Aryeetey, l'économie informelle « se caractérise par un nombre d'employés inférieur à quatre personnes. La plupart des activités réelles informelles sont caractérisées par un travail indépendant et peu d'administration. Elles ne sont presque jamais enregistrées par les autorités nationales » (1995, p. 205-206). Nous prendrons notre troisième exemple chez Bruno Lautier qui suggère deux critères pour définir l'économie informelle, soit la petite taille et le non-respect de la loi qui peut se vérifier, par exemple, par la non-inscription dans des régistres, le non-paiement d'impôts, l'inexistence d'une comptabilité normalisée ou la non-déclaration auprès de la sécurité sociale (1994, p. 13-18).

Nous retrouvons dans ces définitions les caractéristiques les plus souvent retenues des entreprises de l'économie informelle: la petite taille, l'illégalité, l'absence ou la faible présence du salariat et de l'administration. Poursuivons maintenant notre réflexion en nous interrogeant sur l'impact de ces entreprises sur le développement de l'Afrique. Pourraient-elles jouer un rôle semblable à celui des petites et moyennes entreprises pour la création d'emplois dans les sociétés occidentales ?

L'ÉCONOMIE INFORMELLE EST-ELLE UNE VOIE DE DÉVELOPPEMENT ?

C'est en bonne partie l'économie informelle qui permet à de larges couches de la population zaïroise de survivre, malgré la déliquescence de l'État et de l'économie formelle. Cet exemple extrême se reproduit à des degrés divers dans tous les pays d'Afrique noire. Une enquête de l'Organisation internationale du travail a permis d'estimer que près de 60% de la population active urbaine de l'Afrique subsaharienne trouve un emploi dans les entreprises du secteur informel; la Banque mondiale prévoit qu'entre 1990 et

2020, le taux annuel de croissance de l'emploi dans le secteur informel sera de 6% alors qu'il ne sera que de 3,4% dans le secteur formel (Banque mondiale, 1989, p. 48 et 165). S'agit-il pour autant d'un moteur de développement ?

Que nous donnions au développement le sens large de transformation des divers paliers de la réalité sociale au profit de l'ensemble de la population ou que nous lui accordions le sens plus restreint de croissance économique, la réponse ne saurait être que nuancée. Nous procéderons à partir des obstacles au développement de l'Afrique identifiés par les organismes internationaux, les agences d'aide ou différents chercheurs. Deux de ces obstacles retiendrons notre attention: la faible demande intérieure pour des biens et services et le manque d'entrepreneurs privés.

La demande de biens et services repose d'abord sur les revenus dont disposent les individus et les familles. Comme les paiements de transfert, entre autres la sécurité sociale et les allocations familiales, sont à peu de choses près inexistants en Afrique, les seules sources de revenus sont le travail et la mendicité. Que rapporte le travail dans le secteur informel, que l'on soit travailleur autonome ou ouvrier dans une entreprise ?

De quels revenus peuvent disposer ceux qui pratiquent des « petits métiers » selon l'expression d'Abdou Touré (1985), ces femmes qui préparent et vendent sur la rue ou au marché des beignets ou d'autres aliments, ou ces hommes qui récupèrent et recyclent de vieux objets ? Ces revenus sont habituellement minimes. La même observation vaut pour ceux qui travaillent en entreprise. Lorsqu'un salaire leur est versé, il est peu élevé, et dans de nombreux cas il est tout simplement absent. Les travailleurs sont alors considérés comme apprentis, statut qu'ils peuvent conserver longtemps puisque les patrons sont les seuls à décider quand ils possèdent suffisamment leur métier pour avoir droit à un salaire. Une telle situation favorise évidemment les abus!

Les entreprises informelles recrutent souvent à l'intérieur des cadres de la famille élargie, du clan, du lignage, du groupe ethnique ou encore des réseaux d'affinité. Cela explique que ces entreprises soient aussi des lieux où se pratiquent des formes traditionnelles de solidarité qui conduisent par exemple des patrons à faire des dons ou à accorder des prêts à bas taux d'intérêt. Il s'agit de montants qui peuvent parfois contribuer à une augmentation sensible, compte tenu de la situation antérieure, des disponibilités d'un individu ou d'une famille.

Si ces disponibilités permettent aux travailleurs autonomes et aux ouvriers de se procurer quelques biens ou services essentiels, elles ne donnent certainement pas accès à la société de consommation. L'économie informelle assure principalement la survie de nombreux individus et familles d'Afrique, ce qui suffit à lui assurer une bonne réputation dans un contexte où l'État se désengage et où l'économie privée formelle hésite à prendre la relève, surtout à lancer des entreprises créatrices d'emplois.

Plusieurs observateurs doutent cependant que l'économie informelle puisse offrir davantage. Selon Aryeetey, « l'expansion rapide des activités du secteur informel ne devrait pas nécessairement mener à une croissance rapide et durable de l'économie nationale à long terme » (1995, p. 207). L'économie informelle ne serait pas une voie assurée de développement.

« L'Afrique a besoin d'entrepreneurs », affirme la Banque mondiale qui constate aussitôt qu'il faudra passer par l'entreprise informelle pour atteindre l'entreprise moderne (1989, p. 49 et 161-176). Tout en émettant quelques réserves sur le secteur informel, la Banque y voit un milieu favorable à l'éclosion de l'entrepreneurship. Elle compte beaucoup sur les artisans, sur les commerçants et sur les propriétaires-dirigeants des petites entreprises de production de biens ou d'offre de services qui le composent. Mais sommes-nous toujours en face d'entrepreneurs ? Est-ce qu'un artisan ou un commerçant est un entrepreneur ? Il semble y avoir là un problème de définition.

La Banque avance la suivante: « Les entrepreneurs sont des gens qui savent déceler les possibilités de profit, qui sont prêts à prendre des risques pour les exploiter et qui sont capables d'organiser une entreprise. Dans tous les pays, le nombre de ceux ayant de naissance l'esprit d'entreprise est limité. C'est à des motivations d'ordre économique et non à un sens inné des affaires que répondent avant tout la plupart des entrepreneurs » (1989, p. 161). Il s'agit d'une définition classique, mais qui ne colle pas nécessairement à la réalité de l'entrepreneur informel. La définition correspond bien aux caractéristiques de l'entrepreneur moderne ou tout au moins à son *idéaltype*, mais elle décrit certainement assez mal la plupart des artisans et commerçants africains. Cette dernière remarque vaut aussi jusqu'à un certain point pour de nombreux propriétaires-dirigeants d'entreprises informelles de biens ou de services. En effet, l'entrepreneur informel et l'entrepreneur moderne s'inscrivent dans des réalités et particulièrement dans des logiques différentes.

Il existe habituellement chez l'entrepreneur moderne une nette séparation entre ses activités et responsabilités d'entrepreneur et celles qu'il exerce comme mari, père, oncle, cousin, beau-père, ami ou originaire de tel quartier ou de tel village. L'entrepreneur informel ne peut, au contraire, que très difficilement échapper à ses diverses appartenances. Il est au coeur d'un *fait social total* qu'il ne saurait impunément bousculer. L'entrepreneur moderne oeuvre dans un contexte où l'économie a sa propre rationalité, tandis que l'entrepreneur informel doit composer avec une économie fortement intégrée à sa société et qui en épouse la rationalité globale.

Avant d'investir dans son entreprise, l'entrepreneur informel doit non seulement répondre aux diverses demandes de ses ouvriers, comme nous l'avons évoqué plus haut, mais il est aussi souvent appelé à apporter son support à divers rouages familiaux et communautaires traditionnels. Ces obligations réduisent d'autant les possibilités d'accumulation de montants qui pourraient autrement servir à l'achat de matériel, à l'expansion ou à l'amélioration des procédés de l'entreprise. Il n'est donc pas évident que l'entreprise informelle conduit à l'entreprise moderne et prépare des entrepreneurs en conséquence.

POURQUOI L'ÉCONOMIE INFORMELLE ?

Dans un tel contexte, comment expliquer que la Banque mondiale ainsi que de nombreuses autres organisations accordent une si grande importance à l'économie informelle ? Ce n'est évidemment pas par naïveté. Il existe certainement plusieurs pistes valables, mais nous proposons de chercher du côté de la représentation que ces organisations ont des États africains.

Les programmes d'ajustement structurel montrent par exemple à l'évidence que le Fonds monétaire international et la Banque mondiale considèrent ces États comme des obstacles au développement des sociétés africaines. En tant qu'entrepreneurs, ils ont accumulé les échecs. Comme administrations, ils ont mis en place des fonctions publiques pléthoriques souvent inefficaces, mais habiles à nuire aux entreprises privées du secteur formel avec leur encadrement légal et réglementaire très serré et leurs contrôles tatillons. Le tout accompagné de gaspillages et de détournements de fonds qui ont contribué à creuser encore davantage les déficits publiques.

Cette représentation déjà très négative des États africains l'est devenue encore plus à mesure que s'est répandue dans les pays occidentaux et dans les organismes financiers comme le Fonds monétaire international et la Banque mondiale, l'idéologie néo-libérale du libre-échange, de la mondialisation de l'économie et du *moins d'État*.

Ce qui peut échapper à l'État jouit alors d'un préjugé favorable. C'est éminemment le cas de l'économie informelle.

L'économie informelle est aussi favorisée par un autre groupe. En effet, la modernisation qui est proposée aux sociétés et les transformerait en profondeur, suscite de plus en plus de critiques dans les milieux intellectuels et de la recherche, tant occidentaux qu'africains. Ils refusent ce développement qui ne serait qu'une tentative d'imitation de l'Occident proposé comme modèle. Le développement devrait au contraire être d'abord oeuvre d'invention à partir des réalités africaines.

Selon les défenseurs de cette approche, l'économie informelle ne peut conduire au développement tel que conçu par les Occidentaux. Il se résume souvent à la croissance économique et est complètement détaché des sociétés où il s'incarne, tandis que l'économie informelle ne se comprend que reliée à sa société, elle « n'est pas dissociable de l'ensemble du contexte social » tandis que « l'économie occidentale ne trouve sa rationalité que dans la dissociation du social et son évacuation. La mise entre parenthèses, artificielle, du contexte social et culturel de l'économie informelle, son désenchâssement méthodologique par les analystes extérieurs en font une pratique aberrante et sans rationalité » (Latouche, 1991, p. 123).

Si l'économie informelle est incompatible avec le développement au sens de modernisation, elle propose par contre aux sociétés africaines une alternative qui leur permet de se réinventer à partir de leurs propres forces, au lieu de les obliger à entrer dans un moule unique. Une telle conception fait facilement écho à la quête d'identité de plus en plus vive chez une certaine partie des intellectuels africains.

En accordant leur appui à l'économie informelle, pour des raisons souvent d'ailleurs complètement opposées, est-ce que ses divers défenseurs en ont mesuré les effets possibles ?

IMPACT DE L'INFORMALISATION DE L'ÉCONOMIE

La présence de l'économie informelle accorde un caractère particulier aux sociétés africaines, et plus cette présence augmentera plus ce caractère particulier s'accentuera. Les effets attendus seront au moins partiellement présents, mais des effets inattendus apparaîtront peut-être. Nous n'évoquerons que quelques possibilités.

Un premier effet inattendu concerne l'État. Pour le Fonds monétaire international et la Banque mondiale, les États africains occupent trop de place et jusqu'à un certain point sont trop forts. Il faut donc réduire leur importance et leur rôle. L'économie informelle qui échappe très largement à l'État agit en ce sens. Malgré les apparences, la plupart des États africains sont toutefois faibles et une plus grande présence de l'économie informelle les affaiblirait encore davantage, avec le risque qu'une bonne partie des Africains soient condamnés à seulement survivre, que la pauvreté s'accentue et que l'Afrique n'accède pas au développement. S'agissant de l'Afrique, n'identifie-t-on pas trop souvent *mal État* et *trop d'État* ? De plus, comme l'économie informelle repose souvent sur la famille, le clan, le lignage ou l'ethnie, elle risquerait fort en augmentant sa présence d'accentuer les clivages, en particulier les clivages ethniques, et par voie de conséquence contribuerait à rendre encore plus difficiles les constructions nationales. Ce n'est certainement pas ce que souhaitent les organismes internationaux et ils risquent pourtant de s'en faire les promoteurs objectifs.

Une deuxième possibilité touche la persistance des structures sociales traditionnelles. Comme nous l'avons déjà évoqué, l'économie informelle s'inscrit passablement dans la logique des sociétés traditionnelles et en reproduit les types de rapports sociaux. Si elle occupait plus de place, l'économie informelle ne pourrait-elle pas assurer la reproduction des structures traditionnelles plutôt que de favoriser l'émergence d'une alternative africaine à la modernisation ? Nous savons aussi que les rapports sociaux et les solidarités traditionnelles sont souvent inégalitaires, ainsi que l'indiquent divers facteurs de différenciation entre les individus comme le statut dans le groupe, l'âge, le sexe ou l'appartenance ethnique. Leur persistance serait alors en contradiction avec la volonté d'égalité et de démocratie qui anime de nombreux Africains.

Autant de questions que nous n'avons fait que poser et qui mériteraient d'être explorées longuement.

BIBLIOGRAPHIE

ARYEETEY, E. (1995). « Activités économiques formelles et informelles », dans S. Ellis (sous la direction de), *L'Afrique maintenant* , Paris, Karthala.

BANQUE MONDIALE. (1989). *L'Afrique subsaharienne. De la crise à une croissance durable* , Washington, Banque mondiale.

HART, K. (1995). « L'entreprise africaine et l'économie informelle. Réflexions autobiographiques », dans S.Ellis et Y.-A. Fauré (sous la direction de), *Entreprises africaines et entrepreneurs africains*, Paris, Karthala-ORSTOM.

HUGON, P. (1993). *L'économie de l'Afrique* , Paris, La Découverte.

LATOUCHE, S. (1991). *La planète des naufragés. Essai sur l'après-développement* , Paris, La Découverte.

LAUTIER, B. (1994). *L'économie informelle dans le tiers monde* , Paris, La Découverte.

TOURÉ, A. (1985). *Les petits métiers à Abidjan. L'imagination au service de la « conjoncture »*, Paris, Karthala.

TROISIÈME PARTIE

LE DÉVELOPPEMENT À L'ÉPREUVE DU POLITIQUE : SITUATIONS, TRAJECTOIRES ET ACTEURS DE L'ÉMERGENCE DÉMOCRATIQUE EN AFRIQUE

CHAPITRE 6

DICTATURE, « DÉMOCRATURE » ET DÉMOCRATIE : LA LONGUE MARCHE DE L'AFRIQUE NOIRE DEPUIS LES TEMPS MODERNES

Yao Assogba
Université du Québec à Hull

L'histoire est un récit d'efforts qui échouèrent, d'aspirations qui ne se réalisent pas, de souhaits qui furent exaucés et puis se révélèrent différents de ce qu'on espérait.

Dean Acheson

Le temps s'est écoulé depuis que « l'euphorie démocratique » a déferlé sur le monde de façon générale et sur l'Afrique noire plus particulièrement à la fin des années 1980 (Revel, 1992). Un recul historique a été pris. Les faits ont montré que « la fin de l'histoire et le dernier homme » (Fukuyama, 1992) ne sont pas pour aujourd'hui. La réalité historique paraît plutôt faite de ratés, de retours en arrière, d'avancées mitigées. « Les rechutes, écrit Revel, font plus souvent l'histoire que les progrès » (1992, p. 41). Pour nous, observateurs mais également acteurs de l'histoire actuelle de l'Afrique noire, une distanciation épistémologique est nécessaire si nous voulons contribuer, tant soit peu comme intellectuels, à la compréhension et à l'instauration de la démocratie, définie comme le régime politique naturel de l'espèce humaine (Baechler, 1985), sur le continent. Le moment est donc au bilan et aux perspectives d'avenir de la démocratisation en Afrique subsaharienne notamment.

Premièrement, mon texte débute par une série de propositions ou d'axiomes historiques et sociologiques dont le but est de dissiper le doute qui persiste quant à l'avènement de la démocratie dans le cas des sociétés africaines. Deuxièmement, je fais un bref historique de l'idéal démocratique en Afrique noire. Troisièmement, je consacre cette partie à la présentation d'un cadre d'analyse inspiré du paradigme relationnel pour expliquer le processus du changement politique dans un système social donné. Dans une quatrième partie, j'applique ce cadre à l'Afrique subsaharienne et je montre particulièrement que, depuis le XVe siècle jusqu'à nos jours, l'Afrique subsaharienne a passé de la « dictature coloniale » à la « dictature néo-coloniale », et de la « dictature-néo-coloniale » à la « démocrature » vers la fin de ce siècle. Pour terminer, j'aborde la façon dont émergera la démocratie au XXIe siècle à partir de la dynamique des rapports des forces endogènes et exogènes en présence dans le contexte de l'Afrique « démocraturée ».

QUELQUES DÉFINITIONS ET PROPOSITIONS D'ORDRE HISTORIQUE ET ÉPISTÉMOLOGIQUE

Afin de dissiper le « doute démocratique » qui continue de persister dans le cas des sociétés africaines, je présente une série de propositions (ou axiomes) et de définitions.

1. « Aussi loin que l'on remonte dans l'histoire ou que l'on aille chercher dans l'espace, on ne trouve aucune société entièrement dépourvue de hiérarchie » (Cazeneuve, 1976, p. 148). Les sociétés africaines ne font pas exception à ce principe. De fait, les sociétés africaines, anciennes (et encore plus celles d'aujourd'hui) étaient très inégalitaires : inégalités intra-familiales, lignagères, etc. « Le paradis des communautés villageoises anciennes a vécu » (Coquery-Vidrovitch, 1992, p. 32).

2. Les inégalités sociales et économiques tendent à se cumuler. L'autorité politique doit limiter ce phénomène pour faire en sorte que « les riches ne soient pas trop riches et les pauvres trop pauvres ». Mais on ne doit pas se faire d'illusions sur les limites des politiques d'égalité (Rousseau, 1755).

3. Le politique, c'est-à-dire l'exercice de la « politie » est en principe « cette activité spécifique qui cherche à maîtriser les conséquences de la sauvagerie des passions humaines, en

leur appliquant des règles reçues dans un groupement humain indépendant. Il est l'art du conflit, l'art de lui trouver une issue interne pacifique et une solution externe garantissant la sûreté et l'indépendance » (Baechler, 1985, p. 9).

4. C'est l'autorité politique ou le régime politique qui définit les finalités et les modalités d'application de la « politie ».

5. La démocratie, selon Baechler (1985), est le régime politique naturel de l'espèce humaine, de l'homo sapiens. Cela signifie que c'est le régime politique qui, en raison de ses principes, ses idéaux et ses pratiques bien réussies, cherche le mieux d'une part, à limiter les tendances des inégalités sociales à se cumuler et d'autre part, à maîtriser les conséquences de la sauvagerie des passions humaines chez tous les citoyens de la cité, y compris les chefs, fussent-ils rois, reines, présidents de la république. Cela veut dire aussi que le régime démocratique est celui qui semble le mieux approprié pour répondre aux besoins de sécurité intérieure et extérieure propres à l'être humain. À ce propos, Baechler (1993, p. 43) souligne que :

> Depuis la Néolithique, commencée il y a une dizaine de millénaires, d'autres régimes possibles se sont réalisés et ont tendu à s'imposer un peu partout, mais dès que les conditions de possibilité de la démocratie sont réunies à nouveau, les hommes y retournent spontanément, ce qui fait qu'il est plus expédient de rechercher les facteurs historiques de la non-démocratie que ceux de la démocratie.

6. On doit donc réfuter l'idée, ethniste pour ne pas dire raciste, selon laquelle les sociétés africaines n'étaient pas démocratiques et ne portaient même pas de « germe culturel » où puiser des éléments de « politie » directement utilisable par la démocratie moderne, et même contemporaine. À supposer toutefois que cette idée soit vraie, une chose demeure tout de même : c'est qu'aucune société, qu'aucune culture n'est hermétiquement fermée au changement, à la mutation, à l'évolution, si lents soient-ils. Et l'historienne Coquery-Vidrovitch (1992, p. 32) d'écrire avec pertinence : « la fatalité n'existe pas en histoire : l'absence d'une tradition n'entraîne pas nécessairement l'impossibilité d'une naissance plus tardive. Au contraire, l'histoire est pleine de ces sauts brusques qui, d'un seul coup, rendent plausible ce qui paraissait impensable la veille ». Ce à quoi j'ajouterai par ailleurs

que toute culture, toute civilisation est un mixage de cultures, de civilisations différentes. Le poète congolais Tchicaya U Tam'Si (1980, p. 8) dirait : « Toute civilisation est une rencontre syncrétique de deux mondes au moins barbares l'un pour l'autre, barbares l'un et l'autre ». Et Dieu seul sait avec quel génie les peuples africains ont fait preuve de leur capacité de réappropriation et d'adaptation socioculturelles au cours de l'histoire.

7. Dans une conférence qu'il a donnée à l'Université du Québec à Hull (UQAH) en avril 1992, Guy Rocher a dit que la démocratie est une utopie. Or il emploie ce mot dans un sens positif, c'est-à-dire l'utopie entendue comme « une sorte d'idéal dont on sait qu'il ne sera jamais parfaitement réalisé, mais que l'on cherche quand même à réaliser toujours en mieux. La démocratie est une utopie dans le sens qu'à la différence des anciens régimes, elle veut réaliser, l'égalité et la justice. Les anciens régimes n'étaient pas des utopies, c'étaient des régimes réalistes, car ils reconnaissaient les inégalités sociales ». La démocratie parce qu'elle est une utopie dans les sociétés modernes n'est pas un donné. Bien au contraire, elle est conquise avec beaucoup de difficultés avec des retours en arrière et des pertes de vies humaines. Lorsqu'elle est instaurée, elle demeure toujours fragile, constamment menacée ; en conséquence, elle doit être sans cesse préservée. L'histoire montre dramatiquement que les lenteurs, les rechutes et les régressions vers les régimes de dictature sont plus fréquentes que les progrès démocratiques.

Mais qu'en est-il au juste de l'idéal de la démocratie dans l'histoire de l'Afrique au sud du Sahara ?

UN PEU D'HISTOIRE

Deux grandes époques historiques doivent être distinguées dans l'aventure de l'Africain en tant qu'*homo democraticus* : 1) la fin de l'antiquité ou du Ier siècle au XVe siècle ; 2) du XVe siècle à nos jours. La fin de l'antiquité coïncide avec le développement du christianisme. C'est au cours des deux premiers siècles de l'ère chrétienne que des migrations et des métissages décisifs s'opèrent dans les grandes familles linguistiques de l'Afrique occidentale, orientale et méridionale. La diffusion de certaines techniques et cultures ont favorisé l'édification des sociétés bien organisées et puissantes. Ces sociétés vont passer des systèmes sociaux claniques à des empires (Moussa, 1994, p. 7-79). D'après Anta Diop (1960), toute l'époque de l'Afrique précoloniale, du Ier siècle au début du XIXe siècle, a été caractérisée par des monarchies constitutionnelles et des empires. Mais le niveau culturel des peuples qui vivaient sous le même régime politique n'était pas le même.

« Certaines populations périphériques vivaient encore dans une organisation clanique à peine ébranlée et assouplie, alors que les agglomérations des grands centres s'étaient détribalisées » (Anta Diop, 1960, p. 58). D'un autre côté, l'Afrique précoloniale n'avait pas connu l'expérience d'une république laïque. Cependant les régimes politiques avaient été presque partout démocratiques avec des pouvoirs équilibrés. « C'est pour cela, précise le savant sénégalais Anta Diop (1960, p. 57), que tout Africain est un aristocrate qui s'ignore, comme tout bourgeois français l'était avant la Révolution ». La monarchie était régie par une constitution, par exemple la constitution Mossi. La colonisation européenne républicaine n'a pas pu, par ailleurs, modifier ces données.

Un trait caractéristique des sociétés africaines doit être également souligné de manière fondamentale : c'est le rapport entre le religieux et le politique. Si ici et là il y a eu, au cours de l'histoire de l'humanité, des sociétés qui ont réussi à dissocier le politique du religieux, dans les cultures africaines par contre, « l'indissociabilité du politique et du religieux » est toujours demeurée une réalité. Il y a une conception vitaliste de l'État ou de la royauté en Afrique. Un ordre métaphysique régit l'univers africain, lui-même défini par un ensemble de forces hiérarchisées. Dans cette harmonie universelle où chaque être joue son rôle, le roi, l'empereur a une fonction précise et un rôle déterminé: c'est lui qui a le plus de force vitale dans tout le royaume. C'est dans ces conditions seulement, comme l'affirme Anta Diop (1960, p. 49), « qu'il peut servir d'intermédiaire, puisqu'il est sacro-saint, avec l'univers supérieur sans qu'il y ait rupture, bouleversement catastrophique au sein des forces ontologiques ». C'est une telle conception vitaliste qui a inspiré les premiers chefs, les guides spirituels et charismatiques, en Afrique précoloniale, phénomène qui a été reproduit dans l'Afrique des temps modernes. Dans le cas du président Eyadéma du Togo, le livre de mon compatriote et collègue Toulabor

(1986) est très éclairant et éloquent. On peut citer l'exemple du président Mobutu du Zaïre et de tant d'autres « guides éclairés » des États africains postcoloniaux.

Ce « métaphysisme » ou ce « mysticisme », loin d'être un fait secondaire, semble un trait dominant de la culture africaine. De leur côté, deux ethnologues français ont également fait remarquer jusqu'à quel point le mysticisme régit la logique interne des sociétés africaines. « Le monde s'ordonne comme une vaste équation : l'animation humaine répond à l'animation de la nature, et chaque geste se prolonge jusqu'à des précédents mystiques » (Leroi-Gourhan et Poirier, 1953, p. 369). L'origine de cette tradition métaphysique et mystique du pouvoir serait un héritage culturel de l'Égypte antique selon la thèse de Baumann et Westermann (1947, p. 328).

À l'aube des temps modernes, c'est-à-dire à la fin du XVe siècle et au début du XVIe siècle, la situation politique et sociale de l'Afrique noire (précoloniale) se présentait en bref comme suit. Certains peuples vivaient encore dans une organisation clanique ; d'autres peuples s'étaient détribalisés et constituaient des grands centres urbains : ce sont les cas des empires du Ghana, du Mali et du Songhaï. Telle était la situation sociale et politique de l'Afrique noire au moment où elle rencontre l'Occident (l'Europe-Occident) entre la fin du XVe et le début du XVIe siècle. Il s'agit d'un siècle qui a permis une rencontre des continents, une redécouverte de la terre. Attali (1991, p. 15-16) a su bien définir et caractériser ce siècle en ce sens, car il écrit qu'à la fin du XVe siècle :

> (...) tout observateur, aurait remarqué d'abord la puissance de la Chine, écrasant depuis mille ans les autres continents par sa population, sa marine, son armée, sa science, ses richesses et sa technologie. Il aurait aussi décrit l'Afrique et l'Amérique comme des continents très peuplés où se forment des empires aux splendeurs immenses : Inca et Aztèque, Mali et Songhaï semblent devoir durer encore des millénaires. L'Europe n'aurait représenté à ses yeux qu'un petit canton de l'univers, ravagé par la peste, morcelé en dizaines de cités et de nations rivales, exsangue, menacé par ses voisins, hésitant entre la peur et la jouissance, le carnaval et le carême, la foi et la raison. Il aurait pu néanmoins y débusquer quelques aventuriers sans vergogne déterminés à bouleverser l'ordre du monde, prenant des risques, inventant, créant, échangeant objets et idées dans les interstices de la peur et

de la force, avides de gloire et de richesses, libres conquérants de territoires et de rêves mêlés.

Ces « aventuriers » ont effectivement bouleversé l'ordre du monde de manière générale, et de l'Afrique (l'Amérique aussi) de façon particulière. Que va-t-il se passer à partir du moment où l'Afrique a rencontré l'Occident au début des temps modernes (XVIe siècle) ? Anta Diop (1960) nous en donne un aperçu :

> Les Africains perdent progressivement la faculté d'assumer leur destin. Le pouvoir fédérateur local est dissout, en tout cas atténué et sans efficacité. L'évolution interne est désaxée en conséquence. Dans les agglomérations où la détribalisation était déjà accomplie, il n'est plus question de revenir en arrière : on continuera à voir des individus unis par les liens sociaux. Mais, là où l'organisation clanique était encore prédominante, où les frontières sociales étaient encore délimitées par l'aire du clan ou de la tribu, il se produira une sorte de repli sur soi, une évolution à rebours, une retribalisation renforcée par le nouveau climat d'insécurité. La vie collective reprend le pas sur la vie individuelle. Mais, comme on peut le concevoir, de tels clans sont loin d'être aussi primitifs qu'on aurait pu se l'imaginer au premier abord : ils ne seront pas exempts de séquelles de la période impériale antérieure. Ils sont déjà complexes, évolués. C'est la raison pour laquelle les ethnologues y découvrent, à leur plus grande surprise, mais toujours, des traditions qui ne correspondent pas à ce stade de l'organisation sociale, qui sont plus avancées : ils n'hésitent pas, souvent, à l'attribuer à un phénomène de dégénérescence en supposant que ces populations, qui vivent aujourd'hui dans cet état si primitif, ont connu dans le passé un rayonnement oublié.

De la colonisation (au XVIIIe) à la néo-colonisation au milieu du XXe siècle, il s'est formé une catégorie sociale privilégiée qui détient le pouvoir ; elle est composée d'officiers d'armée convertis à la politique, de technocrates, d'hommes et de quelques femmes d'affaires. Cette strate sociale s'est alliée à ses parrains européens et nord-américains pour maintenir un système social qui fonctionne depuis les années 1960 selon une logique essentiellement adaptative. En effet, l'Afrique colonisée était alignée mais le contenu de sa politique d'alignement s'est transformé (indépendance politique formelle). Cependant la classe dirigeante et la classe gestionnaire de l'État africain postcolonial ont toujours fondé, et fondent encore, sa domination sur le contrôle des échanges inégalitaires avec les sociétés impériales (Assogba, 1994). Ce qui est vrai pour l'économie l'est également pour le politique, l'institutionnel et l'organisationnel. Les pays de l'Afrique postcoloniale ont connu de « profondes mutations (modernité dans l'économique, le social, le culturel, etc.), tout en restant essentiellement des sociétés adaptatives » (Bajoit, 1992, p. 286).

CADRE D'ANALYSE

Qu'en est-il, à partir de ce moment, de l'idéal démocratique dans la vie sociopolitique de l'Afrique noire ? Afin de bien répondre à cette question, j'ai construit un cadre d'analyse qui s'inscrit dans la perspective du « paradigme relationnel » (Bajoit, 1992). Ce paradigme repose sur le postulat qu'une authentique sociologie du changement social, en l'occurrence du changement politique, doit revenir à l'objet premier, à la logique interne première de la discipline de Weber, à savoir l'étude des relations sociales. Touraine (1991) abonde dans ce sens lorsqu'il affirme que la sociologie est d'abord et avant tout « la science des relations sociales ». Une analyse sociologique d'un système politique déterminé doit donc considérer celui-ci comme le résultat de la dynamique des relations (ou rapports de force) entre des acteurs sociaux collectifs d'une société déterminée. Or les paradigmes qui ont dominé la sociologie, au cours des cinquante dernières années, se sont généralement éloignés de l'objet fondamental de la science des relations sociales, et nous ont conduits dans une impasse quant à la compréhension et à l'explication, la plus satisfaisante possible du changement social. Face donc à l'épuisement heuristique des paradigmes de « l'intégration » (Durkheim), de « la compétition » (Weber), de « l'aliénation » (Marx) et « du conflit » (Marx, Touraine), Bajoit renoue avec l'objet premier de la sociologie et propose un « paradigme relationnel » qui devrait désormais inspirer les théories sociologiques, y compris bien entendu, les théories du changement social. Je présente ci-après un modèle d'analyse inspiré de ce paradigme.

Pour un modèle d'analyse relationnel du changement social : axiomes du modèle d'analyse

1. Le changement macrosocial origine de la dynamique des relations sociales entre les acteurs sociaux collectifs.
2. L'acteur social collectif est plus ou moins défini par les conditionnements structurels propres au contexte dans lequel il œuvre.
3. Ces conditionnements, qui, selon le cas, peuvent avoir une fonction soit de sens, soit de contrainte pour l'acteur collectif, sont les produits de la rencontre entre les stratégies de l'acteur social collectif et celles des autres acteurs sociaux collectifs.
4. Les structures de sens et les structures de contrôle des relations sociales permettent d'expliquer, dans un système social donné, la formation d'acteurs sociaux, engagés dans des stratégies de solidarité au sein de chacun d'eux.
5. C'est à travers des pratiques sociales de stratégies d'échange et de solidarité que les acteurs sociaux agissent sur les structures de sens et de contrôle de ces relations sociales, c'est-à-dire qu'ils reproduisent ces structures ou qu'ils les changent.
6. La reproduction, de même que la perpétuation dans le temps des structures de sens et de contrôle dans les différents champs relationnels d'un système social, sont les résultantes d'un processus de consolidation d'une logique de fonctionnement du système social.
7. La consolidation est le résultat des échanges, entre les acteurs sociaux, qui finissent par l'imposition aux acteurs – qui, eux, voudraient privilégier d'autres finalités – des finalités privilégiées et articulées par les acteurs sociaux dominants et ce, dans chaque champ relationnel.
8. Les acteurs dominants produisent ensuite du sens et implantent des structures de reproduction des inégalités sociales qui résultent de leurs choix.
9. Les acteurs dominants forment un acteur sociétal en construisant leur solidarité dans chaque champ, et entre les champs. Cet acteur sociétal est porteur de la logique spécifique de fonctionnement ainsi consolidée.

10. Cette logique de fonctionnement continue de se consolider et de se reproduire tant et aussi longtemps que l'acteur social dominant, qui en est le porteur, parvient à préserver sa solidarité interne et les échanges principalement complémentaires avec les autres acteurs.
11. « Le changement social provient de la dynamique des échanges compétitifs, conflictuels et contradictoires » (Bajoit, 1992, p. 285). Chacun d'entre eux se caractérise comme suit :
    a) L'*échange conflictuel* s'attaque aux contraintes émanant des structures de contrôle.
    b) L'*échange compétitif* met en cause la collaboration des acteurs sociaux en des finalités-enjeux proposés par les structures de sens.
    c) L'*échange contradictoire* met en cause les deux types de structure à la fois.
12. Les trois ordres d'échange s'articulent entre eux, en mettant l'acteur sociétal dominant devant un défi permanent, c'est-à-dire le changement.
13. Il y a deux issues possibles au changement : la mutation ou la rupture (Bajoit, 1992, p. 284-285).

Commentaires sur les axiomes et conceptualisation des notions-clés de mutation et de rupture

Lorsque l'on considère la logique de fonctionnement d'une société, deux types de changement sont susceptibles de l'affecter. L'un peut être la mutation ou le changement « dans la » logique de fonctionnement. L'autre peut être la rupture, c'est-à-dire le changement « de la » logique de fonctionnement (Bajoit, 1992, p. 285). Une société en mutation continue en effet à fonctionner, selon les mêmes finalités principales, autour desquelles se sont structurées et se structurent les relations sociales dans les différents champs depuis x temps. Mais le contenu de sens de ces finalités change. En cas de rupture, la société change « de » logique de fonctionnement, mais le principe de sens, sur lequel se fondent les finalités des champs relationnels, reste le même. Ici, « les acteurs sociétaux porteurs de la logique dominante de fonctionnement ont été éliminés par d'autres, porteurs d'une ou de plusieurs autres logiques ». Il s'agit bien entendu d'un cadre analytique qui renvoie à un type idéal. Les changements macrosociologiques réels sont des phénomènes sociaux complexes où doivent, certes, se mêler la mutation et la rupture.

Par ailleurs, d'après Bajoit, la rupture ou la mutation, ou encore l'une et l'autre à la fois, déterminent le changement selon quatre modalités essentielles : 1) l'évolution ; 2) la réforme ; 3) la révolte et 4) la révolution. Ces modalités du changement sont elles-mêmes fonctions des stratégies d'échange et de l'organisation de la solidarité entre les acteurs sociaux en présence.

Ainsi, l'évolution est « le résultat involontaire (et parfois indésiré) d'une somme de choix individuels, faits par les membres d'une catégorie sociale inorganisée, donc sans liens de solidarité entre eux, et dont les décisions ne suscitent ni conflits, ni contradictions » (Bajoit, 1992, p. 289).

Quant à la réforme, elle est un changement volontaire recherché par un acteur social collectif organisé, « qui s'efforce d'obtenir ce qu'il faut par un processus de négociation avec d'autres acteurs, donc sans déclencher des conflits ni des contradictions ». En ce qui a trait à la révolte, cette dernière consiste en un changement obtenu par « une mobilisation spontanée des membres d'une catégorie sociale dans des échanges conflictuels ou contradictoires ». La révolte et l'évolution partagent un point en commun : c'est la faible organisation de la solidarité entre les participants.

Concernant la révolution, celle-ci naît d'un changement provoqué par l'action d'une catégorie sociale qui a une organisation de solidarité forte, et qui s'est engagée dans des échanges tant conflictuels que contradictoires avec une autre catégorie sociale dont l'organisation de solidarité est faible. Toutefois, il importe de noter que la révolution survient toujours après une plus ou moins longue et profonde évolution, le plus souvent après des tentatives échouées de réforme ; en outre, elle occasionne des mouvements spontanés de révolte autour de son groupe organisé.

Des mécanismes générateurs d'inégalités (la division du travail ou les règles politiques définies et instituées pour la compétition) sont inhérents aux échanges dans une relation sociale. La notion d'inégalité renvoie ici à l'emprise respective des différents groupes d'acteurs sociaux collectifs sur les finalités de l'échange. Un échange peut être « consensuel » ou « dissensionnel ». Un échange est dit consensuel lorsque les acteurs sociaux collectifs concernés estiment, par exemple, que l'un ou l'autre des mécanismes d'inégalité ne constitue pas un obstacle à la poursuite de leurs finalités communes ou particulières (Bajoit, 1992, p. 96). Chaque groupe social qui trouve son compte dans l'échange, est censé ne pas remettre en cause ces mécanismes. Lorsqu'il s'agit de la division du travail, l'échange consensuel est de type « complémentaire », alors que dans le cas de l'institutionnalisation des règles politiques, l'échange est de type « compétitif ». Un échange est dit dissensionnel quand la division du travail ou les règles politiques instituées sont mises en cause par un ou plusieurs groupes d'acteurs sociaux collectifs « au nom de leur emprise, jugée insuffisante, sur les finalités, et que l'inégalité ne maintient plus que par la coercition » (Bajoit, 1992, p. 97). L'échange dissensionnel est de type « conflictuel » dans le domaine de la division du travail et de type « contradictoire » dans le champ compétitif de la politique.

D'un autre côté, un « lien de solidarité » se crée au sein du groupe constitué par les acteurs sociaux collectifs. Bajoit distingue quatre types de lien de solidarité. D'abord, la « solidarité fonctionnelle » qui renvoie au lien organique défini par Émile Durkheim. Celle-ci est utilisée plus spécifiquement par les organisations afin d'atteindre les finalités qu'elles poursuivent dans les échanges avec d'autres organisations. Lorsque le fondement « fonctionnel » est dominant, on peut s'attendre, toutes choses étant égales, à ce que l'organisation se bureaucratise à outrance. Un deuxième type de solidarité est la « solidarité contractuelle » qui fait référence à la notion de « contrat social » telle que la conçoit Jean-Jacques Rousseau. Dans le groupe, chacun a besoin de l'autre pour réaliser ses intérêts. On suppose donc que chacun a intérêt à respecter les intérêts des autres s'il espère voir les siens se réaliser. Quand le lien est essentiellement contractuel, c'est-à-dire basé exclusivement sur des intérêts, cela peut donner lieu au clientélisme, et à la limite, le groupe se segmentera au fur et à mesure que chaque membre croit avoir atteint ses objectifs. Dans le cas de la « solidarité sérielle », le groupe est intégré par « la soumission à une autorité, à un pouvoir (l'État, le parti, le chef) » (Bajoit, 1992, p. 101-102). De plus, lorsque le chef du groupe est très charismatique, le risque de manipulation des membres devient élevé. Enfin, Bajoit cite la notion de « solidarité fusionnelle » de Jean-Paul Sartre, notion selon laquelle la praxis pousse les acteurs sociaux à fondre leur individualité dans le groupe afin d'atteindre une finalité. Lorsque le lien de solidarité est exclusivement fusionnel, on peut s'attendre à une affirmation identitaire fortement communautariste. La spontanéité peut alors dominer les membres du groupe, et à la rigueur, chacun refusera toute délégation d'autorité ou tout compromis.

L'ensemble de ces concepts, ainsi qu'ils ont été définis et décrits précédemment, représente un type idéal. Dans la réalité, les différentes sortes d'échanges et de liens de solidarité se combinent le plus souvent, à des degrés divers selon le temps et l'espace.

Bien entendu, des conditions structurelles et des facteurs, tels qu'un savoir-faire technologique de qualité, un type donné d'organisation des relations techniques et sociales de production, une classe politique organisée, une société civile politisée, des crises sociales, de même qu'un ordre international donné, influent sur le changement social dans une société historiquement située. Cette influence se traduit par l'intensification (plus ou moins forte) des liens de solidarité et des échanges à la fois compétitifs, conflictuels, consensuels et contradictoires entre des acteurs sociaux. Ces échanges étant, à leur tour, des causes de transformation de ces facteurs. Le type idéal du schéma analytique du changement social sur les plans macrosocial et microsocial dans la perspective du paradigme relationnel est ainsi tracé. En résumé, je dirai que : certaines conditions déclenchent certains processus, lesquels stimulent les échanges compétitifs, conflictuels ou contradictoires, échanges qui transforment les conditions structurelles et engendrent celles du temps (Bajoit, 1992, p. 295).

APPLICATION DU CADRE ANALYTIQUE DU PARADIGME RELATIONNEL AU PROCESSUS DÉMOCRATIQUE EN AFRIQUE NOIRE

Une lecture sociologique de l'histoire de l'Afrique subsaharienne, à l'époque des temps modernes et ce, sous l'angle du cadre analytique ci-dessus défini, montre qu'elle a passé d'abord de la « dictature coloniale » à la « dictature postcoloniale » ; puis, de cette dernière, elle a passé à ce que le sociologue suisse Goumaz-Liniger (1992) appelle la « démocrature ». En effet, depuis le XVIe siècle, l'histoire de l'Afrique noire a été l'histoire des luttes (militaires, politiques et sociales) des forces sociopolitiques africaines internes entre elles d'une part, et des luttes entre les forces sociopolitiques africaines et les puissances étrangères (arabes et occidentales) d'autre part. Il s'agit, en fait, des nationalistes africains révolutionnaires ou réformistes, ou les uns et les autres contre les nationalistes africains conservateurs et alliés plus ou moins inconditionnels de l'Occident (colonialiste, néo-colonialiste et impérialiste). Les enjeux de ces luttes sont évidemment liés à la dialectique à la fois des aspirations sociopolitiques des peuples d'Afrique et de la domination du continent par l'Occident : luttes des Africains contre l'esclavage et pour la liberté et la dignité de l'Homme noir ; luttes des Africains contre la colonisation et pour l'indépendance des États africains ; luttes pour la démocratie et le développement. Ces luttes historiques ont abouti à une relative liberté de l'homme africain, à l'indépendance et à l'engagement de l'Afrique dans le processus général de la modernisation, notamment de ce qu'on appelle le développement. Toutefois tous les espoirs suscités par ces idéaux sociopolitiques, propres à tous les peuples du monde des temps modernes, n'ont été que désillusions et désenchantements par la suite. Ainsi, par exemple, l'indépendance a donné lieu au néo-colonialisme interne et externe, le développement a nui au développement, et dans certains cas, a engendré le sous-développement.

Or l'indépendance politique et le développement tant social qu'économique ne sont que des corollaires d'un idéal fondamental : la démocratie. Comme celle-ci n'est toujours pas acquise, les luttes pour son avènement ont continué depuis les indépendances et elles ont atteint un point culminant à la fin des années 1980 et au début des années 1990 pour aboutir à la « démocrature ». Cette dernière peut se définir comme le régime politique qui semble résulter des rapports de force entre les acteurs sociaux du changement démocratique et ceux de la dictature qui résistent, farouchement et désespérément, à l'émergence d'une véritable démocratie. Il s'agit donc, selon les pays, d'une mutation ou d'une rupture (relative). Les acteurs sociopolitiques qui s'opposent en Afrique subsaharienne à la fin de ce XXe siècle peuvent être classés en deux groupes. Premièrement, un groupe endogène/national (composé de deux sous-groupes : un sous-groupe conservateur/réactionnaire et un sous-groupe porteur du changement sociétal) et, deuxièmement, un groupe exogène/international.

Le groupe endogène/national

– le sous-groupe conservateur/réactionnaire :

Il s'agit des anciens partis uniques et de l'armée ; cette dernière est, à quelques rares exceptions près, familiale, tribale et prétorienne. Elle est familiale dans la mesure où les principales unités de l'armée sont en général sous le commandement des militaires appartenant à la famille élargie du chef de l'État (qui est aussi souvent le chef des forces armées). Prétorienne parce que l'armée africaine est essentiellement vouée à la garde personnelle du chef de l'État. En outre, le seul mécanisme de régulation politique que connaissent les armées africaines est la violence militaire. Les anciens partis politiques, et les organisations qui gravitent autour d'eux, se composent d'individus et de clans formant un clientélisme qui relève de plusieurs ordres : politique, affairiste, tribalo-régionaliste, intellectuel, etc. (Tshiyembe, 1993). Le « clientélisme politique » renvoie à un ensemble d'admirateurs, de fanatiques et de clercs au service du « chef » qui doivent, dans une large mesure, leur carrière, leur fortune et leur vie sociale à ce dernier. L'essentiel du « clientélisme politique » en Afrique au sud du Sahara provient des cadres moyens et supérieurs qui ont bénéficié pendant près de trois décennies du parti unique, et qui lui sont restés fidèles malgré la crise politique du début des années 1990 (la perte de légitimité de l'État, les conférences nationales souveraines, l'ébranlement du régime, etc.).

Le « clientélisme affairiste » désigne les personnes qui oeuvrent dans les secteurs de production et des services publics ou parapublics (des hauts fonctionnaires, des PDG de sociétés d'État, commerçants, transporteurs, etc.). Les bonnes relations que les affairistes entretiennent avec le pouvoir, et la protection qu'offre ce dernier, permettent à ceux-ci de faire de « bonnes affaires » ; ils exploitent de façon perverse le sentiment d'appartenance à la communauté (ethnie, tribu, clan, etc.) à des fins politiques ou plutôt politiciennes : forte opposition à l'alternance du pouvoir, intolérance politique, régionalisme, etc.

– le sous-groupe porteur du changement démocratique :

Les forces africaines productrices du changement démocratique ne sont pas homogènes, loin de là. Cependant, de manière générale, elles sont composées des acteurs suivants : des étudiants et lycéens, des enseignants et professeurs, des fonctionnaires, des ONG nationales, des nouveaux partis politiques (ou anciens ayant fonctionné jusqu'ici dans la clandestinité), des associations, de la presse écrite ou des journaux d'opposition, de quelques mouvements religieux, des jeunes chômeurs, des syndicats, etc. Au cours des événements, la grande famille de l'opposition s'est constituée en collectif dont le leadership est en général assumé par les « grands partis » qui ont émergé au grand jour immédiatement après la restauration du multipartisme.

Le groupe exogène/international

Il s'agit, entre autres, de la France et d'autres États du Nord, de certaines organisations internationales, de groupes d'intérêt français tant politiques que financiers qui ont freiné – par leurs appuis stratégiques (conseils militaires et diplomatiques) et financiers aux régimes anciens, ou plus précisément, au sous-groupe conservateur/réactionnaire –, le processus démocratique mis en branle à la fin des années 1980. Que l'on se rappelle, par exemple, du refus de la France d'intervenir au Togo pour soutenir la démocratie au moment de la prise d'assaut de la Primature par les militaires togolais en décembre 1991. Que l'on se souvienne également du voyage de Charles Pasqua au Togo pour apporter son appui au général Eyadéma. Que l'on sache qu'il y a des conseillers militaires et des avocats français qui entourent les chefs d'État africains, leurs états-majors politique et militaire (Smith et Glaser, 1992 ; Krop, 1994).

De l'émergence de la « démocrature »

La « démocrature » est la résultante des rapports de force entre les groupes identifiés ci-haut. D'un côté, nous avons le sous-groupe conservateur/réactionnaire qui, se fondant sur l'armée, a utilisé la violence militaire pour violer les droits de la personne, tuer des démocrates, réprimer la population et provoquer l'exode des gens vers les pays étrangers, provoquer l'exil politique des leaders de l'opposition démocratique, etc. Ce sous-groupe reçoit l'appui implicite et même explicite, surtout de la France, l'ancienne puissance coloniale et l'actuelle puissance néo-coloniale de l'Afrique francophone. Il semble que c'est la « crainte de perdre des alliés sûrs et familiers » qui fait que la France s'oppose au changement démocratique aussi bien au Togo, au Cameroun, au Gabon qu'au Zaïre, etc.

De l'autre côté, nous avons le collectif de l'opposition démocratique, notamment les partis politiques d'opposition. Ces derniers non seulement frappent par leur grand nombre, mais aussi par leur manque d'expérience politique (que l'on constate par l'absence de projet de société et de stratégies, etc.). Dans certains cas, les partis politiques africains de l'opposition ont fonctionné longtemps dans la clandestinité (CDPA pour ce qui est du Togo) ou sont nés très récemment dans d'autres cas. Ceux-ci faisaient, entre 1990 et 1993, le dur apprentissage de la politique. La vraie. Celle qui est, non pas décrite sur le papier, mais celle qui se traduit dans la réalité. Ces partis politiques de l'opposition sont dépourvus de moyens financiers, ils manquent de soutien militaire et d'appui de la part de forces externes, forces qui sont dans une certaine mesure déterminantes dans le processus de changement démocratique ; ces partis étant accaparés par la recherche de leur identité, ils ont montré très tôt à leurs adversaires politiques que la lutte qu'ils mènent a pour but le fameux « ôtez-vous de là que je m'y mette », c'est-à-dire la politique du ventre. Ainsi, les partis politiques d'opposition ont vite témoigné de leur faiblesse face aux forces en faveur du statu quo ante.

C'est le pot de terre contre le pot de fer. Malgré les manifestations de rue, malgré les grèves « limitées » et « illimitées » (par exemple, la grève générale au Togo qui a duré neuf mois), l'opposition démocratique s'est vue progressivement repoussée à la périphérie du champ politique qui est solidement réoccupé par le sous-groupe conservateur/réactionnaire. Celui-ci est généralement fondé à la fois sur une « solidarité fonctionnelle » et une « solidarité contractuelle », puis adopte des stratégies d'échange « consensuel » de type « compétitif ». En outre, le sous-groupe conservateur/réactionnaire réussit soit à provoquer des dissensions au sein de leurs adversaires (l'opposition démocratique), soit à tirer profit des contradictions de ce sous-groupe. La violence militaire et des pratiques politiques soutenues sont généralement les moyens utilisés par le sous-groupe conservateur/réactionnaire pour parvenir à ses fins : freiner le processus démocratique. Tant au Cameroun, au Zaïre, au Gabon, à Madagascar qu'au Togo, on fut soumis à des répressions violentes, au maintien d'un climat d'insécurité sociale et politique, à la violence militaire, et à des pressions extérieures (Ouagadougou I, II et III dans le cas particulier du Togo) ; de plus, on assista à la tenue d'élections présidentielles non transparentes, fraudées, ou boycottées par les populations. Durant cette période, le Bénin seul semble avoir fait exception à la règle (Hountondji, 1993). Enfin, lorsque les élections sont gagnées par l'opposition démocratique, elles sont généralement détournées et récupérées par des stratégies internes paradoxales, des pressions implicites de la France et de certaines organisations internationales. Ce fut tout cela qui a conduit – entre 1980 et 1993 – la plupart des pays de l'Afrique au sud du Sahara, notamment l'Afrique francophone, à la « démocrature ».

La « démocrature » c'est la dictature déguisée en démocratie. C'est une alchimie subtile de démocratie et de dictature, une sorte d'habillage institutionnel recouvrant les réelles méthodes et pratiques d'un régime dictatorial. Exposée à des pressions internes et externes l'ancienne dictature bouge, s'approprie certains mécanismes de la démocratie ; par exemple, elle tolère le multipartisme, mais use de la répression contre les chefs des partis qui se réclament d'une démocratie authentique. Elle accepte l'organisation des élections, mais fait tout pour qu'elles ne soient pas transparentes et met en pratique des moyens louches pour les gagner. La « démocrature », c'est la coexistence de la démocratie truquée et de la dictature, en ce sens qu'il y a formation d'un gouvernement au sein duquel les postes-clés ou les ministères sont détenus par les membres ou les partisans de l'ancien régime, et ce gouvernement s'approprie la constitution en fonction des intérêts de la dictature. La « démocrature » tolère plus ou moins les associations issues de la société civile (ONG, syndicats, associations de jeunes) ; elle accorde une mince marge de liberté à la presse d'opposition et coexiste avec les partis politiques à tendance « modérée ». Le Togo illustre fort bien le passage de la dictature à la « démocrature ». En effet, par le biais des élections présidentielles de 1993 jusqu'à la formation d'un nouveau gouvernement le 25 mai 1994, en passant par les élections législatives et le long processus qui a conduit à la nomination du premier ministre Edem Kodjo par le général Eyadéma, le pays s'est acheminé progressivement vers la « démocrature ». Certains diront que nous sommes revenus à « la case départ ».

Vers l'émergence de la démocratie en Afrique au sud du Sahara

À la lumière du paradigme relationnel, j'ose formuler l'hypothèse selon laquelle, du point de vue de l'histoire, la « démocrature » annonce la fin de la dictature et l'aube de la démocratie. Car « aucune réforme, révolte ou révolution n'apparaît si elle n'a pas été préparée par un ensemble de changements évolutifs, qu'il s'agisse d'une mutation ou d'une rupture » (Bajoit, 1992, p. 289). La possible et la nécessaire démocratisation de l'Afrique, au début du troisième millénaire, passe par des « stratégies d'échange consensuel » entre les partis de l'opposition démocratique, les organisations syndicales et les groupes sociaux issus de la société civile dans cette période de transition. Ces forces doivent constituer une organisation capable de créer des « solidarités contractuelles et fonctionnelles » raisonnables entre leur collectif et les populations africaines. Par ailleurs, les puissances occidentales doivent tout mettre en œuvre pour aider l'organisation de solidarité des forces démocratiques africaines.

En résumé, les « stratégies d'échange consensuel » et les « stratégies d'organisation de solidarités contractuelles et fonctionnelles », aussi bien à l'intérieur qu'à l'extérieur de l'Afrique, doivent concourir à la résolution des problèmes ou faits historiques que nous avons mis en évidence comme étant des facteurs explicatifs du « mal africain » en matière de démocratisation. Le but visé est de provoquer par un volontarisme collectif, qui favorise la participation des forces du changement, la naissance d'une expérience de démocratie en Afrique. Cette avancée vers la démocratisation nécessite une période d'ajustement sociopolitique au cours de laquelle l'Afrique doit recevoir l'appui des gouvernements et des sociétés civiles des pays occidentaux de manière à ce que les forces démocratiques africaines soient gagnantes.

Le drame de l'Afrique est peut-être qu'elle ne peut produire des grandes femmes et des grands hommes modernes ou contemporains – depuis que le continent a eu, de nouveau, rendez-vous avec l'histoire en 1960 – à moins qu'on les élimine politiquement ou qu'on les assassine. Dans tous les cas, c'est-à-dire quelles que soient les forces qui gagnent le jeu démocratique à la fin du processus d'ajustement ou de transition, on doit continuer de lutter afin que la démocratie soit effectivement instaurée et sauvegardée parce qu'elle est toujours fragile. Si le tyran revenait au pouvoir, la bataille serait plus rude qu'avant, mais il faut continuer le combat car ne rien faire signifierait aggraver les conditions existantes. Si c'était le présumé nouveau démocrate qui gagnait, il faudrait veiller à ce qu'il tienne promesse, étant donné qu'en politique, il est souvent facile de se laisser fasciner par un mauvais usage du pouvoir. Cette tentation est d'autant plus grande que la liberté de se servir du pouvoir semble toujours plus « naturelle » que la liberté de s'en passer.

Les sociétés africaines doivent solutionner d'autres problèmes qui constituent, pour ma part, des obstacles à la démocratisation du continent. Parmi ces problèmes ou obstacles, je note « l'indissociabilité du politique et du religieux » et le manque d'expérience de l'opposition démocratique. À mon avis, résoudre la question du manque d'expérience s'avère une tâche fondamentale. En effet, l'opposition africaine n'a pas eu l'occasion de faire l'apprentissage de la démocratie, de devenir mature et de se munir de stratégies appropriées pour la conquête démocratique du pouvoir. C'est ce qui explique, dans le cas du Togo par exemple, qu'après la Conférence nationale, les partis politiques d'opposition ont cru la bataille gagnée. Les conflits inter-partis ont commencé, on s'écartait alors de l'objectif principal : l'instauration des institutions démocratiques sous la gouverne des organes de la transition. Au lieu de maintenir le front commun – qui a permis le déclenchement de la démocratisation – pour collaborer avec le gouvernement de transition à la réalisation de l'objectif principal, chaque parti a revêtu son attribut égoïste et partisan pour se lancer de manière précoce à la conquête du pouvoir, toujours détenu par le président Gnassingbé Eyadéma, appuyé par l'armée et les leaders du RPT.

En somme, le « manque d'expérience démocratique » a fait croire aux oppositions démocratiques africaines que les conférences nationales ont détruit le parti unique et son idéologie. L'« inexpérience démocratique » et l'euphorie de la liberté retrouvée depuis peu ont contribué à la sous-estimation de l'attribut principal de tout tyran. À ce sujet, Lévi (1989, p. 297) souligne que :

> La tâche du tyran consiste à montrer une pénétration infaillible dans les détails les plus triviaux. Pour garder son pouvoir, pour ne pas être relégué à l'obscur des intrigues et des manœuvres de ses subordonnés qui ne rêvent que de le déboulonner et de prendre sa place, il les pliera au joug par son omniscience. Sa perspicacité aura pour champ d'application des riens infimes aux conséquences gigantesques. À la suite de ses conquêtes les têtes volent, les ministres valsent, les nez coupés emplissent des charrettes et les condamnés les prisons. L'Homme Unique est un pivot. Un pivot provoque des mouvements considérables par des déplacements minuscules.

L'Afrique est en train de faire le dur apprentissage de la démocratie deux cents ans après la France et l'Occident.

Enfin, les rapports néo-coloniaux entre les pays occidentaux (notamment la France) et les pays d'Afrique (particulièrement l'Afrique francophone) pèsent lourd dans la dynamique démocratique propre au continent. Je fais partie des intellectuels africains qui refusent d'expliquer les problèmes du continent essentiellement par des facteurs exogènes, tels l'esclavage, le colonialisme, le néo-colonialisme, la dette extérieure, etc. Cependant, de nombreux faits tout aussi historiques qu'actuels attestent et nous obligent à croire, que « les politiques africaines » de la France et des autres puissances occidentales ont une influence, non moins déterminante, sur le cours de l'histoire des États africains. L'autonomie de l'État africain postcolonial est très relative, sinon un mythe. Le second discours du président de la République française, François Mitterrand, au Sommet de Chaillot en 1991, discours dans lequel il a parlé du « rythme de démocratisation variable » selon les pays, a été immédiatement suivi du retour en force de la plupart des anciens chefs d'État dont les pouvoirs avaient été ébranlés une année ou quelques mois plus tôt par les conférences nationales. Les pratiques néo-colonialistes de la France vis-à-vis de l'Afrique relèvent aussi du monde des affaires français.

Par ailleurs, comme le dit Mbembe (1993), la démocratie n'émergera réellement qu'en transformant « des économies fondées sur la prédation en économies productives qui permettent de reconnecter le continent sur le système mondial ». Or cela n'est possible que dans le contexte d'un nouvel ordre mondial. Il faudrait donc que les forces populaires, la société civile des pays du Nord fassent pression pour l'instauration d'un nouvel ordre mondial selon lequel les Africains ne seront plus « les damnés de la terre ». En effet, quoi que l'on fasse et quoi que l'on dise, la possible et la réelle démocratisation de l'Afrique au sud du Sahara est liée à la résolution d'une question fondamentale : quels sont, dans le contexte tant national qu'international actuel, les acteurs sociaux et les politiques du Nord et du Sud qui sont résolus à favoriser la prise du pouvoir par les forces décidées à réaliser un véritable et authentique changement social sur le continent ?

Il faudrait peut-être demander aux gouvernements du Nord d'appuyer enfin les forces démocratiques en Afrique. De fait, depuis la colonisation, le développement politique est un processus de lutte ininterrompue à travers lequel, comme le souligne Gonidec (1971, p. 288) les pays d'Afrique noire :

> (...) s'efforcent d'effacer (pour ce qui concerne le passé) ou d'écarter (pour le présent et l'avenir) les effets de domination exercés sur eux par les puissances étrangères (étatiques et non étatiques), de briser les forces sociales rétrogrades ou réactionnaires opposées au progrès, de libérer l'homme et de construire l'État en s'appuyant sur le peuple.

BIBLIOGRAPHIE

ANTA DIOP, C. (1960), *L'Afrique noire précoloniale*, Paris, Présence africaine.

ASSOGBA, Y. (1994), « Les trajectoires du système mondial »,*Relations*, nº 604, octobre, p. 235-239.

ATTALI, J. (1991), *1492*, Paris, Fayard.

BAJOIT, G. (1992), *Pour une sociologie relationnelle*, Paris, P.U.F.

BEACHLER, J. (1993), « Nature et démocratie », *Revue européenne des sciences sociales*, Tome XXXI, nº 97, p. 43-57.

BEACHLER, J. (1985), *Démocratie*, Paris, Calmann-Lévy.

BAUMANN, H. et WESTERMANN, D. (1947), *Les peuples et les civilisation de l'Afrique*, Paris, Payot.

CASENEUVE, J. (1976), *Dix grandes notions de la sociologie*, Paris, Le Seuil.

COQUERY-VIDROVITCH, C. (1992), « Histoire et historiographie du politique en Afrique. La nécessité d'une relecture critique (à propos de la démocratie) », *Politique africaine*, nº 46, juin, p. 31-40.

FUKUYAMA, F. (1992), *La fin de l'histoire et le dernier homme*, Paris, Flammarion.

GONIDEC, P.-F. (1971), *Les systèmes politiques africains*, vol. I, Paris, Librairie générale de droit et de jurisprudence.

GOUMAZ-LINIGER, M. (1992), *La démocratie. Dictature camouflée. Démocratie truquée*, Paris, L'Harmattan.

HOUNTONDJI, P. (1993), « Conférences nationales en Afrique : sens et limites d'un modèle », *Revue de l'Institut catholique de l'Afrique de l'Ouest*, nº 4, p. 19-29.

KROP, P. (1994), *Le génocide franco-africain. Faut-il juger les mitterrand ?*, Paris, Éditions Jean-Claude Lattès.

LEROI-GOURHAN, A. et J. POIRIER (1953), « Ethnologie de l'Union française », t. I, *Afrique*, Paris, P.U.F.

LÉVI, J. (1989), « Les petits mondes du dictateur », *Le temps de la réflexion*, vol. 10, p. 285-301.

MBEMBE, A. (1993), « Diagnostic sur les dérapages de la transition démocratique en Afrique », *Afrique 2000*, nº 12, janv.-fév.-mars, p. 57-63.

MOUSSA, P. (1994), *Caliban naufragé. (Les relations Nord/Sud à la fin du XXe siècle)*, Paris, Fayard.

REVEL, J.F. (1992), *Le regain démocratique*, Paris, Fayard.

ROUSSEAU, J.-J. (1755), *Discours sur l'origine et les fondements de l'inégalité parmi les hommes*, Amsterdam, M.M. Rey.

SMITH, S. et GLASER, A. (1992), *Ces Messieurs Afrique*, Paris, Calmann-Lévy.

TCHICAYA U TAM'SI, (1980), *La main sèche*, Paris, Laffont.

TOULABOR, C. (1993), « La "bataille finale" du général Eyadéma au Togo », *Le Monde diplomatique*, nº 468, mars, p. 18-19.

TOURAINE, A. (1991), «Qu'est-ce que la démocratie aujourd'hui ? », *Revue internationale des sciences sociales*, nº 128, mai, p. 275-284.

TSHIYEMBE, M. (1993), « Résistances actuelles à la démocratisation en Afrique », *Afrique* 2000, nº 14, juillet-août-septembre, p. 39-48.

CHAPITRE 7

RÉINVENTION DÉMOCRATIQUE FACE AUX ENJEUX DU DÉVELOPPEMENT

Abel Kouvouama
Université Marien Ngouabi
Brazzaville

L'Afrique est malade de la démocratie. Formule quelque peu séduisante, sinon ambiguë, mais tout de même révélatrice d'une fin de siècle tumultueuse. Elle appelle un rejet des caricatures et des formules simples, des propos dévalorisants qui condamnent au pessimisme, à la stagnation des choses, à la défaite de la pensée. Elle invite au contraire à s'inscrire dans le mouvement pour en saisir le sens : toute chose qui interpelle en permanence le sociologue ou l'anthropologue. Aujourd'hui plus qu'hier, les États africains, particulièrement subsahariens, sont mis à rude épreuve. Explosions sociales et implosions démocratiques signalent les lignes de fractures, les modes multiples de recompositions politiques et sociales. Les mouvements sociaux, politiques et religieux longtemps étouffés ou réprimés par les pouvoirs ne cessent d'ébranler les assises de ceux-ci.

Les intégrismes religieux et les revendications ethnocentristes se multiplient également, la violence systématique contribuant tout à la fois à leur expansion et à la répression par les pouvoirs qui se sentent menacés. Les populations pourchassées par les dictatures en appellent au renouvellement de la classe politique, de même qu'à la redéfinition du lien social qui aménagerait un espace de liberté non soumis au contrôle des organisations de masse des partis uniques. Une volonté de rupture est donc apparue au sein des populations africaines ; elle a mis en relief le rôle joué par les intellectuels, les syndicats, l'armée, les mouvements de jeunes et de femmes ainsi que par les Églises et les sectes. Et l'une des formes privilégiées de la volonté de rupture avec l'ordre ancien est la Conférence nationale. Il est alors proclamé, dans certains pays, la nécessité d'instaurer la démocratie pluraliste et un État de droit, condition préalable pour un développement harmonieux. Pourtant, face à la dégradation de la vie sociopolitique et économique africaine, face aux logiques implacables du marché international – ce dernier sanctionne à travers les programmes d'ajustement structurel toutes les politiques et stratégies de développement national non conformes à ses orientations – les États africains en quête de légitimité populaire paraissent impuissants. Quelle démocratie alors pour quel développement, surtout à l'heure de la montée des périls politiques et religieux?

Par notre réflexion, nous tenterons d'analyser les similitudes et les différences que présentent les expériences spécifiques de réinvention démocratique afin de repérer, à travers les situations et les trajectoires multiples, les enjeux du développement.

LE SENS DES REVENDICATIONS EN AFRIQUE

Quel regard sociologique faut-il esquisser pour saisir le sens des mutations sociales et politiques en Afrique depuis ces cinq dernières années? Ici et là, certains citoyens ont, sous les effets ravageurs des libertés retrouvées, réappris à parler et à défendre leurs droits bafoués ; d'autres, se fondant sur l'existence d'un legs démocratique dans leur pays, ne cessent d'appeler les citoyens et la société civile à la condamnation sans appel des violations répétées des droits de l'homme. Faut-il voir, à travers les différents mouvements sociaux qui se sont déclenchés en Afrique, l'unique cause des revendications démocratiques? D'autres analystes ont retenu le discours de la Baule, qu'a tenu François Mitterand à la suite de la chute du mur de Berlin, comme étant l'élément décisif ayant conduit aux luttes pour l'instauration de la démocratie.

Considérons déjà la précision épistémologique soulignée naguère par Georges Balandier – dont la validité se vérifie tous les instants – sur la conjonction des dynamismes du « dehors » et ceux du « dedans » ; celle-ci permet une analyse plus fine des faits en privilégiant l'interaction des causes internes et des cause externes. Nous insisterons davantage sur l'action déterminante des forces sociales et politiques internes des sociétés africaines, sur leur degré à la fois de mobilisation et de prise de conscience qui est inégal selon les couches et les classes sociales.

Un premier espace de réflexion peut être dégagé à partir de la prise en compte de la trajectoire historique sur laquelle se sont déjà inscrites les multiples expériences de réinvention démocratique dans le double cadre colonial et postcolonial. En effet, au lendemain de la fin de la Seconde Guerre mondiale, les puissances coloniales furent minées par les contradictions économiques et politiques internes du système ; celles-ci furent aussi aggravées par les luttes populaires réclamant l'indépendance de l'Afrique. Trois exigences, trois mots d'ordre étaient contenus dans un seul : la revendication anti-coloniale englobait les luttes tant pour l'indépendance, la démocratie que pour le développement de l'Afrique. Les revendications menées *d'en haut* par les lettrés autochtones de l'administration coloniale se répercutaient vers le *bas* et étaient alors amplifiées par les leaders d'opinions au sein des populations. Parce qu'ils exerçaient comme clercs, cuisiniers, comptables et commerçants dans des entreprises européennes et de l'administration coloniale, ces lettrés autochtones participaient indirectement à la gestion de l'État colonial ; ils y étudiaient les rouages de l'administration, les modes de gestion du pouvoir jusqu'à un certain point. Complices forcés de l'administration, ils étaient aussi à même d'en démonter par la suite les mécanismes. Qu'il s'agisse du système colonial français ou du système colonial britannique, l'aménagement d'un mini-espace démocratique interne était nécessaire à la gestion des partis politiques des Européens des colonies, qui n'étaient souvent eux-mêmes que des excroissances des partis politiques de la métropole. Ceux-ci revendiquaient d'abord le contrôle de l'État colonial ainsi que des ressources du sol et du sous-sol des colonies. Ces luttes entre les différentes fractions de la classe politique étaient d'autant plus âpres qu'elles étaient justifiées par l'idéologie de la *mise en valeur des colonies* appuyée par la force militaire et la supériorité technologique. Jusqu'en 1945, le terme de *mise en valeur* était en vogue dans les colonies, plus tard en 1960 au moment des indépendances, le terme de *sous-développement* fit son apparition, puis celui de pays *en voie de développement* ou de *modernisation* et aujourd'hui, celui de pays *en développement*. Conçu à partir du seul vecteur de la métropole, le développement des pays africains était appréhendé sous l'angle de la production et de la croissance économique. L'idéologie dominante reposait sur l'idée selon laquelle l'accroissement de la production matérielle entraînerait une amélioration du bien-être. L'accès aux biens matériels et aux ressources doit passer par le contrôle de la gestion de l'État, seul instrument de lutte et du pouvoir susceptible de conduire au développement et à l'unité nationale.

Les partis politiques autochtones qui ont existé dans la plupart des pays africains, entre 1945 et 1962, se sont réapproprié cette idéologie développementaliste pour en faire un moyen d'accession au pouvoir.

Ainsi, ce sont les « lettrés » africains qui, faisant figure d'intellectuels à la fois critiques et engagés, s'initieront aussi bien à la vie parlementaire qu'à l'exercice du pouvoir dans les nouveaux États indépendants des années 1960. La stratégie unitaire, nationalitaire, utilisée par les leaders des premiers partis politiques dans la lutte contre le système colonial, volera par la suite en éclats au moment de la gestion de l'État postcolonial. On passe dès lors, comme le souligne Copans (1993, p. 8), de l'image première de l'intellectuel africain internationaliste, soit d'un intellectuel par définition libre d'une ethnie et d'une caste, libre d'une nation, à l'image seconde de l'intellectuel, celle d'un serviteur de l'État, puis d'un serviteur tout court qui quitte cette défroque dès que l'argent vient à manquer ou que les offres d'emploi se diversifient (banque, sociétés d'État, commerce).

Ce premier espace de réflexion, sur les expériences d'invention de la démocratie en Afrique coloniale des années 1945, nous amène à tenir compte de l'importance de la dimension politique dans tout processus de développement. Le multipartisme instauré dans le cadre colonial a été revendiqué *d'en haut* par les intellectuels africains de l'administration coloniale, en rupture de banc avec le système dans lequel ils ont trouvé les armes théoriques et politiques de construction d'une société africaine, voire panafricaine indépendante. Les intellectuels africains partageaient la même logique que celle de la classe politique coloniale, à savoir que la société – ou de manière plus générale, le développement de l'Afrique – ne pouvait se réaliser qu'avec la transformation de l'État. « En dévoilant leur identité dans l'État et par l'État, les intellectuels développaient une conception instrumentale de la société niant la pluralité de ses manifestations. L'illusion unitaire récusait toute procédure d'articulation et de prise en compte des aspirations d'un peuple mis sous tutelle » (Diouf, 1993, p. 43).

Les premières expériences démocratiques réalisées dans certains pays comme le Libéria, l'Égypte, le Ghana, la Guinée-

Conakry, la Tunisie, le Maroc, le Soudan, et plus près encore, le Sénégal et la Haute-Volta ont très vite montré leurs limites dont les causes furent l'instabilité politique des États et le comportement des nouveaux dirigeants africains caractérisé par le refus du partage du pouvoir et des ressources nationales, ainsi que l'instrumentalisation politique de l'appartenance ethnique.

Le second espace de réflexion invite à jeter un regard sur la gestion politique du développement par les nouveaux États indépendants à partir de 1960.

L'idéologie du développement et de la modernisation de l'économie sera greffée sur celle de la construction de l'État national unitaire excluant, de ce fait, toute compétition politique démocratique au sein des sociétés africaines. Les expériences de réinvention démocratique et du pluralisme politique sur fond de monolithisme prirent alors l'allure du simulacre et de la contrefaçon (Koffi, 1992). Partout en Afrique, des élections furent organisées et placées sous la surveillance des partis uniques qui ont une main mise sur l'armée, la police et les médias d'État.

Mais la mise en scène institutionnelle et la rhétorique démocratique accentuées par les pratiques de népotisme, de clientélisme et d'ethnocentrisme ont contribué à l'installation de la crise parmi les appareils d'État. Et aux crises des États, s'est ajoutée la crise du développement dictée *d'en haut* par les dirigeants devenus eux-mêmes les *promoteurs* des économies nationales. Pour tenter de briser l'étroitesse des marchés nationaux, plusieurs expériences d'intégration sous-régionale furent tentées aussi bien en Afrique de l'Ouest qu'en Afrique centrale à partir des années 1960. En effet, on sait qu'en matière d'intégration régionale, trois thèses se sont affrontées sur le continent africain à partir de l'extérieur :

– Premièrement, la thèse fédéraliste suivant laquelle on pensait réaliser l'intégration économique en Afrique par la mise en place d'un cadre institutionnel souple permettant aux différents États de participer aux processus d'intégration et de conserver, par ailleurs, une certaine autonomie (Henry, 1951). La première expérience, tentée en 1959, a été le Conseil de l'entente (Niger, Haute-Volta, Dahomey, Côte-d'Ivoire).

– Deuxièmement, la thèse fonctionnaliste avançait l'idée selon laquelle l'intégration économique pouvait se faire grâce au développement d'une coopération active et spécialisée ; cette dernière devait évoluer et aboutir à long terme à une unification politique.

– Troisièmement, la thèse empiriste privilégiait l'identification, au préalable, des facteurs d'intégration à partir desquels plusieurs indicateurs peuvent être dégagés en vue de sérier les rôles déterminants de ces facteurs dans les multiples processus d'intégration.

Il s'agissait pour les États africains de créer en leur sein des situations de cohésion et d'entente pouvant permettre le développement économique et la sécurité militaire indispensables à une véritable coopération politique. Cependant, la plupart des expériences africaines d'intégration sous-régionale et régionale ont échoué dans leurs visées à l'instar de la Fédération du Mali (1960), de la Sénégambie (1989), du Conseil de l'entente (1959), ou n'ont pu atteindre les objectifs de départ comme l'UDEAC (1964), la Communauté des États de l'Afrique centrale (CEAC), etc.

Plusieurs ordres de difficultés se présentent dans ces expériences avortées ou tâtonnantes de développement économique sous-régional et régional ; retenons-en trois :

– D'abord, les États africains qui sont les principaux acteurs, sinon des acteurs exclusifs du développement, sont partagés entre la volonté politique de favoriser une intégration économique dynamique et la crainte de perdre leur souveraineté nationale à l'intérieur des frontières tracées par la colonisation.

– Ensuite, ces États africains ne sont eux-mêmes pas assez intégrés dans des trajectoires historiques et culturelles permanentes, à telle enseigne que les moindres mouvements sociaux déclenchés *d'en bas* menacent à chaque fois de saper les fondements fragiles sur lesquels reposent ces États issus de la mutation coloniale.

– Enfin, le développement et le renforcement de l'intégration économique sont conditionnés par le maintien et le renforcement des pouvoirs en place confondus avec l'État, devenu simple instrument au seul service de ces derniers et non de la société tout entière. De ce fait, les expériences de développement économique régional et sous régional se buteront à ces mêmes difficultés du fait de leur totale dépendance vis-à-vis des États africains qui y impriment le rythme en fonction de leur stabilité propre. On comprend dès lors pourquoi les États africains sont toujours la convoitise des fractions politiques qui, en ayant accès au pouvoir et aux ressources nationales, sont assurées d'étendre leur hégémonie sur l'ensemble de la société.

Nous pouvons esquisser une première tentative de réponse aux questions que nous venons de soulever dans ces deux espaces de réflexion sur les trajectoires historiques et politiques de construction de l'État et du développement en Afrique : l'État en Afrique s'est, au lendemain des indépendances, construit sur les ruines de l'État colonial. La logique unitaire qui a servi à asseoir la domination coloniale de l'État jacobin a servi également d'idéologie nationalitaire pour justifier la conquête de l'État postcolonial par les premiers intellectuels africains déjà préparés à assurer la relève des administrateurs coloniaux. L'État postcolonial, en imposant en quelque sorte une certaine *dictature du développement* en Afrique, a balisé du coup la voie, c'est-à-dire l'unique voie par laquelle devait se concevoir un modèle de développement économique imposé *d'en haut* aux populations africaines. C'est pourquoi la crise d'un tel modèle de développement, conçu en haut et calqué sur le modèle extérieur, a entraîné la crise de l'État africain, lui-même miné par les revendications populaires et les contradictions internes. L'alternative démocratique qu'ont offerte les expériences de transition politique, à partir de l'organisation des conférences nationales en Afrique, est apparue sur la scène politique comme l'irruption de nouvelles forces issues *d'en bas* par le biais de la société civile. Dressons-en ici un rapide bilan à partir des nouvelles forces entrant en jeu sur la scène politique africaine.

LES CONFÉRENCES NATIONALES EN AFRIQUE : SIMILITUDES ET DIFFÉRENCES

Quelle signification devons-nous donner à ce phénomène sociologique qu'on appelle *conférence nationale*? Pourquoi s'est-elle imposée partout en Afrique comme la panacée à toutes les crises globales rencontrées par la plupart des pays africains ? Si nous retenons les crises en tant que dénominateur commun de tous les chambardements des États, c'est parce que celles-ci ont été mentionnées dans tous les textes juridiques et politiques qui ont été élaborés au cours de ces rencontres politiques ; cernons-en quelques similitudes.

La Conférence nationale des forces vives, tenue à Cotonou du 19 au 28 février 1990, après avoir dégagé les causes fondamentales de la crise survenue au Bénin, a exigé dans le rapport général, la « redéfinition du développement compris comme la maîtrise, à partir de notre environnement culturel, des ressources et des techniques permettant la santé physique pour tous, la santé mentale pour tous et la santé sociale pour tous ».

La Conférence nationale souveraine du Congo, qui a eu lieu du 28 février au 10 juin 1991, a retenu dans son Acte fondamental certains éléments constitutifs de la crise parmi lesquels, l'hypothèque sous le monopartisme en particulier de la « dignité, la liberté, la paix, la prospérité et l'amour de la patrie, du fait du totalitarisme, de la confusion des pouvoirs, du népotisme, du tribalisme, du régionalisme, des inégalités sociales et des violations des libertés fondamentales ».

La Conférence nationale souveraine a, au nom du peuple congolais affirmé « sa ferme volonté de bâtir un État de droit, une Nation unie fraternelle », le peuple a proclamé « solennellement son droit à la résistance et à la désobéissance civique à tout individu ou tout groupe d'individus qui prend ou exerce le pouvoir à la suite d'un coup d'État ou tout autre forme de violence » ; le peuple congolais réaffirme également « son attachement aux principes de la démocratie pluraliste, aux droits définis par la Charte internationale des droits de l'homme des Nations Unies de 1948, la Charte africaine des droits de l'homme et des peuples adoptée en 1981 par l'Organisation de l'unité africaine et de la Charte des droits et libertés adoptée en 1991 par la Conférence nationale souveraine ».

La Conférence nationale des forces vives du Togo, dans l'Acte n° 1 du 16 juillet 1991, fait le constat que « la crise de légitimité du pouvoir politique actuel, aggravée par la violation de la légalité constitutionnelle, a imposé la nécessité d'une Conférence nationale entendue comme haut lieu de dialogue, de concertation et de prise de décision sur toutes les questions d'intérêt national ». Elle a réuni pour la circonstance en vue d'un « débat démocratique et responsable, les représentants des structures nationales dans leurs diversités politiques, économiques, sociales, confessionnelles et culturelles ainsi que des personnalités d'horizons divers ». La mission essentielle de la Conférence nationale souveraine du Togo est de « redéfinir les valeurs fondamentales de la Nation et de créer les conditions d'un consensus national en vue de l'instauration d'un État de droit et d'une démocratie pluraliste, conditions nécessaires à un développement harmonieux de notre pays ».

Les Conférences nationales du Zaïre et du Tchad se sont également inspirées de la crise sociopolitique pour définir les tâches d'instauration de la démocratie pluraliste dont certaines n'ont pas encore connu un début d'application.

C'est donc à partir de la crise que se sont opérées les différentes actions ayant conduit à l'examen de tous les problèmes de la nation devant le tribunal de la raison politique. Le procès des pouvoirs précédents a été partout fait sous le double mouvement de la palabre et de la fête : « fête de la raison, dira Hountondji (1991, p. 5-7), fête de la grande politique, c'est-à-dire du langage, celle de la démocratie pluraliste soudainement retrouvée (...). Nous vivons incontestablement, en cette fin de XXe siècle, paraît-il, une grande époque marquée par un procès mondial de la démocratisation dont on commence à peine à mesurer l'importance. À l'Est comme au Sud, les dictatures s'effondrent, et l'on redécouvre ensemble dans la joie et la fraternité retrouvée les grands principes de liberté et d'égalité (...). Voici donc revenue la grande politique, la politique comme fête de la raison, redécouverte joyeuse des grands principes ; la politique comme retour en force de l'exigence éthique, entraînant la condamnation sans appel des violations constantes des droits de l'homme sur lesquelles se bâtissent les dictatures, la politique comme irruption de la morale dans un domaine qui avait prétendu jusque-là pouvoir l'ignorer : celui de la gestion des hommes ».

D'aucuns ont retenu de la plupart des Conférences nationales, l'image de la grand-messe, ou encore celle d'un confessionnal où les acteurs politiques, militaires et civils sont allés reconnaître leurs péchés devant ces hommes d'Église élus à la présidence de ces conférences. Cette irruption du religieux dans la politique, aussi paradoxale qu'elle puisse paraître, a mieux révélé l'un des modes de fonctionnement de la politique dans l'Afrique ancienne ; en ce sens que le pouvoir politique, inscrit en permanence dans la « dette du sens », s'articulait toujours avec l'instance religieuse. La réinvention démocratique dans cette Afrique contemporaine s'accompagne également de la redéfinition des règles morales avec lesquelles les sociétés doivent fonctionner.

En somme, à travers les Conférences nationales, les sociétés africaines se sont engagées dans la recherche d'un nouvel éthos et d'une nouvelle vision des choses qui devraient préserver les acteurs sociaux de tous les abus politiques en matière de droits de l'homme. Par contre, cela n'a pas empêché partout les résurgences fortes du *tribalisme* et de l'intolérance politique. En outre, les armées africaines n'ont pas été épargnées par ces dérives ethnocentriques.

Si les intellectuels africains ont été les plus actifs lors de ces Conférences nationales, c'est parce que cette catégorie d'intellectuels, restés longtemps en marge de la politique, a contribué à la création de nouveaux partis politiques, de nouvelles Organisations non gouvernementales, de même qu'à la critique systématique des modes de gestion néopatrimoniale de l'État et de ses ressources. Si les jeunes et les femmes ont participé de manière active aux luttes populaires dénonçant la dégradation de la vie socio-économique et la gabegie des pouvoirs, ils n'ont pas pu imprimer le rythme adéquat aux mutations sociopolitiques récupérées, une fois de plus, par la vieille classe politique dominée par les intellectuels organiques, eux-mêmes issus des partis politiques formés aux premières heures des indépendances. C'est pourquoi l'analyse prudente recommande au sociologue de classer les intellectuels qui ont participé aux conférences nationales en distinguant sans doute, comme l'a fait Touraine (1992, p. 420), les intellectuels d'*en haut* et les intellectuels d'*en bas*.

L'intellectuel est précisément ce producteur d'idées qui, à partir de sa pratique sociale, réfléchit sur les problèmes de l'humanité en général, particulièrement de la société dans laquelle il vit. Par ailleurs, dans le cadre de nos sociétés africaines, l'intellectuel producteur d'idées peut-il exercer librement sa fonction critique sans un minimum de liberté, sans un espace démocratique pour lequel il s'est investi afin de le faire reconnaître dans les documents juridiques ?

Les premières expériences de transition démocratique, observées en Afrique, ont montré que la lutte pour la démocratie a conduit les intellectuels à lutter davantage pour l'accès au pouvoir et aux ressources nationales, ce qui fausse parfois la perception réelle des revendications démocratiques venant de leur part (Eboussi Boulaga, 1993, p. 40).

En fin de compte, au vu de ces développements, pouvons-nous reprendre ici l'idée de départ que l'Afrique contemporaine est malade de la démocratie? Ou bien n'est-elle pas simplement malade du pouvoir ?

Sans sombrer dans le pessimisme, au regard de la complexité des luttes sociales et politiques pour l'invention de la démocratie pluraliste, et plus spécialement participative en Afrique subsaharienne, nous devons admettre les difficultés que l'analyse prospective doit affronter. On a l'impression d'une part que, face à la dégradation des institutions et de la vie politique africaine marquée à la fois par la récession économique, les guerres fratricides et interethniques, les États africains restent sans alternative propre, et d'autre part, que le co-souverain illégitime, à savoir le marché international, serait en passe de se substituer entièrement à la souveraineté populaire. Les raisons objectives d'une réévaluation collective des institutions politiques et des mentalités existent bel et bien parmi les nations africaines encore en formation. La tâche du sociologue ou de l'anthropologue, aux côtés d'autres femmes et hommes des sciences sociales et humaines, ne consiste-t-elle pas entre autres, à poser les jalons pour l'invention d'une nouvelle humanité africaine fondée sur le pluralisme d'idées, sur l'esprit de solidarité, de liberté et de tolérance en vue d'un développement humain ? Ces nouvelles marques de reconnaissance de l'humaine condition d'existence dans l'Afrique de l'an 2000 amèneront à concevoir une sociologie ou une anthropologie plus inventive, plus dynamique et plus ouverte dans le choix de ses objets d'étude. Voilà le pari à tenir.

BIBLIOGRAPHIE

COPANS, J. (1993). « Intellectuels visibles, intellectuels invisibles », *Politique Africaine*, n° 51

DIOUF, M. (1993). « Intellectuels africains face à l'entreprise démocratique, Entre la citoyenneté et l'expertise », *Politique Africaine*, n° 51.

EBOUSSI BOULAGA, F. (1993). *Les Conférences nationales en Afrique noire*, Paris, Karthala.

HENRY, N. (1951). *Vers une Europe fédérée*, Neuchâtel, Éditions de la Baconnière.

HOUNTONDJI, P. (1991). « Conférences nationales en Afrique : sens et limites du "modèle béninois" », *L'Opinion*, n° 22.

KOFFI, N. (1992). « L'invention philosophique de la démocratie en Afrique », Annales de l'Université Marien Ngouabi, n° 2.

TOURAINE, A. (1992). *Critique de la modernité*, Paris, Fayard.

CHAPITRE 8

LA PRATIQUE COOPÉRATIVE ET LA DÉMOCRATIE EN AFRIQUE : QUELLE SOCIOLOGIE DE LA COOPÉRATION POUR LE DÉVELOPPEMENT DE LA DÉMOCRATIE COOPÉRATIVE ?

Muhima Sebisogo
Institut supérieur panafricain d'économie coopérative
Cotonou

Dans la coopération, tout part de l'homme et tout y aboutit.

Cette citation empruntée à Gisclon (dans Lasserre, 1976, p. 73) annonce l'orientation du présent texte consacré à la pratique coopérative dans le contexte de la démocratisation en Afrique. Moins que les résultats d'une recherche empirique, il s'agit plutôt de faire état d'un projet de recherche sur la question en s'interrogeant, à la fois, sur l'état actuel de cette pratique coopérative et sur l'apport d'une sociologie de la coopération susceptible de contribuer à l'essor de la démocratie coopérative avec des effets conséquents sur la pratique démocratique elle-même.

Soulevé de cette manière, le problème se déroule en deux moments avec deux interrogations correspondantes. Le premier moment touche les périodes coloniale et postcoloniale sur lesquelles nous nous interrogeons de façon fondamentale, à savoir : quel état de démocratie retrouvons-nous dans la pratique coopérative, et avec quels effets sur l'exercice du pouvoir politique lui-même ?

Le second moment concerne celui des crises économiques et des programmes d'ajustement structurel entraînant une démocratisation des pouvoirs politiques. D'où l'interrogation correspondante : quelle espérance démocratique comporte la pratique coopérative à la fois sur les plans interne et externe ? Ces deux moments débouchent naturellement sur une interrogation d'ordre sociologique, destinée à explorer les ressorts et l'apport d'une sociologie de la coopération et ce, afin d'apprécier «l'espérance coopérative» dont la pratique coopérative est porteuse et son impact sur la pratique démocratique en cours, de même que les effets rétroactifs éventuels de celle-ci sur la démocratie coopérative africaine elle-même.

Naturellement, le fil conducteur de la réflexion devrait consister en l'évaluation du poids économique et politique des coopératives (Sanmarco, 1992) en vue de mesurer leur effet sur le processus de démocratisation enclenché depuis.

L'examen de ces deux moments ainsi que les deux interrogations les accompagnant, constituent le plan du présent texte qui se terminera par un questionnement sur l'orientation et la pratique de la sociologie de la coopération.

LA PRATIQUE COOPÉRATIVE DANS LES PÉRIODES COLONIALE ET POSTCOLONIALE

En Afrique, la pratique de la coopération en tant qu'exigence à la fois de contraintes naturelles et de la sociabilité africaine, est aussi ancienne que la présence de l'homme sur le continent. Cependant, c'est avec la colonisation que la coopérative, au sens moderne du mot, est introduite sur le continent comme mode d'organisation socio-économique en vue de contribuer à la promotion de l'homme africain.

Toutefois, lorsqu'en Afrique, il est question de la coopérative ou de la coopération, il est rarement fait état de l'homme avec ses besoins, comme sujet et acteur social au sein de la coopérative. En l'absence de cette dimension, il a été souvent difficile d'apercevoir la portée réelle de la démocratie coopérative. Aussi sera-t-il d'un certain intérêt de rappeler brièvement quelles furent la portée de la coopérative et les limites de la démocratie coopérative dans le contexte colonial.

La pratique coopérative dans le contexte colonial

Pendant la période coloniale, des acteurs sociaux déterminés, l'État colonial à travers son administration, les missionnaires et parfois les colons, se sont donné le rôle, pour des raisons différentes bien entendu, d'instigateurs des coopératives, même si ces dernières n'étaient pas toujours dénommées ainsi.

En Afrique de l'Ouest, l'histoire des sociétés indigènes de prévoyance (SIP) et de leur transformation successive en sociétés de prévoyance (SP), en sociétés mutuelles de production rurale (SMPR) et en sociétés mutuelles de développement rural (SMDR) (Gentil, 1986, p. 27-57) est trop bien connue pour qu'il soit nécessaire d'y revenir.

La présence massive de l'administration, différemment ponctuée tout au long de l'évolution de ces structures précoopératives, limite la participation effective et globale des membres, bien qu'une certaine et mince élite en tire profit, tandis que ces structures se modifient pour s'orienter vers les cultures d'exportation et favoriser la mise en place de diverses infrastructures sociales que l'État ne peut faire exécuter à même son budget.

De la même manière en Afrique centrale, précisément au Congo belge, l'administration s'implique progressivement dans la promotion des précoopératives ou des coopératives avec une nette tendance de l'instrumentalisation de celles-ci à la fois sur le plan politique, où la coopérative est créée et utilisée pour mieux contrôler les populations indigènes, destinataires de la coopération, et sur le plan économique, où elle est subordonnée aux intérêts de l'économie dominante du secteur privé capitaliste (Sebisogo, 1993).

Qu'il s'agisse de l'Afrique de l'Ouest ou de l'Afrique centrale, l'acteur principal en matière de coopératives reste l'administration coloniale qui initie et promeut des coopératives dans le domaine ou le secteur d'activité qu'elle choisit pour les populations dans l'intention de les impliquer comme candidates à la coopération et ce, grâce à des fonctionnaires en charge du projet coopératif. Comme nous pouvons le constater, la démocratie coopérative est absente de la pratique coopérative.

La coopérative depuis l'accession à l'autonomie politique

Considérations préliminaires

La période concernée ici s'étend de l'accession à l'autonomie politique des années 1960 jusqu'aux alentours des années

1990, c'est-à-dire les trois dernières décennies. Pour l'essentiel, nous dénombrons les acteurs sociaux engagés dans la promotion des coopératives parmi les éléments suivants : les administrations indépendantes africaines substituées aux administrations coloniales, des organisations non gouvernementales (ONG), notamment les Églises, les syndicats et des particuliers.

Selon la logique de la période antérieure, l'opinion générale s'accordait à dire que : « Les coopératives, notamment dans les zones rurales, devraient jouer un rôle essentiel dans le développement et partant être intégrées dans la planification plutôt que d'être laissées à leur propre sort » (BIT, 1988, p. 9).

Cette conviction, confortée par une nécessité d'ordre économique, politique et même idéologique, va conduire à l'implication des États africains au sein de leurs administrations. En effet, ceux-ci vont se lancer dans la mise en place d'appareils d'encadrement coopératifs et dans la création conséquente des coopératives, le plus souvent dans l'optique des gouvernements et rarement selon les besoins des populations.

Éléments d'appréciation des coopératives

Nous pouvons maintenant apprécier l'effort coopératif déployé par l'examen des paramètres suivants : un discours coopératif très étouffant, les secteurs d'activité coopérative, les limites au développement coopératif et l'apport des coopératives.

1- Un discours coopératif très étouffant

L'implication des états africains dans la créativité coopérative est sous-tendue par un discours coopératif suivant lequel la coopérative apparaît comme un outil quasi indispensable et fort adéquat pour concilier la modernité, ou mieux la modernisation, avec les différentes formes de solidarité traditionnelle (Gentil, 1986, p. 132-133), elle-même présentée comme le ciment de la société africaine. Ce discours va trouver sa formulation la plus cohérente dans l'ujamaa tanzanien.

Sans reprendre le caractère idéologique de ce discours, à la fois sur la coopérative et la solidarité, discours qui se révèle objet régulier d'analyse critique (Gosselin, 1976 ; Vidal, 1992 ; Beauchamp, 1994), ni revenir sur les raisons d'échec de l'ujamaa tanzanien (Brittain, 1994), il faut souligner que ce discours coopératif est tenu par les cadres des administrations africaines, très éloignées des préoccupations des «coopérateurs» ; celui-ci se cristallise dans un formalisme juridique qui se manifeste par des législations coopératives[1] qui n'assument pas le contexte culturel, sauf pour le transformer. Ce discours coopératif s'accompagne naturellement de la mise en place d'un organisme administratif très étoffé, composé de cadres de l'administration en vue d'encadrer les coopératives. Ceci a pour effet de détourner le pouvoir démocratique des coopérateurs ainsi que le fait observer Gentil (1986, p. 135-136) : «Ce qui est plus grave, c'est l'immense façade démocratique qui n'arrive pas à masquer les adhésions quasi obligatoires et un pouvoir de fait confisqué par les fonctionnaires qui le partagent parfois avec certains notables».

2- Les secteurs d'activité coopérative

Nonobstant cette inhibition démocratique, liée à ce formalisme juridique inscrit dans le discours coopératif, le développement des coopératives a connu une expansion rapide couvrant des secteurs importants de l'activité socio-économique qui sont, nommément : l'agriculture et la pêche, les coopératives de consommation, les coopératives d'épargne et de crédit et plusieurs autres secteurs d'intervention coopérative.

– L'agriculture et la pêche

En Afrique, l'agriculture reste le secteur économique le plus important et pour une double raison : sa contribution appréciable à la formation du produit national brut (PNB) et un nombre très élevé de la population impliquée dans l'agriculture qui en tire ses moyens de subsistance.

Cette importance se reflète dans la répartition des coopératives, orientées pour la majorité d'entre elles, vers le secteur agricole. Selon les informations de l'ACI[2] livrées par le BIT (1988, p. 25) pour l'ensemble de l'Afrique noire, les coopératives agricoles représentent, à la date indiquée, 53% de toutes les associations coopératives de la sous-région, à l'exclusion de l'Afrique de l'Ouest où, faute des données globales, disponibles ou accessibles, l'importance des coopératives agricoles ne peut être appréciée précisément. Toutefois, on peut énoncer l'opinion, sans risque d'erreur, qu'elles restent également majoritaires dans la configuration coopérative existante, comme le

---

1. À l'exception du Zaïre, pour l'Afrique noire francophone, dont la législation coopérative coloniale (loi de 1956) perdure jusqu'à nos jours.
2. ACI est le sigle utilisé pour désigner l'Alliance coopérative internationale.

confirme le cas du Bénin (Gentil, 1986, p. 188 et Houadjeto, 1993).

Si l'on excepte les quelques coopératives de production agricole dont les membres s'unissent pour produire, les coopératives agricoles se sont développées sous forme d'associations de services exerçant des activités dans les principaux domaines de la fourniture d'intrants agricoles, dans l'organisation du crédit à des fins de production, et enfin dans la mise sur pied des services de commercialisation (BIT, 1988, p. 25).

Associées au secteur agricole du fait de leur contribution escomptée à l'accroissement de l'approvisionnement en denrées alimentaires, les coopératives de pêcheurs occupent une place de choix dans la typologie coopérative africaine comme le montrent les données du tableau 1 ci-après :

Pour des raisons multiples et selon le BIT : «Ces coopératives de pêcheurs semblent s'adonner davantage à la commercialisation et à l'approvisionnement en intrants», et rarement à la pêche proprement dite. Les coopératives qui pratiquent la pêche, s'accrochent plutôt à la pêche artisanale et non à la pêche industrielle, requérant plus de ressources financières et un niveau plus élevé d'organisation, et donc de compétence.

Tableau 1 :
Les coopératives des pêcheurs en Afrique

Pays	Date de référence	Nombre de coopératives ou pré-coopé ratives	Organisation faîtière nationale	Nombre d'unions	Nombre de membres
BÉNIN	04.1986	68	—	—	862
CAP-VERT	04.1986	1	—	—	20
CÔTE-D'IVOIRE	04.1986	44	—	—	541
ÉTHIOPIE	05.1987	38	—	—	1.178
GHANA	01.1983	323	1	11	24.000
KENYA	04.1984	34	—	2	6.540
MAURICE	06.1987	23	—	—	700
MOZAMBIQUE	11.1986	74	—	—	2.174
NIGÉRIA	08.1986	572	1	—	16.756
SIERRA LEONE	04.1986	4	—	—	254
SOUDAN	12.1980	7	—	—	1.000
ZAMBIE	11.1981	4	—	—	2.320
ZIMBABWE	06.1987	12	—	—	224

Source : *BIT* (1988, p. *39*).

– Les coopératives de consommation

Un secteur important où se déploie, en Afrique, l'effort coopératif est celui de la consommation comme le révèle le tableau 2 ci-après :

De ce tableau se dégagent une répartition et une importance inégales de ce type de coopératives, en ce qui concerne aussi bien le nombre de celles-ci que celui de leurs membres entre les divers pays, et ce indépendamment de l'apport de ces entreprises coopératives sur le plan économique ; cet apport n'a pas été relevé par ailleurs. Si l'on excepte le Mozambique où l'expansion coopérative mériterait une explication spécifique, les coopératives de consommation semblent plus fermement implantées dans les pays ayant une longue tradition d'activité coopérative (BIT, 1988, p. 47) comme l'Égypte, le Ghana, le Nigéria, la Tanzanie, etc. ; ce qui laisse supposer une certaine maîtrise de l'organisation et de la gestion de ce type de coopératives, assez exigeantes tout compte fait.

En Afrique, plus qu'ailleurs, les coopératives de consommation ont pour fonction essentielle de permettre à leurs adhérents, membres recrutés souvent dans des milieux défavorisés urbains et ruraux, de s'approvisionner en produits de première nécessité et à moindre coût, de façon à ne pas être victimes de l'exploitation que pratiquent les commerçants dans le contexte d'une économie de pénurie en denrées alimentaires, pénurie souvent entretenue par ces derniers.

Tableau 2 :

Les coopératives de consommation

Pays	Année	Nombre de coopératives	Nombre de membres
BOTSWANA	1987	14	18.934
CAP-VERT	1986	62	11.845
ÉGYPTE	1982	2.988	5.063.000
GHANA	1981	8.092	2.000.000
KENYA	1981	47	10.000
LIBERIA	1986	3	6.500
MALI	1986	76	300.000
MOZAMBIQUE	1985	2.492	1.120.000
NIGÉRIA	1984	1.430	287.728
OUGANDA	1978	42	4.767
SÉNÉGAL	1986	120	6.000
SEYCHELLES	1980	81	26.000
SIERRA LEONE	1986	16	1.771
SOMALIE	1984	54	8.610
SOUDAN	1978	2.288	449.696
SWAZILAND	1980	7	480
TANZANIE	1982	1.000	180.000
TOGO	1986	10	1.500
ZAMBIE	1979	42	14.600
ZIMBABWE	1982	3	480

Source : BIT (1988, p. 45).

– Les coopératives d'épargne et de crédit

Depuis une quinzaine d'années, sont apparues, dans la typologie coopérative africaine, des coopératives d'épargne et de crédit qui ont connu une expansion remarquable comme le confirment les données du tableau 3.

Tableau 3 :

Coopératives d'épargne et de crédit en Afrique (1986)

(montants exprimés en $US)

Pays	Nombre de coopératives d'épargne et de crédit	Nombre de membres	Épargne totale	Montant total des prêts courants
BÉNIN	6	2.984	15.485	6.400
BOTSWANA	22	4.319	281.220	111.897
BURKINA FASO	41	3.481	381.607	9.779
CAMEROUN	120	41.580	23.817.772	17.709.368
CÔTE-D'IVOIRE	72	9.745	1.063.469	602.076
ÉTHIOPIE	287	60.437	11.264.411	11.486.600
GAMBIE	86	3.546	68.405	9.546
GHANA	154	47.337	1.630.280	1.279.740
KENYA	1.350	932.000	196.200.000	176.600.000
LESOTHO	66	29.026	1.012.024	646.274
LIBERIA	56	17.020	6.983.023	5.380.764
MALAWI	51	13.994	478.669	539.959
MAURICE	67	20.951	1.887.710	1.668.619
NIGERIA	7.306	677.818	159.756.310	73.007.205
OUGANDA	721	364.000	75.744	46.676
RWANDA	88	128.226	24.826.060	11.497.722
SÉNÉGAL	22	2.600	113.000	7.173
SEYCHELLES	1	2.635	667.140	518.705
SIERRA LEONE	129	12.073	48.170	48.848
SWAZILAND	25	1.222	40.626	14.266
TANZANIE	284	65.841	10.643.540	9.657.401
TOGO	93	10.335	1.519.690	1.230.748
ZAÏRE	111	155.511	3.991.198	642.278
ZAMBIE	140	41.536	1.588.536	1.040.137
TOTAL	11,307	2.648.717	448.291.659	313.762.181

Source : ACECA, cité par le BIT (1988, p. 48).

Créées souvent en dehors du secteur coopératif promu, soutenu et parrainé par les pouvoirs publics, les coopératives d'épargne et de crédit, différemment dénommées par ailleurs, se sont révélées des outils efficaces de mobilisation de l'épargne locale comme le prouve de façon éloquente, l'évolution récente des caisses locales et régionales de crédit agricole mutuel (CLCAM/CRCAM) au Bénin, dont le cas sera repris plus loin.

Cette évolution récente est confirmée par la situation des coopératives d'épargne et de crédit au Togo comme elle l'était hier par celle des banques populaires au Rwanda[3] comme le montrent les données chiffrées reprises aux tableaux 4a et 4b.

Tableau 4a :
Évolution des banques populaires au Rwanda
(en chiffres absolus au 31 décembre)

Indicateurs / Année	Nombre banques	Nombre membres sociétaires	Capital social (en millions FRW)	Total des dépôts ou Épargne (en millions FRW)	Total de crédits (en millions FRW)*
1975	15	2.016	0,4	13,3	0,07
1976	35	5.481	1,4	60,4	12,30
1977	50	10.124	2,5	134,3	38,50
1978	50	15.476	3,6	233,7	83,90
1979	57	10.295	4,8	237,9	129,00
1980	57	24.522	5,9	440,0	175,50
1981	61	34.356	9,1	609,0	275,70
1982	63	48.215	13,1	807,7	393,50
1983	64	60.399	17,2	1.028,9	445,60
1984	72	75.769	22,6	1.247,3	596,60
1985	79	99.585	31,0	1.617,0	599,90
1986	88	128.226	41,6	2.088,9	967,40
1987	95	168.983	55,8	2.583,6	1.334,30
1988	102	224.537	75,5	3.195,8	1.832,10
1989	109	261.977	87,8	3.225,6	2.131,50
1990	119	296.026	98,8	3.351,4	1.673,60

Source : UBPR : *Rapport annuel* (1990, p. 71).
* $US = 74FRW en 1990.

3. Cette expansion des caisses populaires a sûrement été arrêtée avec l'exécution des cadres et des membres de ces organisations coopératives, victimes elles aussi, des événements sanglants d'avril 1994 consécutifs à l'échec du processus de démocratisation intervenu dans le pays.

Tableau 4b :

Évolution des coopératives d'épargne et de crédit au Togo
(de 1986 à 1990)

Année	Nombre Coopec	Nombre membres sociétaires	Total parts sociales (en millions FCFA)	Dépôt/ membres ou Épargne (en millions FCFA)	Prêt en cours (en millions FCFA)
1986	93	10.093	18	472	386
1987	95	9.763	19	480	432
1988	106	14.179	24	773	672
1989	112	18.298	41	1.066	918
1990[4]	121	20.930	47	1.330	1.055

Source : AKEMAKOU (1991).

La mobilisation de l'épargne par les «coopec» ou les banques populaires a été telle qu'elle a suscité et réveillé l'attention aussi bien des États africains que des institutions bancaires classiques ; sans parler des bailleurs de fonds, qui surpris d'apprendre l'existence insoupçonnée de fonds très importants, ont été intéressés depuis à en contrôler le mouvement en vue de leur intégration au circuit classique et dominant.

– Autres secteurs d'intervention coopérative

En dehors des secteurs que nous avons survolés, qui sont par ailleurs classiques, d'autres secteurs sont également l'objet d'initiatives coopératives.

Il en va ainsi de l'émergence, dans certains pays, des banques coopératives et des coopératives d'assurance (BIT, 1988 : 64-74) : les premières se situent souvent au niveau secondaire de la construction coopérative pour offrir des ser-

4. Étant donné que les comptes des « coopec » s'arrêtent au 31 décembre de chaque année, les chiffres reflétant la situation à cette date n'étaient pas encore disponibles, selon la référence citée.

vices financiers à des coopératives du Ghana, Kenya, Nigéria, et les secondes offrent des services d'assurance à des coopératives d'épargne et de crédit, soit des services d'assurance contre les vols et les incendies ; cela est le cas pour les trois pays ci-haut mentionnés, et il en va de même pour la Tanzanie. Ce type de coopérative peut jouer un rôle dynamique à la fois pour les autres coopératives, mais aussi pour les populations souvent privées de services d'assurance.

En outre, il faut signaler l'émergence des coopératives dans les secteurs artisanal et manufacturier (BIT, 1988, p. 84-88), coopératives qui se répartissent en deux domaines importants : les coopératives d'artisans qui cherchent un terrain d'implantation dans l'immense secteur informel de l'artisanat, sous ses multiples formes, et les coopératives manufacturières de production qui tentent de percer dans le secteur industriel de la production.

Il va sans dire que nous ne saurions être exhaustifs sans avoir fait état du secteur du logement et de la construction, également objet de projets coopératifs (BIT, 1988, p. 75-84). En outre, il convient de citer des coopératives qui tentent de desservir des cibles particulières, formées de catégories sociales souvent en marge du processus de développement coopératif. Il s'agit, par exemple, des coopératives de femmes et des coopératives de jeunes.

Limites au développement coopératif et à l'apport des coopératives

L'analyse des différents secteurs de développement que nous venons d'esquisser illustre que les coopératives continuent à se déployer dans presque tous les secteurs ; cela prouve que, même en Afrique, la typologie coopérative est variée et peut s'étendre à diverses activités socio-économiques.

Cependant le même développement ainsi que les données illustratives soulèvent des interrogations et appellent des réserves. D'abord sur le plan coopératif, les données fournies, même puisées à une source aussi officielle que celle du BIT, paraissent incomplètes ; ce sont des données chiffrées qui souvent demandent à être vérifiées. Aussi reste-t-il très difficile d'apprécier le taux de pénétration des coopératives, qui paraît plutôt insignifiant, que ce soit par secteurs d'activité, par pays ou pour l'ensemble des pays évoqués. De la même manière, la contribution de ces coopératives à chacun des secteurs concernés se révèle-t-elle plutôt marginale. Ceci conduit à une conclusion, provisoire il est vrai, à savoir que les coopératives restent en marge de l'économie dominante.

Cette conclusion soulève naturellement, outre le problème du contexte politique et économique environnemental, celui de la nature d'une part, du secteur dit coopératif couvert et d'autre part, du mode tant d'organisation, de structuration que de gestion des coopératives en vue d'atteindre les résultats escomptés.

Sur le plan sociologique et de façon plus fondamentale, il est important de se questionner sur la nature du sociétariat coopératif, sur ses caractéristiques sociales et même sociologiques, c'est-à-dire sur la cohésion, la densité et la profondeur du sociétariat coopératif en rapport, à la fois, avec le projet coopératif en œuvre et l'environnement sociétal d'un point de vue global.

LE TEMPS DES CRISES ET DES PROGRAMMES D'AJUSTEMENT STRUCTUREL

Dans la période qui va de la colonisation à l'époque contemporaine jusqu'au temps de la décolonisation et des indépendances, se retrouvent pourtant en Afrique des pratiques coopératives ainsi que vient de le confirmer le survol ci-haut esquissé.

Cependant, depuis au moins une décennie, l'Afrique est aux prises avec une crise socio-économique qui, à travers diverses mesures d'ajustement structurel, a conduit à la crise politique ; cette crise politique a provoqué, à son tour, un processus de démocratisation, peut-être inattendu, eu égard au règne sans partage des «partis uniques». De ce constat émerge une question comprenant trois volets : comment apparaît la pratique coopérative, dans ce nouveau contexte, et de quelle contribution est-elle porteuse sur le plan du processus démocratique lui-même et quel effet celui-ci peut-il exercer sur la pratique démocratique à l'intérieur de la coopérative ?

L'état des économies africaines et le recours à l'ajustement structurel

L'observation des économies africaines révèle un état de stagnation, et même de régression généralisée, comme le confirment tous les indicateurs ; qu'il s'agisse de la production agricole, de la production minière pour les pays d'économie minière dominante ou de la production industrielle pour les pays où l'industrie commençait à prendre de l'essor. Cette régression généralisée s'est répercutée, bien entendu, sur le niveau des recettes des États qui se sont amenuisées entraînant des conséquences multiples sur les différents secteurs de la vie nationale.

Pour faire face à la crise, et endiguer l'endettement, les États africains, avec l'aide des bailleurs de fonds et souvent sous la pression de ceux-ci, ont eu recours aux programmes d'ajustement structurel conçus dans l'intention de rémédier à la crise.

Si les effets positifs des programmes d'ajustement structurel (PAS) sont toujours promis par les économistes classiques, en termes de rétablissement des grands équilibres financiers avec au bout de la ligne la reprise de la croissance, ce dont tout le monde doute par ailleurs, il est par contre admis que les PAS ont occasionné et occasionnent des coûts sociaux excessifs : «chômage des jeunes et surtout des jeunes diplômés, dépeuplement des campagnes au profit des villes, paupérisation accrue des populations urbaines et rurales, coupes sombres dans les budgets sociaux (ceux de la santé et de l'éducation notamment), développement de la délinquance et de la drogue, du marché de la débrouillardise, vieillissement précoce des populations (...) » (Toulabor, 1992, p. 159).

L'approfondissement de la crise

Un des paradoxes de l'application des programmes d'ajustement structurel est d'avoir accentué la crise, aussi bien sur les plans économique que politique avec entre autres, l'ébranlement et même l'étranglement de l'État, selon l'expression de Toulabor (1992, p. 159). L'État a été invité à réduire son train de vie et à devenir moins patrimonial, et donc moins clientéliste, comme l'atteste particulièrement le cas du Zaïre où la médication prolongée des PAS et leur retrait postérieur, n'a, pour des raisons multiples de nature tant politique, socioculturelle qu'éthique, rien donné (« Rapport final des travaux de la Conférence Nationale Souveraine », 1993) ; au contraire, l'application des PAS n'a fait que plonger le pays dans l'inexistence sociale, avec le revenu par tête d'habitant qui, depuis 1992, est tombé en-dessous de zéro (Banque du Zaïre, 1992), avec comme résultat de refouler l'ensemble de la population dans l'économie informelle, au sein de laquelle seule la pauvreté est partagée (De Villiers, 1992).

La quête démocratique, une réponse à la crise économique et politique

La racine profonde de la crise africaine est à rechercher, selon certains analystes (Adedeji, 1993, p. 37), du côté de l'absence de la démocratie, de la marginalisation du peuple et de l'absence de participation du citoyen au processus politique manifeste tout au long de l'exercice du pouvoir par les «partis uniques». Ceci a conduit à une mauvaise gestion des économies par les gouvernements respectifs avec toute la kyrielle de conséquences qui s'ensuit : fuite massive des capitaux, utilisation inefficace des ressources, marasme des économies, etc. En réaction à cet état de fait, la quête démocratique est apparue à la fois comme une réponse politique aux PAS et à la crise économique.

Depuis la Baule, la pratique de la démocratie a été posée comme condition à l'obtention des aides en vue d'alléger la crise économique et ce, par la mise en place d'un double mécanisme : d'une part, la réforme de l'État africain et une moralisation de son fonctionnement, et d'autre part, la reconversion de l'économie par la privatisation de celle-ci, étant donné que les secteurs privés apparaissent plus de nature à assurer une revitalisation accrue des activités de production.

Cependant, les premiers efforts de réaménagement des paysages politiques par l'élaboration de nouvelles règles de jeu politique semblent avoir créé plus de problèmes qu'ils n'en ont résolu d'où les multiples lieux de confrontation et de violence politique faisant regretter le temps des «partis uniques», mettant du reste en cause la perspective même de la démocratisation (cas du Zaïre avec les pillages).

Les signes observables du climat démocratique

Cependant, depuis que le processus de démocratisation – quoique ambivalent – a été enclenché, et malgré la physionomie différenciée qu'il a empruntée, des signes manifestes en attestent le vécu concret. Parmi ceux-ci, nous en dénombrons trois : une multiplicité des organes de presse, une multiplicité d'associations, une renaissance coopérative.

Une multiplicité des organes de presse

L'une des premières manifestations de la démocratisation se retrouve dans la multiplicité des organes de presse (Diop, 1992, p. 149) qui se sont substitués aux organes unidimensionnels de presse des partis uniques. Ils constituent des lieux multiples d'expression et de la libération par la parole et reflètent des opinions alternatives de la société civile face aux opinions officielles des tenants du pouvoir. Les conférences nationales en ont été les meilleures illustrations.

Une multiplicité d'associations

Un autre signe, caractéristique de la démocratisation, est l'émergence tant d'une multiplicité que d'une diversité d'acteurs collectifs, diversement qualifiés selon les terrains d'observation. Ces terrains peuvent consister en des communautés villageoises, des groupements de paysans (Schneider, 1987) ou des groupements associatifs (Buijsrogge, 1989), ou encore des associations villageoises (Belloncle, 1993), des groupements ou associations à caractère socio-économique, à travers lesquels les populations à la base – en ville comme en milieu rural – tentent de se prendre en charge pour répondre à leurs besoins primaires, tels la nourriture, la propreté de l'eau, l'hygiène.

Une renaissance coopérative

Enfin, concomitamment à ce mouvement associatif et parfois en aval à celui-ci, se dessine une renaissance coopérative avec l'apparition des coopératives dans des secteurs aussi bien classiques qu'inédits où la coopération tente de se traduire en pratique réellement coopérative et sociale.

Ici le contexte démocratique béninois, en cours de consolidation depuis la Conférence nationale de 1990, sert de terreau particulier à ce renouveau coopératif. Non seulement des coopératives se maintiennent dans les secteurs traditionnels et classiques avec les coopératives de consommation comme la Centrale Coop. et les coopératives de production comme la Coopérative du meuble, mais elles percent la coopération dans certains secteurs inédits avec les coopératives de transport dans le secteur de transport, les cliniques coopératives dans le secteur de la santé, comme il y a lieu d'évoquer le processus en cours de rétrocession aux coopérateurs des Coopératives d'aménagement rural (CAR).

Dans les domaines de l'épargne et du crédit, la réhabilitation des caisses d'épargne et de crédit agricole mutuel, entreprise à la faveur du renouveau démocratique, a permis une expansion de celles-ci comme le montrent les données ci-après (tableau 5) couvrant la période 1990-1994.

Un autre contexte à démocratie piégée est celui du Zaïre, où jusqu'en 1989, les « coopec » ont connu un développement fulgurant, pour enregistrer ensuite une désaffection totale à la suite de la création d'une nouvelle monnaie zaïroise ; cette mesure monétaire reflétait le climat d'un combat politique où l'absence de démocratie a donné lieu à l'absence de toute politique, avec les conséquences que l'on sait sur les structures d'autopromotion. Dans ce contexte, l'état actuel des coopératives d'épargne et de crédit s'inscrit dans la «logique zaïroise» de crise permanente du pouvoir et d'absence de participation politique.

Enfin, une situation à «démocratie zéro» est celle du Rwanda. Les banques populaires ont connu une fulgurante percée avec une espérance coopérative qui a servi d'exemple (voir tableau 4a). Cependant l'échec de la démocratisation, survenu et consommé en avril 1994, qui a entraîné des massacres aveugles, a-t-il laissé survivre les coopérateurs et les institutions coopératives ? L'on peut en douter.

Tableau 5 :

Évolution du mouvement d'épargne et de crédit au Bénin entre 1990 et 1994

RÉGION	SOCIÉTARIAT ET CAPITAL SOCIAL (en FCFA)						DÉPÔTS					
	30.09.90		30.09.92		30.09.94		30.09.90		30.09.92		30.09.94	
	Nombre	Montants	Nombre	Montants	Nombre	Montants	Nombre	Montants	Nombre	Montants	Nombre	Montants
ATACORA	3.036	11.577.400	5.100	12.067.750	8.041	17.174.700	6.323	228.849.211	9.248	419.862.302	15.605	696.579.529
ATLAN-TIQUE	1.450	9.943.850	2.195	13.584.750	6.771	29.115.000	5.344	215.793.660	5.382	315.023.457	12.152	784.304.028
BORGOU	15.771	82.087.640	20.547	96.862.340	30.421	12.094.350	37.463	1.393.228.609	33.615	928.720.109	45.269	1.611.089.463
MONO	1.858	16.486.000	3.334	15.847.740	7.250	24.211.790	8.250	254.000.309	8.621	472.206.759	14.641	811.328.118
OUEME	1.541	13.804.000	3.061	21.039.000	5.291	30.402.000	10.851	386.918.369	8.409	500.799.608	15.328	832.933.714
ZOU	4.066	15.549.400	6.595	22.071.400	12.943	43.797.000	8.658	337.915.445	11.015	704.020.749	28.828	1.409.211.015
TOTAL (Bénin)	27.722	149.448.290	40.832	181.472.980	70.717	256.794.840	76.889	2.816.705.603	76.290	3.340.038.984	124.823	6.146.045.867

Source : FECECAM (1994).

En résumé, l'on peut dire que le contexte de la démocratisation, là où il semble prometteur, ouvre la voie à une revitalisation coopérative. Celle-ci pourra-t-elle influencer la démocratisation en cours ?

À l'inverse, là où l'effort de démocratisation n'a nullement abouti, l'«espérance coopérative» reste piégée et même mise à l'épreuve.

Il n'empêche que le mouvement associatif, et même coopératif, a produit des acteurs qui se sont engagés en politique : le président du Mali, le président assassiné du Burundi, etc. Cette percée en politique des cadres de la coopération, davantage œuvre personnelle que le résultat d'une pression coopérative, annonce-t-elle pour autant une accélération de la démocratisation ? Rien n'est moins sûr.

En réalité, une hypothèse pourrait être formulée qui reste à explorer : les coopératives africaines ne pourront d'une part, laisser s'exercer la démocratie interne que si elles offrent et constituent un cadre de participation interne des membres, d'autre part celles-ci ne pourront exercer une influence réelle sur la démocratisation de la société que si elles constituent une force économique qui pourra, ce faisant, jouer un rôle politique.

LE TEMPS DE L'IMPLICATION D'UNE SOCIOLOGIE DE LA COOPÉRATION

Le développement ci-haut esquissé laisse entrevoir des limites à la pratique coopérative et appelle une meilleure connaissance de celle-ci, ce qui interpelle la sociologie de la coopération.

Les limites de la pratique coopérative

La pratique coopérative s'est avérée très peu consistante au point de vue économique et politique ainsi que sur le plan de la connaissance.

Sur le plan économique, l'apport des coopératives à l'ensemble de l'économie reste, tout compte fait, marginal, même si celles-ci continuent d'être en honneur comme l'a montré la diversité des secteurs occupés par la pratique coopérative. Toutefois les coopératives ne sont pas encore devenues de véritables entreprises pouvant peser lourd dans la balance économique.

Sur le plan politique, le secteur coopératif, du fait de sa faiblesse économique n'exerce aucun rôle significatif sur le pouvoir et ne peut influer sur la dynamique politique en cours.

Sur le plan de la connaissance, la pratique coopérative ne semble guère suffisamment maîtrisée : quels sont les comportements et les attitudes des coopérateurs africains au sein de leurs entreprises coopératives respectives ? Quel est le niveau de participation des membres au sein des coopératives ?

L'interpellation de la sociologie de la coopération

De tels questionnements en appellent à la sociologie de la coopération qui, longtemps timide et peu engagée dans la quête du sens de la pratique coopérative des coopérateurs africains, doit sortir de sa coquille pour effectuer des recherches empiriques qui permettraient d'appréhender le degré d'implication des acteurs dans leur pratique coopérative. À cet égard, elle doit s'interroger sur le sens et la signification qu'accordent les acteurs à leur pratique coopérative et s'enquérir de leur espérance dans la coopérative comme lieu d'expression démocratique interne d'abord, mais aussi comme cadre d'impulsion de la pratique démocratique dans la société globale où s'inscrit la coopérative.

CONCLUSION

Le présent texte a tenté de présenter, de façon plutôt descriptive que critique, l'état des coopératives en Afrique depuis la période coloniale jusqu'à nos jours. Si la typologie coopérative montre une extension coopérative à tous les secteurs de la vie économique, les coopératives ne semblent pas exercer un poids économique réel, du moins les données disponibles ne permettent guère de s'en convaincre. Par ailleurs, la crise que traversent les États africains, dans sa dimension économique et politique, a nécessité le recours à des programmes d'ajustement structurel qui, loin d'en atténuer les effets, en ont accentué la gravité ; en réponse à la fois à la crise économique et politique, la solution réside dans l'effort d'un processus de démocratisation.

La question fondamentale est de savoir si la pratique coopérative, avec la dimension démocratique qui lui est inhérente, a concouru et concourt à la démocratisation, et si celle-ci offre un contexte favorable à l'enracinement coopératif. Si certains éléments du processus de démocratisation en cours laissent entrevoir une renaissance coopérative, l'état actuel des coopératives, encore largement ingoré faut-il le dire, ne permet guère d'apprécier leur impact sur une meilleure pratique démocratique dans les sociétés.

C'est pour contribuer à une meilleure connaissance de cette question que nous avons initié un projet de recherche qui permettrait de mieux connaître l'état de la pratique coopérative en rapport avec l'environnement sociétal en mutation ; un projet qui, de plus, mettrait l'accent sur les coopérateurs comme acteurs sociaux, sur leurs attentes, comportements et attitudes, le mode et le degré de participation au sein des coopératives (afin d'apprécier le vécu démocratique), le sens conféré à la pratique coopérative et l'appréciation du contexte politique dans lequel s'insère la pratique coopérative, etc.

Un tel projet de recherche sociologique, avec sa perspective comparative (Bénin, Burkina Faso et Zaïre) pourrait contribuer à la fois à une meilleure connaissance sociologique des coopératives ainsi qu'à l'émergence d'une certaine culture coopérative, indispensable précisément à l'enracinement coopératif.

BIBLIOGRAPHIE

ADEDEJI, A., (1993). « Développement socio-économique et démocratie en Afrique », *Zaïre-Afrique*, n° 271, janvier.

AKEMAKOU, K., (1991). *Épargne dans les secteurs formels et informels : l'expérience des COOPEC au Togo*, DAK, 21-23, janvier.

BANQUE DU ZAÏRE, (1992). *Rapport annuel*, Kinshasa.

BEAUCHAMP, C., (1994). « La question coopérative en Afrique Noire », *Coopérative et Développement*, vol. 25, n° 2, 1993-1994, 24-43.

BELLONCLE, G., (1993). *Anthropologie appliquée et développement associatif. Trente années d'expérimentation sociale en Afrique sahélienne*, (1960-1990), Paris, L'Harmattan.

BIT (1988). *Les coopératives, un aperçu de l'évaluation du mouvement coopératif dans la région africaine. Champ d'action, impact et perspective*, Rapport III, 1ère Edit., B.I.T., Genève.

BRITTAIN, V., (1994). « L'amnésie pour prix de la paix en Afrique Australe », *Le monde diplomatique*, n° 489, 4e Année, Décembre.

BUIJSROGGE, P., (1989). *Initiatives paysannes en Afrique de l'Ouest*, Paris, L'Harmattan.

DE VILLIERS, G., (1992). (sous la direction) *Économie populaire et phénomènes informels au Zaïre et en Afrique*, Cahiers de CEDAF, n° 3-4, Bruxelles.

DIOP, S., (1992). « Du parti unique aux multiples partis ou la démocratie introuvables », *Afrique contemporaine*, numéro spécial, 4e trimestre.

FECECAM-BENIN (1994). *Les statistiques du réseau au 30.09.1994*, FECECAM, Cotonou.

GENTIL, D., (1986). *Les mouvements coopératifs en Afrique de l'Ouest, interventions de l'État ou organisations paysannes ?* Paris, UCI, L'Harmattan.

GOSSELIN, G., (1976). « Le développement africain et la théorie de la "pierre d'attente" », *L'homme et la société*, n° 39-40.

HOUADJETO, G., (1993). « L'évolution du mouvement coopératif au Bénin depuis 1960 à nos jours », communication faite au séminaire sur *L'actualisation de la législation coopérative au Bénin*, INFOSEC, Cotonou, 10-14 mai.

LASSERRE, G., (1976). « Le secteur coopératif face au problème humain », *Revue des études coopératives*, n° 184, 2e trimestre.

SANMARCO, L., (1992). « Le monde rural sacrifié. De l'injustice au risque écologique », *Afrique contemporaine*, 4e trimestre.

SCHNEIDER, B., (1987). *L'Afrique face à ses priorités*, Paris, Economica.

SEBISOGO, M. (1993). *Les coopératives et les paysannats au Congo belge entre 1920 et 1959. Essai d'analyse critique*, Cotonou, Institut Supérieur Panafricain d'Économie Coopérative et Québec, Université Laval, Laboratoire de recherches sociologiques, Département de sociologie.

TOULABOR, C., (1992). « Ajustement structurel et démocratie en Afrique : quelques réflexions sur les programmes d'ajustement structurel », *Actes de la Table Ronde* sur *Crises et ajustement en Côte d'Ivoire. Les dimensions sociales et culturelles*, Bingerville, (Côte d'Ivoire), 30 novembre, 1-2 décembre.

UNION DES BANQUES POPULAIRES DU RWANDA, (1990). *Rapport annuel, 1990*, Kigali.

VIDAL, C. (1992). « Les rhétoriques de la solidarité africaine », *Actes de la Table Ronde* sur *Crises et ajustement en Côte d'Ivoire. Les dimensions sociales et culturelles*, Bingerville, (Côte d'Ivoire), 30 novembre, 1-2 décembre.

ZAÏRE-AFRIQUE, (1993). « Le rapport final des travaux de la Conférence Nationale Souveraine », *Zaïre-Afrique*, n° 273.

QUATRIÈME PARTIE

LES FEMMES ET LES JEUNES EN AFRIQUE

CHAPITRE 9

LA MIGRATION ET « L'ENTRÉE DANS LA VIE » EN AFRIQUE ET EN OCCIDENT

Madeleine Gauthier
INRS-Culture et Société
Québec

S'il est un phénomène commun aux sociétés occidentales et aux sociétés africaines, c'est celui de la migration des jeunes. En dehors des désastres naturels et des guerres, il s'agit du déplacement, à l'intérieur des limites d'un état ou d'une province, parfois outre-frontière dans le cas de l'Afrique, des populations en âge d'étudier ou de s'intégrer dans l'univers du travail. Au cours du XXe siècle, le mouvement s'est le plus souvent effectué à partir des régions moins densément peuplées, soit du milieu rural ou des régions, vers les métropoles principalement, mais aussi vers les agglomérations urbaines de moyenne densité. Dans les sociétés d'Occident, il ne semble exister aucune exception à la sortie massive de la population jeune des milieux ruraux ou des régions éloignées que l'on n'hésite pas à qualifier d'« exode des jeunes » à cause des proportions qu'elle a prises (Gauthier et Bujold, 1995). Un ouvrage récent illustre le même phénomène pour chacune des régions géographiques de l'Afrique noire à travers l'observation de la situation dans huit pays (Touré et Fadayomi, 1993).

Jusqu'à maintenant, les migrations ont d'abord attiré l'attention par l'impact, le plus souvent qualifié négativement, qu'elles causent sur les régions que les jeunes désertent et sur les villes vers lesquelles ils affluent. On insiste, dans le premier cas, sur l'appauvrissement des régions ou du milieu rural à cause du vieillissement de la population et de la perte des forces que représente la jeunesse. Dans le deuxième cas, on s'interroge sur l'intégration sociale et professionnelle dans la ville, intégration dont on se préoccupait peu en Occident jusqu'à une époque récente. Cependant la montée du chômage des jeunes et la précarisation des emplois au cours des dernières décennies ont rappelé le triste sort réservé à certains jeunes issus des migrations. À la pénurie endémique d'emplois, s'ajoute aujourd'hui en Afrique, l'affaiblissement des liens de parenté; ceux-ci ne peuvent plus effectivement absorber le flot des migrants au moment de leur arrivée dans les villes. Ces raisons, pourtant diverses, peuvent conduire aux mêmes effets marginalisants consécutifs à la croissance incontrôlée des villes.

Lorsqu'elles concernent les jeunes, les migrations sont d'abord analysées en tant que phénomène économique de recherche d'emploi, ou bien en tant que moyen de se procurer un pécule, avec cette nuance près que la recherche d'emploi peut être précédée d'une période d'études ou d'apprentissage qui ne pourrait s'effectuer dans le milieu d'origine. Or une observation minutieuse des mouvements migratoires laisse voir une distorsion dans ce tableau par trop réducteur des motifs qui président au départ des jeunes. Au Québec, par exemple, on constatera que des jeunes quittent des régions où il n'y a pas ou peu de pénurie d'emplois et qu'ils passent outre la ville la plus rapprochée, où se dispensent les études collégiales ou universitaires, pour aller étudier dans la capitale ou dans la métropole. Au-delà de l'attraction de la ville, il y aurait, en Afrique tropicale, des facteurs de répulsion du milieu villageois qui sont tout autant culturels qu'économiques : la possibilité d'émancipation en est un et n'est sans doute pas le moindre (Vennetier, 1990).

Ces constats invitent à l'examen des multiples dimensions caractérisant le phénomène migratoire dans le cas des jeunes qui n'est pas attribuable aux seules carences du sous-développement économique des régions. Sans minimiser l'importance de cette dimension, une meilleure connaissance des motivations du migrant fournirait peut-être un certain nombre d'explications à la pérennité du phénomène malgré la détérioration de l'accueil dans les villes, et en dépit des efforts déployés pour l'amélioration des conditions de vie dans le milieu rural ou les régions.

Les études des motifs de migration des jeunes, des raisons du départ et des conditions d'arrivée se font rares en Occident. La littérature sociologique africaine est beaucoup plus riche de ce point de vue et pourrait contribuer, en lui adjoignant quelques résultats de recherches nord-américaines ou européennes contemporaines, à interroger les raisons des mouvements de population à partir des dispositions du migrant lui-même. Il demeurera cependant difficile, dans l'état actuel des connaissances, de dépasser le stade des pistes de recherche. Les cas étudiés illustrent non seulement le caractère universel du phénomène, mais aussi la singularité de chaque situation. Ainsi, lorsque l'on évoque la scolarisation comme moyen de sédentarisation des jeunes dans certaines régions d'Afrique (Koïta, 1993, p. 5), le même moyen est vu, dans d'autres régions de ce même continent, comme un puissant incitatif à quitter (Mijere et Chilivumbo, 1993, p. 319) et, en Amérique du Nord, comme la première de migrations successives (Roy, 1992, p. 439).

L'hypothèse suivant laquelle la migration fait partie du processus d'entrée dans la vie de nombre de jeunes et en constitue une étape, trouve ici sa légitimité. Tout en ayant son importance, le contexte économique n'est pas seul en cause. Ce qui revient à dire que la formation de l'identité et l'acquisition de l'autonomie se réalisent dans tout ce qu'offre et ce que permet la ville. Le phénomène n'est pas nouveau, mais il prend des connotations différentes et une ampleur variée selon les époques et selon les sociétés. Une observation répétée et l'analyse comparative du phénomène renseignent beaucoup sur la manière actuelle d'« entrer dans la vie », mais aussi sur les caractéristiques des sociétés qui inspirent aux jeunes attraits ou répulsions.

L'AMPLEUR DU PHÉNOMÈNE DE MIGRATION CHEZ LES JEUNES

Le nombre de jeunes migrants ne cesse aujourd'hui de s'accroître, en Afrique principalement, et continue d'augmenter dans les autres régions dont il est ici question. Peu de mouvements de migration sont allés en sens inverse de ce qui s'est produit tout au cours du XXe siècle et de ce qui a contribué au développement et à l'expansion des villes. Le plus récent, pour ne pas dire le seul mouvement contemporain de migration en faveur des régions en Occident, a eu lieu au cours des années 1970 sous l'impulsion du mouvement « hippie » aux États-Unis et de l'idéologie du « retour à la terre » impliquant la recherche d'une « qualité de vie » que le milieu rural pouvait offrir. Il faut ajouter épisodiquement la découverte d'une mine, l'exploitation hydroélectrique d'un cours d'eau dans une région éloignée, pour assister à un départ significatif vers l'une ou l'autre région, départ souvent de courte durée. L'existence de villes « préfabriquées » dans le nord québécois montre de façon exemplaire ces migrations temporaires; ces dernières offrent un intérêt pécunier momentané mais ne survivent pas aux motifs ayant présidé à leur création.

Quelques statistiques serviront ici à illustrer l'ampleur du mouvement d'urbanisation au XXe siècle. En 1984, la proportion des jeunes qui vivent en ville s'établissait entre 70 % et 81 % en Union soviétique, en Amérique du Nord, en Océanie, en Europe et en Amérique latine (Nations Unies, 1987). L'exode rural aux États-Unis aurait connu sa période la plus intense de 1950 à 1970, période qui correspond au moment de l'industrialisation de l'agriculture (Rieger, 1972; Murray *et al.*, 1983). Une étude européenne datant de 1986 indique un taux d'urbanisation très élevé, de 78 % à 95 % pour les six pays suivants : France, République fédérale d'Allemagne, Danemark, Suède, Royaume-Uni et Belgique (Thumerelle, 1986). On peut comprendre que l'exode du milieu rural soit devenu un phénomène résiduel dans ces pays. La France, pourtant « rurale » jusqu'à tout récemment, l'est de moins en moins : une enquête, menée par Galland et Lambert (1993), indique que l'exode se poursuit aujourd'hui dans les communes rurales de même que dans les petites et les moyennes villes au profit des grandes, celles qui comptent de cent mille à deux millions d'habitants. Le Québec n'échappe pas à cette vague. Dès qu'on s'éloigne des villes de Montréal et de Québec, et de la Communauté urbaine de l'Outaouais, la population des 15-29 ans, et plus encore celle des 20-29 ans, est déficitaire, bien qu'à des degrés divers selon les régions.

La migration est aujourd'hui particulièrement forte dans d'autres régions du monde où le taux d'urbanisation se situe à un niveau plus bas qu'en Occident : entre 30 % et 36 %. C'est le cas en Afrique, en Asie de l'Est et en Asie du Sud

(Nations Unies, 1987). Le phénomène d'exode des jeunes du milieu rural est une question récurrente en Afrique, même si, selon les statistiques des Nations Unies de 1987, 36 % seulement des jeunes vivaient dans les villes. Cette moyenne cache cependant des différences énormes entre les différentes régions. L'Afrique de l'Ouest et l'Afrique de l'Est seraient deux fois moins urbanisées que l'Afrique centrale, soit 20 % contre 40 % (Hugon, 1993, p. 76). L'Afrique australe est témoin de forts mouvements migratoires. En Zambie par exemple, des auteurs utilisent les expressions « fuite des cerveaux » et « fuite de la jeunesse » pour décrire l'impact des migrations sur les zones rurales de ce pays qui se trouvent privées ainsi de leurs éléments les plus dynamiques (Mijere et Chilivumbo, 1993, p. 319). En Afrique, l'impact se ferait plutôt ressentir dans les villes qui ne sont pas prêtes à subir l'explosion démographique consécutive aux migrations des jeunes. Les travaux des sociologues africains portent sur cette conquête de l'espace urbain, là où les études occidentales font souvent défaut.

Le Japon ferait exception à ce qui semble une orientation unidirectionnelle. Depuis le début des années 1970, celui-ci connaîtrait un transfert de population des régions les plus développées vers les moins développées; les jeunes sont à l'origine de ce contre-courant, étant donné qu'ils sont obligés de se rabattre sur des petites et moyennes entreprises en province au sortir de leurs études. Ils s'en trouveraient satisfaits à cause des avantages dont ils bénéficient : un coût de la vie moins élevé, un cadre de vie plus agréable et la proximité de la famille d'origine (Thumerelle, 1986). Perdurent aussi certains mythes. L'attrait du Nord du Québec et de sa vie sauvage en sont une manifestation que les romans de Bernard Clavel, par exemple, ont nourri : *Harricana*, voilà un nom de rivière devenu évocateur et même mythique pour tous ces touristes en mal d'exotisme. Le mouvement de retour au milieu rural ou à une région moins peuplée est le plus souvent de courte durée. L'afflux de population vers les grandes agglomérations urbaines a partout dominé. Dans certaines sociétés, il s'est effectué en faveur de villes de moyenne densité, la migration étant plutôt intrarégionale ou interrégionale dans ce cas.

Peu d'études, dans les pays industrialisés, ne font état des conséquences de l'afflux des jeunes dans les villes, sauf pour déplorer le phénomène de « rurbanisation ». Ce concept sert à décrire le développement des banlieues au détriment non seulement des régions cette fois, mais aussi des centres-villes qui deviennent des refuges pour les populations marginales. Les études attirent surtout l'attention sur la quasi-disparition du milieu rural, et diverses théories sont évoquées pour en rendre compte. La notion d'exclusion sera utilisée pour qualifier les effets des politiques gouvernementales sur le milieu rural (Conseil des affaires sociales, 1989). La théorie « centre-périphérie » et d'autres théories du développement, même si elles ont été conçues pour d'autres sociétés, servent alors de modèles explicatifs. Par ailleurs elles pourront être contestées à partir d'une approche plus empirique, la description, entre autres, des efforts des gouvernements, depuis les années 1960 principalement, pour doter les régions de gouvernements et d'institutions équivalentes à celles que l'on retrouve dans les grands centres urbains. L'intérêt porté actuellement à « l'exode des jeunes » par les gouvernements est motivé par la situation problématique des jeunes sur le marché du travail et ce, dans la plupart des sociétés. La question du chômage des jeunes les interpelle quant à la manière de les garder ou de les retourner en région pour ne pas amplifier le problème des villes.

En ce qui concerne les motivations des individus, les modèles économiques dominent aussi. Le modèle probabiliste développé par Harris et Torado en 1970 met en lumière cette orientation. Pour sa part, Hugon en montre le caractère réductionniste : « le migrant compare la valeur actualisée du flux de revenu perdu avec la valeur actualisée des revenus urbains affectée d'une probabilité; dès lors, toute création d'emplois en ville accroît la migration » (1993, p. 76). En d'autres termes, l'individu déciderait de changer de milieu lorsque la migration lui semblerait plus rentable que la situation présente. Mais cette décision serait consécutive à la disponibilité de l'emploi en milieu urbain.

Ces approches théoriques empêchent de voir dans le phénomène migratoire des jeunes d'autres dimensions que celles qui sont étroitement reliées à l'économie, qu'il s'agisse du développement du milieu rural, des régions ou des villes, ou encore suivant une approche centrée sur l'individu, de motivations qui ne feraient référence qu'au mieux-être économique.

LA MIGRATION DANS LE PROCESSUS DE SOCIALISATION

À un moment ou à un autre de l'insertion sociale et professionnelle, la question du départ du milieu d'origine se pose. Si l'on a l'habitude de concevoir la socialisation comme un processus d'acquisition ou d'intériorisation du monde extérieur, elle est aussi une prise de distance dans la construction de l'identité. Le moi n'est pas le soi, même si le partage d'un même système de significations est nécessaire à la communication. L'autonomisation de l'individu passe par diverses phases d'affirmation de soi qui, dans les sociétés différenciées, sont davantage accentuées alors que dans les sociétés à solidarité mécanique, elles sont modelées sur des rôles. La distanciation n'implique pas nécessairement l'éloignement ni la rupture des liens sociaux, mais l'acquisition de l'autonomie requise pour entrer dans la vie adulte et assurer soi-même sa subsistance.

Pour les jeunes du milieu rural ou des régions situées à distance des grandes agglomérations urbaines, l'éloignement est-il alors incontournable ? L'effort de développement des régions au cours des dernières décennies n'a pas réussi à contrer le désir de partir d'un nombre important de jeunes des pays occidentaux. Pourtant dotées d'équipements socio-sanitaires et scolaires équivalents à ceux des villes, y compris de centres universitaires, les régions du Québec, notamment, ont un solde migratoire déficitaire. L'exode du milieu rural pourrait s'expliquer par la restructuration de l'économie de ce milieu, laquelle restructuration se manifeste par le remembrement des terres, l'industrialisation de l'agriculture, des pêches et du travail en forêt, cependant que la désertion de régions plus densément peuplées et à l'économie diversifiée se comprend plus difficilement. À ce même propos, la situation en Afrique ne serait guère différente, les régions d'émigration ne comptant pas parmi les plus pauvres (*Idem*). Le parcours migratoire a souvent peu à voir — de là le problème de certaines villes — avec la probabilité de trouver un emploi au lieu d'abord visé par le migrant. Au moment où le jeune est encore sans attache matrimoniale ou familiale — les migrations étant principalement le fait des jeunes célibataires — d'autres dimensions interviendraient dans la décision de migrer.

Les caractéristiques de la vie moderne impliquent quasi inévitablement un déplacement des populations. Avec le développement des connaissances et des techniques, de nouvelles exigences en matière de main-d'oeuvre se sont imposées. De la sorte, la famille a perdu toute compétence dans la transmission des habiletés professionnelles ou techniques; ces dernières s'acquièrent désormais dans le cadre scolaire ou par l'apprentissage en milieu de travail. Aussi n'est-il n'est pas étonnant que les études récentes, à propos des migrations, fassent ressortir la force de la scolarisation comme variable déterminante dans les motifs de migration des jeunes en Occident. Dès que le besoin de scolarisation dépasse le niveau d'apprentissage de l'école primaire, le jeune est sorti de sa communauté pour aller vivre dans soit le village, soit la ville où se dispense l'enseignement secondaire ou professionnel. Un chercheur québécois rendait en ces termes le paradoxe de la scolarisation comme facteur de migration : « Ainsi donc, l'instruction considérée par beaucoup comme l'assise d'une revitalisation économique devient un agent supplémentaire de dépeuplement à certains endroits » (Dugas, 1983, p. 57).

On se rend compte aujourd'hui que l'école, conçue dans plusieurs sociétés comme un moyen de « sédentarisation » des populations, produit l'effet contraire dans le cas des régions : par la régionalisation scolaire, elle pousse le jeune hors de son milieu d'appartenance et la poursuite des études l'incite encore davantage à partir. La perte de la « communauté » et de ses moyens traditionnels de socialisation : la fréquentation d'institutions et de lieux communs, de même que la proximité des réseaux primaires de relation détachent progressivement le jeune de son milieu d'origine. Or l'attachement à la région constitue, selon certains auteurs, un facteur de rétention ou de retour après la fin des études (Camiré *et al.*, 1994; Galland et Lambert, 1993; Lemieux, 1992). Comme on le sait, il est reconnu que la famille joue un rôle important sur les aspirations scolaires. Ainsi, l'encouragement de la famille à poursuivre des études hors du milieu d'origine serait même renforcé par une évaluation négative tant de la situation de l'emploi que des services dans la région de provenance, et donnerait souvent lieu à un exil définitif (Camiré *et al.*, 1994). De plus, les jeunes qui ont vécu au moins une fois à l'extérieur de leur région ont plus de propension à migrer que ceux qui ne l'ont jamais quittée (Seyfrit, 1986).

En Afrique, la scolarisation représente aussi un facteur de migration et elle a un impact important sur la formation des populations. Il existe, en Côte-d'Ivoire par exemple, une corrélation entre le poids démographique et l'importance de la population scolarisée (Touré et Fadayomi, 1993, p. 30). Les grandes agglomérations attirent les personnes qui sont passées par l'école. Même si la poursuite des études secondaires n'est pas généralisée dans la plupart des pays de ce continent, des observateurs affirmeront pourtant que les courants migratoires chez les jeunes, au Nigéria cette fois, sont motivés « par le souci d'acquérir des qualifications professionnelles à utiliser immédiatement » (*Idem*, p. 59). Dans ce cas, il ne s'agit pas seulement de la formation scolaire, mais du développement d'habiletés et de l'acquisition de connaissances dont l'apprentissage n'est pas possible dans le milieu d'origine. Et plus les aspirations scolaires sont élevées, plus il y a de probabilités que le jeune doive s'éloigner de son milieu d'origine pour y répondre. Ce phénomène est devenu universel.

Les motifs qui poussent les jeunes à migrer varient aussi en fonction du diplôme. À ce sujet, une étude française souligne l'importance de la ville en tant que pourvoyeuse d'emplois correspondant aux aspirations professionnelles (Chapuis et Brossard, 1986). Dans cette perspective, certains auteurs constatent que les diplômés d'université auraient une propension supérieure à la mobilité (Carel *et al.*, 1989). En outre, une étude américaine datant de 1988 montre que les individus qui possèdent 17 ans et plus de scolarité, migrent de trois à quatre fois plus que ceux qui ont moins de 12 ans de scolarité (Long, 1988). Réalisée au Nigéria cette fois, une autre étude indique que les migrants dont le plus grand nombre se situe entre 15 et 34 ans, sont plus instruits que ceux qui restent dans le village (Touré et Fadayomi, 1993, p. 93). Le même phénomène a pu être observé au Lesotho et en Zambie, ce qui contribue à hausser le niveau de scolarité des populations urbaines. La ville de Lusaka, par exemple, compterait environ 30 % d'analphabètes contre 39 % dans les villes des zones rurales (Mijere et Chilivumbo, 1993, p. 316). Le fait d'être passé par la ville accorde un statut que n'ont pas ceux qui sont restés au village et permet, par les capitaux cumulés, « une fois de retour chez eux, d'avoir des niveaux et des conditions de vie meilleurs » (Touré et Fadayomi, 1993, p. 59). À ce propos, les migrants qui reviennent au village affichent les attributs de leur nouveau statut en portant des vêtements différents (Lawan, 1994, p. 22).

Dans le cas de l'Afrique, la migration étant étroitement liée non seulement à la poursuite des études, mais aussi à la recherche d'un capital pécunier et symbolique, les ambitions scolaires des jeunes qui demeurent dans la région d'origine seront, en corollaire, moins élevées. Même si peu d'études se sont attardées aux non-migrants, celles effectuées convergent : ils compteraient parmi les moins scolarisés et aussi parmi ceux qui ont un faible niveau d'aspiration professionnelle (Murray, 1983; Camiré *et al.*, 1994). Feraient exception à ce portrait peu dynamique les non-migrants du milieu rural, comme les décrit une étude française, qui sont principalement des agriculteurs formés à cette profession. Les jeunes ruraux manifesteraient une volonté d'enracinement à la condition de pouvoir aller facilement en ville pour les loisirs (Eizner, 1987). Il va donc sans dire que l'industrialisation de l'agriculture est aussi porteuse d'une culture qui transforme le mode de vie.

Si les migrations en Afrique semblent d'abord motivées par la recherche d'un emploi, Vennetier (1990) observe que des changements culturels, dont l'attrait pour les biens de consommation, rendraient plus impérative l'obtention d'un emploi rémunérateur. Il faut aussi prendre en compte que les nouvelles exigences posées par la monétarisation des échanges s'étendent jusqu'au mariage et aux diverses fêtes qui marquent les grands moments de la vie. En-dessous d'un sous-titre intitulé « La compétition matrimoniale », un mémoire de licence rappelle que la dot, comme les autres formes d'échange, ne se donne plus en nature. La vente de la production domestique n'étant pas suffisante, les prétendants doivent aller en ville où la circulation monétaire est plus abondante et les revenus plus élevés (Lawan, 1994, p. 22). La migration peut même former une stratégie matrimoniale ainsi que le montrent des études menées auprès des Serer et des Diola au Sénégal (Hugon, 1993, p. 76).

Il y a peu encore, et plus particulièrement dans les milieux ruraux, la fin de la cohabitation avec la famille d'origine marquait souvent le point de départ de la famille de procréation. La mise en ménage était cependant conditionnelle à la capacité de l'époux d'assurer la subsistance d'une famille. Les travaux de Miner (1939) rappellent en ce sens que le mariage n'avait lieu qu'après l'insertion professionnelle, ou si l'on préfère, après que le jeune homme « se soit établi », expression qui rendait compte du fait que cette insertion était stable. La difficulté du contrôle des naissances liait étroitement l'union à la fécondité. À titre d'exemple, il faut voir comment, à l'occasion de la Grande Crise, l'âge moyen au mariage et, en conséquence, l'âge moyen à la naissance du premier enfant ont été retardés (Henripin, 1989). Aujourd'hui, les motifs les plus variés entrent en ligne de compte pour expliquer le départ du domicile familial. La relation avec le père, plus qu'avec la mère, selon une étude faite au Québec, accélérerait le départ plus particulièrement si celle-ci est jugée comme négative (Camiré *et al.*, 1994). Les plus insatisfaits de cette relation auraient un désir encore plus grand de partir. Le fils aurait tendance à quitter plus précocement le domicile familial, d'après une enquête réalisée en France sur la situation résidentielle des jeunes, lorsque le père et le fils se trouvent tous deux au chômage (Blöss *et al.*, 1990, p. 555).

Les migrations touchent davantage les filles que les garçons et ce, partout en Occident, ce qui n'est pas le cas en Afrique. Ayant des aspirations professionnelles et scolaires plus élevées que les garçons au même âge, les filles trouveraient hors de leur milieu d'origine l'endroit propice à la réalisation de leurs idéaux (Galland et Lambert, 1993; Lemieux, 1992; Roy, 1992; Camiré *et al.*, 1994). Un chercheur émet même l'hypothèse que certaines jeunes filles préféreront le chômage à la vie d'agricultrice, ce qui a pour effet de causer un célibat forcé chez les jeunes hommes des régions rurales périphériques (Jegouzo, 1984). Le désir de partir serait cependant atténué aujourd'hui chez les jeunes filles lorsqu'elles trouvent de l'emploi et des services à proximité dans des localités de plus grande densité (Vidal et Recano, 1986). Quant aux garçons, une proportion plus significative verrait leurs aspirations s'accorder avec ce qu'offre la région d'origine (Roy, 1992). Les jeunes filles migreraient à un âge plus précoce que les garçons (Bengtsson, 1991), ce qui s'apparente à l'âge de la décohabitation avec la famille; de fait, les filles ont tendance à quitter la famille plus tôt (Ravanera, 1995, p. 19).

En ce qui concerne la situation africaine, celle-ci à première vue, semble fort différente. En effet, les migrations sont très majoritairement le fait des jeunes hommes. Cela s'explique en partie par la déperdition scolaire plus forte chez les jeunes femmes que chez les jeunes hommes. Des études menées en Côte-d'Ivoire et au Nigéria entre autres, illustrent ce phénomène qui se reproduit à tous les degrés de l'enseignement, du primaire à l'université (Touré et Fadayomi, 1993, p. 27 et 93). Cependant, il se trouve des situations — c'est le cas notamment au Lesotho — où les statistiques donnent l'impression d'une mobilité géographique plus importante chez les femmes. D'un autre côté, les déplacements, chez les hommes, sont orientés vers l'extérieur du pays, soit vers l'Afrique du Sud où la situation de l'emploi est meilleure. Les femmes demeurent alors au pays et se déplacent pour chercher des emplois dont la rémunération leur permet d'assurer la subsistance de la famille (*Idem*, p. 276). Le besoin d'autonomie semble particulièrement fort chez les jeunes hommes dans certains pays d'Afrique. Le désir de migrer, s'il tient d'abord à la faiblesse des revenus dans le village, se rapporterait encore plus à l'inégalité de répartition de ces revenus dans la collectivité au profit des aînés. Les jeunes quittent alors sachant qu'il sera plus facile de s'enrichir ailleurs (Lawan, 1994, p. 20).

Même si la presque totalité des études contemporaines font état de deux motifs principaux qui inciteraient les jeunes à migrer, c'est-à-dire les études et la quête d'emploi, les plus récentes constatent que même dans les régions où les structures d'éducation sont présentes, même là où il y a des emplois disponibles, les jeunes sont tentés de quitter la région (Côté, 1991; Seyfrit, 1986). Jean-Marc Éla dit à propos des nouvelles générations africaines qu'elles commencent à percevoir la vie urbaine comme une caractéristique de la société globale, à savoir le mode de vie citadin dans l'activité professionnelle, les loisirs, le logement ou les relations sociales (1983, p. 29). Plus que cela encore, le prestige de la ville qui structure la hiérarchie des villes elles-mêmes selon leurs rôles socio-économiques, se révélerait un facteur décisif de la migration. La ville de Dakar, à l'instar des villes de Paris, Montréal ou Toronto, là où tous les organes administratifs, commerciaux et même culturels sont concentrés (Sy *et al.*, 1993, p. 126-129), constituerait un exemple de cette force d'attraction. Quelques enquêtes sur les aspirations des étudiants du secondaire au Québec (Roy, 1992; Lemieux, 1992; Camiré *et al.*, 1994) confirment cet attrait pour la ville : une majorité de jeunes envisagent de quitter la région dans un avenir plus ou moins lointain.

Lors du passage à la ville, le choix se fait entre l'appartenance et la liberté, entre l'attachement et l'autonomie. Éla dira : « Le migrant quitte son milieu d'origine qui ne le satisfait plus; il espère trouver mieux là où il se dirige » (1983, p. 30). Fait apparemment paradoxal, la solidarité villageoise ne serait pas étrangère à la facilité avec laquelle les jeunes quittent leur milieu d'origine. Ainsi, une étude sur le Congo indique que cette solidarité « tend à se perpétuer en ville, en incitant les premiers migrants à prendre en charge les nouveaux venus jusqu'à ce qu'ils puissent "voler de leurs propres ailes" » (Mokima *et al.*, 1993, p. 217). L'emprise du groupe favoriserait l'insertion dans le nouveau contexte de vie.

L'INTÉGRATION DANS LE MILIEU D'ADOPTION

Parler de migration, c'est aussi faire référence aux conditions d'intégration dans un milieu nouveau. Le passage de la communauté à la société, pour reprendre la thèse de Tönnies, comporte ses difficultés. Si la communauté se voit privée de ses éléments les plus dynamiques, l'individu, de son côté, est coupé de certains liens sociaux. Lorsque la migration se fait en groupe, que des membres du réseau familial ou des connaissances attendent le jeune en ville, la rupture pourrait ne comporter que des effets de courte durée. Il semblerait, en Afrique comme ailleurs, que la reconstruction des liens sociaux soit de plus en plus difficile, étant donné que les structures traditionnelles d'accueil font défaut sans être remplacées par de nouvelles.

On a rarement tendance en Occident à associer les problèmes de marginalité des jeunes dans les villes au fait, d'une part, de la migration et d'autre part, de la dissolution des liens sociaux liée à l'éloignement des réseaux primaires de relation. On attribuera facilement les causes de ces problèmes à l'immigration, c'est-à-dire à la présence de jeunes d'origine étrangère, issus d'une première ou d'une seconde génération d'immigrants, qui n'ont pas réussi leur intégration dans la société d'accueil. L'« énorme » étude de Dubet (1987) sur les jeunes de « la galère », par exemple, ne parle nulle part de « migrants », mais d'« immigrants ». Les jeunes qui sont les sujets de l'étude ont en effet, et pour la plupart, des noms à consonance étrangère. Peut-on supposer, dans ce cas, que le problème d'intégration des jeunes immigrants a relégué dans l'ombre celui, moins crucial, des migrants ? Il est aussi possible que les étapes de l'intégration du migrant facilitent l'adaptation à la situation nouvelle : l'insertion dans une institution scolaire et la création, de ce fait, de nouveaux réseaux de relations qui précéderait l'insertion professionnelle. De plus, les difficultés liées à la langue et à la culture ne se poseraient pas. Doit-on en déduire que les migrants n'éprouvent aucune difficulté d'intégration ?

Pourtant, la montée du chômage des jeunes au cours de la dernière décennie dans la plupart des pays occidentaux, interroge le silence des sociologues sur la situation des migrants. Au Québec, notamment, les jeunes les plus pauvres se trouvent être en même temps des jeunes qui, dans les études statistiques nationales, sont catégorisés comme appartenant à un ménage à une seule personne. En situation d'équilibre du côté de l'offre et de la demande d'emplois, sans doute la question n'aurait-elle pas de pertinence : les jeunes migrants qui comptent souvent parmi les plus scolarisés, n'auraient pas plus de difficulté d'accès à l'emploi que les autres. La migration pourrait aussi être consécutive à l'obtention préalable d'un emploi, ce qui éliminerait les difficultés majeures d'intégration. Les restructurations en cours dans le monde du travail viendraient cependant brouiller ce tableau un peu idyllique. En effet, la récurrence du chômage est maintenant le fait d'une majorité de jeunes et s'étend parfois jusque dans la trentaine. Cette récurrence est consécutive à deux phénomènes principaux : dans un premier temps, l'introduction de la flexibilité dans l'emploi qui se caractérise par des régimes d'emplois à durée déterminée, à temps partiel ou de type occasionnel; dans un deuxième temps, la précarisation de la plus grande partie des emplois créés au cours des dernières années qui s'avèrent de courte durée, sans avantages sociaux, faiblement rémunérés (Gauthier, 1994). Les difficultés surgiraient aujourd'hui pendant les périodes d'intermittence entre deux emplois, les difficultés financières étant renforcées par l'impossibilité de recourir rapidement au soutien de la famille qui se trouve à distance. Toutefois il ne s'agit là que d'hypothèses qui devraient être vérifiées.

En Afrique, le départ de la famille d'origine aurait été longtemps compensé par les liens étroits qui continuent d'unir le migrant à sa famille aux deux pôles de la migration : avec le parent qui reçoit et aide à l'intégration aussi bien sociale que professionnelle dans le milieu d'adoption, et les parents qui demeurent dans la région, qui soutiennent parfois le migrant, mais qui profitent surtout des retombées économiques de ses gains obtenus à la ville (Touré et Fadayomi, 1993, p. 86). « Toute migration n'est pas une rupture, surtout pas en Afrique », disait, en 1992, une observatrice à un colloque sur les jeunes en Afrique. Les enfants, par leur migration, favoriseraient le maintien du lien culturel entre la ville et la campagne (D'Almeida-Topor *et al.*, 1992, p. 510).

Les études sociologiques des migrations en Afrique font ressortir les difficultés actuelles des migrants, difficultés qui apparaîtraient plus grandes aujourd'hui qu'elles ne l'étaient dans un passé récent. Ces difficultés tiendraient en partie à la structuration du mouvement de migration qui a profondément changé. Il y a peu encore, un jeune qui se rendait à la ville pour travailler ou pour y poursuivre des études, trouvait là une famille de proches parents pour l'accueillir. Et cela faisait partie d'une culture au sein de laquelle les liens familiaux sont d'une force telle que l'intégration se réalise d'abord grâce à l'accueil par les proches. Or les études contemporaines indiquent que la migration des jeunes, même en Afrique, se dissocie de plus en plus de la possibilité de trouver ce réseau « naturel » au point d'arrivée. Les observateurs de la réalité sociale associent un grand nombre de marginalités dans les villes africaines à ce phénomène. Une multiplicité de facteurs expliquent la difficulté de plus en plus grande pour les familles urbaines d'accueillir de nouveaux dépendants. À cet égard, notons que le fardeau financier consécutif à la rareté des emplois et l'exiguïté des logements n'en sont pas les moindres.

CONCLUSION

Reconnaître la migration comme une étape du processus d'entrée des jeunes dans la vie n'est pas sans conséquence puisque la migration pose une question majeure aux sociétés où elle se produit, en ce qui touche les problèmes tant de désertion que d'intégration. Ainsi, deux thèses s'affrontent. C'est le cas, par exemple, en France depuis que celle-ci est devenue de moins en moins rurale agricole et de plus en plus agro-industrielle. Pour sa part, le géographe Jacques Lévy affirme qu'il ne faut pas craindre d'« oser le désert », c'est-à-dire de se contenter de quelques fermes-usines qui souvent n'ont même pas besoin de sols pour se déployer — les poulaillers, les porcheries, notamment — et de quelques réserves naturelles pour le loisir des touristes. Cette tentation de fermer des villages entiers fut aussi celle des Québécois et elle revient aujourd'hui devant l'exode des régions au cours de la dernière décennie. Nous sommes en présence d'une autre réflexion qui met en opposition les notions de « qualité » et de « quantité », réflexion qu'il est facile de comprendre et d'appliquer à la culture intensive et à l'unique critère de productivité. Toutefois, la notion la plus originale et la plus novatrice est celle qui consiste à dire qu'il faut changer totalement le « statut » du sol pour en faire un « patrimoine collectif ». Qu'est-ce à dire ? Un journaliste du *Monde diplomatique*, Cassens, précisera : « Il ne s'agit plus seulement (...) de "nourrir le monde", de produire des biens matériels, mais également de produire des services et, au-delà, de l'immatériel et du symbolique, de la civilisation » (mars 1995, p. 23).

Si la désertion des régions fait aussi problème en Afrique, c'est davantage sur l'explosion des villes qu'elle attire le regard dans ce continent. Par l'effritement des structures traditionnelles d'accueil, l'arrivée en ville entraîne souvent un cortège d'activités marginales : de l'économie informelle aux transactions illicites, de l'itinérance à l'occupation sauvage de l'espace. Les partisans d'une Afrique rurale et ceux d'un développement urbain mieux articulé là aussi s'affrontent. Des Africains (Nanga *et al.*, 1995) étudiant à Montréal, n'hésitaient pas à dire dans les pages du quotidien *Le Devoir* :

> ... La vie urbaine avec tout ce qu'elle représente actuellement correspond mieux aux nouvelles aspirations des populations africaines en termes de prospérité et de promotion de leur identité que ne le sont les politiques de développement tournées vers l'agriculturisme, l'ossification des valeurs villageoises et la diabolisation de la modernité.

Ces étudiants, consciemment ou non, traduisaient dans leurs mots ce qui représente l'un des grands mythes du XXe siècle en Occident, soit la ville. L'image de la ville, symbole de la modernité, est beaucoup plus que l'industrialisation et le commerce qui ont attiré les populations rurales; elle a gagné même les régions peu industrialisées. En outre, l'accès à l'éducation n'est pas étranger à la montée de l'attrait de la vie urbaine. Les aspirations cultivées par le biais de l'instruction trouvent réponse dans ce qu'offre la ville : la pluralité des choix professionnels, les produits de consommation, la qualité et la diversité des services, une vie culturelle ouverte sur la production internationale, sans compter une plus grande possibilité de mobilité sociale.

BIBLIOGRAPHIE

BENGTSSON, T. (1991). « Effectif des générations et propension à migrer. La migration interne en Suède de 1961 à 1988, selon l'âge et le sexe », *Cahiers québécois de démographie*, vol. 20, nº 1, printemps, p. 51-68.

BLÖSS, T., A. FRICKEY et F. GODARD (1990). « Cohabiter, décohabiter. Itinéraires de deux générations de femmes », *Revue française de sociologie*, vol. XXXI, p. 553-572.

CAMIRÉ, L., J. ROY et H. OUELLET (1994). *Le phénomène d'exode des jeunes dans le Bas- Saint-Laurent. Étude de cas : territoires des MRC Matane et Témiscouata*, Québec, Centre de recherche sur les services communautaires.

CAREL, G., W. J. COFFEY et M. POLÈSE (1989). *L'impact de la migration sur le développement régional : deux courants de pensée*, Montréal, INRS-Urbanisation. (Coll. Études et documents nº 60)

CASSENS, B. (1995). *Le monde diplomatique*, mars, p. 23.

CHAPUIS, R. et T. BROSSARD (1986). *Les ruraux français*, Paris, Masson. (Coll. Géographie)

CONSEIL DES AFFAIRES SOCIALES (1989). *Deux Québec dans un. Rapport sur le développement social et démographique*, Boucherville, Gaëtan Morin éditeur.

CÔTÉ, C. (1991). *Désintégration des régions. Le sous-développement durable au Québec*, Chicoutimi, Éditions JCL.

D'ALMEIDA-TOPOR, H., C. COQUERY-VIDROVITCH, O. GOERG et F. GUITARD (dir.) (1992). « Table ronde : Les jeunes et la ville, enjeux et perspectives », *Les jeunes en Afrique*, Paris, L'Harmattan, tome 2.

DUBET, F. (1987). *La galère : jeunes en survie*, Paris, Fayard. (Coll. Mouvements nº 4)

DUGAS, C. (1983). *Les régions périphériques. Défi au développement du Québec*, PUQ, Sillery, 253 p.

EIZNER, N. (1987). « Les modes de vie des jeunes ruraux », *Futuribles*, avril, p. 51-59.

ÉLA, J.-M. (1983). *La ville en Afrique noire*, Paris, Karthala.

GALLAND, O. et Y. LAMBERT (1993). *Les jeunes ruraux*, Paris, L'Harmattan.

GAUTHIER, M. (1994). *Une société sans les jeunes ?*, Québec, Institut québécois de recherche sur la culture.

GAUTHIER, M. et J. BUJOLD, avec la collaboration de C. BOILY (1995). *Les jeunes et l'exode des régions : revue des travaux*, Québec, Institut québécois de recherche sur la culture. (Rapport de recherche)

HENRIPIN, J. (1989). *Naître ou ne pas être*, Québec, Institut québécois de recherche sur la culture. (Coll. Diagnostic)

HUGON, P. (1993). *L'économie de l'Afrique*, Paris, La découverte. (Coll. Repères nº 117)

JEGOUZO, G. (1984). « Le développement du chômage depuis 1974 a-t-il freiné l'exode agricole des jeunes ? », *Économie Rurale*, nº 161, mai-juin, p. 5-9.

KOÏTA, T. (1993). *Les nomades à Kaédi (Mauritanie). L'équipement scolaire à l'épreuve*, Université Paris VIII, texte inédit présenté à un colloque sur les jeunes africains tenu en 1993 à l'Université Laval de Québec.

LONG, L. (1988). *Migration and Residential Mobility in the United States*, New York, Russell Sage Foundation.

LAWAN, M. (1994). *L'impact de la migration interne sur le développement socio-économique du Niger; l'exemple du Quartier Boukokil de Niamey*, Mémoire de licence, Département de sociologie, Université Abdou Moumouni.

LEMIEUX, C. (1992). *Jeunes en intervention dans leur milieu: étude sur l'exode des jeunes*, D.S.C. du C.H. Hôtel-Dieu de Gaspé, 177 p. (Rapport de recherche)

MIJERE, N. J. et A. CHILIVUMBO (1993). « La politique de développement, les migrations et leurs incidences socio-économiques en Zambie », dans TOURÉ, M. et T. O. FADAYOMI (dir.), *Migrations et urbanisation au sud du Sahara*, Dakar, Codesria, p. 302-332.

MINER, H. (1985). *Saint-Denis : un village québécois*, Ville Lasalle, Hurtubise HMH. (1ère éd. 1939, trad. de l'anglais)

MOKIMA, J. G., C. MAYOUKOU et M. N. DINGA (1993). « Les effets des politiques de développement dans un pays faiblement peuplé : Le Congo », dans TOURÉ, M. et T. O. FADAYOMI (dir.), *Migrations et urbanisation au sud du Sahara*, Dakar, Codesria, p. 192-224.

MURRAY, J. D., P. A. KELLER, B. J. MCMORRAN et B. L. EDWARDS (1983). « Future Expectations of Rural American Youth : Implications for Mental Health », *International Journal of Mental Health*, vol. 12, nos 1-2, p. 76-88.

NANGA, A., M. CELLOU BARRY et P. DIALLO (1995). « Le fardeau africain de l'homme blanc, Les projets de développement financés par l'aide internationale devraient être axés désormais sur les villes », *Le Devoir*, 18 janvier, p. A9.

NATIONS UNIES (1987). *La situation de la jeunesse dans les années 80 : perspectives et défis pour l'an 2000*, New York, Département des affaires économiques et sociales internationales.

RAVANERA, Z. R. (1995). « Portrait de la vie familiale des jeunes adultes », dans BEAUJOT, R. *et al.*, *La famille au long de la vie*, Ottawa, Statistique Canada, p. 9-39. (Cat. 91-543S Hors-série)

RIEGER, J. H. (1972). « Geographic Mobility and Occupational Attainment of Rural Youth : a Longitudinal Evaluation », *Rural Sociology*, vol. 37, no 2, p. 198-207.

ROY, J. (1992). « L'exode des jeunes du milieu rural : en quête d'un emploi ou d'un genre de vie », *Recherches sociographiques*, vol. XXXIII, no 3, p. 429-444.

SEYFRIT, C. L. (1986). « Migration Intentions of Rural Youth : Testing an Assumed Benefit of Rapid Growth », *Rural Sociology*, vol. 51, no 2, p. 199-211.

SY, M., A. BA et N. NDIAYE (1993). « Les implications démographiques des politiques de développement au Sahel : Le cas du Sénégal », dans TOURÉ, M. et T. O. FADAYOMI (dir.), *Migrations et urbanisation au sud du Sahara*, Dakar, Codesria, p. 122-153.

THUMERELLE, J.-P. (1986). *Peuples en mouvement. La mobilité spatiale des populations, Dossiers des images économiques du monde*, Éditions C.D.U. et SEDES réunis, Paris.

TOURÉ, M. et T. O. FADAYOMI (dir.) (1993). *Migrations et urbanisation au sud du Sahara*, Dakar, Codesria.

VENNETIER, P. (1990). « Que faire des villes d'Afrique tropicale ? Ou : les problèmes d'une urbanisation galopante », *Bulletin de la Société géographique de Liège*, vol. 26, p. 63-75.

Vidal, T. et J. RECANO (1986). « Rural Demography in Spain Today », *Espace, Populations, Sociétés*, nº 3, p. 63-74.

CHAPITRE 10

LA QUESTION DES JEUNES ET LA QUESTION DES FEMMES EN AFRIQUE

Roger Kekeh
Université du Bénin
Lomé

Il est une anecdote populaire qui affirme devant la fanfaronnade masculine, que la femme est l'être le plus courageux de la terre puisqu'elle est la seule créature ayant bravé Dieu. Quel sacrilège ! Et selon les traditions judéo-chrétiennes, c'est cette même créature de Dieu qui fut la première à désobéir à son créateur en entraînant l'homme – son compagnon – dans la désobéissance, et partant, dans la déchéance. D'où la tentation – facile, il est vrai – d'expliquer les problèmes de la femme par l'acharnement de l'homme à faire payer à sa compagne sa pseudo-faute qui a été la révélation de l'inconsistance masculine.

Il est pourtant difficilement acceptable aujourd'hui, après que les femmes africaines se soient battues pour l'avènement des indépendances sur le continent et qu'elles se soient érigées en opérateurs économiques sérieux, que le déséquilibre soit aussi accentué entre le rôle joué par les femmes et celui joué par les hommes dans les domaines de l'éducation, de l'emploi et de la politique nationale. C'est le souci de rendre hommage au courage politique des femmes et des jeunes, pour l'avènement de la démocratie au Togo, qui justifie cet exposé sur le rôle que peuvent ou doivent jouer la jeunesse et la femme en tant que vecteurs de développement.

Problématiser une démarche qui associe dans l'analyse les conditions d'existence de la jeunesse et de la femme exige que l'on accepte de considérer ces deux groupes sociaux comme des groupes marginalisés bien qu'à des degrés divers. D'aucuns seraient tentés de se donner bonne conscience en disant : « les problèmes des femmes ne sont pas les problèmes des jeunes, les jeunes sont amenés à devenir des adultes et à pérenniser la division sociale des sexes, et puis il y a toujours eu des jeunes, nous avons aussi été jeunes et en révolte contre nos parents, notre société... Et après ? »

Afin d'éviter ce piège, notre analyse abordera la marginalisation de la femme et de la jeunesse à travers leur capacité de concevoir et de vivre une vie radicalement différente de celle qui existe présentement. Ainsi, c'est volontairement que nous avons jumelé ces deux groupes marginalisés dans le but d'évacuer le débat sur la question de la restauration de la dignité de la femme, de son égalité avec l'homme, de son émancipation.

Nous restons convaincu qu'il importe de ne pas disperser nos énergies et d'être préoccupé par des actions qui valent la peine que l'on se batte pour y trouver des solutions afin que petit à petit, les femmes soient moins marginalisées. Parmi leurs revendications, les femmes doivent accorder la priorité à l'égalité de la rémunération du travail accompli par les femmes et par les hommes, à l'accession de femmes à tous les types d'emplois et à l'obtention pour elles de tous les droits reconnus aux hommes, plutôt que de cristalliser les efforts sur les terrains sexuel et culturel qui exigent une certaine spécificité liée à leur sexe. Car en proclamant leur identité de femme, elles posent le problème d'une différence, d'une spécificité qui se manifesterait ou devrait se manifester par un mode d'existence et un mode de pensée, voire par une culture qu'il s'agirait de libérer d'une répression masculine. Ceci risquerait de séparer les sexes en un temps où leur action commune semble indispensable à la résolution positive des problèmes du « mal-développement » de l'Afrique.

En d'autres termes, notre propos n'est pas de liquider la marginalité dans laquelle les hommes avaient si longtemps maintenu les femmes en occultant le problème, mais de montrer que les revendications extrêmes portant la différence et la spécificité tendent le plus souvent à constituer un « univers féminin » à côté d'un « univers masculin », ce qui en fait ne résout aucun problème. Notre démarche consiste plutôt à analyser – rappelons-le – à travers les multiples formes de contestation des jeunes et des femmes particulièrement observées depuis le processus de démocratisation des pays africains, cette capacité qui leur est commune de concevoir et de proposer un mode de vie radicalement différent de celui que nous vivons quotidiennement.

Au Togo, c'est en fait au début des années 1980 que la jeunesse togolaise a commencé à payer les frais de la mauvaise gestion de l'économie nationale. Le chômage a fait son apparition dans les années 1982-1983 sans que le train de vie des responsables politiques soit revu à la baisse. Le gaspillage a même connu une ascension tandis qu'une classe de privilégiés se formait et a continué à s'enrichir. En 1990, le Togo comptait plus de 6 000 diplômés sans emploi auxquels il faut ajouter les jeunes ayant d'autres qualifications professionnelles. C'est en fait cet échec de la gestion du pays qui obligea la jeunesse à descendre dans la rue le 5 octobre 1990 pour crier son ras-le-bol, et exiger une gestion plus démocratique et plus transparente du patrimoine commun. Les femmes aussi ont fait entendre leurs voix sur ce même sujet le 16 novembre 1991. Une contestation d'une aussi grande importance appelle un choix : subir un destin ou construire l'histoire.

Participer à la construction de l'histoire suppose la reconnaissance de la participation de la jeunesse et des femmes au développement. Cette problématique se rapporte à la mise en cause radicale des valeurs et des institutions, même si nous restons convaincu que c'est à partir de la relation dialectique entre la tradition et la modernité qu'il conviendra de déterminer le rôle que doivent jouer ces deux groupes, soit les jeunes et les femmes, dans le processus de développement qui postule l'enracinement et l'aventure.

De même, il convient de préciser que l'universalité du malaise, que suscitent les questions des jeunes et des femmes, interpelle la conscience des uns et des autres sur des réponses principalement suggérées par des options politiques ou idéologiques, de même cette universalité exige que ces deux groupes soient déchiffrés par le biais de questions posées à l'histoire des sociétés africaines. Il s'agit donc de déterminer au-delà de la contestation et du malaise, ce qui est dénoncé et ce qui est annoncé, et de donner ainsi à ces groupes marginalisés la possibilité d'exprimer et de mieux communiquer à la société leurs besoins et préoccupations. C'est dire que le vécu quotidien des jeunes et des femmes est caractérisé par la marginalisation de leurs problèmes. En l'occurrence, il est impossible de comprendre la situation actuelle des jeunes et des femmes d'Afrique (leurs problèmes, leurs aspirations et difficultés, leur rapport avec le processus de développement et de démocratisation) sans toutefois se référer à deux autres problèmes d'une ampleur et d'une acuité considérable : l'emploi et la dégradation sociale dont est victime le monde rural. Ces deux problèmes renvoient plus particulièrement au poids des modèles culturels dominants et aux déséquilibres économiques que subit le monde rural.

Analyser l'exclusion tant économique que sociale des femmes et des jeunes dans la société africaine, c'est commencer par analyser une manifestation du « mal-développement » de l'Afrique. Cette exclusion s'inscrit dans un contexte plus général qui est le résultat d'un processus historique de développement mondial ayant provoqué l'appauvrissement de l'Afrique et l'enrichissement des pays du Nord.

Et pourtant ces deux groupes sociaux ont joué et continuent de jouer un rôle primordial dans certains milieux africains, notamment en milieu rural.

La femme n'a pas toujours été sous-estimée dans les sociétés africaines, et la marginalisation n'a pas toujours été sa caractéristique principale. En schématisant à l'extrême, nous pourrions dire que l'évolution historique de la condition de la femme s'est faite en deux temps. D'abord un temps de valorisation, ensuite un temps de crise correspondant à cette période d'impasse qui caractérise la rencontre de l'Afrique avec l'Occident, précisément à travers le pillage négrier, le pillage colonial et néo-colonial. C'est aussi particulièrement au moment de cette rencontre que va se tisser le système de l'échange inégal dont les femmes et les jeunes seront les premières victimes.

En dépit de la prise de conscience récente de la situation critique des femmes et des jeunes, prise de conscience qui se traduit par l'introduction de politiques et de programmes de promotion des femmes et des jeunes, la situation dans l'ensemble n'a pas beaucoup évolué. Les femmes et les jeunes restent généralement toujours en marge des centres de décision, alors qu'ils sont au cœur des activités socio-économiques pourtant très essentielles. D'ailleurs, dans les cultures africaines traditionnelles, le poids de la culture conférait à la femme des tâches spécifiques de production, de renouvellement des générations, et ceci distinctement de son rôle universel de gardienne du foyer et d'éducatrice des enfants. Ces responsabilités ont pesé lourdement sur les femmes africaines, malgré le fait que les hommes jouaient un rôle disproportionné, quoique nullement exclusif, aussi bien dans l'administration que dans l'organisation de la société et de l'économie.

L'analyse du rôle de la femme au sein de ces économies montre que dans une activité économique plus circonscrite, la femme africaine jouait un rôle décisif sur les marchés locaux et dans le négoce. Autrefois, ce rôle lui assurait une place importante dans son milieu traditionnel qui constituait un cadre sécurisant et protecteur. En outre, cette importance économique valorisait sa fonction sociale qui se trouve actuellement dénaturée par l'internationalisation des économies africaines et par l'individualisation de la ville. Ce rôle central que jouait la femme africaine dans l'économie est également menacé par la nature même de l'éducation occidentale, qui lui confère généralement plus de liberté, mais en même temps restreint l'importance de son rôle économique par rapport à la femme traditionnelle en milieu rural. Il faut aussi préciser que notre propos n'est pas de dénier à la femme africaine une éducation occidentale, mais bien au contraire de veiller à ce que cette occidentalisation ne cristallise une marginalisation fonctionnelle plus accrue.

D'autres mutations sont survenues en Afrique. En effet, l'introduction de nouvelles technologies, entre autres la mécanisation de l'agriculture, a également modifié les rapports entre les sexes et marginalisé encore un peu plus les femmes. Les privilèges injustifiés dont jouissent les hommes dans le domaine des technologies nouvelles et de pointe, constituent aussi une menace pour la femme rurale. À l'époque de la houe, la femme africaine jouait un rôle dominant dans l'agriculture. Mais l'introduction de la culture attelée a souvent consacré la domination masculine, les hommes bénéficiant plus facilement de crédits pour acheter des charrues et des boeufs. Il est certes indispensable que l'Afrique mécanise sa production rurale, et que l'allégement de la charge de travail des femmes provienne d'une amélioration des technologies ; mais pour y parvenir, il est tout aussi indispensable de déterminer, dans les secteurs productifs, les équivalents modernes des éléments qui avaient valorisé les femmes dans les économies traditionnelles africaines. Il importe donc de s'appuyer sur les responsabilités et les rôles traditionnels de la femme africaine pour lui permettre de participer davantage aux activités économiques dans les sociétés africaines qualifiées de modernisées.

Mais comment réussir ce pari quand les femmes qui sont responsables de la production ne peuvent plus vendre les produits de leur propre agriculture? L'aide alimentaire permanente fournie par les pays excédentaires sur les marchés locaux africains – pensons à ces millions de tonnes de céréales dont se débarrassent les pays du Nord – concurrence les productions locales, et déstabilise ainsi l'agriculture et l'élevage. Dans ces conditions, les femmes cessent de produire et contribuent ainsi à réduire leur poids économique, et donc, leur importance sociale. Ni la sécheresse, ni le désert, ni le manque d'eau empêche les paysans de pratiquer des cultures vivrières pour juguler la famine. C'est plutôt le fonctionnement d'un ensemble de conditions historiques de nature à la fois économique, politique, culturelle et écologique qui ont entraîné la situation du « mal-développement » de l'Afrique.

On comprend donc pourquoi l'Afrique est la région du monde qui accuse le plus grand déficit alimentaire. Ses besoins en nourriture dépassent largement sa production vivrière actuelle, et pourtant, le potentiel agricole de l'Afrique est important. La FAO estime en effet que la moitié du territoire du continent (15 millions de km^2) serait exploitable, ce qui signifie que cette partie de territoire pourrait non seulement nourrir sa population actuelle, mais plus du double de son nombre moyennant une faible innovation. Dans ce contexte de « mal-développement », la situation des jeunes s'explique aussi par le fait que dans la plupart des sociétés africaines, on note l'existence d'institutions solides et éprouvées pour l'encadrement des jeunes. Ces institutions sont les produits de la société pour encadrer les jeunes et les intégrer dans le processus de production tout en les formant aux responsabilités qui les attendent en tant que membres à part entière du groupe. C'est dire qu'avant la pénétration occidentale, les différents groupes sociaux étaient unifiés et organisés en groupes d'âge sur la base d'un fond très ancien de solidarité et d'entraide à travers l'organisation des travaux collectifs. Avec l'influence étrangère, les anciennes structures qui constituaient le cadre idéal d'éducation tant morale, technique que civique vont connaître une déformation et une déstructuration dues souvent :

– à la multiplication des centres urbains accompagnés de l'inévitable exode rural;

– au développement de l'enseignement primaire;

– à l'apparition des mouvements de jeunesse européens, par exemple le scoutisme. Avec leur unité de base qui est la petite communauté, et des activités sociales ludiques et de sensibilisation au développement très diverses, ces mouvements sont perçus comme de véritables concurrents des organisations traditionnelles de jeunesse;

– à la création des inspections de la jeunesse qui sont en fait des lieux privilégiés d'embrigadement de la jeunesse;

– à l'implantation de centres culturels favorables à l'importation d'une culture exogène à la vie culturelle et sociale des jeunes;

– à des rivalités entre une jeunesse scolarisée et une autre non scolarisée, traversées par les courants politiques et idéologiques du continent.

Il est donc une démarche qui consiste à favoriser la mobilisation des jeunes et des femmes en vue de leur permettre d'apporter leur contribution à un programme préétabli dont la rentabilité optimale se mesure par la participation de toutes les couches de la société. Or la capacité d'intégration des couches marginalisées par les structures traditionnelles villageoises repose en grande partie sur une division par âge et par sexe qui répond aux besoins de reproduction du groupe, de même qu'aux conditions de production imposées par l'écosystème.

Ce type de démarche serait pertinent s'il montrait que les structures modernes de production sont préparées à accueillir et à insérer sans heurt des groupes productifs, bref que ces structures offrent des débouchés suffisants par comparaison aux structures traditionnelles qui favorisent une participation de tous au développement et à la production. Dans la mesure où l'intégration dans les structures productives apparaît comme la modalité décisive d'insertion sociale, la participation des femmes et des jeunes aux processus qui ont cours actuellement dans les sociétés africaines, illustre à merveille leur volonté d'exprimer des exigences réelles, imprévisibles et pas nécessairement contrôlables. Et c'est ce non-contrôle qui postule la rentabilité à long terme que suggère cette volonté de libération des énergies dans toutes les actions qu'entreprennent ces groupes marginalisés.

Pour terminer, nous croyons que l'avenir de l'Afrique repose sur l'établissement d'un nouveau rapport entre les sexes et ce, dans l'ensemble du processus économique impliquant un ajustement culturel plutôt qu'un ajustement structurel purement économique. À cet égard, les rééchelonnements des dettes, propres à l'ajustement structurel, réduisent certes la pression financière à court terme mais ils accroissent la dette à moyen et long terme. Aussi constituent-ils un handicap sérieux à une croissance économique soutenue et empêchent l'Afrique de s'engager dans la voie du progrès économique et social.

CHAPITRE 11

BILAN DES POLITIQUES ET PERSPECTIVES SUR LA PROBLÉMATIQUE DES FEMMES AU SÉNÉGAL : L'INTÉRÊT DE L'ANALYSE DE GENRE

Fatou LY-DIOP
Université de Saint-Louis
Sénégal

Ce texte porte sur la situation des femmes en Afrique et nous l'illustrerons essentiellement par une étude de cas et un questionnement sur la politique nationale sénégalaise concernant les femmes. Cette dernière a-t-elle résolu les problèmes qui se posent aux femmes sénégalaises ? Quel est le rôle des associations féminines de base ? Constituent-elles un espace de pouvoir pour les femmes ? Voilà autant de questions dont les réponses appellent d'autres questions, notamment l'intérêt du féminisme, et la nécessité de la prise en compte de la nature de relations de genre.

Rappelons que le féminisme est un courant de pensée issu des mouvements de lutte des femmes. Selon Huguette Dagenais (1994), c'est un mouvement social à plusieurs voies/voix dont l'objectif est la transformation en profondeur des rapports sociaux de sexe qui sont oppressifs pour la femme en vue d'une société juste et égalitaire. À ce titre il s'agit d'un courant de pensée comme le marxisme ou le fonctionnalisme.

Pouvons-nous maintenant, nous femmes africaines, extraire le féminisme de son contexte historique et culturel, et procéder à un transfert en Afrique ? Les problèmes que devaient affronter les femmes occidentales sont-ils identiques à ceux que rencontrent aujourd'hui les femmes africaines ?

Quant à l'approche genre, elle a émergé dans les années 1980, à partir de la recherche féministe, pour corriger les approches « intégration de la femme dans le développement » et ensuite « femmes et développement ».

Selon Eva M. Rathgeber (1994), la perspective du genre est holistique et s'intéresse à la construction des identités des hommes et des femmes, à l'attribution des rôles, responsabilités et attentes. Après ces quelques définitions nous allons voir ce qu'il en est des programmes actuels pour les femmes.

CONTEXTE GÉNÉRAL

En Occident, les bouleversements qui ont marqué la condition des femmes sont issus d'un processus s'étalant sur un siècle, soit de 1860 à 1960, et englobant les sphères matérielle, affective et professionnelle[1].

Dans un premier temps, il y a eu les progrès économiques et l'élévation des revenus dont les femmes ont bénéficié. Elles ont profité, en tant que ménagères, des nombreux progrès matériels qui modifient l'accomplissement des travaux quotidiens ; l'arrivée de l'eau courante, de l'électricité et de l'électro-ménager les ont menées à la société de consommation.

Dans un deuxième temps, l'atomisation de la société occidentale, soit l'avènement de l'individualisme, est devenue un fait de société et a contribué à l'écoute entre les genres. En effet, les conduites conjugales sont désormais basées sur l'amour et la femme a le droit de choisir son partenaire de même que le rythme de ses maternités[2]. Ainsi, le machisme en a certes pris un coup. Nous pouvons aussi dire que même si la discrimination sexuelle a commencé à perdre du terrain, il existait une gestion sexuée de la formation et des emplois car le revenu de la femme était considéré comme un appoint. Cette vision a eu pour conséquence de fortement limiter les possibilités des femmes, et c'est en partie à cause de cette si-

---

1. Voir les différents ouvrages de Andrée Michel, par exemple *Activité professionnelle de la femme et vie conjugale*, Paris, CNRS, 1974.
2. Voir à ce propos les travaux de François de Singly, par exemple *Forture et infortune de la femme mariée : sociologie des effets de la vie conjugale*, Paris, PUF, 1990 (2ème édition).

tuation que les femmes se sont mobilisées, pour lutter contre le sexisme. Il y a eu un long cheminement et, par la suite, beaucoup d'acquis, mais aussi quelques problèmes, notamment une rupture dans les relations hommes/femmes.

Aujourd'hui, le féminisme, surtout nord américain, s'est constitué en véritable discipline des sciences humaines et sociales et se fonde sur plusieurs courants de pensée. Effectivement, certains s'inspirent de la biologie, d'autres sont de tendance culturaliste. Mais qu'en est-il en Afrique ?

LA FEMME EN AFRIQUE

Dans les sociétés africaines traditionnelles, les femmes occupaient généralement une place assez importante. À cet égard, nous pouvons mentionner l'existence des sociétés matrilinéaires et l'importance capitale accordée à la fécondité des femmes par les religions traditionnelles. Selon Fatou SOW (1993), la femme dans la culture sénégalaise est incontestablement une référence, c'est-à-dire qu'elle est l'« élément stable de l'institution sociale dont elle marque les valeurs, les styles, les choix et les pratiques aussi (...) la tradition politique montre leur rôle dans la structure du pouvoir ».

Mais avec l'avènement de la colonisation, l'administration en place et le système économique en vigueur et son projet de modernisation ont marginalisé davantage les femmes et les ont confiné encore plus à l'espace domestique, en particulier en favorisant la diminution des cultures vivrières et la généralisation de la pratique des cultures de rente (l'arachide pour le Sénégal). Et même quand l'école coloniale a mis en place un « système éducatif », concernant la scolarisation des filles, ce dernier a reproduit le modèle dominant qui confine les femmes au tâches ménagères. Nous pouvons observer ce phénomène à travers le fait que les femmes dans leur majorité ont poursuivi l'enseignement ménager, l'enseignement de la puériculture, de l'hygiène, etc. En outre, avec l'enrôlement des hommes dans les guerres des colons et dans le cadre du travail forcé, les femmes se sont de plus en plus limitées à l'espace domestique. Nous ne pensons pas non plus que l'on ait noté une présence féminine dans les institutions coloniales. Pour le colonisateur, c'est l'homme qui subvient aux besoins de la famille, et la femme a surtout un rôle de reproduction et de gestion de la maisonnée.

Après la colonisation, les États nouvellement indépendants ont établi des politiques de promotion de la femme, mais ces dernières se sont aussi largement inspirées de cette vision qui veut que la femme soit une femme au foyer peu concernée par les activités de production. Il y a aussi l'influence des religions, comme le christianisme et l'islam, qui prônent le renforcement de ce statut attribué aux femmes.

Au Sénégal, l'intérêt porté à l'endroit des femmes pendant les premières années de l'indépendance est tributaire d'un instrument : l'animation qui débute en 1959. C'est en 1960 que l'on assiste à la création du premier centre pour l'animation des femmes à Thilogne dans l'actuelle région de Saint-Louis (nord du Sénégal). Il y a eu par la suite le Centre national de formation des monitrices d'économie familiale et l'École normale d'enseignement technique féminin créés respectivement en 1963 et 1964. Ce fut alors l'introduction de la démarche éducative dans le dispositif de la problématique femme. Toutefois, celui-ci a surtout mis l'accent sur les rôles traditionnels des femmes aux statuts multiples (maîtresse de maison, mère, épouse, éducatrice), tandis que les actions éducatives dont bénéficiaient les hommes au cours de la même période étaient surtout centrées sur des programmes d'enseignement technique. Aussi, les pressions du mouvement des femmes du parti unique au pouvoir, l'Union progressiste sénégalaise, ont conduit à l'instauration de la journée de la femme sénégalaise le 25 mars 1972; ce qui n'est pas négligeable, mais les actions sont restées cependant limitées et la présence des femmes dans les structures de décision du parti ou de l'État a été insignifiante. Nous n'avons pas assisté réellement à l'émergence d'une conscience féminine forgée autour d'intérêts et de préoccupations propres aux femmes.

À partir de 1975, avec l'influence des organisations internationales, commence une période caractérisée par un certain changement dans le discours, lequel est devenu plus centré sur la femme en tant que membre opprimé de la société ; la politique établie vise à l'intégration de la femme dans certains domaines dont prioritairement le développement, et ce à travers ses modalités pratiques que sont les programmes et les projets. C'est dans ce contexte de regain d'intérêt pour la question des femmes que l'on assiste à la réorganisation des mécanismes spécifiquement chargés de promouvoir la femme, par exemple, la création d'un Secrétariat d'État ou de ministères.

Ce processus sera couronné, en 1982, par l'adoption par l'Assemblée nationale du Plan national d'action pour la femme, car il y a prise de conscience que pour favoriser l'amorce d'un développement, il faut considérer les femmes comme des agentes économiques. Cette tentative de mise en œuvre a cependant connu beaucoup d'échecs[3]. À notre avis, une des raisons de cet échec réside dans la négation du fait que les problèmes des femmes se situent d'abord sur le plan des relations de genre. Nous pouvons aussi mentionner le cloisonnement des programmes, ceux-ci, effectivement, n'ont pas une approche intégrée, tenant compte de l'ensemble des problèmes qui touchent les femmes. Une autre raison consiste en la pratique du « parachutage » de projets tous azimuts, c'est-à-dire en leur mise en place sans une évaluation des besoins, sans concertation réelle, sans aucune étude sociologique préalable.

À partir de 1983, après la conférence de Nairobi et l'application de ses directives, on assiste à l'émergence du phénomène des « groupements » féminins indépendants ayant comme credo la promotion sociale, mais surtout économique, de leurs membres. Les décideurs et bailleurs de fonds ont jugé aussi que les programmes d'ajustement structurel initiés depuis 1979 et qui touchent l'ensemble des secteurs du dévelopement, ont un impact réel sur les femmes[4]. Selon la directrice du projet de promotion du statut de la femme, qu'il s'agisse des femmes rurales dont les besoins se sont accrus et diversifiés, ou des femmes urbaines jusqu'ici pratiquement mises à l'écart des politiques, beaucoup de problèmes se sont posés. « Nous pouvons dire, par exemple, que les femmes rurales sont touchées entre autres par les problèmes d'accès à la terre alors que les femmes urbaines sont aux prises avec des problèmes reliés au crédit, pour mener des activités rémunératrices ».

C'est pour cette raison que la Direction de la famille et des droits de la femme (DFDF) a lancé, en 1989, une étude sur la femme sénégalaise pour tenter de mesurer la portée de telles réalités en termes de programmes (politique, projets). Dans l'attente du nouveau cadre politique qui sera tracé à

---

3. Voir, par exemple, l'évaluation de la décennie des femmes par le PNUD.
4. Voir Marie-France LABRECQUE (1994). *L'égalité devant soi : sexes, rapports sociaux et développement international*, Ottawa, CRDI.

partir des analyses rétrospectives de cette étude, la stratégie va consister en l'intégration de projets femmes au sein des politiques et des programmes nationaux déjà mis en œuvre.

Le projet de promotion du statut de la femme, financé dans le cadre du programme de développement des ressources humaines en 1991, en est une première illustration. Cependant, comme le plan d'action de 1982, ce plan spécifique créé pour la femme n'a pas atteint ses objectifs car il n'a pas tenu compte de la nature des relations de genre.

En réalité, la véritable question ne se pose pas en termes de nécessité d'avoir un cadre de référence quant aux priorités, objectifs et moyens d'action à identifier, ce qui est certes tout à fait nécessaire, mais elle concerne davantage les mécanismes mis en place pour promouvoir une amélioration réelle et continue du statut des femmes dans les différentes sphères de la société et ce, en brisant les stéréotypes. Il s'agit d'une exigence essentielle dans un contexte caractérisé par le désengagement de l'État dont le rôle consistera de plus en plus à définir les grandes orientations, laissant ainsi le jeu libre aux acteurs sociaux, plus ou moins organisés.

En plus des politiques gouvernementales, il faut tenir compte de la présence des ONG (organisations non gouvernementales). L'existence de ces dernières remonte aux indépendances, mais le développement du phénomène est lié à la critique des politiques gouvernementales conjugué à des besoins de juguler les effets de la crise économique. La méthode privilégiée aujourd'hui dans les ONG est la démarche participative pour favoriser un développement à la base. Mise à part l'option des actions concertées, qui est à l'origine de leurs activités, les ONG ont reproduit globalement le schéma des politiques appliquées jusque-là qui valorisent surtout les rôles d'épouse et de mère chez la femme africaine.

Quelques ONG font cependant de réels efforts. Citons par exemple : la FDEA (Femme, développement et entreprise en Afrique), une organisation non gouvernementale d'appui aux femmes, conçue comme un projet de recherche-action dans le domaine de l'entreprenariat des femmes, du crédit et de la formation. Née en 1987, la FDEA a démarré l'exécution de ses projets en décembre 1988 par deux phases pilotes d'une durée de trois années. Ces deux phases ont permis de connaître les besoins en crédit des femmes du secteur dit non structuré aussi bien en milieu rural, urbain que péri-urbain, la nature de ce crédit et les modalités d'octroi et de remboursement les plus adaptés à leur réalité socio-économique, à leur entreprise, la nature des entreprises dans lesquelles les femmes sont actives, les besoins en formation, les méthodes et les systèmes de formation les plus adaptés à leurs besoins, à leurs activités et à leur contexte socio-culturel et les contraintes et les difficultés majeures qui sont source de blocage.

Par rapport aux objectifs de cette organisation, nous pouvons dire qu'il y a une large satisfaction quant à la promotion des activités rémunératrices, mais que le volet culturel et la sensibilisation sur les questions de genre sont à développer. En général, les besoins pratiques sont de plus en plus pris en charge efficacement, mais les besoins stratégiques qui concernent l'autonomie sociopolitique, et donc le statut, ne sont pas réellement assurés.

Ce bilan montre que, globalement, les politiques tant gouvernementales que non gouvernementales et les pratiques qui en ont découlé, ont amélioré certains aspects de la vie des femmes mais pas leur statut. Ce résultat est imputable au fait qu'elles n'ont pas tenu compte de la nature des rapports sociaux de sexe et des besoins spécifiques des femmes. Nous illustrerons cette situation par le cas du groupement des femmes de Moudéri.

LE GROUPEMENT DES FEMMES DE MOUDÉRI

Ce groupement, qui a été crée en 1987, dans la suite d'un projet de la FAO, compte 240 membres. Le terrain attribué au groupement par le Conseil rural a une superficie de 12 hectares, actuellement exploités. Trois hectares ont été cédés pour abriter le site accueillant le forage villageois. L'activité principale des femmes est le maraîchage. Elles s'adonnent aussi à la teinture à l'indigo, à l'embouche et à l'aviculture. Chaque femme membre dispose d'un casier de 0,25 hectare qu'elle exploite à titre individuel, et elle en assure, par conséquent, toutes les charges. Les femmes cultivent ensemble un carré collectif dont les recettes servent à financer la caisse d'amortissement.

Pendant la première campagne menée en 1988, elles avaient réussi à épargner 500 000 FCFA, mais depuis, tout ce que qu'elles gagnent est utilisé pour la réparation du groupe moto-pompe installé il y a neuf ans. La fréquence des pannes est, selon les enquêtes, un gros handicap et a de ce fait des répercussions sur la production. En effet, lors de la campagne maraîchère de 1993-1994, le groupe est tombé en panne en fin de campagne, juste au moment où les femmes s'apprêtaient à récolter, ce qui a occasionné des avortements chez certaines légumineuses. Ainsi, durant cette même campagne, les femmes ont dépensé 350 000 FCFA pour les frais de réparations.

À la suite de cet événement, la présidente s'est adressée à la Caisse nationale de crédit agricole avec une liste de pièces de rechange d'une valeur totale estimée à 3 500 000 FCFA et a envisagé de contracter un crédit auprès de la CNCA pour acheter un groupe moto-pompe d'une valeur approximative de 7 000 000 FCFA. Vu que les femmes ne disposaient pas de garantie, une demande fut adressée aux hommes, puisqu'ils sont propriétaires terriens, mais comme ces activités étaient exclusivement menées par les femmes, cela fesait problème. Ce cas pose la question de l'autonomie des femmes et de la nécessité d'un pouvoir économique pour assurer un succès à leurs projets.

L'une de nos informatrices disait en entrevue: « Les périmètres maraîchers sont très utiles, parce que nous pouvons gagner un peu d'argent avec la production, mais il y a souvent des problèmes, parce que le matériel ne nous appartient pas. D'ailleurs, le plus souvent, ce sont les tontines que nous organisons qui viennent à notre secours ». Nous constatons que les femmes recourent à leurs organisations traditionnelles pour faire face à leurs besoins. Examinons brièvement deux initiatives de femmes dans deux quartiers de Saint-Louis pour découvrir avec quelle perspicacité les femmes font face aux difficultés qu'elles rencontrent.

Ces associations sont des regroupements informels de femmes qui coordonnent leurs activités et mettant en commun leurs ressources afin d'atteindre leurs objectifs qui sont autant financiers que psychologiques, culturels que religieux. Elles sont organisées autour d'un personnage central appelé « mère » (ndéyi mbootay[5]). Elles interviennent en octroyant aux femmes des crédits certes modestes, mais qui les soutiennent ; ce sont des tontines, un système d'épargne-crédit.

---

5. mot ouolof qui signifie, mère de l'association, responsable des activités du groupe.

L'ASSOCIATION JIGENI SANTHIABA ET L'ASSOCIATION DES FEMMES DE KHOR

Nous avons rencontré les femmes de l'Association Jigeni Santhiaba dans la commune de Saint-Louis. Cette association qui fut créée en 1990 à la suite de l'initiative de quelques femmes, regroupe 60 membres habitant le même quartier. Les membres n'entretiennent pas de rapports directs, c'est seulement la confiance qu'elles accordent à la responsable qui les a poussées à adhérer à l'association. Il s'agit d'une association d'épargne dont les cotisations mensuelles s'élèvent à 1 500 FCFA par membre. Un tirage au sort permet à deux membres de bénéficier chacune d'une somme de 90 000 FCFA. Ce montant leur permet d'acquérir des bijoux, des meubles ou autres objets de valeur, ou encore de démarrer de petites activités commerciales.

De son côté, l'Association des femmes de Khor, formée de 50 membres, est un regroupement selon les affinités et la résidence. Mise sur pied de façon spontanée par les femmes du quartier en 1991, elle regroupe entre autres des femmes salariées, des femmes sans emploi, de petites commerçantes, et développe l'épargne-crédit de manière rotative. Actuellement, la cotisation bimensuelle est fixée à 1 100 FCFA par membre. L'argent ainsi collecté est versé à la gagnante du tirage jusqu'à hauteur de 50 000 FCFA. Les 5 000 FCFA restant serviront à l'organisation d'une fête de fin de tontine.

L'Association en question vise à aider les femmes à épargner pour se procurer de la vaisselle, du linge, des meubles et des équipements ménagers. Elle veut également contribuer à la cohésion du quartier, puisqu'au sein de l'association un système de « ndèye ndické » ou de «marrainage » a été établi; la marraine se charge de l'achat du matériel pour la bénéficiaire.

Les objectifs généraux que se fixent ces associations sont l'amélioration des conditions de vie de la femme, l'auto-prise en charge des femmes par l'acquisition de certains matériaux, l'augmentation de l'aide aux femmes pour qu'elles s'organisent mieux, la réduction des possibilités d'endettement et des inégalités sociales et une meilleure responsabilisation des femmes pour enrayer leur dépendance vis-à-vis des hommes. Nous le constatons, ces associations peuvent permettre aux femmes d'obtenir plus d'autonomie et un certain pouvoir.

Ces associations ont connu une évolution en trois phases : durant la première phase, il y avait des « tours »[6] où il fallait préparer des repas de fête et environ 75 % du gain, parfois 100%, était dépensé (1970) ; la deuxième phase a vu la limitation des dépenses, la bénéficiaire organisait juste une petite fête (1980) ; durant à la troisième phase, depuis 1987, la bénéficiaire offre juste de « l'ambiance », c'est-à-dire qu'elle fait une animation au moment où les membres de l'association viennent verser les cotisations.

L'expérience de ces associations montre que les femmes africaines, pour reprendre Senior (1991), sont capables de prouesses. Les femmes économiquement pauvres en particulier ne perçoivent jamais les obstacles qu'elles rencontrent comme étant insurmontables. Les informatrices rencontrées sur le terrain nous disent : « Niak pexe, pexe la »; ce qui signifie : « le manque de moyens est encore un moyen ». L'exemple des deux associations de femmes que nous avons rencontrées illustre bien ces affirmations.

CONCLUSION

Il serait illusoire que nous, Africains, pensions que la transformation des inégalités de genre se fera sans la transformation des autres types d'inégalités, notamment les inégalités de classes, de races de même que de celles entre le Nord et le Sud.

La nécessité d'un changement social s'impose, et il commencera par l'accès à la scolarisation, à l'alphabétisation et à la maîtrise de la santé reproductive, par la valorisation du savoir endogène dans tous les domaines, et aussi par une meilleure connaissance des religions et de leurs préceptes. Ces transformations contribueraient à briser les stéréotypes, et à un meilleur exercice de toutes les capacités des femmes. Les chercheurs et la société civile sont des acteurs essentiels pour l'avènement de ce changement social et l'équilibre entre les genres. Nous abondons aussi dans le même sens que Dagenais (1987) sur la pertinence de l'approche féministe en matière de recherche dans les pays du Sud, parce que cette approche nous fournit des principes et des stratégies de recherche qui rendent compte de la nature des rapports so-

6. tour : mot signifiant les différentes rotations par membre.

ciaux de sexe. Un de ces principes très importants à notre avis est la reconnaissance des femmes en tant que groupe dominé, et le caractère politique des rapports de genre, car ceux -ci sont des rapports de pouvoir. Quant aux stratégies, elles consistent à respecter l'état actuel de la situation que vivent les femmes à travers leurs différents rôles, c'est-à-dire ceux de mères, d'épouses et de travailleuses en tant qu'être socialement et historiquement situés. Nous pouvons citer ici l'exemple de l'AFARD (Association des femmes africaines pour la recherche et le développement) qui œuvre dans ce sens.

À l'Université de Saint-Louis, la section de sociologie met en place des projets pédagogiques qui prennent en compte le genre. Par exemple, le cours de sociologie de la famille en DEUG qui, initialement, devait porter entre autres sur l'étude de la parenté, des lignages, des différentes fonctions de la famille, se tourne pour une bonne part vers l'étude du thème de la socialisation comme construction sociale de l'identité masculine et de l'identité féminine. Au niveau de la licence, le module d'enseignement consacre 50 heures à l'étude des relations de genre. Le CODESRIA[7] organise un institut sur le genre depuis quatre ans.

Les recherches restent cependant très insuffisantes. Il convient donc de reconnaître l'importance, sinon la nécessité d'impulser la recherche dans les sciences sociales. En effet, c'est elle qui, en tant que contribution à la connaissance des situations réelles, doit alimenter les politiques et les actions.

Par ailleurs beaucoup de chercheurs, comme Bisilliat (1992), Dagenais et Piché (1994), SOW (1993), soulignent l'apport de l'analyse de genre pour les théories et les pratiques du développement.

La réhabilitation du statut des femmes africaines, qui s'est largement dégradé avec la colonisation, la modernisation et l'interprétation des religions révélées, et leur accès à l'autonomie sociopolitique généralisée, passeront par là. Le changement social qu'attend l'Afrique contemporaine et de demain viendra de cette reconnaissance.

---

7. Conseil pour le développement de la recherche économique et sociale en Afrique.

BIBLIOGRAPHIE

BISILLIAT, J., PINTON, F. et LECARME, M., (sous la direction de), (1992). *Relations de genre et développement : femmes et sociétés*, Paris, ORSTOM.

DAGENAIS, H. (1987). « Méthodologie féministe et anthropologie : une alliance possible », *Anthropologie et société*, Vol. 11, n° 1, p. 19-44.

DAGENAIS, H. (1994). « Méthodologie féministe pour les femmes et le développement », dans M.-F. LABRECQUE (1994), p. 258-290.

DAGENAIS, H. et PICHÉ, D., (sous la direction de), (1994). *Femmes, féminisme et développement*, Montréal, McGill-Queen's University Press, pour l'Institut canadien de recherches sur le femmes.

LABRECQUE, M.-F. (1994). *L'égalité devant soi : sexes, rapports sociaux et développement international*, Ottawa, CRDI.

RATHGEBER, E.M. (1994). « L'intégration du genre dans le développement : les agendas de recherche et d'action pour les années 1990 » dans M.-F. LABRECQUE (1994), p. 16-41.

SENIOR, O. (1991). *Working Miracles : Women's lives in the English – speaking Caribbean*, Cave Hill, University of the West Indies, London, James Currey et Bloomington et Indianapolis, Indiana University Press.

SOW, F. (1993). *Genre et développement*, Dakar, CODESRIA.

CHAPITRE 12

DÉMOCRATISATION ET MARGINALISATION DES FEMMES EN AFRIQUE : CAS DU CONGO

Régine Oboa
Université Marien Ngouabi
Brazzaville

L'avènement de la démocratie a été pour les femmes et les hommes d'Afrique une grande source d'espérance et a fait naître beaucoup d'idéaux. En effet, les populations ont escompté une plus grande liberté d'expression et de circulation[1], de même qu'une meilleure utilisation des cadres. Ainsi, l'influence de l'appartenance politique comme critère de participation des citoyens à la vie politique ne serait plus prise en compte comme sous le monopartisme. Qu'il s'agisse des cadres de sexe masculin ou féminin, la compétence et le mérite deviendraient les seuls critères d'occupation des postes de responsabilité. La démocratie favoriserait la libre entreprise, le monopole des entreprises d'État serait supprimé afin de permettre un développement économique harmonieux. Le Congo devrait s'ouvrir davantage à la modernité, c'est-à-dire aux techniques nouvelles de production, d'organisation et d'information.

Tous ces rêves, éveillés par l'arrivée de la démocratie, ont poussé les femmes congolaises à la veille de la Conférence nationale, à s'organiser en ONG et en associations féminines pour être présentes, comme dirait Fatou Sow (1993), lors de

1. Notons qu'au Congo les contrôles d'identité étaient obligatoires aussi bien à l'intérieur du périmètre urbain immédiat que d'une région à une autre du pays.

la « redistribution du pouvoir ». Mais que s'est-il passé réellement ?

Aujourd'hui, rétrospectivement, le processus démocratique au Congo appelle plusieurs interrogations. À partir de ce rappel, notre réflexion va s'articuler autour des trois points suivants :

– Quel a été le rôle des femmes dans l'émergence de la démocratie au Congo. Était-il visible ou timide ?

– Quels sont les problèmes rencontrés par les femmes, notamment dans la remise en cause des formes anciennes de représentation du pouvoir et de l'État ?

Enfin, quel regard sociologique pouvons-nous avoir, en tant que femme, sur les mutations sociales en cours dans nos sociétés africaines à partir du sous-ensemble congolais ?
Pour apprécier l'impact de la question du genre et de la différenciation sur la base du sexe dans le processus de démocratisation du Congo, nous devons analyser le système d'organisation des femmes avant l'avènement de la Conférence nationale, et les effets de cette dernière sous l'angle des différences de sexe. Auparavant, précisons ce que nous entendons par démocratisation et marginalisation.

DÉMOCRATISATION ET MARGINALISATION

La gestion du pouvoir par le peuple implique que soient précisées ici les conditions de la démocratisation de la société. Les conditions de la démocratisation pluraliste sont :

– l'adhésion de la société entière à l'entreprise du changement sociopolitique ;

– la valorisation des vertus de la concurrence politique au sein et en dehors des partis organisés en vue de la conquête du pouvoir ;

– la participation de toute la population au développement de la société.

Pour Touraine (1992), la démocratisation se définit comme « le libre choix d'un gouvernement représentatif des intérêts de la majorité et respectueux du droit fondamental de toutes les personnes humaines à vivre en accord avec leurs croyances et leurs intérêts fondamentaux ». À partir de cette définition, Touraine dégage quatre conditions pour que la démocratisation s'engage :

– l'existence d'un espace politique spécifique ;

– d'une part, la séparation de la société politique, espace de pluralisme et de diversité des intérêts, et d'autre part, séparation de l'État qui est un par définition ;

– la présence d'un principe d'égalité qui permette d'accorder à tous les mêmes droits, malgré les différences évidentes de capacités et de ressources qui séparent les individus les uns des autres ;

– l'existence de groupes d'intérêts reconnus et organisés de manière autonome.

Pour sa part, Nzouankeu (1991, p. 396-408) a identifié trois séries de facteurs qui ont favorisé le processus de démocratisation sur le continent africain.

En premier lieu, l'échec de la démocratie consensuelle. Cette dernière pendant longtemps et aujourd'hui encore, présente une vision mythique de l'Afrique symbolisée par le légendaire arbre à palabres et tend inexorablement vers l'unanimité en bannissant l'électoralisme.

En deuxième lieu, l'échec du système de parti unique, dans la mesure où les partis uniques se sont révélés les principaux obstacles à l'unité nationale, par le fait qu'ils imposent un monolithisme idéologique, qu'ils prétendent modeler les individus selon un prototype et, enfin, par le fait qu'ils se donnent la mission de régenter les consciences, de marquer les préférences personnelles sous les apparences de schémas de pensée et de clichés qui ont la prétention de traduire la volonté du peuple.

En troisième lieu, l'échec d'une conception africaine des droits de l'homme qui stipule que les « droits de la solidarité », les droits de la troisième génération « seraient plus africains » que les autres et mieux adaptés au mode de vie des Africains; cette conception africaine stipule aussi que les autres valeurs ainsi que le système démocratique, baptisé pour la circonstance « démocratie occidentale », seraient des valeurs et des systèmes importés.

Quant à la marginalisation, il faut entendre : l'ensemble des attitudes de rejet, d'oppression et de disqualification qu'adoptent des individus ou des groupes d'individus vis-à-vis d'autres individus ou de groupes d'individus pour des raisons d'intérêts économiques, politiques ou socioculturels.

En nous fondant sur ces rappels théoriques, comment pouvons-nous appréhender le rôle des femmes dans le processus de démocratisation au Congo, ou encore, la place qui leur est faite comme actrices dans ce processus ?

RÔLE DES FEMMES DANS L'ÉMERGENCE DE LA DÉMOCRATIE AU CONGO

Pendant la période du monopartisme (1964-1991), les femmes étaient organisées au sein de deux institutions reconnues officiellement. La première appelée l'URFC (l'Union révolutionnaire des femmes du Congo), organisation de masse de l'ancien parti unique sous ses deux dénominations successives, soit le MNR (Mouvement national de la révolution) et le PCT (Parti congolais du travail) ; quant à la deuxième institution, il s'agit de la DGAS (Direction générale des affaires sociales) qui était rattachée au ministère de la Santé. Socialement et politiquement, ces deux institutions étaient différenciées. Nous faisons état ici de leurs principales distinctions.

L'URFC était chargée de l'encadrement, de la mobilisation politique et de l'éducation des femmes en vue de leur participation effective aux tâches de développement national. Sur le plan international, l'URFC devait consolider et intensifier ses liens de solidarité avec toutes les femmes du monde éprises de paix et de justice, en particulier, avec toutes les organisations féminines sous-régionales et internationales poursuivant les mêmes objectifs.

Afin d'évaluer la prise de conscience des femmes et leur capacité d'exécution, l'URFC va être structurée en quatre unions catégorielles à partir de 1986 qui sont nommément : l'Union des femmes travailleuses (UFT), l'Union des femmes paysannes (UFP), l'Union des femmes commerçantes, vendeuses et artisanes (UFCVA) et l'Union des femmes ménagères et mutualistes (UFM).

De son côté, la DGAS avait mission de promouvoir l'autonomie des personnes et des communautés, notamment celles en difficulté, de même que leur intégration au processus de développement national, en vue de la production du bien-être humain. Elle est structurée en directions centrales et régionales.

Cette double organisation de femmes au sein de l'URFC et de la DGAS ne pouvait pas faire des femmes congolaises une force motrice dans le processus de déstabilisation du pouvoir avant la Conférence nationale. Car, suivant la doctrine qui disait que le parti dirigeait l'État, toutes les organisations de masse étaient dans la mouvance du parti unique. Les femmes et les jeunes de l'UJSC ne pouvaient pas se révolter contre cette forme de « patriarcat ». En outre, l'URFC fonctionnait dans un état de subordination par rapport au Parti congolais du travail, et elle ne pouvait pas, à l'orée de la Conférence nationale et pendant celle-ci, s'affirmer en tant que force motrice indépendante. Au contraire, l'émergence de la démocratie a été l'occasion de l'affaiblissement de l'URFC, de son morcellement, car bon nombre de ses adhérentes sont allées s'insérer dans les organisations féminines des partis politiques naissants et concurrents du PCT ou des ONG de femmes affiliées à certains partis politiques ou qui sympathisaient avec ces derniers. Quand on sait que la plupart des partis politiques au Congo répondent, pour l'essentiel, à des visées ethnocentristes et régionalistes des « leaders » ou s'articulent suivant celles-ci, on mesure l'éparpillement dans lequel les femmes se sont rendues à la Conférence nationale.

Le *Rapport national sur la situation de la femme congolaise, contribution du Congo à la Conférence régionale de Dakar* relève les faits suivants : en 1991, dans le haut lieu de concertation qu'a été la Conférence nationale souveraine et qui aurait pu regrouper de façon équitable toutes les sensibilités, on dénombrait une cinquantaine de femmes sur 1 100 délégués, soit un taux de participation avoisinant 5 %. Cette sous-représentativité s'est perpétuée au Conseil supérieur de la République (parlement de transition 1991-1992) où on comptait 11 femmes sur 153 conseillers de la République, seul 7,1 % , deux femmes sur 9 femmes étaient membres du « Bureau du conseil supérieur de la République ».

Compte tenu de toutes ces informations, on peut aisément déduire que dans le contexte de l'émergence de la démocratie, le rôle des femmes congolaises reste très timide et ce, malgré la supériorité de l'électorat féminin. Ces femmes ont plutôt servi de « tremplin » ou de « marchepied » pour permettre aux nouveaux hommes de s'installer.

LES PROBLÈMES RENCONTRÉS PAR LES FEMMES DANS LA REMISE EN CAUSE DES FORMES ANCIENNES DE GESTION DU POUVOIR

Le *Rapport national sur la situation de la femme congolaise, contribution du Congo à la Conférence de Dakar* (1994), révèle aussi que depuis la période du monopartisme jusqu'à l'ère démocratique, il y a toujours eu un partage inégal du pouvoir et de la responsabilité selon le sexe. Les femmes congolaises, qui forment 52 % d'une population de 1 902 408 habitants, sont représentées dans les sphères de décision et de management à hauteur de 5,8 % au gouvernement, de 1,6 % à l'Assemblée nationale et de 5,8 % dans les organes locaux. La présence des femmes est nulle dans les postes d'ambassadeur, de préfet et de sous-préfet. Cependant, sous le monopartisme, la présence féminine à l'Assemblée nationale était de 9,8 % en 1984 et de 14,2 % en 1989. Nous concluons que cette tendance fléchit au cours de l'ère démocratique. Cette observation nous renvoie à l'analyse de Moghadam (1994), dans son article intitulé *Les femmes dans la société*, quand elle évoque d'une part une baisse très nette du pourcentage des femmes au sein des organes législatifs dans les pays d'Europe de l'Est, et d'autre part, la constatation des activistes est-européennes Slavenka Drakulic et Julia Slazai qui parlent de démocratie masculine et de « démocratie à visage masculin ».

Revenons aux principales causes de la faible représentativité des femmes congolaises dans les organes législatifs municipaux et sénatoriaux qui sont nommément :

– leur manque d'intérêt envers leurs soeurs candidates aux élections ;

– le mauvais positionnement des femmes candidates par les directions de leur partis politiques respectifs ;

– l'insuffisance de la prise de conscience des droits de la femme et de l'engagement en leur faveur ;

– l'absence de source de financement pour soutenir leur campagne.

LE REGARD SOCIOLOGIQUE

Le regard que nous pouvons porter en tant que femme sur les mutations sociales en cours dans nos sociétés africaines, notamment dans le sous-ensemble congolais, est basé sur une approche critique qui repose sur les principes suivants :

– la reconnaissance de l'importance des rapports sociaux de genre dans tous les domaines de la vie, y compris dans le secteur de la production des connaissances, et de l'oppression des femmes qui en a résulté dans la majorité des sociétés connues ;

– le maintien de l'attitude critique tant sur le plan de l'approche globale qu'à chacune des étapes du processus ;

– la mise en contexte des situations, des données et des résultats.

Pour conclure, nous partageons la réflexion de Sow (1993) tirée de son analyse du genre quand elle recommande de renouveler les débats actuels sur la société :

> Aujourd'hui la lutte pour la démocratie même sous surveillance suppose un apprentissage que les femmes font dans ces périodes marquées par de graves conflits. Faire usage de ces droits politiques reste une urgence pour elles, même si la pratique démocratique fait problème. En effet, la redistribution du pouvoir dépend encore, l'expérience récente le montre, plus des intrigues de palais que du libre jeu des institutions. Il ne suffit pas de faire ou de défaire un chef d'État qui s'accroche désespérément au pouvoir au prix des vies humaines, on peut se demander quelle est la portée des droits politiques quand on ne sait ni lire ni écrire, quand on a ni formation ni emploi, ni revenu et quand le principal enjeu est de survivre. Que se passe-t-il lorsque la femme sait lire ? Elle peut et doit chercher une autre manière de faire de la politique pour résoudre elle-même ses besoins de pain, de stabilité et de dignité en tant qu'individu. Les femmes, comme le montrent les statistiques au Sénégal, représentent plus de 51 % de la population. C'est dire leur poids dans l'électorat quand elles comprendront l'importance de leur rôle, aucun homme politique ne fera plus campagne sans tenir compte de leurs intérêts.

Cette analyse est d'actualité pour tous les pays africains où la population féminine est statistiquement supérieure à celle des hommes ; le cas du Congo et celui du Sénégal sont similaires.

Toujours en parlant de l'établissement d'une démocratie qui serait respectueuse du droit et de l'émancipation des femmes, Sow (1993) poursuit :

> La démocratie pour les femmes en Afrique c'est aussi la prise en compte des mécanismes de leur domination et la recherche d'outils de lutte contre leur aliénation. La stratégie démocratique de-

vra, à partir de leurs soucis quotidiens (rapports sociaux, niveau de vie et d'éducation, accès aux ressources), relever les questions pertinentes et leur donner la parole. Ainsi, dresser le constat de la marginalisation de l'invisibilité ou de la non-reconnaissance du rôle actif des femmes dans l'économie, c'est prendre acte du sexisme qui les frappe.

Par ailleurs, Moghadam (1994) fait le constat suivant : « Il semble y avoir une relation positive entre l'alphabétisme et l'activité économique d'une part, et l'état de santé et l'espérance de vie de la population féminine, ainsi que leur liberté de procréation d'autre part ».

Toutes ces analyses prouvent suffisamment que grâce à l'éducation, la formation et l'information, les femmes africaines, congolaises entre autres, peuvent sortir de leur condition de « laissées pour compte », de citoyennes de « seconde zone » dans laquelle on les confine, pour s'imposer en tant qu'actrices du développement pour la transformation socio-économique de l'Afrique.

BIBLIOGRAPHIE

MOGHADAM, V. (1994). « Les femmes dans la Société », *Revue internationale des sciences sociales*, février.

NZOUANKEU, J. M. (1991). « L'Afrique devant l'idée de démocratie », *Revue internationale des sciences sociales*, mai.

SOW, F. (1993). *Genre et développement*, Dakar, CODESRIA.

TOURAINE, A. (1992). *Critique de la modernité*, Paris, Fayard.

Rapport national sur la situation de la femme congolaise, contribution du Congo à la Conférence nationale de Dakar, (1994). Novembre.

CHAPITRE 13

CRISE ÉCONOMIQUE ET ÉMERGENCE DU POUVOIR DES FEMMES AU SEIN DES COUPLES À KINSHASA

Martin Wa Kalombo Katubumbanyi
Étudiant au doctorat
Université de Liège

La crise que traverse le Zaïre depuis un certain nombre d'années est un des éléments majeurs des mutations récentes de certaines traditions, comportementales par exemple, qui influent sur la vie des couples : restructuration (structuration des rapports de force dans les couples zaïrois). Cette dynamique de fait social suscite une émergence du pouvoir des femmes, c'est-à-dire les nouvelles femmes qui parviennent à maîtriser et à gérer les entreprises parastatales, organes du pouvoir depuis les années 1990 jusqu'à nos jours. La problématique sera articulée autour de trois points :

– la femme zaïroise dans le contexte coutumier (traditionnel) de la vie familiale ;

– la femme selon le modèle du cadre de la vie familiale façonné par la Deuxième République ;

– la crise politique et économique, de même que le renforcement ou l'émergence du pouvoir de la femme (la nouvelle femme face à la crise).

La méthodologie a consisté à observer le quotidien des gens et surtout à analyser le discours des hommes et des femmes, discours qui révèle le changement des rapports de force au sein de maints couples à Kinshasa au Zaïre.

L'évolution sociale récente dans les pays africains interpelle la sociologie dans sa diversité. Elle exige non seulement de fournir des éclairages, mais aussi de produire une connaissance du fait social dans sa dynamique actuelle. Qu'il s'agisse de changements économiques, politiques ou culturels, les sociologues doivent faire preuve d'imagination en s'écartant des sentiers battus. En ce qui me concerne, sociologue intéressé par la question de la famille, je voudrais susciter un débat sur les changements enregistrés dans le fonctionnement de la famille au regard de la situation économique en crise au Zaïre, notamment en ce qui concerne les rapports de force dans certains couples frappés par la crise.

LA FEMME ZAÏROISE DANS LE CONTEXTE COUTUMIER (TRADITIONNEL) DE LA VIE FAMILIALE

« La femme zaïroise » est une notion plurielle. On peut toutefois émettre l'hypothèse que la mixité ethnique, particulièrement dans les grandes villes du pays, a fini par produire un type particulier de femme identifiable que l'on appelle pompeusement « la mama zaïroise ».

D'une manière générale, on observe que la plupart des coutumes relatives à la place de la femme dans la société essaient de s'approprier la liberté de celle-ci, de disposer de son individualité ; par exemple, souvent dans le cadre du mariage, la décision du choix du conjoint lui échappe, de même que l'intentionnalité de ses actes. Cette liberté de poser des actes institutionnels lui est enlevée par des coutumes et des mythes qui l'enferment dans quelques fonctions, dont les plus visibles sociologiquement me semble entre autres, la fonction de procréation et la fonction d'alliance sociopolitique.

La femme et la fonction de procréation

La femme apparaît comme l'un des maillons de base de la reproduction sociale du groupe, par sa fécondité et sa capacité à donner à un clan une progéniture, et à lui assurer un renouvellement de sa force sociale. Dans les sociétés patriarcales comme chez les « Luba » du Kasaï[1], cette considération occupait une place primordiale dans tout contrat de mariage.

---

1. « Le Lubu » du Kasaï est une des principales ethnies à l'est de la république du Zaïre dont les coutumes sont rigides et intériorisées par les natifs même dans le milieu urbain.

Il va de soi que dans cette perspective, le mariage était régi par certaines conditions d'ordre matériel ou symbolique, et en particulier la dot qui constitue le processus par lequel se crée le groupe matrimonial ; lequel groupe est réel et non abstrait dès lors qu'il inclut un nombre de personnes qui entretiennent des relations réciproques définies par la coutume (Evans-Pritchard, 1971, p. 169). L'importance de la dot et des cadeaux ainsi que la considération sociale de la femme étaient fonction de sa capacité à procréer, sinon la dot pouvait être remboursée ou bien la famille de la femme inféconde était tenue de remplacer cette dernière par une autre qui serait féconde.

La femme et la fonction sociopolitique

La femme a aussi une fonction sociopolitique. Dans sa fonction sociopolitique, la femme est une aiguille dans le rapprochement interethnique ou interclanique ; la femme sert, en effet, à renforcer les liens politiques entre les clans et les ethnies, en ce sens qu'en Afrique, la femme est un « chaînon » entre deux clans de par son mariage. « Elle apparaît comme l'un des éléments permettant de maintenir la structure sociale (...) et comme un instrument de la politique des clans. Dans un tel contexte, la liberté du cœur et du corps doit nécessairement s'évanouir » (Balandier, 1957, p. 27). Ainsi la position qu'elle occupe contribue à garantir la paix politique. On la fait circuler dans le réseau d'échange de dons, de « contre-dons » dans le but de négocier la paix sociale ou d'élargir le réseau de la circulation du présent. Le modèle de cette femme, sans avoir totalement disparu, a évolué suite à l'avènement de divers facteurs tels, l'urbanisation, une accessibilité accrue à l'instruction, la religion chrétienne, l'acculturation et, finalement, la marchandisation de certains échanges. Comme nous pouvons le constater, la femme zaïroise est une donnée fort complexe.

LA FEMME SELON LE MODÈLE DU CADRE DE VIE FAMILIALE FAÇONNÉ PAR LA DEUXIÈME RÉPUBLIQUE

En 1960, alors que le Zaïre accédait à son indépendance, la plupart des Zaïrois (Congolais) ont aspiré à la consommation de biens divers et même superflus. Cette manière de penser s'est renforcée avec l'avènement de la Deuxième République. En effet, tant l'Administration publique, les entreprises parastatales que les organes du pouvoir ont souvent été une source de corruption, de détournement et de ponctions diverses par les mandataires publics engendrant la sinistre forme de gestion mieux connue sous une appellation locale « kobeta libanga[2] » (« débrouillez-vous ») : on accumule sans produire.

Cette situation a amené les mandataires du régime à adopter un mode de vie au-dessus de leurs moyens financiers, créant ainsi un type d'homme très ostentatoire et hédoniste. Entre autres manifestations de richesses, la possession de plusieurs femmes appelées « bureaux » ou « faux bureaux », de grosses voitures, la consommation de biens de luxe insolents... Qu'en est-il sur le plan familial au sens nucléaire du terme ? Il semble bien que l'on assiste à une évolution des mœurs qui structuraient la vie familiale ou des couples.

Il faut par contre souligner que la plupart des femmes, surtout en ville, s'émancipent par la scolarisation. À cet égard, deux faits sont remarquables :

Premièrement, la « bureaugamie », en jargon zaïrois « deuxième bureau », devient la règle et on essaie de la légitimer sur le plan juridique. La femme semble jouer un rôle actif. Lorsqu'un homme prend une femme en mariage, ce choix dissimule son désir de tirer profit de l'appartenance ethnique de celle-ci ou de son niveau d'instruction pour accéder lui-même à des avantages politiques et économiques. Ce rôle semble être bien accepté par la femme qui, à son tour, l'utilise comme un moyen à la fois d'appropriation de l'homme et de capitalisation des ressources qu'elle peut faire circuler dans son propre réseau familial.

Deuxièmement, la femme s'est accommodée de cette situation devenue le prototype de la réussite et ce, au point d'en venir à souhaiter l'obésité parce qu'elle est synonyme de bonne alimentation, de bonne santé et de bonnes conditions de vie.

---

2. Cette expression trouve son origine dans une des quatre langues nationales, en dehors du français. Le lingala est une langue également utilisée dans la musique zaïroise moderne.

LA CRISE POLITIQUE ET ÉCONOMIQUE, ET LE RENFORCEMENT OU L'ÉMERGENCE DU POUVOIR DE LA FEMME (LA NOUVELLE FEMME)

Le modèle du cadre de vie familiale que nous qualifions d'ostentatoire semble avoir connu son apogée vers la fin des années 1980 et a, par la suite, connu un effritement qui a conduit à son écroulement. Deux raisons peuvent expliquer l'écroulement de celui-ci : d'une part, la crise économique des années 1980 et d'autre part, la crise politique qui a provoqué le mouvement pour la démocratisation politique du pays vers le début des années 1990.

Cette dernière crise a eu de graves conséquences, spécialement l'effondrement de l'administration publique, des entreprises parastatales et des organes politiques. Dès lors, le langage des hommes a changé : on parle davantage de crise de « Piaka, Moyen Ya Kobeta libanga ezali té », exprimant par là la difficulté de trouver de l'argent ; on assiste ainsi à la disparition graduelle du modèle ostentatoire.

Comme d'habitude, l'écroulement d'un modèle fait des victimes. Les premières à être frappées sont les deuxième et troisième bureaux abandonnés et délogés ; d'un jour à l'autre, ceux-ci se sont retrouvés dépouillés. À Kinshasa, les femmes murmurent avec satisfaction que la crise a remis plusieurs maris à la discipline conjugale. Le chômage bat son plein par la paralysie de la machine politico-administrative. Cette situation de crise a des conséquences évidentes sur la famille. La famille est de plus en plus soumise aux aléas de la vie. Elle n'arrive plus à subvenir aux besoins alimentaires, de logement, de santé et d'éducation de ses membres. La difficulté de survie de la famille est devenue la problématique constante du temps, surtout dans les villes où le revenu du ménage dépendait du fonctionnement de l'administration publique ou parastatale.

Le point qui m'intéresse davantage est l'observation du comportement de la femme face à la situation de crise. De fait, la femme est à l'honneur et on peut presque dire que l'on assiste à « la rentrée de la femme ». Je constate en observant la nouvelle femme face à la crise, une tendance à la récupération ou à l'appropriation de son individualité, et à une prise accrue d'initiatives, notamment dans la recherche des réponses aux aléas auxquels la famille est soumise : ce que l'on peut appeler « la gestion de l'imprévisible ». Ainsi la voit-on participer davantage aux activités du secteur économique, en particulier au commerce de produits vivriers ; elles contrôlent environ 80 % des affaires reliées au commerce extrafrontalier et aux échanges monétaires parallèles.

Ainsi, on peut avancer que le commerce place actuellement la femme au centre des activités économiques du pays et de certains ménages. Quelques exemples m'aideront à l'illustrer :

– sur le plan politique (transition démocratique), le « boycott économique » décrété par les partis d'opposition favorise la plupart du temps la participation des femmes ; celles-ci soutiennent de plus en plus le processus de changement. Cela peut aller d'une simple majoration des prix à une circulation clandestine des marchandises dans les réseaux qu'elles contrôlent.

– sur le plan familial (ménage), l'influence de la femme devient de plus en plus grande dans la prise de nombreuses décisions du ménage ; les hommes lui concèdent, avec une complicité tacite, le partage de leur pouvoir. Il est devenu courant à Kinshasa, lorsque le problème financier se pose, d'entendre les hommes dire à ceux ou celles qui sollicitent une aide pécuniaire de leur part : *Nezela l'heure Maman akoya = Attendez que la maman rentre,* ou encore, *Basi Babuka Biso mikua = Les femmes nous ont damé le pion!* Alors qu'avant, les solutions à ces problèmes se résolvaient aux « bureaux ». Par exemple : *Landa ngai na bureau = Suivez-moi au bureau.*

Toutes les initiatives féministes et les discours des hommes s'avèrent émancipateurs et introduisent une évolution relative des rapports de force au sein de la famille. Sociologiquement, il me semble que le paradigme de l'individualisme méthodologique de Boudon qui consiste à expliquer le changement social par les comportements des individus serait intéressant ici pour illustrer l'évolution des mœurs de la famille zaïroise. Ce que souligne Boudon (1977, p. 4) :

> Je précise en outre, car ce point paraît avoir donné lieu à bien des malentendus, que je défends ici un individualisme du type non pas atomique mais structurel. Les systèmes sociaux ont une structure. Cette structure fixe (de manière plus ou moins claire et définitive selon les cas) les contraintes sans lesquelles les individus agissent (...).

Le mot essentiel à retenir ici est *contrainte*. En situation de crise, dans la conception de Boudon, on peut rendre compte du comportement d'un individu par les objectifs qu'il poursuit. En effet, les initiatives des femmes (produire et aller vendre des produits vivriers, créer des réseaux économiques parallèles et effectuer le change de la monnaie) sont autant de comportements individuels émancipateurs, qui améliorent leur position dans le couple, aussi longtemps qu'elles peuvent trouver une solution aux aléas auxquels est soumise la famille.

Les constatations, pouvant être interprétées comme la manifestation de faits banals, semblent montrer une recherche d'équilibre dans les rapports de force à l'intérieur du couple où l'homme en échangeant (intentionnellement ou non) une parcelle de son pouvoir, concéderait un certain renforcement du pouvoir de sa conjointe.

Quelle conclusion peut-on tirer de ces propos ? S'agit-il d'une situation de transaction où les femmes négocieront leur initiative de gestion face à l'imprévisibilité des aléas qui peuvent frapper la famille contre le grignotage du pouvoir des hommes ?

BIBLIOGRAPHIE

BALANDIER, G. (1957). *Afrique ambiguë*, Paris, Plon, Collection 10-18.

BOUDON, R. (1977). *Effets pervers et ordre social*, Paris, PUF.

EVANS-PRITCHARD, E. E. (1971). *La femme dans les sociétés primitives et autres essais d'anthropologie sociale*, Paris, PUF.

CHAPITRE 14

LA GENÈSE DE L'INSCRIPTION DIFFÉRENCIÉE DES GENRES AU SÉNÉGAL

Gora Mbodj
Université de Saint-Louis
Sénégal

Les théories de la stratification sociale en Afrique ont essentiellement mis l'accent sur la délimitation des sociétés en castes, en ordres ou en classes sociales. Nulle part, on parle de stratification liée au sexe. Pourtant, en Afrique et notamment en milieu sénégalais, le masculin et le féminin déterminent la personne dans les statuts, les rôles et les fonctions de la vie sociale. En effet, les rôles sociaux en fonction des sexes sont clairement définis et la détermination des individus dans le tissu social commence dès les premiers moments de la vie sociale. Cette dernière se réalise en fonction des objectifs conduisant la femme au statut de *boroom neek* (responsable de la chambre) et l'homme à celui de *boroom kër* (responsable de la maison). Cette inscription différenciée s'élabore à partir d'un modèle de socialisation fondé sur le concept de l'intérieur qui propose une intelligence d'assimilation et sur celui de l'extérieur orienté vers une intelligence d'adaptabilité.

De la naissance à l'âge adulte, la socialisation traditionnelle de la jeune fille et celle du jeune garçon suivront cet itinéraire. Étudions-en les processus.

DE LA NAISSANCE À LA CLASSE LUDIQUE

Dès la naissance sociale (huit jours après la naissance biologique), des pratiques rituelles centrées sur le corps du bébé vont *sexionner* l'enfant pour le déterminer socialement en tant que femme ou homme. Il s'agit essentiellement du *damp* (massage) et du *feral* (sevrage).

Le massage

Le rite du massage est déterminé par le sexe du bébé.

Dans le cas de la petite fille, le type de massage qui lui est réservé vise à construire un corps harmonieux, malléable, souple, accueillant et gracieux. Ce corps doit être celui qui procure du plaisir quand on le regarde lors des rapports sexuels. C'est un corps omnisexuel.

La technique elle-même dure plus longtemps que celle du garçon. Elle se fait de haut en bas, et de la périphérie vers le centre comme si l'on cherchait à rassembler les masses musculaires au centre. De la tête aux pieds, tous les segments sont massés et étirés pour constituer l'ébauche d'une femme idéale définie par les critères suivants :

- trois rondeurs : la tête suffisamment grosse, les seins bien galbés et les fesses bien arrondies ;
- trois longueurs : le cou bien dégagé, la taille bien dessinée et les attaches minces et longues ;
- trois noirceurs : les cheveux noirs et abondants, les yeux grands et noirs et les gencives et les lèvres noires ;
- trois blancheurs : le blanc de l'oeil pur, les dents blanches et la vie intérieure sans tache.

Ainsi, le cou est étiré, et la poitrine fortement massée des côtes vers le sternum. *La poitrine d'une femme doit être mince et les seins bien développés*, nous confie une vieille femme interrogée à ce sujet. Le dos ainsi que le ventre sont ramenés à l'axe vertébral pour permettre une bonne et abondante fécondité future. Les fesses sont travaillées comme si on voulait regrouper et tasser les masses musculaires autour du centre, ce qui a pour effet de rendre plus tard les fesses *bien arrondies, saillantes et pas nécessairement volumineuses*. La ceinture pelvienne (*ndigg*) est construite pour être mince, permettant en cela d'apprécier la ligne de rupture entre cette dernière et la forme arrondie des fesses.

Par ailleurs, pour ce qui est du petit garçon, le rite de massage est conçu de manière à élaborer une personne de labeur, de puissance, de force, de même qu'une personne responsable et protectrice. Il faut alors «fabriquer» un corps musclé, une personnalité de résistance et d'endurance physiques.

Le massage se fait de haut en bas mais du centre à la périphérie comme si on voulait répartir les forces musculaires à travers tout le corps. Aussi insistera-t-on sur les bras (biceps et triceps), la poitrine pour l'élargir afin de donner au futur jeune homme de larges épaules, de même que de puissants et saillants pectoraux. Le pénis lui-même est étiré, et les premières tentatives de séparation du gland et du prépuce débutent pour préparer déjà la circoncision. Les jambes et les pieds sont massés et l'on met l'accent sur les mollets et les cuisses.

En fait, le massage prépare le jeune garçon à endosser des rôles et à remplir des devoirs pour atteindre le type d'homme souhaité par la société, à savoir :

- apporter la nourriture quotidienne (*njël*) ;
- assurer l'habillement et la protection vestimentaire (*koddaay*) ;
- construire un lieu de résidence (*kër*) ;
- garantir la protection sociale (*aar*).

Pratiqué de cette façon, le massage fortifie le corps pour préparer le garçon à défendre aussi bien sa famille, son clan, que son groupe social, des agressions éventuelles et des fléaux naturels. Le garçon développe aussi l'endurance pour garantir quotidiennement et permanemment la nourriture, l'habillement, le logement, la protection, etc.

Voué à la recherche de moyens de subsistance et de résistance pour la famille, l'homme en devenir doit être préparé à explorer l'extérieur, à surmonter les difficultés, à être prompt dans la résolution des problèmes posés par l'environnement. Pour ces raisons, le temps de massage consacré au garçon sera plus court que celui de la jeune fille, les périodes de socialisation qui vont suivre seront essentiellement des pratiques ludocorporelles de force orientées vers l'extérieur, de même le massage du petit garçon accordera peu d'importance à la beauté physique puisqu'*un homme vilain, ça n'existe pas ; seul un homme sans pouvoir (économique, politique, physique) est vilain* dit le proverbe wolof.

Étant donné que la jeune fille est promise à la patience, à la tolérance, à la discipline et à la vaillance dans ses actes, le massage féminin projette de faire de celle-ci une personne disciplinée et modelée pour avoir :

– des pas courts : cala signifie qu'elle ne peut sortir de la maison que pour des raisons expressément justifiées après autorisation du tuteur (père, frère, mari);

– une langue courte : elle doit éviter des discussions, des affrontements verbaux inutiles, surtout avec son tuteur;

– un regard court : elle doit éviter de trop creuser le fond des choses, des mots;

– des envies courtes : elle doit se contenter de ce qu'elle est et de ce qu'elle a.

Les pratiques du massage balisent déjà un espace différencié de socialité structuré et façonné par une personnalisation et une socialisation de l'intérieur (pour la femme) et de l'extérieur (pour l'homme). Ce processus de différenciation ira en s'accentuant pendant les rites de sevrage, et s'enrichira pendant le temps qui séparera le jour du sevrage et l'entrée de l'enfant dans la classe ludique.

Le perlit et le début de l'âge ludique

Même le sevrage suit le processus de différenciation des sexes. Pour le garçon, il survient entre 12 et 18 mois après la naissance et pour la fille, entre 18 et 24 mois ; cette période de sevrage est donc prolongée de six mois pour la petite fille.

Selon les Sénégalais, en sevrant le garçon plus tôt, on lui permet de construire un espace corporel personnel plus large, ce qui ouvre des perspectives de découverte et de grands voyages (personne à *pas longs*). Concernant la jeune fille, un temps d'allaitement plus long, attendrit son coeur, la prépare et l'habitue à rester plus longtemps près de sa mère (à l'intérieur de la maison), et donc, à sortir très peu de chez elle. Ce type de sevrage lui prescrit déjà des conduites de *pas courts*.

Mais le sevrage, quel que soit le sexe, marque un temps de séparation, un moment de rupture occasionnant des conflits parfois difficilement surmontables pour l'enfant sevré. L'enfant se détache peu à peu du cercle restreint des femmes de la concession pour joindre celui des aînées ou des aînés de même sexe.

Aller dans le cercle des aînées ou des aînés, c'est les accompagner dans les commissions. Cette forme de socialisation permet à l'enfant de 4-6 ans de découvrir un espace différent de celui de sa concession, de développer sa motricité et de passer d'un processus d'*objectivation* (pendant lequel, même pleinement accepté comme partenaire et acteur social, il n'a pas les moyens de se considérer comme tel) au processus de *subjectivation* (c'est-à-dire, l'élaboration de sa personne en tant que sujet, en tant qu'acteur). Cette forme de socialisation marque également la naissance de la classe ludique.

Toutefois, qu'en est-il sur le plan des genres ? Là aussi, l'espace fonctionnel est sexuellement déterminé. En effet, l'espace *fonctionnel féminin* part de l'*intérieur* et se structure par rapport aux conduites, aux fonctions et statuts liés aux pratiques qui se font à l'*intérieur de la maison*. De son côté, l'espace *fonctionnel masculin* s'oriente vers l'*extérieur* et façonne ses activités en fonction des statuts et rôles conformes à celles qui caractérisent les tâches effectuées à l'*extérieur de la concession*.

La fonction de la femme est de contribuer à l'*organisation interne* du foyer. Quant à l'homme, il représente l'*élément du dehors* introduit dans la concession pour son équilibre global.

La jeune fille à cet âge sera éduquée en fonction de ce statut. Elle accompagnera la grande soeur pour chercher du bois mort, pour puiser, pour faire des commissions pour la cuisine ou pour aller laver le linge sale. Toutes ces pratiques à distances déterminées et limitées, s'inscrivent dans la personnalité de la jeune fille. L'apprentissage (pour ne pas dire l'inculcation) des conduites est le résultat d'un long processus de répétition (devenue presqu'une *ritualisation*) qui aboutit finalement à une *socialisation* fondée sur l'assimilation comme outil de résolution des problèmes.

Pour le garçon, l'espace fonctionnel est un espace *hors-logis ludivé*. Lorsque le jeune cadet accompagne son aîné au champ, dans la brousse, ou à la place du village, ou encore lorsqu'il découvre un autre univers, c'est pour que se développe son esprit de curiosité, de questionnement, d'initiative pour la résolution des problèmes qui se posent à lui dans un monde inconnu.

L'ÂGE LUDIQUE ET LA PRÉPARATION DE L'INITIATION

C'est surtout pendant l'*âge ludique* que se façonnent les espaces différenciés entre les sexes. La société wolof, en effet, construit des espaces ludiques dans lesquels des dissemblances notables existent entre la jeune fille et le jeune garçon.

L'âge ludique et la socialisation des genres

À la fille sont destinés les jeux de l'intérieur, tandis que l'on réserve au garçon l'affrontement musculaire à l'extérieur.

Les garçons ont accès à une *arène ludique* garnie de jeux d'adresse et où se dérouleront des compétitions tant individuelles que de groupe. L'ensemble des pratiques est d'orientation *ludomotrice*. Ce sont, en effet, des jeux physiques au cours desquels la motricité est mise à contribution. Nous en présentons quelques-uns :

- *Xol* (le cœur) permet une coordination motrice collective axée sur la maîtrise de la peur (il faut s'affronter dans une mêlée et tous les coups sont permis), de la souffrance (il faut résister aux coups et les supporter sans fuir) ;
- *Xalaa ma ndir* (onomatopée accompagnant le jeu de traction entre deux équipes) développe la résistance musculaire ;
- *bëre* (la lutte) permet une opposition individuelle, développe la stratégie d'affrontement, la force mais aussi la bravoure et la virtuosité.

Pour les jeunes filles, l'espace ludique, essentiellement interne, est occupé par des pratiques tournées vers l'expressivité du corps, la rythmicité et l'élégance des gestes. Au langage sociomoteur et psychomoteur d'affrontement, se substituent les douces mélodies des comptines et des chants cadencés par le battement des mains des filles. L'espace de socialisation se confond avec les cercles de danses. Le *je danse, je suis* de L.S. Senghor correspond bien à une réalité en milieu sénégalais où les sociétés impriment à la fille, depuis la naissance, le *rythme dans le sang*. Les activités quotidiennes d'aide au travail adulte achevées, les jeunes filles tiennent leur *réunion ludique dansante* à l'intérieur ou à l'entrée de la concession. La compétition ludo-frénétique se préoccupe surtout de la beauté dans les gestes, de la virtuosité dans les mouvements et de la grâce dans l'exécution des enchaînements ludo-corporels. Il faut préciser que ces danses ont toutes une connotation sexuelle et érotique. En voici deux dexmples :

– *taatu lawbe* (les fesses des bûcheronnes) et *ormbij* sont des suites d'enchaînements d'antéversion et de rétroversion du bassin entrecoupés de contorsions du bassin, côté droit d'une part, côté gauche de l'autre, avec blocage au centre. Cette dernière danse est accompagnée d'une comptine (*ormbij, orambij, maggat du sëy*: contorsion dans un sens et dans l'autre, une vieille femme ne fait pas l'amour). Elle apprend aux petites danseuses à bien manier leur bassin pour de futures relations sexuelles. Elle les informe qu'une vieille femme ne peut plus faire l'amour, car elle ne sait plus se servir de ses reins.

– *taatu sengg* (sous les arbres) ou *sa Yande* (prénom d'une femme) invitent les filles à garder intacte leur virginité en leur conseillant d'éviter de s'isoler avec les garçons, la nuit, sous les arbres, car (continue la chanson) *que pourraient-elles dire à leur mère, si elles étaient piquées par une pointe* [c'est à dire enceintes], *à part que c'est le destin.*

À l'entrée de la classe ludique, se dessine une socialisation élaborant deux modes de corporéité différenciée par les sexes, soit :

– aux garçons, on demande de développer une corporéité fondée sur la musculature, la force, l'énergie et la résistance corporelle. Il s'agit d'une *corporéité d'exercice* que l'on rencontre dans les professions à mouvements globaux, engageant un tonus et des masses musculaires importants. Pour ce type de corporéité, la précision, la grâce et la délicatesse dans l'action ne sont qu'accessoires ;

– quant aux filles, on les destine à une corporéité basée sur l'expressivité, sur l'endurance et la plasticité du corps. Il s'agit d'une *corporéité d'apparence, de paraître* (pour ne pas dire de *parure*), élaborée pour faire plaisir et ce, par le biais des gestes, des paroles, et même des objets réalisés. On l'observe dans les professions marquées par l'esprit de précision, de délicatesse dans l'exécution et la réalisation des tâches sollicitant une faible quantité d'énergie et de force physique, mettant en action des masses musculaires moindres.

Cependant, avec l'apparition des organes sexuels secondaires, les jeux *de démonstration musculaire* du jeune garçon et ceux *de grâce et de virtuosité* de la jeune fille se transforment en jeux sexuels permettant la constitution de *couples hétérosexuels* lors des *réunions ludiques.*

L'espace ludique non sexué des âges 6-11 ans devient alors le lieu d'intimité qui ouvre les portes de l'initiation. Le petit fiancé (*far*) et la petite fiancée (*coro*) constituent les éléments moteurs de la socialisation. Ainsi, le garçon ne luttera-t-il plus pour lui-même, pour exhiber sa force, mais pour faire plaisir aux filles qu'il veut charmer ; la jeune fille, dans ses danses, ses chants, cherchera à attirer l'attention de son petit fiancé et de ses co-ludomoteurs.

L'espace ludique consolide cette socialisation différenciée, et à l'entrée de l'initiation, émergent des conduites et des comportements sociaux nouveaux qui marqueront la *féminisation* et la *masculinisation* des statuts et des rôles aboutissant à un mode d'inscription différenciée des genres à l'âge adulte.

À la porte de l'initiation

Au moment où se prépare l'initiation (vers 14 ans), la construction tant de la femme que de l'homme doit produire des individus sans équivoque sur le plan des statuts, des fonctions et des rôles sociaux. Cette univocité se matérialise d'abord sur le plan de l'apparence corporelle, ensuite sur le plan des attitudes et comportements sociaux.

En fait, c'est surtout l'élaboration de la féminité qui nécessite une attention particulière. Par exemple, on demandera à la jeune fille de laisser pousser ses cheveux *(sëxëlu)* et on mettra l'accent sur l'acquisition de la beauté comportementale et de la grâce (*taar*). C'est pour cette raison que :

– l'on s'intéresse à la voix : celle de la femme idéale doit pouvoir assouplir des décisions irrévocables, apaiser la colère, calmer et consoler l'enfant qui pleure ou quelqu'un qui souffre :

– l'on insiste sur le regard et l'activité des yeux : savoir manipuler ses yeux (*lamsal*), faire jouer ses paupière et ses cils de façon à retenir l'attention de l'interlocuteur ;

– l'on met l'accent sur la cavité buccale : les dents bien soignées doivent rester toujours blanches grâce à l'utilisation systématique des cure-dents (*soccu*). Les gencives ont été noircies par le tatouage. Les sourires et les rires font l'objet d'une éducation particulière. La femme idéale doit éviter de rire aux éclats ou de laisser grande ouverte sa bouche : *Juste ce qu'il faut pour faire voir ses dents blanches bien rangées, contrastant avec ses gencives noires* ;

– l'on agit sur les oreilles : à la naissance, les oreilles sont percées pour y fixer de minuscules boucles. D'autres seront placées autour des oreilles pour embellir l'expression du visage ;

– l'on tresse les cheveux : les cheveux noirs, abondants et luisants grâce à l'utilisation de produits permettant le développement rapide du cuir chevelu, sont tressés et tortillés, ce qui donne à la jeune fille une apparence de femme;

– l'on fait attention à la souplesse de la démarche : les pas bien agencés, le corps droit et les hanches en relief ; même si elle est pressée, la femme doit s'imposer une démarche gracieuse et souple ;

– les vêtements à but esthétique et les parures à finalité érotique : au vêtement, objet de protection du corps, se substitue celui dont le but est de plaire, de se laisser regarder. On enseigne à la fille les différents types de parfumeries (encens par fumigation (*curaay*), produits parfumants autour de la ceinture (*goongo*), tout en lui expliquant leur utilisation. On l'autorise à parfumer ses reins de ces produits et à les orner de perles multicolores dont le doux cliquetis, occasionné par les déhanchements cadencés, force les hommes à imaginer et à prévoir déjà les contours fessiers, point de désir et de canon de beauté en milieu sénégalais.

L'acquisition du *taar* (la grâce *corporéique*) est associée à une formation poussée axée sur le travail domestique féminin. À la porte de l'initiation, l'éducation de la jeune fille est alors dirigée par des femmes adultes ès qualité de la concession.

À mesure que la jeune fille maîtrise l'art de la préparation des repas, l'adulte (la mère, la tante, etc.) lui laisse la responsabilité de la confection des menus. De plus, elle en vient à connaître et à planifier de façon plus précise les rations alimentaires de la concession. Certaines techniques culinaires nouvelles sont apprises, notamment la préparation du couscous sénégalais (*moon,araw*).

En outre, l'apparition des premières règles permet une éducation sexuelle centrée sur la génitalité, la nuptialité et la propreté de la région sexuelle.

De même, la spécialisation en fonction des castes se précise. Pour les filles des castes à spécialisation professionnelle (griots, bijoutiers, laudateurs, forgerons, cordonniers, etc.), on accélère l'inculcation des techniques de leurs groupes.

Concernant le garçon, il s'agit de bâtir un homme fort et sage, capable de protéger la famille et le clan ; un homme sans peur, capable d'apporter la nourriture quotidienne. Aussi, à la place du corps de plaisir, on élabore un corps de travail qui sollicite une forte musculature et beaucoup d'énergie. Les jeux de groupe fréquents à l'âge ludique se transforment en *jeux d'opposition interindividuelle* vers l'*âge initiatique*. Dans ces jeux, la résistance, la force, le courage et parfois la cruauté, sont souverains. Certaines activités, à cet âge, perdent progressivement leur caractère ludique pour devenir des jeux à utilité domestique. Les garçons apportent leur contribution au fonctionnement de la concession en aidant les adultes dans les tâches quotidiennes d'homme. L'information et, ensuite, la formation intensive se développent dans les professions liées aux castes et ordres. Mais la construction définitive de la *masculinité* s'observe réellement pendant le *temps de l'initiation* au terme duquel le garçon *brûle son enfance* pour endosser les statuts et les rôles de l'homme total, intégré dans la société.

L'INITIATION ET L'INSCRIPTION DÉFINITIVE DES GENRES DANS LE TISSU SOCIAL

Il s'agit là de l'initiation que les anthropologues qualifient de *tribale* et que nous appelons *initiation fondamentale.* Celle-ci représente pour l'individu un processus destiné à réaliser psychologiquement le passage d'un état qualifié d'inférieur (enfantin) à un état supérieur (adulte). Il s'agit, en fait, d'une mort symbolique dans laquelle le néophyte perd ses statuts (*il brûle son enfance*), suivie d'une *re-naissance symbolique* par laquelle il acquiert de nouveaux statuts. Il devient adulte.

Nous savons que cette initiation se réalise en trois temps :

– un *temps de séparation* pendant lequel le néophyte est séparé du groupe familial. Ce temps est rarement observé dans l'initiation féminine ;

– un *temps de mise à l'écart ou de marge* est inexistant pour la fille, mais capital pour le garçon. C'est un dur moment de brimade où le garçon doit faire preuve de courage, de tolérance vis-à-vis des initiateurs, un moment d'éducation et de passage à l'âge adulte ;

– un *temps de réintégration ou d'agrégation* au cours duquel le néophyte guéri «*des choses de l'enfance*», bien instruit, réintègre la société avec de nouveaux rôles et statuts, cette fois-ci, adultes.

Somme toute, nous pouvons avancer qu'initier les jeunes, c'est leur faire acquérir des connaissances et des savoirs du monde adulte différencié et stratifié en fonction des sexes.

Toutefois, la littérature anthropologique met surtout l'accent sur les rites initiatiques et les pratiques mutilatoires qui les structurent. Il en résulte que la socialisation des jeunes est parfois mise au second plan. Cette réflexion ne se centre pas sur les rites.

Cependant, quel que soit le groupe social, l'initiation est d'abord la *séparation* et l'*univocité des genres*. Cette séparation a des effets sur :

– la *sexualité* et la *corporéité* : il s'agira alors d'enlever ce qui est *masculin* dans la femme (le clitoris) et ce qui est féminin chez l'homme (le prépuce). La clitoridectomie et la circoncision ont numineusement pour fonction d'abord la différenciation des sexes, ensuite l'élaboration d'un corps et d'une apparence féminine (démarche, attitudes, comportements vestimentaires, etc.) différents de ceux de l'homme ;

– les *statuts,* les *fonctions* et les *rôles* : il faut distinguer les rôles domestiques de l'intérieur affectés aux femmes de ceux de l'extérieur réservés aux hommes. L'élément que l'homme ou la femme apportent dans leur contribution à l'équilibre social part du positionnement que le groupe social a voulu bien leur accorder. Et ils le mettent en acte par des conduites apprises, entretenues, parfois protégées, tout le long de leur socialisation.

Aussi, en ce qui a trait aux rôles et aux fonctions, n'est-il pas étonnant que l'inscription des hommes et des femmes dans le tissu social soit différenciée et hiérarchisée.

La sexualité

La séparation des genres semble être l'objectif principal de l'initiation. Elle consiste en une mutation des comportements et des conduites du néophyte vers ceux de l'adulte. À ce propos, seule l'élaboration de la masculinité mérite une attention particulière puisque la féminisation des statuts et des rôles se réalise essentiellement à la fin de la classe ludique en milieu sénégalais.

Ainsi, dans l'*enclos*, lors de la période de séparation, les néophytes sont invités à rompre avec les activités, les modes de pensée et les comportements d'enfants. Les adultes initiateurs, loin du regard des non-initiés et des femmes, leur enseignent des pratiques d'adultes et leur inculquent des conduites d'homme responsable.

Lors des activités de chants initiatiques, on dévoile aux garçons les secrets de l'amour, les qualités d'une bonne épouse et d'un bon mari, lequel est responsable de la concession. Ainsi, *Amee rafet* (*qu'Amy est belle!*), *Janx ak caga (lorsqu'une jeune fille et une femme divorcée se présentent pour le choix d'un conjoint), damma sa loxo (lorsque je lui tords le bras)* racontent des séances de pratiques sexuelles, les qualités d'une bonne épouse, et excitent la curiosité encore vive de ces néophytes en quête de permanent savoir.

Les danses mêmes des initiés, lors des veillées, ont des connotations sexuelles. Différentes des jeux d'affrontement ou de lutte qui font montre de force et de puissance, les danses chantées dans l'*enclos* sont des invitations érotiques, des déclarations d'amour différé.

Les rôles et les statuts

L'initiation peut se donner pour finalité l'achèvement de l'inscription des genres dans les statuts et les rôles que leur assigne la société.

En fait, dans la *case de l'homme*, l'information centrée sur les conduites s'accompagne d'une distribution des statuts et des rôles masculins. Le statut de l'homme (que le néophyte va endosser) est celui du responsable de la famille et de la concession, du garant de la sécurité et de la protection de ses membres.

À ce statut correspondent des rôles qui sont, en réalité, des statuts dynamisés et socialisés. Ainsi :

– au statut de responsable de la concession, correspondent les rôles de *direction*, de *domination* et de *pouvoir* ;

– au statut de garant de la sécurité, l'homme se voit investi des rôles de *défenseur de la famille*, de *travailleur à la recherche du pain quotidien familial*. Il justifie ses voyages et ses sorties *(ses pas longs)* par le fait que la société lui impose de nourrir, de vêtir, de soigner et de protéger les membres de la concession.

Ce faisant, il s'arroge le droit d'exercer un travail rémunéré et confie (pour ne pas dire impose) le travail domestique à la femme. À celle-ci, précisément, on demande d'endosser le statut d'*assistée,* d'actrice de second plan, prolongeant et finissant le travail de l'homme. En effet, éduquée et socialisée pour agir à partir d'une corporéité de précision, de finition à faible énergie musculaire, elle se voit obligée par la société de se cantonner à des travaux domestiques d'intérieur (nettoyage de la maison, de la vaisselle, blanchissage du linge, transformation des denrées alimentaires en produits consommables et préparation des repas).

Conditionnée depuis la naissance à discipliner ses conduites en vue à la fois de plaire et de réduire les tensions psychologiques, la femme sera proposée pour calmer l'enfant qui pleure, pour éduquer les jeunes et conseiller le mari qui se trompe. L'éducation totale de la famille lui sera confiée. Dès lors, nul besoin pour elle de sortir sans raison de la maison. Des voyages sans motif sont décommandés. Le travail de la femme, tel que structuré par cette *socialisation*, se limite donc au *travail à l'intérieur de la maison.*

Le travail de l'homme s'exerce à l'*extérieur de la maison.* Il comprend des métiers qui nécessitent une spécialisation plus ou moins poussée et une rétribution plus ou moins importante en fonction du travail. Celui de la femme, au contraire, demande et nécessite la répétition d'activités et de pratiques entretenues depuis l'aube des temps par le groupe social féminin, et la jeune femme les reprend et les répète incessamment de façon rituelle.

Bref, nous pouvons observer qu'à la *spécialisation* des pratiques pour l'homme, correspond une sorte de *ritualisation* des conduites pour la femme.

En fait, dans la détermination de la différenciation des genres, l'opposition ne se trouve pas réellement entre *spécialisation* et *ritualisation.* Beaucoup de professions d'hommes demandent de longues séances de répétition et d'assimilation, et la ritualisation elle-même ne s'oppose pas à la professionnalisation. La différence réside dans le fait que l'homme, même castré, peut choisir un métier, une profession, se perfectionner, recevoir une qualification et la négocier en vue d'une rémunération. Il lui est loisible de se réorienter si sa première profession ne lui donne pas satisfaction. La femme ne peut faire ce choix parce que coincée par les rôles qu'elle endosse. Le travail domestique, en excluant la rémunération et la qualification, n'accorde aucune possibilité de réorientation et de spécialisation pour la femme.

Au terme de cette approche sociogénétique, nous pouvons avancer quelques données:

– de la naissance à l'âge adulte, les sociétés sénégalaises adoptent une *soc*

– celle-ci élabore une corporéité, des statuts, et des rôles sociaux différenciés et stratifiés ;

– cette socialisation structure deux modes d'*intelligibilité de l'espace social :* une intelligibilité d'assimilation pour les femmes, tournée vers les tâches de l'intérieur (du dedans), reproduisant rituellement l'ethos et l'ethnos du travail domestique non rémunéré et sollicitant aucune qualification, aucune réorientation ; une intelligibilité d'adaptabilité pour les hommes, orientée vers les pratiques de l'extérieur (du dehors) offrant la possibilité d'un travail rémunéré, permettant une spécialisation et une qualification ;

– tous les stades de socialisation suivent le principe de la *différenciation* et de la *stratification sexistes* ;

– à la fin de l'initiation, les rôles sociaux sont inculqués de telle sorte que : la femme retrouve le travail domestique du dedans non rémunéré formellement qui lui confie le statut de partenaire seconde subissant l'autorité et recevant l'autorisation ; l'homme hérite du travail du dehors payé, formellement, ce qui lui attribue le statut de partenaire chef de la famille, gérant l'autorité et donnant l'autorisation ;

– au moment du mariage, qui marque l'entrée effective des personnes dans l'âge adulte, les statuts sont intégrés et exercés au niveau des deux sexes : la femme devenant responsable du dedans (*boroom neek*), gérant l'éducation des enfants et de la famille en général ; l'homme devenant responsable du dehors, assurant la fonction des relations extérieures (*boroom kër*), tuteur des membres de la concession.

CINQUIÈME PARTIE

LA GESTION INTERCULTURELLE DES ENTREPRISES

CHAPITRE 15

APPRENTISSAGE DE L'AUTORITÉ ET DU POUVOIR EN AFRIQUE : APPLICATIONS POUR UNE NOUVELLE MODERNITÉ

Simon T. Mukuna
Université libre de Bruxelles

Ce texte comporte trois points importants que nous désirons exprimer sous forme de trois questions :

– Comment résumer la problématique générale (*culture, démocratie, développement*) à travers le sous-titre *gestion interculturelle de l'entreprise* ?

– Quelle option générale proposer pour essayer de répondre à certaines questions que nous nous posons ?

– Comment s'y prendre, en tant qu'Africain acculturé, pour traiter un thème à partir de notre discipline ?

PREMIÈRE QUESTION

Le problème de l'application des méthodes de gestion des entreprises occidentales aux entreprises africaines pose à nouveau la problématique générale concernant l'état actuel de la situation de la culture africaine face aux apports des autres cultures. Et si cette autre culture est la culture occidentale, la problématique qu'elle engendre oppose au moins trois camps (Boon et Kasongo, 1992, p. 87).

Le premier, dont nous acculturés, de même que sans doute la grande majorité de l'élite africaine, avons tous fait partie, continue à défendre l'option orthopédique de l'assimilation. Ses partisans critiquent la gestion des managers africains. Ils vantent par soutenir la thèse selon laquelle la gestion rigoureuse des entreprises passe par la mise en oeuvre des techniques rationnelles de gestion à l'européenne.

Toutefois, quand on observe attentivement l'environnement africain auquel il faudrait appliquer les concepts de management occidental, d'évidence certaines caractéristiques s'imposent à nous tous :

– Les Africains donnent l'impression de croire volontiers au principe selon lequel les forces surnaturelles sont supérieures et plus fortes que la planification des hommes.

– La notion de groupe prime sur celle de l'individu. Ainsi la gestion de la famille, du clan, des entreprises, et même celle de la nation, est fortement influencée par cette valeur socioculturelle. Et c'est aussi pourquoi la préoccupation pour le maintien des liens sur les plans relationnel et social est davantage plus investie émotionnellement que ne l'est l'obsession maîtrisée de l'accumulation des biens matériels. Il faut se rappeler que c'est par l'entente et l'harmonie avec les siens d'abord, et les autres ensuite, que l'on se prépare pour aller conquérir le monde.

– Dans les situations difficiles, les responsables de l'entreprise auront tendance à privilégier la primauté des intérêts de la famille, du clan, de leurs différents groupes d'appartenance, plutôt que les intérêts généraux de l'organisation.

– Toute opinion individuelle qui aurait l'air de viser la mise en cause publique de la cohésion sociale et de promouvoir la valorisation personnelle est généralement combattue.

– Le pouvoir n'est pas toujours acquis à force de compétence technologique. Il est souvent lié au facteur d'appartenance à un groupe bien déterminé, lequel facteur joue un rôle important dans la valorisation personnelle, parfois en lieu et place de l'expertise professionnelle évaluée en fonction de critères techniques.

– La délégation du pouvoir est plutôt rare, et les décisions semblent être prises sans consultation des couches subalternes. Par conséquent, la sensibilisation, la mobilisation et la participation de tous les membres de l'entreprise ne sont pas encore vécues comme des facteurs importants du succès d'une organisation.

– Quant au profit, un proverbe dit : « la richesse est comme un saignement du nez, on ne sait pas pourquoi ça commence, on ne sait pas pourquoi ça s'arrête ». Ceci explique peut-être pourquoi la distinction est faite entre « l'argent chaud » qu'on préfère se partager par rapport à « l'argent » dit « froid » qu'on pourrait réserver à l'épargne et à l'investissement.

Le deuxième camp est celui de l'option de la spécificité monoculturelle. Ses partisans justifient leur option en affirmant que l'art de gérer est pratiqué par des femmes et des hommes qui sont les ressortissants d'une culture. Cette dernière privilégie des valeurs, des objectifs et certains modes opératoires qu'elle hiérarchise d'une façon différente. Certains, parmi les défenseurs de cette thèse, disent que les entreprises du secteur dit « informel » ou populaire représentent le meilleur symbole d'une pratique de management à l'africaine.

Dans ce secteur, les entrepreneurs se conforment au système de valeurs qui les entoure. Les valeurs, qui président à leur gestion, correspondent aux normes concernant le fonctionnement de la personne, de la famille et du chef. Ces entrepreneurs obéissent, à leur façon, aux impératifs du temps liés aux échéances, aux relations, à la confiance, à la communication et à l'organisation générale des activités. Le succès de ce modèle serait dû au fait qu'ils intègrent les valeurs prônées dans leur milieu. Le fonctionnement du groupe et ses différents modes de capitalisation sont contrôlables par tous les membres du groupe. Cette combinaison de toutes ces logiques socioculturelles résout les difficultés classiques de méfiance, de manque d'épargne et d'investissement. Il faut ajouter que ce type d'activités ne concerne que les entreprises de petite taille. Mais les défenseurs de cette thèse n'expliquent pas encore comment ce système pourra s'intégrer dans le processus de mondialisation qui est en cours.

Le troisième camp est composé de ceux qui sont convaincus aujourd'hui que la question fondamentale qu'il faut se poser n'est pas celle de l'existence d'un management à l'africaine, ni celle de la comparaison de ce management avec celui prôné par le modèle occidental, modèle qui pourrait être considéré, dans cette occurrence, comme le modèle référentiel ou universel.

En effet, les tenants de cette vision voudraient raisonner à partir d'un autre postulat qui est celui de la relativité de tout modèle culturel. Ils essaient, quand cela est possible, d'articuler l'analyse de leurs observations – celle des processus et des exigences éducatives des Africains et des Européens – avec les représentations collectives qui les sous-tendent. À leurs yeux, dans le domaine de la gestion des entreprises comme dans les autres domaines, aucune civilisation ne semble avoir un modèle universel à proposer aux ressortissants des autres sociétés qui soit capable de résoudre efficacement les problèmes que le quotidien leur pose. Nous avons tous cru, pour l'Afrique, qu'il suffisait d'opérer un transfert massif des méthodes et des technologies occidentales pour accoucher des nations et des institutions qui deviennent progressivement des doublures programmées de celles qu'on trouve en Occident. Après le bilan des tentatives des trente dernières années, aucun doute n'est permis, le résultat est fort décevant.

Plusieurs auteurs ont déjà stigmatisé cette vieille conception ethnocentrique du dialogue interculturel, de l'évolution de l'histoire, de la gestion technocratique des entreprises et des institutions. Mais rassurez-vous, nous ne nous étendrons pas sur ce vieux chapitre.

DEUXIÈME QUESTION

Nous aborderons maintenant l'option générale que nous proposons.

À ce propos, nous voudrions plutôt défendre une option mixte. Celle qui serait d'abord capable de prendre en considération les éléments de la culture africaine, tout en consolidant par cette dernière l'apport d'éléments provenant d'autres cultures. Pour autant que ceux-ci puissent enrichir l'ensemble de la tradition africaine et fonder, avec cette dernière, la nouvelle modernité qui serait compatible avec les valeurs de la nouvelle universalité.

Nous avons envie de crier bien fort avec Fottorino, Guillemin et Orsenna (1992) : commençons tous par prendre l'Afrique telle quelle, en l'observant sur le terrain. Ensuite, et ensuite seulement, aidons-la à dire ce quelle peut, et non ce qu'elle veut, à partir d'elle-même.

Faisons confiance aux femmes et aux hommes pour qu'ils réapprennent à se faire confiance.

Que ceux qui prônent l'assimilation pure et simple se rendent compte qu'elle ne pourra jamais réussir, parce qu'on ne pourra jamais doubler chaque Africaine ou chaque Africain d'une Occidentale ou d'un Occidental, avec un biberon rempli de culture européenne.

Quant aux partisans de l'africanité pure et dure, ils doivent aussi admettre qu'elle est bien molle notre Afrique, tant que nous sommes encore et toujours, avec notre main tendue vers l'Occident pour qu'il nous entretienne et qu'il résolve nos propres problèmes. N'oublions pas que la main qui reçoit est toujours plus basse que celle qui donne ! Demandons-nous aussi ce que nous pourrions donner à l'Occident qui se débat contre le fait de ne plus pouvoir contrôler le sens du progrès qu'il engendre.

Les Africains, comme les autres, ont leur façon d'entretenir une relation forte entre les objets, les hommes et le surnaturel. Ils attachent plus d'importance aux relations interpersonnelles et à l'accomplissement de certains actes sociaux, religieux et mystiques qu'à l'efficacité de l'acte individuel. Le prestige et la valeur économique d'une personne ne sont rien si elle ne peut partager ce qu'elle possède avec les siens et les autres proches qui lui veulent du bien.

La réussite, le bonheur et la santé ne sont pas seulement les fruits de ses efforts individuels parce qu'ils sont la résultante de l'harmonie entretenue entre les vivants, les morts et le monde des ancêtres. Qu'on se rappelle les analyses du docteur Fanon, peu importe où l'on se retrouve, cette réalité clinique s'impose à nous en période de crise psychologique grave, et surtout, quand tout Africain délire dans n'importe quelle structure psychiatrique dans le monde.

Les Africains sont capables d'investir sans trop d'angoisse le temps dit des activités de loisirs pour renforcer les liens qui tissent les relations sociales. Ils devraient d'ailleurs considérer cette faculté comme un bien précieux, à notre époque où l'on se demande, en Occident, comment remplir le temps hors travail qui nous est donné à vivre pleinement. Voilà un transfert culturel qui pourrait être rentable s'il était investi comme un produit commercialisable.

TROISIÈME QUESTION

Malgré la fascination de ce qui se passe dans nos villes, malgré l'adoption des valeurs occidentales par les scolarisés, les Africains ne peuvent ignorer que le sens profond de leur culture se trouve enfermé dans ce qui se vit au quotidien dans nos communautés villageoises et dans nos ventres. Nous pensons que c'est à partir de l'étude de nos traditions que nous découvrirons ce que nous pouvons offrir à l'universel. Aussi qu'on nous entende bien : il n'est pas question pour nous de proposer un retour à une conception d'une entreprise ou d'une Afrique « fétiche » fermée à la nouvelle modernité qui est à construire.

Abordons maintenant deux notions importantes qui déterminent, dans l'éducation traditionnelle africaine, la capacité d'être dans le monde et la relation à l'autre, de même que la capacité d'avoir ou de posséder. L'étude de ces deux notions nous permettra ensuite d'analyser les attitudes profondes des Africains par rapport, d'une part, aux notions d'autorité et de légitimité de pouvoir, et d'autre part, à la primauté de la relation sur notre frénésie d'avoir toujours plus, mais qui n'intègre pas les contraintes de la prévision à long terme et de la gestion du patrimoine.

La manière d'être est intériorisée à partir de la définition de la relation de l'enfant à l'adulte grâce au principe de séniorité. L'attitude profonde par rapport à la possession matérielle est transmise par les messages qui traduisent l'importance que la culture accorde au rapport à l'objet matériel autre que le corps de la mère.

LA RELATION DE L'ENFANT AU MONDE DES ADULTES

Comme dans les autres sociétés, les éléments qui constituent la relation à l'aîné ou aux parents s'acquièrent d'abord à la petite enfance et ce, au sein de la machine de socialisation par excellence qu'on appelle la famille étendue.

En simplifiant, nous dirons que la famille est composée de trois sous-groupes : les enfants, les parents et les grands-parents. Bien qu'il existe plusieurs variantes et des exceptions, le principe de base de la relation des enfants aux parents et aux adultes en général, est déterminé par un code précis (Guerinel *et al.*, 1969). Les enfants doivent avoir une attitude de respect, d'obéissance et de soumission à l'égard de tout sujet d'une classe d'âge supérieure à la leur. C'est ainsi que dans leurs interactions avec les aînés et les parents, ils ne devraient ni regarder fixement un adulte, ni élever la voix en manifestant un geste d'exaspération en situation de communication avec un adulte, ni le contredire ou argumenter pour convaincre celui-ci sans y être invité. Qui plus est, il ne leur est pas permis d'écouter les conversations des aînés, ni de poser des questions qui concernent les préoccupations des sujets d'autres classes d'âge supérieures ni de s'extérioriser bruyamment en présence d'un adulte.

Cet apprentissage s'accompagne d'une intériorisation de la notion de respect qui ne consiste pas à mettre l'adulte sur un piédestal. C'est une différenciation faite d'estime pour l'autre que l'on apprend à considérer comme quelqu'un d'important pour soi. C'est une opération de distanciation par laquelle l'on assimile la différence de statut entre l'autre et soi. Par ailleurs, c'est aussi une mise en place de l'individu dans la société qui règle le statut de chacun et définit les attitudes à adopter dans les rapports avec les autres.

Si cette relation entre l'enfant et le parent est rigide et peut même paraître traumatisante, à cause de l'interdiction de mettre en cause les membres de la parentalité, elle est relativisée par une autre relation, dite à plaisanterie, qu'entretient l'enfant avec la génération des grands-parents. Ces derniers – à qui les parents doivent à leur tour respect, obéissance et soumission – constituent une structure de contre-pouvoir illimogeable à la toute-puissance des parents. De cette façon, les grands-parents sont non seulement des partenaires de jeu, mais ils sont aussi symboliquement désignés comme partenaires du couple que chaque enfant forme avec le grand-parent du sexe opposé. Si l'on applique à cette situation le schéma oedipien simplificateur, chaque enfant africain pourrait ainsi dire à son parent : « tu m'as pris ma mère ou mon père comme je t'ai pris la tienne ou le tien ». Ce type de fonctionnement de la famille confirme non seulement le caractère asymétrique mais aussi l'importance de la circularité (relation enfant/parent ; parent/grand-parent ; enfant/ grand-parent) et celle de la réciprocité (tu m'as pris ma mère ou mon père comme je t'ai pris la tienne ou le tien) de l'autorité dans la culture africaine. Cette structure distribue, à chaque sous-groupe d'une génération, une parcelle de pouvoir qui humanise la relation.

Ainsi dans cette culture, l'inscription d'une rigidité et d'une forte directivité dans une structure est toujours compensée par l'existence d'une autre structure complémentaire de contre-pouvoir, laquelle structure protège les personnes des abus de la première puissance légitime. En conséquence, toute structure qui ne comporterait qu'une de ces deux entités serait psychologiquement une structure incomplète, trompeuse et perverse au sens de la tradition africaine. Cette structure suscite l'adhésion tout en ne satisfaisant pas le reste des conditions du contrat groupal ou institutionnel qu'elle propose. Elle serait, d'après nous, incapable de mobiliser à long terme ceux qu'elle doit protéger.

Que ce soit dans les entreprises ou dans le domaine politique, l'adoption des structures de contre-pouvoir à l'occidentale – structures dont les contenus ne comportent, à juste titre, aucun caractère sacré, au sens où l'entend la culture africaine – ne fait que consolider le faux sentiment de toute-puissance des responsables. D'autant plus qu'aucune transgression grave n'est punie socioculturellement par une sanction qui risque de discréditer tant psychologiquement que socialement un responsable contrevenant. Et en balayant devant notre porte, nous les intellectuels africains, prenons garde : dans les autres sociétés, les intellectuels au pouvoir ont presque toujours accouché de monstres !

Avec ce que nous venons de dire au sujet de l'adoption des valeurs étrangères, de la suppression de nos structures de contre-pouvoir, d'un certain fonctionnement de nos entreprises, on comprend peut-être mieux la raison pour laquelle cette conception de la famille, du clan, de la communauté et de la solidarité collective n'arrive pas à forger à la fois une efficacité et une productivité collective qui relieraient les membres d'une entreprise à la stratégie d'un projet managérial. Alors que la force du sentiment d'appartenance, la solidarité collective, la nécessité de partage des bénéfices de ce que l'on aura produit, et surtout, la protection des structures de contre-pouvoir, garantes de l'équité, auraient pu être des sources de vitalité et servir d'appui au redressement des activités, des entreprises et des nations africaines.

Rappelons que si la notion d'autorité, qui est associée au chef ou au cadre, est dérivée de l'interprétation de la notion de l'autorité du chef militaire dans la psychologie occidentale, celle du cadre africain serait peut-être plus fiable si elle pouvait se référer à la notion du chef traditionnel et servir à l'élaboration du contenu d'un concept de responsable moderne.

Il faudra nous rappeler que les chefs traditionnels étaient considérés comme les réceptacles d'une puissance divine et comme les gardiens de la chose publique. Leur pouvoir était étroitement réglementé par la tradition ; celui-ci ne pouvait devenir absolu, ni arbitraire. S'ils voulaient rester au pouvoir, les chefs devaient observer plusieurs règles alimentaires, comportementales et sociales, extrêmement strictes, en privé comme en public. Et ils devaient accepter de multiples moyens de contrôle de la façon dont ils pratiquaient la délégation du pouvoir qui leur avait été confié. Ils arbitraient plus qu'ils ne décidaient. Les processus de négociation, qui menaient au consensus, avaient une importance aussi grande que ceux de décision.

Il nous appartiendra alors de choisir collectivement, au sein des institutions qui seront mises en place, la référence qui nous convient. Puisque l'on dit que l'Afrique est plurielle, que chacune de ces institutions, à partir d'une même hypothèse, charge ses chercheurs d'observer la même réalité pour qu'après traitement de celle-ci, nous puissions nous communiquer nos résultats.

On pourrait nous rétorquer que les processus de décision traditionnels étaient très lents. Mais aujourd'hui le monde de l'entreprise, comme celui de la politique, a progressivement révisé son opinion sur le refus de ne pas donner le temps au temps avant de prendre une décision. Et la gestion industrielle japonaise a démontré la fiabilité et la rentabilité des décisions dont les processus de maturation étaient mûrement réfléchis. On se rend de plus en plus compte que la qualité des décisions est fonction de l'importance accordée à leur temps de préparation. Globalement, le temps gagné est considérable, les conflits évités sont innombrables et le coût des opérations du contrôle de qualité est moindre.

Prenons, à titre d'exemple d'un style de gestion de pouvoir différent de celui qu'on pratique en Occident, celui exercé par Morohushi (1990), patron de Mitsubishi Corporation. Pour lui, n'importe quel cadre peut devenir le plus grand patron, mais il ne faut jamais qu'il se mette en avant, ni qu'il plante des couteaux dans le dos de ses concurrents.

Quant au processus de prise de décision, c'est le système *ringi* (signifiant « tampon » en japonais) qui règle le fonctionnement du groupe dirigeant. Tout rapport, une fois terminé, est lu, relu et corrigé par les responsables concernés. Chacun y appose son tampon, non sa signature. Les *ringi* ne sont pas disposés les uns au-dessus des autres, ni même à côté des uns et des autres. Ils forment un rond de sorte qu'il est impossible de distinguer une quelconque hiérarchie et de voir qui a tranché. Lorsqu'on a une idée, il faut négocier en coulisse pour se faire des appuis, neutraliser ou convaincre ses adversaires. Par la suite, quand on apporte le dossier au président-directeur général, la décision est quasiment prise. Le chef a du pouvoir, mais il entérine plus qu'il ne décide.

La symbolique du rond exprime bien la répartition du pouvoir et la représentation du rôle de chacun et du chef. La consultation et la répartition du pouvoir, entre les membres du groupe qui concourent à la prise de décision collective, ressemblent bien aux processus africains de concertation, du contrôle collectif, de valorisation du groupe par opposition à la gratification du pouvoir individuel. On notera aussi les précautions prises entre les différents protagonistes pour éviter le conflit, car le groupe aura besoin de l'adhésion de tous ses membres afin de faire aboutir la décision négociée.

Nous nous demandons souvent si le problème fondamental est de rechercher à copier la rationalité occidentale ou celui de formaliser une rationalité mixte, qui serait capable de regrouper l'ensemble des énergies des membres d'une entreprise ou les citoyens d'une nation.

Pour résoudre nos problèmes de contrôle de décisions, d'équité, de participation et de sauvegarde de la cohésion sociale au sein de l'entreprise, nous nous demandons si les conseils de direction des entreprises africaines ne pourraient pas se doter de conseils de sages – formés d'anciens membres de l'entreprise, représentatifs de différents secteurs de l'entreprise et même de différentes ethnies –, un groupe qui serait responsable du sens et de la qualité des décisions en ce qui a trait, entre autres, à la gestion des ressources humaines et à la conformité des produits fabriqués. À côté de nos assemblées nationales, constituons des structures gardiennes de l'intérêt national composées, par exemple, de nos anciens chefs d'États. Nous donnerons ainsi à ces derniers une issue honorable à la fin de leur mandat. L'instauration de ces conseils pourrait rendre plus humain l'ensemble de la gestion et combler le vide des structures de conseil et de contre-pouvoir.

Goguelin (1992, p. 21) dit que tout manager ne doit jamais perdre de vue la différence entre un entrepôt, un groupe d'hommes et une entreprise. Selon son optique, des machines et des matières déposées dans un local constituent un entrepôt ; des hommes réunis dans un local forment un groupe humain qui va essayer de fonctionner et de faire en sorte que la production naisse de leur interface. Nous en déduisons avec lui que l'essentiel d'une entreprise réside dans l'union de ces trois paramètres. Le rôle du manager est donc de réaliser, en particulier, à partir de ces trois éléments, l'interface la plus performante possible.

Nous avons beaucoup parlé d'acteurs sociaux, mais Goguelin distingue, parmi les protagonistes d'une entreprise, l'auteur d'un acteur. Comme dans la société, l'auteur est celui qui détient l'autorité, c'est-à-dire le droit de commander un acteur pour qu'il réalise ce qui doit être fait. Cette décision peut aussi comporter des informations sur le lieu, le moment, la façon et les moyens utiles pour la réalisation de la tâche.

Son autorité peut être basée sur un pouvoir de type statutaire ; on parlera alors d'une autorité légitime. Par ailleurs, elle peut se caractériser par une certaine maîtrise des connaissances et de l'information, à ce moment-là, il s'agit d'un pouvoir basé sur la compétence. Ou encore, cette autorité peut être liée à la reconnaissance d'un individu parce qu'il possède certaines caractéristiques reconnues par le chef. Il est question, dans ce cas, d'une autorité charismatique.

Nous n'élaborerons pas sur les formes classiques de l'autorité dans l'entreprise. Nous faisons ici allusion au système de maîtrise fonctionnelle de Taylor, aux styles de commandement sur la base des organigrammes hiérarchique et fonctionnel, aux systèmes qui s'inspirent de fictions littéraires de Huxley (1932) et de Orwell (1950), de même qu'au mouvement des relations humaines, ou à la dimension humaine du management selon Mac Gregor (1960) notamment.

Pour notre part, nous croyons qu'actuellement l'entreprise devrait être formée de co-auteurs et de co-acteurs interdépendants qui se respectent. Le fonctionnement de l'entreprise du futur se distinguera par une grande diversité sur les plans de la provenance des membres, des tâches et des centres de décisions. Desrosiers (1992) affirme qu'avec la mondialisation de l'économie, l'entreprise sera *multiréseaux* et *multiculturelle*.

Le terme *multiréseaux* signifie que l'entreprise sera composée d'un ensemble de petites unités autonomes reliées entre elles par des alliances et des liens informels, et non par des relations hiérarchiques. Dans cette nouvelle organisation, elles garderont les opérations qui constituent leur centre de gravité ou leur compétence et sous-traiteront encore plus les autres activités. Dans un réseau le nombre d'unités pourra dépasser la centaine, cela permettra d'être à la fois gros (collectivement) et petit (localement). Leur pouvoir de décision sera réparti entre les unités en fonction de l'expertise que détient chaque unité dans son domaine. Les nouvelles technologies électroniques joueront un rôle important dans la communication et la gestion des transactions entre unités.

Une entreprise *multiculturelle* sera formée non seulement de personnes de cultures et d'ethnies différentes, mais aussi d'intérêts divergents à l'intérieur d'un même réseau. La démocratisation de la gestion augmentera l'hétérogénéité des valeurs et ainsi que celle des paramètres à prendre en considération dans les décisions et les actions. Par voie de conséquence, aux impératifs économiques s'ajouteront des valeurs socioculturelles et morales dans l'évaluation des performances de l'entreprise. Quant aux dirigeants de ce type d'entreprise, ils devront posséder de grandes compétences en matière de gestion des ressources humaines et de négociation. Leur gestion moderne de l'autorité – basée sur les caractéristiques de l'autorité légitime, de la compétence et du charisme – sera fonction de la confiance et de la crédibilité que leur accorderont les membres de l'entreprise entière.

Il est évident que toute définition de l'autorité sera à mettre en rapport avec les normes privilégiées dans l'organisation globale de chaque unité et du réseau. Parler de l'autorité en termes d'apprentissage pour les membres d'une unité, ce sera d'abord la situer dans le contexte familial où s'effectue l'ensemble de leurs premières intériorisations comportementales. Cette autorité ne pourra être fiable que dans la mesure où elle se définit par des éléments sécurisants susceptibles de favoriser le sentiment de protection et d'équité dont les membres ont besoin pour s'en remettre à leurs dirigeants.

APPLICATION AUX STRUCTURES POLITIQUES

Si nous appliquons ce que nous venons de dire concernant l'influence de la tradition au niveau du système politique, nous pouvons affirmer que, selon toutes les apparences, la démocratie et les droits de l'homme à l'occidentale sont des produits interculturels dont la rationalité nous en fait craindre l'adoption pure et simple. En effet, la réalité quotidienne africaine nous met face à de réelles difficultés d'intégration de certains éléments de base, eux-mêmes constitutifs de ces notions mêmes de démocratie et de droits de l'homme. Les contenus de ces notions semblent s'opposer radicalement à certains repères qui servent aux Africains lorsqu'ils veulent se situer face à leurs propres conceptions de l'autorité et du pouvoir.

Ce qui importe ici, ce n'est pas de s'opposer aveuglément à la démocratie proposée par l'Occident, mais de rechercher un contenu qui pourrait être intégré par les Africains en fonction d'une autre légitimité qu'ils respecteraient. Il s'agit, comme nous l'avons dit plus haut, d'analyser les éléments qui sous-tendent la légitimité culturelle d'un produit culturel, de les mettre en face d'autres éléments qui fondent d'autres légitimités, et ensuite d'aménager les modalités de leur fécondation réciproque, quand cela est possible, ou d'adopter un produit lorsque ce dernier est d'évidence plus performant et plus pertinent pour tout le monde. Cette ouverture et ces emprunts devront naturellement se faire aussi dans d'autres cultures non-occidentales.

Nous ne devons pas oublier pour autant qu'il existe des différences fondamentales. Ainsi, du point de vue historique, à titre d'exemple, il est difficile de croire que l'on pourra faire en sorte que nos populations s'approprient l'histoire de la Révolution française comme étant leur propre histoire, et qu'elles considèrent ses protagonistes tels que Danton, Lafayette et les autres... comme leurs ancêtres. Et pourtant, aux événements de juin 1789 sont associés les corollaires ultérieurs de la souveraineté nationale, à savoir la séparation des pouvoirs, le suffrage universel, la suppression provisoire de l'esclavagisme, l'instruction publique, la liberté de pensée, la séparation de l'Église et de l'État.

En Occident, la démocratie et la dictature sont deux notions qui sont définies en fonction du contenu que l'on assigne à la notion de liberté. Oublions la dérision des quelques plaisantins qui disent que si la dictature c'est ferme ta gueule, la démocratie c'est cause toujours, et cela, surtout si on est dans l'opposition. Quand on dit liberté en Occident, on pense au sujet, et surtout, on est prêt à revendiquer les droits du sujet vis-à-vis du gouvernant. Or Lewis (1988) affirme que, dans la pensée musulmane, c'est plutôt la justice que la liberté qui sert de repère pour situer les rapports du gouvernant au gouverné, du souverain au sujet.

Si l'on considère la liberté d'expression et la protection de l'opinion minoritaire, par exemple, nous observons qu'elles sont vécues comme des valeurs fondamentales dans la tradition africaine. En cas de conflit ou de crise sociale grave, chaque partie est invitée à exprimer son opinion le plus librement possible. C'est dans ce cadre, et à ce moment-là seulement, que toutes les opinions sont accueillies et que les divergences sont débattues. On prend plus que le temps qu'il faut pour dégager un consensus. Une fois celui-ci trouvé, aucun avis discordant ne peut être accepté. On estime que, pendant les débats, quiconque désire participer réellement à la résolution de la crise devrait soumettre son avis, aussi provocateur qu'il soit, à tous les membres de l'assemblée. Rendre son avis public, c'est conforter les chances d'aboutir à un consensus qui traduit l'ensemble des avis exprimés, même si l'on doit se plier à ce que la majorité proposera en privilégiant l'intérêt du groupe. Celui qui refuse de respecter cette règle menace la paix sociale en introduisant la dissension et la discorde.

Cependant il faut tout de même nous rappeler que la démocratie, telle qu'elle est proposée, est aussi une gestion du conflit permanent entre la majorité et la minorité. Le groupe majoritaire doit assurer la crédibilité de son adhésion au système démocratique en garantissant les droits indéfectibles de la minorité. Cette dernière en use pour contester publiquement l'action de la majorité d'une manière durable. Ce contrôle partial peut être positif mais il est une arme pour déstabiliser la majorité. Or les sociétés africaines exècrent la permanence des conflits. En effet, tant qu'un conflit demeure, elles consacrent leurs efforts à rechercher un consensus.

Les tentatives d'adoption des manières occidentales de s'opposer nous semblent ingérables par les Africains. Quand le conflit perdure, il s'étend du domaine des idées vers les autres sphères de la vie sociale. On n'est plus seulement opposé aux idées d'un adversaire, mais aussi à sa famille et à son clan. Cette façon de voir l'opposition fragilise aujourd'hui le statut d'une opposition souveraine.

Au sujet de l'instauration d'un cadre institutionnel de résolution des conflits, le recours à la formule de la conférence nationale souveraine (ou conférence des forces vives de la Nation) par des pays comme le Bénin, le Congo, le Niger, le Togo et le Zaïre, correspond bien au cadre et à la forme de débat que les populations africaines crédibilisent à cause de son caractère de confession et d'engagement publics. Même si ces conférences n'ont pas abouti aux mêmes résultats dans ces différents pays, elles ressemblent parfaitement, dans leur principe, à une grande cérémonie réparatrice des torts que les uns et les autres devaient accepter et reconnaître publiquement. Il est important, pour l'Afrique, que les chercheurs étudient la ou les raisons pour lesquelles ces conférences nationales n'ont pas donné les résultats escomptés.

Un autre apport institutionnel de l'Occident que nos systèmes politiques doivent adopter est celui de l'échéance du mandat et de l'alternance au pouvoir. Ces deux notions vont à l'encontre du concept de pérennité du pouvoir qui se trouve enraciné dans l'imaginaire des villageois comme dans celui des responsables urbains.

Quand on interroge les gens dans les villages (Cameroun, Zaïre, Centrafrique) sur le fonctionnement de leurs comités villageois et sur l'éventuel changement de l'équipe dirigeante en posant la question : quand avez-vous convenu de changer de président de votre comité ? Ils répondent qu'X est président ou présidente, jusqu'à ce qu'il ou elle commette des bêtises. Nous interprétons ce type de réponse comme : « si rien de grave ne survient, il ou elle restera à son poste jusqu'à sa mort ». Il nous semble y avoir dans cette représentation de détention du pouvoir, une absence de la notion d'échéance de mandat politique et d'alternance au pouvoir. Rappelons, à cet égard, que dans nos systèmes l'aîné, même mort, ne perd jamais ses droits d'aînesse face aux cadets.

En ce qui regarde les structures de contre-pouvoir, autant elles sont véritablement indépendantes dans la configuration familiale – et constituées par les grands-parents et les anciens que la génération des parents ne peut limoger –, autant les assemblées nationales et les cours suprêmes de justice, empruntées à la démocratie occidentale, assurent une façade démocratique illusoire à laquelle personne en Afrique n'accorde aucune crédibilité.

Lorsque nos responsables politiques disent qu'ils sont les pères de nos nations, ils s'adressent bien à l'inconscient de leurs enfants, mais ils oublient d'ajouter qu'ils sont pères des familles dans lesquelles les grands-parents ont été symboliquement castrés.

En rapport avec toutes ces différences de contenu que nous venons d'évoquer concernant les notions de primat du groupe sur l'individu, la gestion particulière du conflit, l'absence de respect profond pour la chose votée, par comparaison au caractère sacré de la chose jurée conformément à la loi des ancêtres, nous pouvons nous demander si l'idéal de représentation de structure politique, reconnaissable par la majorité des individus issus de sociétés traditionnelles africaines, ne serait pas plus proche de celui des sociétés menant vers un État de loi plutôt que vers un État de droit.

Il faut bien admettre qu'en Afrique, on associe volontiers la notion de droit aux exigences et aux privilèges de la liberté individuelle et aux droits de la personne plutôt qu'aux contraintes, aux devoirs et à la protection de la loi du groupe. Pour ce qui est de cette fameuse loi du groupe, elle devrait avoir une force semblable à celle de la loi des ancêtres. Elle comporterait une définition des interdits politiques dont la transgression serait considérée comme une faute grave qui entraînerait une condamnation générale, à l'instar de la déchéance provoquée par le mensonge, le viol et la trahison. Quand nous parlons de la force de la loi des ancêtres, nous faisons allusion à la force des pactes qui régissent encore la vie et les alliances au sein de certaines associations ou certains clans d'un ou de plusieurs villages, ou encore entre deux ou plusieurs pays. Il s'agit là d'une application de ce qu'on appelle couramment « la parenté à plaisanterie », une des plus solides traditions africaines qui permet de se taquiner, voire de s'injurier sans que cela porte à conséquence. Lorsque nous remontons à l'origine de cette pratique et de cette relation particulière, nous constatons une solidarité basée sur une alliance, nouée à partir d'un lien sérieux et profond, établi soit entre ancêtres de deux ou plusieurs familles, soit entre des clans ou des pays et ce, par un acte de sang.

Devey (1993) nous en donne une illustration vivante lorsqu'elle rapporte que le premier ministre malien Modibo Keita redoutait la rupture avec le premier ministre sénégalais Mamadou Dia. Avant l'éclatement de la fédération, Modibo Keita a demandé à Hampaté Bâ de faire une mission auprès du président Houphouët-Boigny pour obtenir l'évacuation des produits maliens par le port d'Abidjan. C'était une mission difficile, mais le traditionaliste Hampâté Bâ se rappela les kolatiers de Yamoussoukro, sous lesquels il avait passé des moments si tranquilles. Il lui est revenu que le Sahel a toujours été traversé par des caravanes de sel et de kola. C'est l'histoire des échanges entre le Nord et le Sud. Le sel, produit de la région sahélienne, est comme la quintessence de cette terre de feu, bien qu'il représente des affinités mystérieuses avec le monde de l'eau qui symbolise la zone du Sud, tandis que dans les régions traditionnelles de la forêt du Sud, les dieux sont censés réclamer le sel comme élément de base de tous les sacrifices et de toutes les offrandes.

La noix de kola, produite par les forêts du Sud, est de son côté l'élément de base de tous les rites sacrés du Nord et particulièrement celui qu'exige la déesse Ga. Cette déesse, mère de tous les dieux, est supposée résider au lac Débo, près de Mopti, immédiatement après la confluence de deux fleuves.

Ce courant d'échanges entre le Nord et le Sud créa l'alliance sacrée des pays du sel et ceux de la kola. Ainsi le Mali et la Côte-d'Ivoire sont unis par des liens ancestraux et sacrés ; les liens qui entraînent un devoir absolu d'entraide et d'assistance.

Avant d'entreprendre le voyage et la négociation, Hampâté Bâ était conscient que le président Houphouët-Boigny connaissait tout cela. C'est ainsi qu'il rassura Modibo Keita que sa mission difficile ne pouvait que réussir. Et c'est ce qui arriva.

C'est encore Hampâté Bâ qui proposa que nos assemblées nationales modernes soient doublées d'une sorte de conseil des vieux où siégeraient les traditionalistes représentant les différentes ethnies, ainsi plusieurs de nos conflits nationaux et régionaux pourraient se régler facilement à l'amiable.

Sans en faire un modèle parfait, confortons encore une fois cette analyse par une autre illustration de l'attitude japonaise à l'égard de la démocratie occidentale. Higushi (1990, p. 80), professeur à la Faculté de droit à Tokyo et spécialiste de droit constitutionnel, nous dit que la société japonaise a atteint une certaine égalité dans les recrutements des élites et dans le respect des élections. En revanche, quant à l'autonomie des individus par rapport à la société, sa réponse est radicalement différente. Lors des scrutins, l'électeur nippon n'agit pas en citoyen, mais en tant que membre d'un groupe d'intérêt. Il vote pour défendre les intérêts matériels immédiats d'un groupe. Peu lui importe les idées d'un candidat, pourvu qu'il accorde ce que son groupe revendique. Ce que les conservateurs rejettent, ce sont les valeurs individualistes et universalistes de l'Occident qui ont inspiré la Constitution de 1946. Les succès économiques ne sont pas dus à la démocratisation, à la libération de l'individu, et à l'initiative privée qui a été encouragée, mais bien aux valeurs japonaises telles, le respect de la hiérarchie, le sacrifice personnel au nom de l'intérêt collectif, la soumission au consensus et le refus du conflit social. Ils opposent le principe de "ie", qui régit le fonctionnement familial patriarcal, au mal français et américain des pays industrialisés. Les Japonais découvrent la consommation, mais ils ne s'affirment pas en tant qu'individus autonomes. Ils sont consommateurs actifs et citoyens différents attachés à leurs valeurs traditionnelles.

L'Afrique devra choisir parmi ces différents menus, celui que la majorité de ses populations pourra reconnaître comme proche de ses valeurs. Elle devra ensuite promouvoir différentes pédagogies civiques pour faire accepter ce qu'elle empruntera à d'autres cultures.

Enfin, examinons l'attitude profonde des Africains par rapport à leur gestion de la richesse et du profit. Le manque de capitaux et l'absence du désir d'investir sont souvent cités par les économistes comme des handicaps qui empêchent les managers africains d'aboutir à de bons résultats. Ces difficultés nous semblent être la résultante de l'embarras qu'éprouve le secteur bancaire et financier à mobiliser l'épargne, à faciliter sans trop de risques l'accès au crédit, et à lutter contre les abus de la gestion et du non-remboursement du crédit. Si le désir de changer cette situation se manifeste, il nous faudra étudier l'attitude profonde des populations africaines par rapport à la possession d'objets. Pourquoi la possession et l'accumulation d'objets – et par extension d'argent – ne semble pas être une priorité chez l'africain moyen, même si la course au compte en banque, à la voiture, à la villa reste frénétique dans les villes ?

Par rapport à cette problématique, les observations de Zempleni-Rabain (1966, p. 143-177) n'ont pas vieilli. Vers l'âge de 3-4 ans, le rapport de l'enfant africain à l'objet est secondaire par rapport à la relation aux personnes. La possession d'un objet n'est pas un investissement qui mène du plaisir de la coordination des mouvements au désir de contrôle sur l'objet, c'est-à-dire une expérience tout autant de sa puissance et de ses limites que de confrontation avec quelque chose qui n'est pas soi. Lorsque l'objet intervient dans une relation où il pourrait prendre une valeur de substitut symbolique et constituer comme tel l'enjeu d'une compétition sur sa possession, on ne voit guère la relation se refermer complètement sur l'objet mais plutôt l'objet se fondre dans la relation. Nous pouvons dire que tout se passe dans ces interactions comme si l'objet ne comptait pas pour lui-même, il n'est qu'un instrument de prolongement du corps de l'enfant.

Nous comprenons mieux les affirmations des traditionalistes quand ils disent que jamais la fortune ou la possession des biens matériels n'a classé un homme. Ce qui classe un homme, c'est sa valeur intrinsèque, soit son éducation et sa naissance.

Comme nous l'avons dit plus haut, et cela malgré les apparences, le projet de créer de la richesse reste un projet fragile soumis aux aléas que l'être humain ne contrôle pas. La richesse reste vécue comme un saignement de nez, un événement pouvant advenir à n'importe qui, n'importe où, n'importe quand, et s'arrêter tout aussi inopinément.

La culture africaine est aujourd'hui une culture dépendante aux prises avec la problématique de la reconnaissance. Si nous nous référons au poète et dramaturge béninois Toussaint Adjatin, nous pouvons parfois avoir l'impression que l'Afrique demeure, une pièce de théâtre où nous jouons souvent faux, à guichets fermés.

Pour conclure, nous croyons que les Africains sont placés devant trois scénarios possibles :

– soit ils se battent contre eux-mêmes pour conquérir la reconnaissance de leur culture en adoptant comme telles les valeurs des cultures dominantes. Comme ils seront inévitablement dans une relation asymétrique, les ressortissants de ces cultures dominantes ne pourront entièrement les reconnaître et ce, sans perdre leur position de maîtres.

– soit ils se battent contre les valeurs des cultures des maîtres. Toutefois, ce combat n'évacuera jamais entièrement le reste de leur demande affective de reconnaissance de la part de leurs anciens maîtres. Et si jamais ils triomphent de leurs maîtres, ils ne pourront pas éviter de devenir, à leur tour, des persécuteurs.

– soit ils se réapproprient – en essayant de concilier les valeurs de deux cultures – leur culture propre d'abord, et ensuite, celle des maîtres en fabriquant une modernité qui respecte l'essentiel de leur histoire.

Comme dit Serres (1992, p. 24), la principale détermination culturelle de l'Occident est celle qui consiste à passer du possible à l'existant et du souhaitable au nécessaire. En effet, dès qu'une amélioration technique devient possible, le délai est très court avant qu'elle ne soit effectivement réalisée. Lorsque cette amélioration est réalisée, tout le monde la tient pour souhaitable, chacun la considère comme nécessaire et en revendique le bénéfice.

Nous avons déjà réagi (Mukuna, 1992, p. 75) à cette judicieuse remarque en disant que, conformément à sa vision, l'Occident innove et tente de dominer les idées du monde matériel. Mais voilà qu'il découvre brutalement qu'il ne contrôle, ni ne gère sa propre domination. Peut-être bien que, dans le rapport aujourd'hui tendu entre les pouvoirs scientifiques et techniques d'une part, et les pouvoirs législatif et juridique d'autre part, nos cultures du « devoir » devraient avoir quelque chose à apporter aux autres cultures qui, à nos yeux, surprotègent la liberté de l'individu et du groupe spécifique.

BIBLIOGRAPHIE

BOON, K. et KASONGO, G. (1992). « Y a-t-il un management "à l'africaine" ? », *Un autre regard sur le développement en Afrique*, Bruxelles, ICHEC-TIERS-MONDE/ C.N.C.D.

DESROSIERS, M. (1992). « Les entreprises de l'an 2000 et leur gestion », *Journal des psychologues*, nº 94, février.

DEVEY, M. (1993). *Hampaté-Bâ : l'homme de la tradition*, Abidjan, Dakar, Lomé, NEA.

FOTTORINO, E., GUILLEMIN, C. et ORSENNA, E. (1992). *Besoin d'Afrique*, Paris, Fayard.

GOGUELIN, P. (1992). « Cent ans de management : auteurs et acteurs », *Journal des psychologues*, nº 94, février.

GUERINEL, N. *et al.*, (1969). « La conception de l'autorité et son évolution dans les relations parents-enfants à Dakar », *Psychopathologie africaine*, vol. 5 et 6, nº 1.

HIGUSHI, Y. (1990). « Entretien avec Yoichi Higushi », *Le Nouvel Observateur*, 15-21 novembre.

HUXLEY, A. (1939). *Le meilleur des mondes*, Paris, Plon.

LEWIS, B. (1988). *Le langage politique de l'Islam*, Paris, Gallimard.

MAC GREGOR, D. (1960). *The human side of enterprise*, Toronto, Mac Graw Hill.

MOROHUSHI, S. (1990). « La société Japonaise », *Le Nouvel Observateur*, 15-21 novembre.

MUKUNA, T. (1992). « Difficulté de dialoguer avec la petite sœur », *Un autre regard sur le développement en Afrique*, Bruxelles, ICHEC-TIERS-MONDE/C.N.C.D.

ORWELL, G. (1950). *Mille neuf cent quatre-vingt-quatre*, Paris, Gallimard.

SERRES, M. (1992). « À mes contemporains, ces hémiplégiques », *Le Nouvel Observateur*, 7-13 mai.

ZEMPLENI-RABAIN, J. (1966). « Modes fondamentaux de relations chez l'enfant wolof, du sevrage à l'intégration dans la classe d'âge », *Psychopathologie africaine*.

CHAPITRE 16

TIRER PARTI DE LA DIVERSITÉ DES CULTURES ET DES MODÈLES DE MANAGEMENT DIFFÉRENTS : QUE NOUS APPREND L'ENTREPRISE AFRICAINE ?

Evalde Mutabazi
Groupe ESC Lyon

Plusieurs questions relatives à la confrontation des cultures et des modèles différents de gestion ou de gouvernement ont été évoquées au cours de ce colloque. Comme on pouvait s'y attendre, de nombreux phénomènes multiculturels se sont également déroulés sous nos yeux.

Les deux principaux éléments de culture que nous avons en commun, à savoir la francophonie et la sociologie, nous ont permis de gérer les effets pervers que pouvaient déclencher nos différences en termes d'incompréhension ou de blocage face à notre entreprise collective. C'est à propos de ces mêmes phénomènes que je souhaite alimenter notre réflexion en la situant dans un des « lieux porteurs de l'innovation et de la création d'approches nouvelles en matière de gestion de la diversité », soit l'entreprise africaine.

Mon propos s'appuie sur douze ans de travail dans une entreprise multiculturelle : l'École de commerce de Lyon où je retrouve chaque jour des collègues ayant des manières de penser, de travailler, d'enseigner et d'apprendre différentes. Il s'appuie aussi, et surtout, sur une recherche empirique menée pendant sept ans sur ce thème, sous la direction scientifique du professeur Renaud Sainsaulieu ; ce dernier m'a compris au-delà de nos différences et m'a aidé ainsi à franchir les différentes étapes de ce processus de recherche et de maturation intellectuelle.

Sans toutefois accorder beaucoup de temps à la méthodologie et à l'épistémologie de la recherche sur le multiculturel, je voudrais vous donner quelques informations importantes pour situer mon propos :

– la campagne d'étude s'est déroulée en France (dans trois entreprises multinationales, nommément ELF - EDF et Rhône - Poulenc) et en Afrique noire francophone (en Côte d'Ivoire, au Congo, au Niger, au Sénégal, au Rwanda et au Zaïre) : soit six pays différents d'Afrique noire subsaharienne ;

– sur les douze entreprises étudiées, six l'ont été par la méthode quantitative et 300 questionnaires ont été administrés aux cadres, agents de maîtrise, ouvriers et employés ;

– les entretiens approfondis, d'une durée moyenne de deux à quatre heures, ont été menés ensuite dans les six autres entreprises pour valider de façon plus fine les hypothèses de recherche, et ont enrichi les informations recueillies sur le vécu quotidien, les comportements et le fonctionnement concret de l'entreprise multiculturelle.

Ceci étant posé, le défi qui m'est lancé et que j'aurai probablement du mal à relever en tant qu'Africain, consiste à respecter la règle d'inspiration plutôt occidentale que nous nous sommes fixée pour la gestion du temps des interventions. Pour ce faire, je limiterai mon exposé à trois principales propositions :

– Première proposition : la diversité culturelle et managériale soulève des problèmes nouveaux et auxquels doivent faire face les entreprises de tous les pays du monde. Par ce premier point, je souhaite notamment montrer que la problématique multiculturelle ne concerne pas uniquement l'Afrique et que, contrairement aux idées souvent diffusées dans les médias, l'Afrique n'est pas aujourd'hui plus démunie que tous ses partenaires occidentaux pour mener une réflexion fructueuse en matière de gestion de l'entreprise multiculturelle.

– Deuxième proposition : En plus des phénomènes connus que rencontrent les entreprises occidentales, leurs « homologues » africaines connaissent des phénomènes multiculturels spécifiques et contingents liés à leur contexte particulier. Quels en sont l'essence et la forme d'expression ?

Quelles logiques sont en œuvre dans leur mode actuel de traitement ?

– Troisième proposition : le passage du multiculturel à l'interculturel s'impose pour tirer parti de la diversité. Quels enseignements peut-on tirer de l'expérience multiculturelle africaine ? Y-a-t-il des processus émergeant des transformations de la diversité comme force de développement ?

TIRER PARTI DE LA DIVERSITÉ CULTURELLE ET MANAGÉRIALE : MOYEN NOUVEAU POUR TOUTE ENTREPRISE ACTUELLE

Alors que, depuis longtemps, existent des différences à la fois de culture, de modèle de gestion et de gouvernement entre les hommes, il faudra attendre les années 1980 pour voir réapparaître des recherches, des publications, des séminaires de formation de cadres occidentaux autour de ce thème.

Cette mise en scène quant à cette question s'explique par deux raisons majeures en ce qui concerne les entreprises. Une première raison consiste en la mondialisation des marchés, l'internationalisation accrue des entreprises, de même qu'en l'évolution des mentalités reliée, en particulier, à la circulation plus rapide et plus massive des informations à l'échelle de toute la planète.

Pour garantir leur sérénité sur un marché devenu mondial, la plupart des entreprises occidentales font des opérations internationales de fusion, d'acquisition ou d'alliance stratégique sans pour autant abandonner la création de filiales en pays étrangers. Hormis de rares cas de holding purement financier international, aucune de toutes ces opérations ne peut se faire sans le face-à-face plus ou moins long, soit répétitif, soit permanent ou ponctuel entre acteurs issus de communautés culturelles différentes (Bollinger et Hofstede, 1990). Pour la suite de cette réflexion, retenons que la culture est comprise comme étant ce qui donne un sens différent aux gestes, aux situations ou aux faits identiques. Le sens est pris ici pour désigner la signification, mais également l'orientation des actions.

Certains auteurs assimilent aujourd'hui la culture à un logiciel et son acquisition comme un processus de « programmation mentale ». Cette acquisition de la culture se fait grâce à ces trois principaux systèmes de programmation que sont la famille, l'école, l'Église ou le parti, et l'expérience professionnelle. Il est clair que les médias ne sont que des périphéries dont les messages sont filtrés par les acquis des trois systèmes (sauf en cas de dysfonctionnement). Partant de cette définition, on peut déduire plusieurs éléments :

– En premier lieu, une personne peut être membre de plusieurs communautés culturelles à la fois : celle de sa communauté (famille) d'origine, celle de son appartenance religieuse (ou idéologique), celle de son métier. Il s'agit, pour comprendre son comportement, de relativiser chacun de ces éléments en fonction de la situation et des enjeux qu'ils comportent pour elle.

– En deuxième lieu, notons que la majorité des entreprises sont toutes multiculturelles, contrairement à tous ceux qui ont soutenu qu'une « culture forte d'entreprise » peut se fabriquer de façon volontariste comme un produit ordinaire. L'entreprise multiculturelle est celle dans laquelle travaillent des acteurs profondément marqués par des systèmes de valeurs différents et dont les relations se limitent au « côte à côte » superficiel, souvent habile et utilitaire, motivé par la réalisation d'un projet ou l'exercice d'une fonction. Il n'y a ni confrontation ni coopération sur le fond. On peut se passer d'acteurs différents.

– En troisième lieu, dans le cas de la situation interculturelle, nous voulons insister sur les interactions fortes entre les acteurs différents et leurs systèmes culturels respectifs. Cette situation ne va pas de soi, car les remises en cause respectives lors de multiples confrontations d'idées, de préférences ou de logiques de fonctionnement, sont incontournables de même que la négociation et l'implication de chacun. Dans cette situation qui nous intéresse particulièrement, la reconnaissance et l'apprentissage mutuel débouchent normalement sur la coproduction de nouvelles règles et normes de comportements, voire sur de nouvelles valeurs. Toutefois, à cette fin, il faut le temps et un cadre approprié.

La deuxième raison réside dans la prise en compte de la multiculturalité. Face aux éléments que je viens de mentionner, on comprend aisément pourquoi il y a encore aujourd'hui plus d'entreprises multiculturelles que d'entreprises interculturelles. Pour l'entreprise comme pour les acteurs, il y a un prix à payer. D'un côté, pour l'entreprise, il peut s'agir de la mise en place d'un cadre, de la relativisation de son approche antérieure et d'une réorganisation éventuelle. D'un autre côté, pour les acteurs, il peut être de l'ordre d'un investissement financier et psychique. Ce prix à payer est élevé, au point que, pendant longtemps, on a opté pour des solutions de facilité, des solutions souvent techniques et matérielles face à des problèmes fondamentalement humains.

Dans la partie qui suit, nous faisons état, par ordre croissant de complexité, des problèmes quotidiennement évoqués aussi bien en Afrique qu'en Occident.

Les problèmes de communication et de compréhension mutuelle

Sur ces plans, on a pendant très longtemps supposé que la langue commune suffisait pour permettre aux acteurs de bien communiquer et se comprendre. On s'aperçoit aujourd'hui que la langue seule ne suffit pas pour comprendre un interlocuteur de culture différente. Les gestes, les mimiques, le regard, les intonations, la position du corps et tous ces éléments quasi éthologiques interviennent fortement en situation multiculturelle.

L'écrit et l'oral n'ont point la même signification dans des contextes différents. C'est le cas en particulier de malentendus très fréquents entre partenaires occidentaux et africains. Ce vieux dicton latin *Les paroles s'envolent, les écrits restent* semble avoir marqué différents pays occidentaux, alors qu'en Afrique, le fait de donner une directive écrite sans l'accompagner d'un face-à-face et d'une communication orale est totalement voué à l'échec dans les six pays. De même qu'il est suspect de ne pas regarder droit dans les yeux de son interlocuteur en Occident, il est insolent de dévisager son chef dans plusieurs pays africains.

Les problèmes de négociation

Bien que nous partagions la même culture francophone et sociologique, je suis persuadé que nous ne donnons pas les mêmes réponses aux questions suivantes : Quels sont les critères de choix d'un négociateur idéal dans notre culture d'origine ? Quels sont les facteurs qui déterminent sa crédibilité : sa taille, son sexe, son âge, sa corpulence, ses compétences techniques ?

Au-delà de ces questions, il s'agit de comprendre tant la façon de penser de l'autre, son argumentation, son cheminement vers le compromis, son degré d'authenticité que les signes de son engagement. Il ne suffit donc pas de se munir d'une valise de stéréotypes sur lui et sur soi-même comme cela a été souvent le cas entre partenaires occidentaux et africains, d'autant plus que les expatriés et le personnel local n'ont pratiquement jamais eu le même pouvoir de négociation.

Les problèmes de management des hommes

Face aux différences culturelles, l'approche la plus courante a consisté pendant longtemps à faire comme on avait fait chez soi. C'est ce que l'on a appelé le transfert de modèles que l'on croyait universels, intégralement transposables, donc efficaces sous tous les cieux. C'est ainsi que des modèles politiques avec leurs idéologies ont été exportés comme du prêt-à-porter, et que plusieurs des dirigeants africains les ont adoptés sans aucune prise en compte des identités collectives et des principes fondateurs des systè-mes culturels locaux.

À la lumière des événements récents et tragiques du Rwanda, on peut dire aujourd'hui que tous ces modèles religieux et politiques ont échoué, y compris la pression externe exercée par l'ONU par l'intermédiaire de la MINUAR. Au fond, qu'il s'agisse du gouvernement des États-nations ou du management des entreprises africaines, les logiques impérialistes et universalistes des pays occidentaux ont bénéficié de la fascination des dirigeants africains. À l'heure actuelle, de plus en plus de dirigeants africains, les jeunes et les plus instruits, notamment, prennent conscience des effets pervers de cette acquisition des modèles non respectueux de leurs identités.

Concernant la gestion des entreprises africaines, la privatisation et la restructuration des économies, l'intervention des experts s'est souvent appuyée sur une simple comparaison avec des entreprises occidentales et sur de simples constats de carence et d'insuffisances chroniques au sein des entreprises africaines. Ils ont ainsi prescrit des remèdes occidentaux et nord-américains tout à fait inadaptés aux spécificités locales et ils n'ont pas pris en considération la violence du choc de ces derniers, en particulier, ceux d'origine nord-américaine. Raisonnant souvent de façon dichotomique, la grande majorité des experts se sont contentés d'opposer l'homo-économicus rationnel occidental à l'homo socius africain. Il est probable que les deux facettes existent sur tous les continents, mais elles s'expriment seulement de façon différente compte tenu des contrats sociaux spécifiques à chaque communauté qui définissent les rapports entre l'individuel et le collectif. C'est ainsi que les experts ont été piégés par le concept d'entreprise comme le conçoivent l'Africain et l'Occidental, étant donné les finalités différentes que chacun lui attribue. En effet, l'entreprise est conçue selon les spécificités culturelles propres à chacun des partenaires qui nourrissent également des attentes différentes à son égard.

LES PHÉNOMÈNES MULTICULTURELS SPÉCIFIQUES

En plus de ceux que nous avons évoqués pour l'Occident, l'entreprise africaine connaît trois grands types de « phénomènes » :

- les phénomènes africains d'origine intranationale :
- les phénomènes d'origine interafricaine ;
- les phénomènes d'origine géostratégique ;

Les phénomènes africains d'origine intranationale

Autosuffisance alimentaire, appropriation des technologies importées, réhabilitation des économies et des entreprises publiques locales sont autant de défis lancés aux pays africains. Par ailleurs, ces défis risquent de rester des voeux pieux si l'on ne développe pas la capacité des responsables locaux à concilier leurs valeurs et savoir-faire propres, en matière de gestion et de régulation sociale, avec les apports venant des autres continents.

Or accroître ces capacités suppose que les responsables locaux et leurs partenaires occidentaux sachent mieux tenir compte de deux faits majeurs à la fois dans la gestion des entreprises locales et la mise en œuvre des opérations de coopération internationale.

D'une part, ils doivent prendre en considération que l'Afrique est multiculturelle par essence. En effet, d'un bout à l'autre de ce vaste continent et au-delà de ses nombreuses ressources naturelles, l'une des caractéristiques fondamentales de l'Afrique est la multiculturalité. Chacun de ses pays membres est effectivement une véritable mosaïque de peuples et de communautés culturelles possédant des spécificités fort différentes. Cette diversité s'exprime, entre autres, par les langues, les coutumes, les croyances, les mentalités, de même que par les modes particuliers d'organisation des activités collectives et de régulation sociale. Certains pays comptent entre 60 et 80 communautés culturelles différentes.

Par conséquent, il n'est pas étonnant d'observer dans toutes les entreprises locales, des phénomènes multiculturels liés à cette diversité des communautés internes de chaque pays. Ces phénomènes sont d'autant plus importants et complexes que les membres de certaines de ces communautés qui entretiennent quelquefois des rapports rivaux, voire très hostiles, travaillent souvent dans une même entreprise. Sur le continent africain et dans l'ensemble des six pays où j'ai effectué des recherches, le cas du Zaïre m'est apparu comme l'exemple le plus représentatif de cette multiculturalité intranationale africaine. À lui seul en effet, ce vaste pays compte 365 groupes ethniques différents, avec presque autant de langues, de mentalités, de modes spécifiques d'organisation et de régulation sociale.

D'autre part, ils doivent prendre en compte que l'Afrique est multiculturelle par existence. Quelles que soient leur finalité, leur forme juridique, leur taille et leur origine, les entreprises implantées sur ce continent sont aussi fondamentalement multiculturelles. Elles constituent ainsi des scènes privilégiées favorisant la rencontre des personnes issues de nationalités, d'ethnies, de régions et de religions différentes de par leurs croyances, leurs valeurs, leurs normes de vie et d'organisation sociale. Enfin, ces différences correspondent, au sein des organisations locales (qu'il s'agisse des entreprises ou des administrations centrales) fortement soumises à l'influence de modèles de gestion – dont les fondements culturels sont significativement contradictoires – avec les systèmes de valeurs locaux.

En somme, autant dire que la diversité des phénomènes multiculturels et leurs effets sont tout à fait incontournables pour toute entreprise implantée là-bas. Il est donc extrêmement dommageable d'ignorer les phénomènes multiculturels qui en découlent ou de chercher à les gommer en imposant un seul et unique système de valeurs et de normes de comportement à tous les acteurs de l'entreprise. Au contraire, par quel processus peut-on mettre en place un système de management non seulement ouvert aux identités et aux apports des uns et des autres, mais aussi capable de concilier les spécificités culturelles locales avec les exigences de l'entreprise « moderne » issue de l'Occident ?

À quelles conditions, enfin, une telle confrontation culturelle et managériale est-elle porteuse d'une approche nouvelle de l'entreprise locale, d'un modèle managérial plus favorable à la coproduction par ses acteurs différents de nouveaux modes de gestion et de régulation des rapports multiculturels de travail ?

Au-delà de l'exemple zaïrois cité plus haut, ces questions se posent pratiquement dans les mêmes termes pour les entreprises implantées dans des pays plus petits tels que le Rwanda, qui, lui, n'a pourtant qu'une seule culture triethnique. En effet, j'ai déjà évoqué le fait qu'à l'heure actuelle, la situation de ce pays illustre parfaitement notre propos. Avec seulement trois groupes ethniques (les Bahutu, les Batutsi et les Batwa), le fonctionnement concret des entreprises locales et tous les rouages de l'économie nationale sont totalement bloqués à cause d'un conflit de pouvoir déclenché par le FPR (issu des réfugiés de 1959) qui a réactivé la rivalité opposant depuis fort longtemps hélas, les Bahutu et les Batutsi.

Sans toutefois m'attarder à ce cas, je pense, compte tenu de l'histoire des relations entre ces deux ethnies, que le FPR ne pourra pas sortir le Rwanda de sa situation actuelle sans prendre en considération, dans son mode de gouvernement national, les spécificités des uns et des autres. Pour quiconque connaît bien ce pays, le problème majeur et incontournable pour les responsables politiques actuels consiste indubitablement à transformer les actuels rapports de mépris et d'hostilité entre ces deux groupes en des relations tant de reconnaissance, de coopération que d'enrichissement mutuel. Mais pour que cette transformation soit possible, il faudra que les responsables politiques concentrent leurs efforts sur la mise en place d'un long processus transformateur des mentalités, de même que des rapports antérieurs de cohabitation et des rapports actuels de partage des responsabilités et ce, autant dans la reconstruction du pays que dans la remise en marche des institutions et des entreprises locales.

À des degrés divers naturellement, les entreprises implantées au Congo, en Côte-d'Ivoire, au Niger, au Sénégal – autres pays où nous avons effectué nos recherches – connaissent des phénomènes analogues et sont, de toute façon, aux prises avec des dysfonctionnements qui trouvent souvent leur origine essentielle dans un quasi déni de la diversité culturelle locale. Mais là aussi, il manque encore des solutions pertinentes. Ces entreprises et leurs dirigeants ont, semble-t-il, pris l'habitude de se référer aux modèles de leurs alliés européens ; ceux-ci ont découvert, notamment depuis Maastricht, que des phénomènes multiculturels analogues existent également en Europe. Ainsi, certaines entreprises européennes sont en train d'en découvrir les effets, même quelquefois de subir avec stupéfaction les secousses liées à l'ouverture du Grand Marché. Pour ne citer qu'un exemple connu du grand public, l'échec très récent de la transformation de l'alliance Renault-Volvo en vue d'une fusion illustre parfaitement ce propos. Car, malgré les quarante milliards de francs d'économie d'échelle réalisés par ces entreprises pendant la période de l'alliance, les partenaires n'ont pas pu lever le blocage des actionnaires de Volvo vis-à-vis d'une fusion entre ces deux entreprises hautement chargées de part et d'autre d'une symbolique. On peut affirmer également que les phénomènes multiculturels restent fortement à l'œuvre dans toutes les négociations des accords sur le commerce international. Et dans ce cas précis, mais sans toutefois ignorer l'importance des dimensions géostratégiques et commerciales, ces négociations comportaient de toute manière de très forts enjeux identitaires pour les partenaires[1].

Fermons maintenant cette parenthèse pour revenir sur la multiculturalité africaine. Cependant, avant de poursuivre la réflexion sur ce sujet et en vue d'en favoriser la compréhension, arrêtons-nous encore un instant pour préciser les concepts suivants que j'utilise depuis le début de cette réflexion : culture, situation multiculturelle et situation interculturelle.

Vous l'avez bien compris, j'ai usé du concept de culture[2] dans son acception anthropologique pour désigner : un ensemble lié de façons de penser, de sentir et d'agir, plus ou moins formalisées, apprises et partagées par une communauté plus ou moins grande de personnes et qui les distingue des autres communautés. C'est un système de sens qui per-

1. François Mitterrand, président de la République française a très clairement soulevé ce problème crucial en octobre 1993.
2. KROEBER et KLUCKHOHN ont dénombré 250 définitions différentes de la culture.

met, un peu comme une boussole, aux acteurs de s'orienter dans leur vie ; mais bien plus qu'un simple outil, il donne une signification à toute situation et expérience vécues par les acteurs. Autrement dit, il s'agit d'un système cohérent de croyances, de normes et de valeurs qui orientent considérablement, mais sans toutefois les déterminer totalement, les attitudes et comportements des acteurs, leurs préférences et motivations dans la vie quotidienne et au travail. La culture influe fortement sur les relations de travail, les attentes des salariés à l'égard de l'entreprise, les pratiques et styles de management adoptés par les responsables, et par voie de conséquence, le fonctionnement concret de toute entreprise[3].

Partant de cette définition de la culture, nous entendons par situation multiculturelle : le contexte de travail dans lequel coopèrent des acteurs partageant des systèmes de valeurs et des normes de comportement différents, voire divergents ou contradictoires, du fait spécialement de leurs origines culturelles ou nationales, de leur formation, de leur éducation, de leur expérience professionnelle. Lorsque cette diversité culturelle n'est pas prise en compte dans la gestion d'une entreprise multiculturelle, les relations de travail entre ses membres peuvent se limiter au « côte à côte ». Certains individus développent ainsi des projets égocentrés et quelquefois en marge des choix stratégiques de l'entreprise. Dans ce contexte, les relations entre acteurs sont liées aux seuls mobiles utilitaires ou aux uniques échanges exigés par le travail. Plutôt labiles et intéressées, ces relations peuvent dégénérer en conflits plus ou moins ouverts de domination ou d'exclusion des uns par les autres. Dans le cadre des opérations internationales, les conséquences du « côte à côte multiculturel » sont très néfastes même quelquefois catastrophiques pour les entreprises concernées.

Enfin, la notion de situation interculturelle correspond ici à l'existence d'interactions multiples entre acteurs dont les relations sont fondées sur l'ouverture, la reconnaissance mutuelle et la coproduction. Il s'agit d'une situation dynamique, car au fur et à mesure qu'ils interagissent et qu'ils font l'expérience de la confrontation de leurs spécificités avec leurs apports respectifs, les acteurs développent progressivement

3. Nous reviendrons plus loin sur ce concept, sa massive importation dans le domaine du management et les nombreux débats suscités par son utilisation en entreprise.

des visions communes, ainsi que des attentes plus convergentes vis-à-vis de l'entreprise, de ses finalités et de son management. À travers la réalisation de projets et la résolution collective des problèmes en équipes multiculturelles, ces acteurs produisent et instituent des valeurs, ainsi que des normes nouvelles et partagées de travail et de comportement.

À l'heure actuelle, ces trois concepts sont également utilisés par d'autres auteurs dont on présentera plus avant les travaux. On constatera que dans la plupart de ces travaux, les concepts de « multiculturel » et d'« interculturel » sont souvent assimilés l'un à l'autre et considérés comme des situations figées, concepts que plusieurs auteurs se contentent de comparer. À partir des campagnes de recherche que j'ai effectuées en Europe et en Afrique noire, j'ai observé qu'il s'agit au fond de deux réalités sociologiques fort différentes. Contrairement à la plupart des travaux réalisés aujourd'hui sur la diversité culturelle et managériale, ma réflexion se situe au-delà des comparaisons et des conceptions statiques et instrumentales des cultures nationales et des cultures d'entreprise. Cette clarification étant faite, il convient de revenir à la multiculturalité de l'entreprise africaine pour finir d'en présenter les éléments.

En plus des aspects présentés plus haut, j'ai pu constater lors de mes séjours en Afrique noire, qu'aux différences interethniques internes de chaque pays, s'ajoutent bien souvent des spécificités culturelles liées aux appartenances régionales ou religieuses, et même quelquefois à l'exercice de métiers très particuliers pratiqués exclusivement par les membres de telle ou telle communauté. Aussi, les relations entre les communautés culturelles de certains pays tels que la Côte-d'Ivoire ou le Sénégal, présentent quelques caractéristiques analogues à celles de l'Inde avec son système inédit de régulation sociale par des castes.

En revanche, les phénomènes observés dans les entreprises africaines n'ont rien de comparable avec ceux que l'on peut rencontrer dans les pays européens comme la France, l'Italie, la Belgique et l'Espagne, entre autres. En effet, bien que tous ces pays européens abritent également des communautés culturelles bien distinctes, les entreprises européennes semblent moins souffrir des conflits multiculturels. Si les Bretons et Occitans, les Basques et Catalans, voire les Flamands et Wallons se reconnaissent dans leurs origines « ethnorégionales », ils ne forment pas pour autant des

« clans » inlassablement montés les uns contre les autres dans une même entreprise. Dans le cas particulier de la France, il est tout à fait habituel qu'en dehors des circonstances exceptionnelles de défense des intérêts régionaux ou politiques, Corses, Bretons, Occitans et Basques, etc., membres d'une même entreprise, ne font pas automatiquement valoir les intérêts de leur « clan » d'origine. Au sein d'une même équipe, ils se reconnaissent plus facilement dans leurs compétences professionnelles ainsi que dans leur « francité » vis-à-vis de partenaires étrangers. Cette attitude constitue sans aucun doute un des éléments favorables à la convergence de leurs efforts en situation multiculturelle de travail.

À partir de ces observations, l'hypothèse la plus soutenable et qui corrobore les remarquables travaux de D'Iribarne (1989), est que dans le cas précis de la France, toutes ces communautés culturelles ont globalement subi le même marquage politique, historique et religieux. À cet égard, l'histoire française nous montre que le modèle napoléonien et la religion catholique ont rassemblé ces communautés, et les ont amenées à partager une expérience nationale commune. Par ailleurs, l'expérience des compagnons de France, dont la mobilité est aujourd'hui ouverte sur plusieurs pays d'Europe, a permis l'émergence de valeurs et d'un fond communs à plusieurs cultures de métier ; de telles valeurs reposent sur la qualité du travail accompli, l'amour du travail bien fait, la cooptation et l'initiation par les plus anciens, de même que sur la confraternité et le respect mutuel des spécificités culturelles et des savoir-faire originels de chaque compagnon (Benoît, 1966). Ce fond culturel commun, basé sur le respect, la reconnaissance et l'apprentissage mutuels entre compagnons, s'est formé de telle sorte que chacun puisse adhérer aux valeurs communes de son métier sans toutefois renier ses origines régionales ou perdre son identité culturelle. Bien au contraire, de par son « nomadisme » professionnel, chaque compagnon doit faire profiter ses collègues des savoir-faire spécifiques de son contexte culturel et régional d'origine.

Grâce à tous ces éléments de marquage culturel, les acteurs français ont progressivement appris, et probablement mieux que leurs homologues africains, membres de communautés aujourd'hui encore divisées, à passer outre aux conflits interethniques ancestraux afin de mettre leur énergie au service de leurs entreprises, fussent-elles multiculturelles. Car des marquages aussi puissants et convergents font défaut dans la plupart des pays africains composés encore présentement de communautés culturelles relativement fermées, et ceci malgré l'énorme entreprise de centralisation mise en œuvre par la colonisation et la mise en place des États-nations. Lorsqu'on y regarde de près actuellement, y compris dans les pays tels que la Côte-d'Ivoire et le Sénégal gouvernés pendant plusieurs centaines d'années sur le modèle napoléonien, on est très vite frappé par la permanence de la diversité des communautés locales et la conservation, par des aspects les plus prégnants, de leurs traditions culturelles spécifiques.

Comme on l'a vu très récemment lors des funérailles du « vieux » Houphouet Boigny, les comportements des acteurs sont fortement influencés par ces éléments permanents des cultures agni, sénoufo et baoulé de Côte d'Ivoire, par exemple. Et dans la totalité des pays, terrains de cette recherche, l'impact de certaines valeurs traditionnelles est tel que les modes d'organisation et de régulation sociale correspondants cohabitent aujourd'hui – trente ans environ après la fin de la colonisation – avec les structures importées de l'administration centrale et des entreprises modernes locales.

Dans certains pays, les systèmes traditionnels et importés coexistent de façon plus ou moins harmonieuse, étant donné que les responsables respectent les chefs traditionnels et les villageois. Dans d'autres pays, en revanche, on assiste quelquefois à des conflits et à des luttes de pouvoir entre les représentants respectifs de la tradition et de la modernité. Dans ce dernier cas, notamment, l'appareil gouvernemental et les entreprises locales subissent les effets très néfastes de la contradiction de certaines valeurs et croyances valorisées par les uns et les autres. Par conséquent, les relations entre ressortissants de différents pays africains sont lourdement affectées par de telles contradictions. Dans le cas du Niger, certaines activités et entreprises locales sont quelquefois paralysées par des conflits ancestraux entre groupes ethniques dominants et ceux qui ont été annexés de force lors de la mise en place de l'État-nation (les Touaregs traditionnellement nomades en particulier).

Ce cas nigérien n'est pas unique en Afrique noire. À l'heure actuelle, en effet, les ressortissants de différents pays africains, membres de groupes ethniques traditionnellement alliés ou antagonistes, se retrouvent pour diverses raisons telles les migrations, la recherche d'emploi, à l'intérieur de mêmes entreprises ou équipes de travail. Ce voisinage engendre un second type de phénomène multiculturel que les entreprises locales doivent aussi quotidiennement affronter.

Les phénomènes d'origine interafricaine

Pour appréhender ce second type de phénomène multiculturel, une attention particulière est accordée dans cette réflexion aux valeurs partagées par l'ensemble des communautés des pays d'Afrique noire francophone plutôt qu'à celles qui les distinguent. Ce choix de traiter des valeurs partagées se fonde sur plusieurs raisons. Premièrement, l'objectif de ma recherche est d'aborder les phénomènes au-delà du simple constat des différences culturelles et managériales observées. Il touche précisément la gestion des phénomènes multiculturels et le traitement de leurs effets pervers éventuels sur les relations de travail et le fonctionnement des entreprises concernées. Deuxièmement, cette réflexion met l'accent sur ces valeurs partagées, compte tenu de la place prépondérante qu'elles occupent dans l'orientation culturelle des comportements des acteurs locaux dans l'entreprise et dans la vie en général. Une dernière raison, qui motive le choix de ce sujet, réside dans le fait que c'est bien autour de ces mêmes valeurs partagées que s'effectuent les chocs les plus violents et les blocages les plus importants entre cultures et modèles tant occidentaux qu'africains de gestion d'entreprise et de régulation des rapports de travail.

Autrement dit, j'ai choisi de me pencher sur ces valeurs partagées parce qu'elles constituent à la fois le noyau dur des cultures africaines et l'élément qui les distingue fondamentalement des cultures occidentales ; elles sont, par conséquent, au cœur de la problématique de cette recherche. C'est ainsi que de façon concrète, lors de la campagne d'étude effectuée en Afrique noire, j'ai véritablement été frappé par l'existence d'attitudes et comportements analogues ou convergents entre ressortissants de différents pays africains travaillant chez Shell au Sénégal, SNE à Brazzaville, Bralima au Zaïre et Entrelec au Niger. Cette situation m'a d'autant plus frappé que, hormis le fait qu'elles soient implantées sur le continent noir, toutes ces entreprises sont très différentes les unes des autres en termes de métier, de statut, d'histoire, de taille, de propreté, et d'utilisation plus ou moins forte des outils de gestion importés de l'Occident.

Devant le constat de toutes ces différences, cette étude voudrait contribuer à clarifier le débat qui s'impose autour des questions suivantes : d'où vient cette convergence ? Quelles en sont ses principales composantes ? Dans quelle mesure est-elle liée à l'expérience des relations de travail, à la culture d'entreprise, aux spécificités des communautés culturelles africaines ou aux apports de l'Occident ? De toute évidence, la seule notion de culture d'entreprise[4] ne permet ni d'expliquer la convergence des comportements observés ni de répondre de façon satisfaisante aux questions ainsi posées.

En conséquence, l'hypothèse la plus soutenable est qu'il existe dans tous ces pays d'Afrique noire francophone un fond culturel commun aux salariés membres des différentes communautés locales. Ce fond culturel commun de valeurs et croyances partagées s'appuie sur quatre principes ayant trait à la vie, à l'organisation et à la régulation sociale : l'importance de la vie, le primat du groupe et de la communauté sur l'individu, le respect des personnes plus âgées de même que la conception unitaire de l'univers, du temps et de l'espace. Ces quatre principes constituent un système cohérent de normes et croyances des plus stables qui joue un rôle considérable dans l'orientation des comportements des acteurs. C'est autour de ce noyau de valeurs et croyances que viennent se greffer des valeurs périphériques et localisées, contingentes et évolutives, spécifiques à tel pays ou à telle communauté nationale. Cependant et malgré la prépondérance du fond culturel commun, ces composantes périphériques autorisent la réfutation de toutes les hypothèses visant à confirmer l'existence d'une unité culturelle africaine, voire sénégalaise ou ivoirienne. C'est à partir de ces composantes périphériques que certains auteurs ou journalistes tombent souvent dans un excès de généralisation pour renforcer leurs conclusions.

Pour faire suite à cette dernière remarque, j'illustrerai par quelques exemples la conception globale de la vie, pre-

---

4. La culture d'entreprise a fait l'objet de plusieurs travaux dont, notamment, le numéro spécial de la *Revue française de gestion* , no 48, sept.-oct., 1984 qui rassemble plusieurs articles spécialisés sur ce thème, des analyses comparatives fondées sur les seules variables économiques et quantitatives.

mier principe du fond culturel commun que nous venons d'évoquer, et son influence massive sur les comportements des acteurs locaux.

Qu'ils soient cadres ou ouvriers, Nigériens ou Congolais, Zaïrois ou Ivoiriens, tous les acteurs interviewés au sujet de la vie considèrent celle-ci comme un processus global continu dans lequel tous les éléments de l'univers sont interconnectés. Ainsi pour la plupart d'entre eux, il ne peut y avoir de séparation entre la vie au village et la vie professionnelle, ni entre la vie sur terre et la vie dans l'au-delà. Les vivants, les morts et les divinités communiquent en permanence. Tout comme l'entreprise ne peut se couper de son contexte d'implantation, de même les hommes, les plantes et les animaux participent ensemble à ce cycle continu de la vie dans lequel tous les éléments sont en constante interaction et s'influencent mutuellement. Par ailleurs, selon ce principe, l'expérience vécue ici et maintenant, ensemble ou individuellement chacun de son côté, s'inscrit forcément dans cette continuité de la vie et ne prend son sens que resituée dans cette cosmogonie à la fois dynamique et mythique où les morts, les ancêtres, les divinités et les membres vivants des communautés sont constamment interreliés et en symbiose continue.

Donc, dans la vie communautaire extraprofessionnelle, une naissance, un mariage ou un décès, mais aussi certains faits quotidiens tels que l'achat d'une vache, la plantation d'un arbre, la construction d'un habitat, ne sont pas des actes individuels isolés, mais des faits sociaux souvent ritualisés et replacés ainsi dans l'espace et dans le temps des membres vivants et morts de la communauté. Évidemment, l'entreprise et les relations de travail n'échappent pas à ce processus englobant de la vie. À cet égard, une embauche, une mutation, une promotion ou le licenciement d'une personne sont des faits sociaux qui s'inscrivent dans ce processus, et ils concernent toutes les communautés représentées par chaque salarié dans l'entreprise.

De même, selon cette croyance assez répandue, un accident de travail n'arrive pas à la suite de la seule maladresse de l'ouvrier. Il est également, et surtout, le fruit de la négligence de ce principe englobant de la vie par le salarié concerné. Aussi revient-il à toute personne amenée à utiliser une nouvelle machine ou à occuper une nouvelle fonction par exemple, d'effectuer les rites nécessaires pour obtenir la bénédiction des sages et la protection des dieux, mais aussi, et par-dessus tout, d'associer du même coup à ces rites les autres membres de la communauté.

Enfin, pour chaque événement, les « vieux», plus sages et expérimentés mais aussi intermédiaires privilégiés entre les générations, sont informés et consultés. Dans certains cas, la visite du sorcier s'impose pour faire part des événements aux ancêtres et aux divinités ; ces derniers ne doivent jamais être oubliés dans la vie villageoise comme dans la vie professionnelle.

Au-delà de la clarification apportée sur l'hypothèse du fond culturel commun africain, ces exemples permettent maintenant d'ouvrir la réflexion sur les phénomènes multiculturels géostratégiques liés à la confrontation culturelle et managériale entre l'Afrique et l'Occident. On le sent déjà par le biais des exemples précédents, il s'agit d'une confrontation globale qui concerne effectivement aussi bien les modes de gouvernement des États et de gestion des économies nationales que les pratiques de management des entreprises locales.

Sans toutefois négliger les liens inévitables entre les différents niveaux de cette confrontation géostratégique, et compte tenu du champ et de l'objet de recherche définis plus haut, la réflexion suivante est centrée sur les effets de la rencontre des cultures et des modes de gestion africains et occidentaux sur l'entreprise de même que sur les relations de travail.

Les phénomènes d'origine géostratégique

Quels sont leurs effets en termes de changement de valeurs et de normes culturelles locales ? Depuis la rencontre de l'Afrique avec l'Occident, et au travers de la colonisation et de l'introduction de la religion catholique en particulier, la ritualisation de faits sociaux ne se fait plus au grand jour dans certains pays. Dans certaines villes africaines ainsi qu'au sein même des entreprises étudiées, tous ces comportements existent et on peut aujourd'hui les observer. Cependant, il convient de souligner que tout observateur extérieur doit être extrêmement vigilant pour les décoder et les comprendre et ce, afin de les relier de façon pertinente aux valeurs locales les plus prégnantes. L'aspect apparent des gestes, des rituels et des comportements, qui frappe les observateurs occidentaux, ne suffit ni pour leur donner leur sens local ni pour les situer vis-à-vis de ce que l'anthropologue français Bureau appelle, dans son livre intitulé *Le Vademecum de l'expatrié*, « l'adaptation commensale» des Africains. Cet anthropologue utilise cette notion pour désigner précisément les comportements résultant, d'une part, de la confrontation culturelle entre l'Afrique et l'Occident, et d'autre part, de la référence quasi simultanée des acteurs à certaines valeurs des deux systèmes. Toutefois, cette expression est souvent perçue par quelques Occidentaux et par plusieurs Africains comme un jugement de valeur. De fait, elle semble suggérer que les comportements des acteurs locaux sont naturellement ambivalents.

Certes, les comportements observés, toujours par Bureau sont assez fréquents aujourd'hui dans plusieurs pays africains et dans les villes en particulier. À Abidjan, à Dakar ou à Niamey, plusieurs personnes se réfèrent en effet à la fois aux traditions locales et aux apports de l'Occident lorsqu'ils usent des savoir-faire à la fois du médecin et du guérisseur, du prêtre et du sorcier, de l'expert onusien et du chef de clan. Pour repérer ces comportements apparents, les comprendre et leur donner une juste signification, il faut savoir que plusieurs d'entre eux ne sont ni authentiques ni culturellement ancrés, mais adoptés de façon contingente et stratégique par certaines personnes, et en fonction de leurs enjeux. À ce propos, nous avons constaté que la grande majorité des acteurs locaux ne recourent généralement à l'expertise occidentale qu'en dernier ressort, et particulièrement lorsque le savoir-faire local n'a pas donné le résultat escompté. Mais même dans ces conditions, il ne faut pas oublier que ces acteurs restent profondément attachés à leurs valeurs et traditions locales, et qu'ils s'y réfèrent en priorité aussi bien dans la vie quotidienne que dans la sphère des activités importées de l'Occident (banque, hôpital, église, et bien entendu, industrie).

C'est pour cette raison que l'entreprise locale est à la fois et, sans aucun doute aujourd'hui, le lieu idéal d'observation et le révélateur privilégié du choc culturel entre l'Afrique et l'Occident. Elle est en quelque sorte la scène numéro un de la confrontation de leurs conceptions différentes du monde et de la vie, des rapports de l'homme aux autres humains, à la nature et aux divinités. Car au-delà de tout ce qui a été écrit sur leur incapacité de s'impliquer dans l'entreprise, les Africains ont plutôt massivement adhéré à ce concept que certains d'entre eux utilisent avec succès aujourd'hui dans la gestion des activités collectives « informelles» agricoles et artisanales (Touré, 1985). En revanche, telle qu'elle leur a été proposée depuis la colonisation, « l'entreprise moderne » comporte plusieurs valeurs qui se révèlent en contradiction fondamentale avec celles qui leur sont essentielles, ce qui amène inévitablement les acteurs locaux à adopter des attitudes de retrait ou de double engagement.

Autrement dit, du PDG au balayeur, tout salarié local est soumis à des exigences souvent contradictoires, soit celles de sa communauté d'appartenance et de l'entreprise qui l'emploie. C'est ainsi que la plupart des valeurs et normes de comportement telles que la solidarité et l'interconnaissance, en rapport avec le principe du primat de la communauté sur l'individu, s'avèrent très incompatibles avec la recherche de performance par la compétition interindividuelle ; cette dernière s'inspire largement du modèle nord-américain et est valorisée dans les pratiques actuelles de management des entreprises.

Cette contradiction représente le point nodal des facteurs à l'origine de nombreux échecs des opérations de restructuration industrielle et de privatisation des entreprises publiques, initiées depuis quelques années par la Banque mondiale dans plusieurs pays d'Afrique noire francophone (D'Iribarne, 1990). Face à ces échecs, certains experts internationaux voient ainsi dans ce second principe la cause principale du sous-développement de l'Afrique, et en examinant plus attentivement le fonctionnement des entreprises locales, ils considèrent que le primat du groupe sur l'individu est la cause principale de leurs dysfonctionnements majeurs et de leur manque de compétitivité internationale[5].

Ainsi, de façon globale, rares sont les experts qui proposent une réflexion approfondie sur la possibilité d'exporter le concept occidental de l'entreprise, ses principes et ses modes de fonctionnement en Afrique noire. En faisant l'économie de cette réflexion, certains travaux débouchent sur des conclusions tronquées dont il est très difficile de tirer des enseignements opératoires pour redresser efficacement les entreprises locales. À cet égard, en parlant des attitudes des acteurs locaux, Delalande (1987, p. 82) déclare ce qui suit :

---

5. Cf. le discours de E.V.K. Jaycox, adressé au Conseil de la Banque mondiale, le 7 décembre 1988.

(...) on attend de l'entreprise qu'elle soit au service de la solidarité des groupes représentés en son sein, qu'elle embauche les membres des groupes, qu'elle se fournisse dans ces groupes et qu'elle accorde des facilités aux clients de ces groupes. La rentabilité de l'entreprise ne résiste guère aux pressions de ces réseaux de solidarité (...).

De toute évidence, ce propos sur les attentes africaines vis-à-vis de l'entreprise locale ne tient pas très suffisamment compte de la complexité du principe de primat de la communauté sur l'individu, non plus que du sens dans lequel il oriente véritablement les comportements des acteurs locaux. En effet, pour les Africains qui n'ont jamais travaillé dans « l'entreprise moderne», ces attentes sont totalement inimaginables. L'entreprise est perçue comme un objet fermé et étranger. Ils ignorent tout de ses finalités et de ses modes de fonctionnement, voire de ses produits, et ceci d'autant plus que plusieurs entreprises locales produisent essentiellement en vue de l'exportation et non de la consommation locale. Dans ce dernier cas, les entreprises sont totalement déconnectées du village qui les abrite, malgré leur tendance naturelle à rendre visite aux membres de leurs communautés qui y travaillent, les habitants ne comprennent pas les mécanismes de cet univers clos.

Quant aux salariés autochtones, l'entreprise moderne leur apparaît comme « une affaire de blancs» dont les finalités ne rejoignent pas leurs préoccupations. Elle est, comme nous l'avons déjà évoqué, toujours perçue comme « un monstre froid» dans lequel aucune place n'est accordée aux valeurs de partage, de solidarité, de cohésion et d'interassistance qui sont chères à la vie villageoise. Face à ces éléments, le propos de Delalande (1987) tombe dans le piège des stéréotypes et des clichés souvent véhiculés par les médias ; les projecteurs sont souvent braqués sur les aspects négatifs de l'esprit communautaire africain.

Au fond, une analyse plus fine des comportements et des attitudes des salariés, et de leur perception actuelle de l'entreprise moderne montre que ce n'est pas vraiment de cette dernière que les Africains attendent ces services. Le peu d'expérience qu'ils en ont, au travers notamment des mesures draconiennes de restructuration mises en œuvre depuis quelques années sous la houlette de la Banque mondiale et du Fonds monétaire international, leur a plutôt appris à ne point confondre l'entreprise avec la famille ou avec la communauté d'origine.

À partir de ces constats et de l'analyse de certains rapports d'experts, on peut déduire que chaque fois qu'un diagnostic sur l'entreprise africaine ne tient pas compte de la dimension multiculturelle, les conclusions qui s'en dégagent sont plutôt des « suppositions ou des prévisions qui, par le simple fait d'avoir été énoncées, entraînent la réalisation de l'événement prévu et confirment par là même leur exactitude » (Watzlawick, 1987, p. 82). Menées souvent par des experts internationaux disposant de plusieurs moyens afin d'influencer l'opinion publique, ces études ont pour grave conséquence d'aveugler et d'enfermer les partenaires africains et occidentaux de bonne volonté dans le cercle vicieux de l'échec, de la méfiance et de la déception. Et ceci est d'autant plus grave que très rares sont les études montrant le processus par lequel le principe du primat du groupe sur l'individu, ainsi que les valeurs et normes de comportement qui en découlent peuvent être positivement investies dans l'entreprise « moderne».

DU MULTICULTUREL À L'INTERCULTUREL : DES PROCESSUS ÉMERGENTS DE TRANSFORMATION, D'INNOVATION ET DE PROGRÈS

À l'instar du modèle japonais et de quelques pratiques managériales locales, il paraît tout à fait concevable d'utiliser judicieusement la spécificité africaine pour développer un esprit de corps, favoriser l'implication collective et garantir ainsi la productivité des entreprises locales à partir de solidarités communautaires, villageoises ou éthiques.

Partant de l'hypothèse qu'il existe une certaine analogie de valeurs entre le Japon et l'Afrique sur ce principe central de régulation sociale, une expérimentation managériale est en cours de développement au sein de quelques entreprises du Burkina Faso[6]. Si elle est bien conduite, cette recherche devrait normalement d'une part, permettre d'apprécier à sa juste valeur l'impact local du primat du communautaire sur

---

6. Financé par le Japon et la Banque mondiale, cette expérience dont nous ne connaissons pas encore les résultats a été lancée à l'automne 1991 pour « adapter » le modèle de management japonais à quelques entreprises locales.

les comportements et les relations de travail, et d'autre part, fournir de nouvelles pistes d'action et d'amélioration du fonctionnement concret des entreprises africaines.

Cependant, comme cela a été le cas vis-à-vis des apports occidentaux, les Africains ne devront pas se laisser piéger par le pouvoir de fascination que peut exercer sur eux le modèle japonais. Ils ne doivent pas ignorer que le modèle nippon est, de toute façon, impossible à transplanter intégralement dans d'autres pays du monde[7].

Au-delà de cette mise en garde, cette expérimentation pourrait avoir des retombées intéressantes pour le management des entreprises implantées dans plusieurs pays d'Afrique noire, compte tenu de la parenté de certaines valeurs japonaises et africaines.

Par ailleurs, axés sur une perspective de conciliation des spécificités locales avec les exigences de l'entreprise moderne, les managers locaux pourront également s'appuyer sur une thèse concordante, récemment développée dans l'excellent ouvrage de Henry *et al.* (1991) sur le fonctionnement concret des « tontines»[8] au Cameroun. En effet, et comme le soulignent à juste titre ces auteurs, le fonctionnement de la tontine africaine est fondé sur la primauté du groupe sur l'individu. L'organisation, les finalités et les modes de mobilisation des acteurs font essentiellement appel aux valeurs fédératrices de solidarité, d'interconnaissance, de confiance et de cohésion des membres. De plus, on ne peut pas oublier que les tontines ne sont pas propres au Cameroun. Leur pratique peut être effectivement observée dans la totalité des pays où cette recherche s'est déroulée. Les enseignements tirés de la réflexion de ces auteurs pourront judicieusement servir dans tous ces pays afin d'introduire des valeurs locales dans la gestion des entreprises.

---

7. Plusieurs travaux ont montré l'échec de l'implantation intégrale des cercles de qualité en Europe notamment, mais pour une réflexion approfondie sur le transfert des modèles, on, pourra lire GLITO, R. (1992). « Une lecture critique des nouveaux évangiles managériaux » *Gérer et comprendre*, no 27, juin.
8. Il semble que nous devions à Lorenzo Tonti, un banquier italien, le terme de *tontine*. Ce dernier correspond à une pratique observée aujourd'hui dans différents pays des cinq continents et consiste en une adhésion à un groupe dont les membres mettent en commun des cotisations pour que chacun d'entre eux puisse toucher, à tour de rôle, le capital ainsi collecté et l'investin dans son projet.

Néanmoins, il faut encore souligner le fait que la généralité de cette pratique tontinière et l'analogie de ses valeurs fondatrices avec différents pays d'Afrique noire ne correspondent pas toujours à une homogénéité de procédures et de modalités concrètes quant à la gestion des activités et à la mobilisation des acteurs. Par conséquent, toute recherche d'investissement positif des valeurs africaines, au sein des entreprises de chaque pays, devra tenir compte à la fois du fond culturel commun africain et des valeurs spécifiques aux communautés culturelles concernées. Il ne s'agit donc pas de gérer de façon uniforme toutes les entreprises africaines suivant le modèle de la tontine. De fait, l'analyse des pratiques locales montre qu'une tontine située à Brazzaville au Congo n'obéit pas aux mêmes logiques que celle qui se trouve de l'autre côté du fleuve à Kinshasa au Zaïre. De même, concernant les entreprises, l'étude des comportements des salariés de ces deux pays très proches fait ressortir l'existence de quelques valeurs et normes de comportement différentes au travail et dans la vie en général.

Bien que ces différences semblent généralement plus significatives entre pays éloignés, tels que le Rwanda et la Côte-d'Ivoire, l'éloignement ou la proximité géographique ne suffisent pas à expliquer la genèse des différences ou des convergences d'attitudes et de comportements des acteurs. D'autres variables semblent intervenir dans l'orientation culturelle des comportements et la définition des différences, des similitudes ou des analogies des modes de régulation sociale, des attitudes et comportements des membres de diverses communautés au travail.

En somme, et ceci correspond à une hypothèse qui occupe une place centrale dans cette recherche, l'analyse des observations effectuées dans les six pays tend à montrer que le fond culturel commun interafricain transcende à la fois les spécificités des communautés et les apports occidentaux dans l'orientation des comportements des acteurs, au travail et en dehors de l'entreprise. Compte tenu de ce qui précède, il s'agit d'évaluer le poids du fond culturel, non seulement au regard des valeurs spécifiques de chaque communauté, mais aussi, et surtout, au regard de celles qui ont cours aujourd'hui dans l'entreprise moderne. La double tension culturelle dans laquelle se trouve le continent africain doit être élucidée afin de mieux appréhender la gestion des entreprises locales.

BIBLIOGRAPHIE

BENOÎT, L. (1966). *Le compagnonnage et les métiers*, Paris, P.U.F., Collection « Que sais-je ? ».

DELALANDE, P. (1987). *Gestion de l'entreprise industrielle en Afrique*, Paris, Éditions Economica, (Collection Coopération au développement).

D'IRIBARNE, P. (1989). *La logique de l'honneur*, Paris, Seuil.

D'IRIBARNE, P. (1990). « Face à l'impossible décentralisation des entreprises africaines », *Revue française de gestion*, septembre-octobre.

BOLLINGER, D. et G.H. HOFSTEDE (1990). *Les différences culturelles dans le management : comment chaque pays gère-t-il ses hommes ?*, Paris, Éditions d'Organisation.

HENRY *et al.* (1991). *Tontines et banques au Cameroun : les principes de la société des amis*, Paris, Karthala.

TOURÉ, A. (1985). *Les petits métiers à Abidjan, l'imagination du secours de la conjoncture*, Paris, Karthala.

WATZLAWICK, P. (1987). *L'invention de la réalité*, Paris, Seuil.

CHAPITRE 17

TRAVAIL ET CULTURE : LE SYNDROME DE L'ENTREPRISE EN PORTE-À-FAUX

Daniel Mercure
Université Laval
Québec

Dès l'abord, nous désirons mettre en lumière trois observations qui s'avèrent autant de points de repère des mouvements de la culture. Il s'agit en fait de trois regards qui portent sur un ensemble de sociétés : celles hautement industrialisées à tradition libérale, celles en transition et celles en développement.

Un premier regard sur l'ensemble de ces sociétés nous révèle des cultures soumises à la pression du changement sous la poussée à la fois des avancées techniques et technologiques, de l'essor sans précédent des moyens de communication et surtout de la mondialisation de l'économie.

Un deuxième regard que nous montre les sociétés en question font face à des ratés économiques dont l'ampleur suscite l'inquiétude et le désarroi. De fait, presque toutes les sociétés sont aux prises avec des problèmes de restructuration économique et d'emploi, à l'exception des pays de l'Asie du Sud et de l'Est qui ne sont concernés que par le premier type de problème.

Un troisième regard nous permet de repérer un autre mouvement de fond, soit celui de l'affirmation des identités culturelles. Ce phénomène s'étend aussi à l'ensemble des sociétés ; celles-ci, selon des modalités variables, aspirent tantôt à une plus grande modernisation, tantôt au retour à un mode de vie de type traditionnel.

Si nous considérons simultanément ces trois regards, un curieux paradoxe émerge : toutes les sociétés sont à la fois de plus en plus dépendantes d'une économie « globalisée » – porteuse de logiques universelles – et en voie d'affirmation de leurs identités culturelles. Plus que jamais, la culture et l'économie apparaissent donc comme deux réalités en interconnexion dans un contexte de crise du travail.

Effectivement, les sociétés contemporaines sont de plus en plus amenées à reconnaître que le travail n'est pas seulement une affaire de ressources matérielles, de techniques et de logistique. La question du travail se présente aussi comme un débat sans fin entre d'une part, les formes d'organisation et de mobilisation du travail, et d'autre part, les traits de caractérisation des identités nationales et des cultures locales. De ces traits, souvent enracinés dans la longue durée mais toujours en mouvement, découlent différentes manières de se représenter le monde, de le penser et d'agir qui influent inévitablement sur les formes de coopération au travail.

Dans le présent article, nous défendons l'idée que gestion et culture se révèlent indissociables, que ce fait est de plus en plus reconnu par les sociétés contemporaines, et que cette reconnaissance représente en soi l'une des grandes transformations des sociétés actuelles.

Examinons d'un peu plus près comment les sociétés posent aujourd'hui la question des rapports d'interdépendance entre culture et travail ; de façon plus précise entre les modes d'aménagement du travail, soit les formes de gestion, et les réalités socioculturelles, en particulier celles de la main-d'oeuvre. Nous retenons trois cas de figure.

LES SOCIÉTÉS INDUSTRIELLES AVANCÉES

Le cas des sociétés industrielles avancées est riche en enseignement. Nous pouvons en effet observer que l'histoire de ces sociétés se confond avec celle du travail, et que l'histoire du travail se confond avec celle de l'évolution des formes de gestion. Depuis les débuts de la révolution industrielle, ces sociétés ont été marquées par une ambition, celle d'ériger des systèmes de gestion selon une logique universelle, c'est-à-dire extérieure à toute considération culturelle.

Le système artisanal de production, qui a précédé l'industrialisation, reposait sur un fort esprit communautaire et des liens sociaux de travail denses. Dans ce système, la division du travail est peu élevée et la séparation entre la vie publique et la vie privée presque inexistante, à tel point que même les confréries de compagnons participent à tous les espaces de la vie sociale, depuis la famille jusqu'au sacré. Certes, les formes d'apprentissage sont codifiées, mais elles reposent sur un lien de fidélité entre le maître et l'apprenti. En somme, le lieu de travail étant aussi le lieu d'apprentissage, culture et travail sont alors peu dissociés.

L'histoire moderne nous montre que chacune des vagues successives d'industrialisation massive est marquée par un mouvement d'autonomie accrue du champ du travail, en d'autres termes, par une scission de plus en plus profonde entre le monde vécu – au sens où l'entend Habermas (1987) – et les nouvelles logiques de gestion aux prétentions universelles. Des formes inédites de coopération sont mises en oeuvre visant à évacuer la culture du travail, à mettre celle-ci en marge des modèles de gestion. Le taylorisme est très certainement l'expression la plus achevée d'un tel mouvement. D'après cette philosophie de gestion, la culture des hommes au travail se trouve définie comme une « flânerie systématique ». Le principe organisateur d'une telle forme de rationalisation du travail réside dans la séparation entre la conception et l'exécution, c'est-à-dire entre la main et la tête. Il en résulte un succès sur le plan de la productivité. La culture se retourne alors contre l'organisation du travail, d'où le projet d'humaniser le travail. Par la suite, la rigidité engendrée par de tels systèmes de gestion rend les entreprises incapables de s'adapter aux changements récents de l'économie. Aussi ont-elles dû réajuster leur tir, de sorte qu'aujourd'hui le facteur humain et la culture sont de plus en plus au centre des nouvelles formes de gestion. Alors, comment expliquer un tel renversement de situation ?

Une première explication a trait à l'évolution des connaissances. En effet, l'un des apports contemporains les plus importants de la science de la gestion est d'avoir montré qu'il n'existe pas de principes universels qui guident la gestion des femmes et des hommes en entreprise. Bref, cette nouvelle discipline a montré que les formes d'organisation et de direction les plus efficaces ne sont pas celles qui se conforment aux principes du *One Best Way*, mais plutôt celles qui enracinent leurs pratiques dans l'univers symbolique et matériel propre aux groupes à l'oeuvre en entreprise. Un tel univers se distingue par un ensemble de manières plus ou moins stables de penser et de sentir, de vivre, d'agir et de réagir. C'est ce qu'il est convenu d'appeler la culture. Par conséquent, établir des formes de gestion en accord avec la culture ambiante – celle de la société visée, de ses « subcultures », en somme des femmes et des hommes qui coopèrent dans les milieux de travail –, constitue-t-il une exigence de plus en plus reconnue par ceux qui sont appelés à mettre en oeuvre les nouveaux principes à la base de la direction des ressources humaines et de l'organisation des activités de production.

Une deuxième explication réside dans le fait que le savoir en question, et surtout la quête de flexibilité qui caractérise la dynamique des entreprises dans les sociétés industrielles avancées, se trouvent à la source de pratiques novatrices. À cet égard, nous constatons que l'entreprise a renoué ses liens avec la culture et se définit de plus en plus comme un espace social de dialogue, qu'elle redonne ses lettres de noblesse au droit de parole et qu'elle se veut à l'écoute de ses employés. De surcroît, une nouvelle logique sociale est à l'oeuvre, logique selon laquelle l'entreprise tente de resserrer les liens sociaux, de valoriser les compétences et les identités, ainsi que de modifier les formes de participation des salariés : groupes de travail polyvalents, groupes de résolution de problèmes, cercles de qualité. Néanmoins, les avis sont partagés quant à la véritable nature de cette nouvelle logique sociale. Pour certains, il s'agit d'une mutation de l'entreprise suivant des modalités qui concilient culture et gestion, alors que pour d'autres, un tel phénomène nous met plutôt en présence de nouvelles formes de manipulation symbolique en milieu de travail. Pour d'autres encore, le discours actuel ne change pas véritablement le contenu du travail. Quels que soient les effets de la nouvelle logique sociale, un fait demeure : les sociétés industrielles avancées reconnaissent de plus en plus qu'elles ne peuvent penser le travail sans tenir compte de la culture et, par conséquent, celles-ci font de l'entreprise le territoire d'un véritable enjeu culturel.

LES SOCIÉTÉS EN TRANSITION

Les sociétés en transition vers une économie libérale forment un deuxième cas de figure. Nous retenons un exemple que nous avons étudié récemment, soit celui de l'Algérie (Mercure *et al.*, 1996). Il s'agit d'une société qui présente un triple intérêt : celle-ci a en effet connu l'emprise coloniale, son économie est en transition et son tissu social est marqué par de fortes particularités culturelles telles l'islam, l'arabité et l'amazighité.

L'étude s'appuie sur une enquête nationale dont le projet est né d'un double constat. D'abord, la difficulté grandissante de mobiliser les ressources humaines dans un contexte de mutation de l'économie et, ensuite, la reconnaissance du fait que les formes de gestion mises en place sont étrangères aux réalités socioculturelles de la force de travail.

L'étude en question porte sur un échantillon représentatif de l'ensemble des salariés algériens qui exercent leur métier ou leur profession dans les entreprises tant publiques nationales et locales que privées. L'objectif de l'enquête était de déterminer, pour la société algérienne, des formes de gestion en accord avec la culture ambiante. Pour ce faire, nous avons d'abord tenté de dégager les principales valeurs partagées par le monde du travail algérien, puis de repérer les modes de gestion souhaités par les travailleurs. Penchons-nous sur cette évolution.

Au cours des trente dernières années, l'Algérie a fait le pari de la grande industrialisation et a adopté des modèles de gestion fondés sur des principes qui ont été définis comme universels. À l'instar de la plupart des pays à économie planifiée, l'Algérie a misé sur la grande entreprise et s'est développée conformément à une logique bureaucratique. Il convient de rappeler que cette société a hérité d'une tradition coloniale empreinte de modes d'organisation en désaccord avec sa culture. Effectivement, ces modes d'organisation se définissent par une grande formalisation des rôles, une forte centralisation des décisions et un système de communication qui privilégie l'écrit. Au début des années 1960, l'entreprise algérienne s'éloigne plus de ses fondements culturels en optant pour le mode de l'économie planifiée. À la suite de ce virage, la taille des entreprises s'accroît grandement, les procédures de gestion se trouvent davantage bureaucratisées et les décisions sont de plus en plus centralisées suivant un modèle mécanique d'organisation. Le modèle en question est cependant accompagné d'une volonté d'accroître la participation des travailleurs à la prise de décision. Toutefois, cette volonté de participation n'a pas produit les effets escomptés, du moins chez les travailleurs assignés à la production.

Que nous apprend l'étude ? D'abord, que la société algérienne est atteinte de ce que nous appelons le syndrome de l'entreprise en porte-à-faux, autrement dit, l'entreprise dont les éléments de structure, les modes de gestion et les systèmes de commandement se trouvent en désaccord avec la culture ambiante et celle des travailleurs. Dans les grands complexes industriels, les salariés s'identifient peu à la mission de l'entreprise et ne se reconnaissent pas dans les structures organisationnelles mises en place. Leur adhésion au système de commandement est faible et ils adoptent une attitude défensive envers l'autorité.

Dotés d'un sens communautaire très élevé, les salariés algériens se sentent étrangers dans des entreprises de grande taille ; issus d'une culture de l'oralité, ils interprètent le mode de communication écrit comme un manque de considération de la part des supérieurs, ou encore comme une menace. Le supérieur immédiat est associé au chef traditionnel et les exigences à son endroit sont très élevées, en ce sens qu'il ne saurait être un simple rouage de transmission de décisions prises en d'autres lieux, ni réduit à un simple rôle d'animateur. En fait, le modèle du chef traditionnel se trouve au centre du système de gestion souhaité par le salarié algérien. Orienté vers la tâche, le chef est aussi un protecteur, celui par qui la stratégie d'évitement des situations d'incertitude – si forte chez les salariés algériens – trouve sa réalisation tactique. Les liens de face à face sont privilégiés aussi bien dans les activités quotidiennes qu'à l'occasion de la résolution de conflits. De tels exemples sont légion. Ils concernent autant la structure organisationnelle des grandes entreprises algériennes que leur modèle de gestion des ressources humaines. Ces exemples mettent au jour essentiellement une chose : le système de gestion mis en œuvre s'avère insuffisamment ancré dans les fondements culturels de la société algérienne.

En somme, l'étude montre que les salariés algériens sont en quête de leur identité au travail. L'enquête révèle, d'une part, la présence d'un écart profond entre les pratiques de gestion des entreprises et les formes de gestion souhaitées par les travailleurs et, d'autre part, une forte homologie entre les fondements culturels de la société algérienne et les modes de gestion souhaités par l'ensemble des travailleurs.

Le cas de l' Algérie est riche en enseignement, car il illustre les effets négatifs de tout projet qui vise à gérer les hommes sans la prise en compte de leur culture, en l'occurrence, selon des principes de gestion aux prétentions universelles.

LES SOCIÉTÉS EN DÉVELOPPEMENT

Examinons un troisième cas de figure, celui des sociétés en développement. À notre sens, encore moins que les autres, ces sociétés ne réussissent pas à échapper au débat entre culture et gestion. Les sociétés en développement sont très diversifiées et, pour cette raison, se prêtent mal à une mise en perspective fondée sur un registre unique. À ce propos, distinguons celles dont l'économie informelle compose l'armature de survivance de celles dont l'économie structurée ou officielle, en général de type semi-industrielle, est en mutation. Nous nous attarderons aux secondes avant de présenter quelques considérations sur les premières.

Les sociétés en développement qui s'inspirent du modèle de l'économie structurée tirent profit de la nouvelle division internationale du travail. De fait, elles bénéficient du déplacement de plusieurs activités industrielles des pays du Nord vers les pays du Sud suivant une nouvelle donne. À l'ancienne segmentation entre produits primaires en provenance du Sud et biens manufacturés en provenance du Nord a succédé un nouveau clivage : celui qui oppose les industries du Nord à forte intensité de capital aux industries du Sud à forte intensité de main-d'oeuvre. Dans les sociétés en développement à économie structurée, un tel changement pose en des termes nouveaux la question des rapports entre gestion et culture ; question que nous nous proposons d'examiner de plus près.

En premier lieu, les sociétés concernées sont de plus en plus appelées à concilier la singularité de leurs dynamiques culturelles avec les exigences économiques plus universelles qui découlent de la logique de l'échange. Davantage enserrées dans une économie « globalisée », les entreprises sont désormais soumises de façon permanente aux problèmes des interfaces culturelles.

En second lieu, l'essor industriel des sociétés en développement, d'après le modèle de l'économie structurée, fait en sorte qu'elles doivent affronter le délicat problème du choix des techniques de production ; celles-ci peuvent être conçues et développées de manière endogène. Toutefois, dans les faits, ces techniques sont le plus souvent empruntées aux sociétés économiquement développées et, par voie de conséquence, marquées dans leur conception même par des traits culturels exogènes. Il s'ensuit un problème d'appropriation culturelle des techniques et des technologies.

Enfin, la délocalisation industrielle se traduit souvent par le transfert de manières de faire et d'organiser, c'est-à-dire de modèles de gestion le plus souvent empruntés aux sociétés économiquement développées. De tels modèles ne se limitent pas à afficher une image de réussite, ils véhiculent aussi une conception du rôle de l'homme et de la culture au travail. Le problème du transfert des modèles de gestion en désaccord avec la culture des travailleurs est d'autant plus aigu que ce sont les industries à forte tradition tayloriste qui se déplacent vers les pays du Sud.

Quels enseignements utiles à la compréhension de la dynamique des sociétés en développement, caractérisées par l'essor de l'économie informelle, peut-on tirer des trois cas de figures examinés ci-dessus ?

Les sociétés en développement marquées par une forte économie informelle sont aux prises avec des ratés de croissance. Dans bien des cas, elles sont sous la tutelle des milieux financiers internationaux, notamment du FMI et de la Banque mondiale. Leur niveau de vie se situe souvent près du seuil ou sous le seuil de la pauvreté. En outre, plusieurs de ces sociétés ont été soumises à l'emprise coloniale, de laquelle elles ont hérité d'une forte détérioration du tissu social. Par contre, dans une large mesure, l'économie informelle de ces sociétés s'appuie sur les fondements culturels des travailleurs. La production domestique, l'agriculture de subsistance et l'artisanat renvoient à des liens sociaux denses, aux cultures d'appartenance, à des unités de production de petite taille, à une formation sur le tas, à l'importance des liens familiaux, des liens ethniques et des liens de confiance.

Pour se développer, ces sociétés peuvent emprunter différentes voies. Elles peuvent tenter d'accroître leur intégration aux rouages de l'économie internationale, ou encore miser davantage sur des formes de développement endogènes. Cependant, quel que soit leur choix, ces sociétés seront inévitablement amenées à examiner de près la délicate question des rapports entre leurs fondements culturels et les modèles de gestion à mettre en oeuvre. À notre avis, les diverses situations commentées dans le présent article devraient les inciter à concevoir les rapports entre les deux ordres de réalité en question sur la base de trois principes.

Premièrement, il leur faut reconnaître un fait trivial : une organisation est avant tout un groupement humain dans lequel coopèrent des travailleurs, soit une communauté qui ne saurait être gommée par des faits de structure. C'est la raison pour laquelle les modèles mécaniques de gestion fondés sur une vision inorganique de l'entreprise nous apparaissent voués à l'échec. Aussi sommes-nous enclin à penser que les sociétés en développement doivent plutôt miser sur le facteur humain et, plus particulièrement, développer les ressources humaines selon des modalités qui s'accordent avec les réalités socioculturelles. En somme, elle doivent mettre davantage l'accent sur la force de leurs liens sociaux.

Deuxièmement, reconnaître que les différences culturelles qui distinguent chaque société d'une autre, chaque communauté d'une autre, ou encore chaque groupe d'un autre, s'expriment aussi dans le milieu de travail et s'avèrent un atout à valoriser. L'esquisse des modèles de gestion d'entreprise projetés ne saurait donc faire table rase de la culture.

Troisièmement, un dernier principe qui touche peut-être à l'essentiel : les sociétés en développement doivent prendre acte du fait que leurs activités de gestion ne sauraient être fondées sur des principes universels, indépendants des cultures et, en conséquence, aisément transférables. Afin d'éviter le syndrome de l'entreprise en porte-à-faux, elles sont donc appelées à créer leurs propres modèles de gestion en ce sens qu'il leur incombe d'inventer une manière de faire selon des principes en accord avec leur façon d'être.

BIBLIOGRAPHIE

CHICKERING, A. L. et Mohamed SALAHDINE (1991). *The Silent Revolution. The Informal Sector in Five Asian and Near Easten Countries*, San Francisco, International Center for Economic Growth Publication.

HABERMAS, J. (1987). *Théorie de l'agir communicationnel*, Paris, Fayard.

HENRY, A. (1992). « Les entreprises en Afrique : des progrès méconnus », dans CECE-IFRI, *Sociétés africaines et développement*, Paris, Masson, p. 143-154.

HUGON, P, (1993). *L'économie de l'Afrique*, Paris, La Découverte.

LANE, W., H. et J.J. DI STEFANO (1988). *International Management Behavior*, Boston, PWS-Kent Publishing Company.

MERCURE, D. *et al.* (1996a). *Culture et gestion en Algérie*, ouvrage à paraître.

MERCURE, D. (sous la direction de) (1992). *La culture en mouvement. Nouvelles valeurs et organisations*, Québec, PUL.

MERCURE, D. (1996b). *Le travail déraciné*, Montréal, Éditions du Boréal.

MUHEME, G. (1992). « Les aspects productifs de l'économie informelle », *Afrika Focus*, vol. 8, nº 1, p. 5-31.

SAINSAULIEU, R. (1988). *Sociologie de l'organisation et de l'entreprise*, Paris, Presses FNSP-Dalloz.

CHAPITRE 18

ENTREPRISE ET DÉMOCRATIE : LES ENTREPRISES FRANÇAISES CONTEMPORAINES

Renaud Sainsaulieu
Institut d'études politiques
Paris

DES FAITS NOUVEAUX

Des recherches récentes effectuées sur le thème du développement économique et social d'entreprise dans une centaine d'entreprises publiques et privées françaises (Francfort *et al.*, 1995) montrent que trois phénomènes nouveaux orientent la gestion des ressources humaines vers un plus grand développement démocratique. L'objectif poursuivi est de répondre aux conditions actuelles de la production dans une société libérale de plus en plus concurrentielle.

Il apparaît tout d'abord évident que la plupart des établissements de production doivent affronter de fortes évolutions aléatoires de leur environnement de marché, de bassin d'emploi, et de rapports aux institutions locales et nationales. La contingence extérieure les oblige à vivre le changement et l'innovation comme une véritable dimension normale de leurs rapports sociaux. La capacité de mobiliser les différentes catégories de personnels devient une nécessité de survie.

Or, cet appel à l'engagement des individus dans une dynamique d'acteurs du quotidien et de l'innovation doit tenir compte d'un second fait nouveau : la différenciation des identités au travail qui modifie profondément la compréhension des cultures d'entreprise. Le temps est loin où une définition identitaire était établie par le patron, le métier ou la lutte militante (Sainsaulieu, 1977 et 1987). On observe de nos jours des formes de références collectives beaucoup plus diversifiées qui mettent l'accent sur le règlement statuaire, la lutte sociale, la maison, la profession, l'esprit d'entreprise, le service public et la mobilité. Tout effort de mobilisation collective fondée sur les exigences de la production doit donc prendre appui sur les divers aspects de la vie au travail et hors travail. Les anciennes modalités de la représentation collective des salariés ne sont plus adaptées à cette diversité des modes d'investissement humain en entreprise. Il importe de dégager au cœur même des situations de production des formes inédites d'expression, de communication et de participation .

Un troisième phénomène décelé au cours de cette recherche récente est l'augmentation considérable des ressources stratégiques et la démultiplication des relations de pouvoir dans les contextes de changements technologiques et organisationnels. Compte tenu de cette nouvelle réalité, les décisions économiques doivent nécessairement reposer sur la participation légitime reliée à quatre champs : la défense communautaire, l'investissement professionnel, l'attention portée aux résultats économiques, les projets personnels. Les dynamiques sociales de la production sont ainsi tenues d'inventer des formes de négociations directes pour arriver à des compromis entre les différentes logiques d'action et de participation.

Pour toutes ces raisons, l'entreprise moderne de société libérale rencontre de nouveau, mais pas sur les modes antérieurement connus, la question de la démocratie entre les acteurs de la production. Avant de circonscrire les nouvelles formes de démocratie en entreprise, il convient de reconnaître les forces et les faiblesses des anciennes expériences démocratiques.

LES VOIES ANCIENNES DE LA DÉMOCRATISATION EN ENTREPRISE

Dès les débuts de la révolution industrielle, la question de l'organisation des rapports sociaux de la production constitue un grand problème de société. Mutualisme, coopératives, lutte de classe, autogestion, syndicalisme, protection sociale négociée et démocratie industrielle, en sont les formes institutionnelles les plus évidentes. La question de fond, sans cesse évoquée et sans cesse reprise, concerne l'articulation entre d'une part, les exigences économiques et technologiques de la production et, d'autre part, les exigences de la justice sociale. Pour être plus précis, il s'agit d'une cohésion sociale, essentielle à la naissance des sociétés industrielles modernes et démocratiques, qui se joue à deux niveaux de construction de l'appareil de production : tout d'abord, la redistribution des bénéfices directs et indirects de la production, ensuite, la position même des travailleurs dans la réalité concrète des rapports de production.

D'une certaine façon, l'entreprise capitaliste, de type paternaliste ou mondialiste, de même que l'entreprise des régimes étatiques, exige la liberté d'organiser les facteurs de production pour arriver à bâtir un résultat économique. Les exigences sociales ne sont admises qu'après avoir atteint des performances de productivité, de rentabilité et de compétitivité fondées sur l'organisation rationnelle, bureaucratique et technocratique de la production.

Par ailleurs, d'une autre façon, les exigences sociales de justice distributive et cohésive ont également toujours été invoquées contre les excès de l'économiscisme, par les travailleurs et leurs syndicats, mais plus généralement, par l'ensemble des citoyens dont le niveau et la qualité de vie réagissent vite aux aléas de l'économie.

Le choc de ces deux tendances, qui participent à l'édification d'une société, apparaît comme l'un des éléments forts du débat démocratique, débat qui repose sur l'effort de démocratisation des rapports entre l'économie et le social. Quel est donc notre héritage en cette matière ?

À mon avis, trois grandes tendances, qui vont dans le sens de la démocratisation de l'entreprise, demandent à être reconstituées, non pas en tant qu'étapes historiques de réalisations achevées, mais bien en tant que processus transformateurs ; ceux-ci sont toujours actuels, quoique diversement accrochés aux temps et aux espaces de notre histoire (dans le présent contexte surtout française, mais certainement européenne, occidentale et mondiale). Par processus transformateur, nous entendons une dynamique de changement au niveau des structures, des pouvoirs et des cultures, qui vise à instaurer d'autres formes de légitimité institutionnelle, en l'occurrence, d'autres formes d'acceptation par les individus et les groupes, des structures formelles de la production.

La démocratie industrielle représentative

L'expérience française et européenne de la démocratie industrielle représentative constitue, très certainement, la forme jusqu'à présent la plus expérimentée et la plus validée de démocratisation en entreprise. Mais deux autres formes doivent être aussi évoquées. L'une, plus utopique, mais sans cesse résurgente depuis plus d'un siècle, concerne l'entreprise démocratique communautaire, dite autogestionnaire. L'autre, manifestement plus récente, a trait à l'entreprise dite des ressources humaines, correction, mais plus certainement succession, de l'organisation rationnelle et bureaucratique ; celle-ci est largement imposée tout au long de la croissance comme un système technique de performance économique, qui lui, est fondé sur une radicale division sociale des salariés, au nom du mérite et de la compétence, mais plus réellement au nom des différences sociales et culturelles de classe.

Que retirons-nous de durable de l'expérience de la démocratie industrielle, au moment où le syndicalisme perd une partie de ses facultés de représentation, en France tout au moins ? En termes de processus transformateur, nous pouvons avancer l'idée que plus de cent années d'action syndicale nous ont enrichis de trois expériences fortes en matière de démocratie.

Tout d'abord, une expérience de l'action collective de base, nécessaire à toute transformation de l'économicisme ambiant. Plus ou moins organisée ou spontanée, cette action collective de lutte, de grève, de contestation et de revendication implique l'expérience nécessaire d'une force et d'un rapport de force pour bousculer un ordre imposé ou implanté depuis longtemps. Sous cet angle, l'expérience industrielle est celle d'une permanente démonstration de la capacité de construire de l'acteur susceptible de porter un mouvement social de changement.

Sur le plan structurel, il en est progressivement résulté une double expérience de négociations collectives. La première, ouverte sur des forces représentatives confédérales impliquant l'État a donné lieu à des compromis à la source de conventions négociées sur les salaires et les protections sociales. La seconde, fondée sur une expérience de commissions mixtes ou partenariales en interne, a permis de produire des règles relatives à la gestion des carrières et des conditions de travail.

Sur le plan culturel, il faut évidemment reconnaître l'immense expérience de solidarités nationales, professionnelles et de classes, qui découle de tant de conflits et de négociations collectives. Notons également qu'une culture commune de la représentation, de la valeur militante et de la création partenariale de règles protectrices pour les individus a longtemps constitué un ciment de cohésion sociale pour le développement de la démocratie dans la société civile.

De nos jours, les principales critiques faites à l'égard de cette expérience de la démocratisation industrielle concernent l'excès d'institutionnalisation des appareils syndicaux (Tixier, 1992), lesquels sont quasiment absorbés par des fonctions d'experts et de diplomatie négociatrice. Mais, au travers de cette nouvelle séparation entre représentants et bases, c'est en fait la question de la démocratie directe qui se pose, dans un contexte d'autonomie croissante des bases techniques et professionnelles, et de changements culturels considérables dans la société tout entière. Ce sont également les objets de la négociation collective qui sont mis en cause : non plus les conditions de vie et de travail, mais les objectifs et les méthodes de production. Enfin, la modalité sociale d'élaboration collective de règles n'est plus assimilable à la seule mise en œuvre de luttes ; elle doit aussi examiner les solutions pertinentes en matière d'organisation et de gestion de la vie de travail.

En bref, l'expérience de la démocratie industrielle reste fort présente et symbolique, mais elle a perdu les bases de la légitimation culturelle qui lui provenaient d'une société antérieure : celle de la croissance industrielle fondée sur l'intégration de masses d'émigrés du monde rural qui sont en pleine déculturation, en quête de consommation, et en demande de représentation syndicale, voire hiérarchique, et cela afin de se sentir participantes au procès de démocratisation. Cette société n'a plus cours de nos jours et son impact démocratique nous a quittés.

La voie utopique et communautaire de l'autogestion

La voie utopique et communautaire de l'autogestion n'a guère comblé le vide de la démocratie industrielle, en dépit des expériences de communautés productrices et d'entreprises autogérées qui ont suivi les événements de mai 1968 en France. Pourtant, à y regarder de près, ces expériences prenaient elles-mêmes le relais de toute une tradition d'expériences coopératives, mutualistes et utopiques, toujours présentes en Europe et en France depuis le commencement même de l'ère industrielle. Une sorte de processus de transformation de démocratisation accompagnait ainsi, comme en sourdine, le grand programme de l'organisation industrielle. L'importance contemporaine des activités associatives dans le secteur de l'éducation populaire, du logement, des ONG à vocation humanitaire et de l'insertion par des activités de proximité, montre que ce courant de démocratisation de la production des biens et surtout des services, n'a pas fini de cheminer dans notre histoire. De quel genre d'expériences ce courant est-il porteur et pourquoi n'arrive-t-il jamais à percer triomphalement ?

En ce qui concerne les structures, il s'agit d'une longue tradition d'expérimentation sur les modalités mêmes de l'exercice formel du pouvoir. L'apport incontestable de ce courant de démocratisation réside dans la mise en place d'un minimum de hiérarchies, d'une grande quantité de groupes et d'assemblées, et dans une volonté claire de faire tourner le pouvoir sur la base d'élections. Aussi constitue-t-il le moyen de fonder l'exercice de la décision sur une réelle participation directe de tous les membres de l'entreprise.

Sur le plan culturel, il faut y voir une expérience collective de partage de la définition des objectifs et du projet même de l'entreprise, assortie d'une valorisation à la fois de l'écoute, de la parole de chacun, et de l'expression en groupe. En matière de rapports sociaux, nous devons bien reconnaître l'effort d'intégration sociale des individus dans le collectif de toutes ces structures communautaires.

Toutefois, les avancées du processus de démocratisation directe au cœur de la production se sont toujours heurtées à de mystérieuses résistances. Celles-ci l'ont enfermé dans le cercle étroit des expérimentations sociales, sans que le processus en question passe au rang de l'institutionnalisation légitime. Même en Israël, les kibboutz restent cantonnés dans une sorte de secteur à part. En France, le mutualisme, les coopératives et les essais autogestionnaires ont dû se combiner avec les formes classiques de la société de personnes ou de la SARL afin d'obtenir une existence juridique. Seuls les règlements intérieurs arrangent ensuite les conditions d'exercice réelles de la démocratie directe. Cette constante position expérimentale, cette absence de reconnaissance formelle, a de beaucoup limité la force de ce processus de démocratisation.

Cependant l'obstacle de fond doit probablement être recherché ailleurs. Il semble que ce soit l'extrême difficulté à fonder le débat sur la reconnaissance des véritables différences interpersonnelles et collectives et ce, entre différents groupes sociaux concernant les objectifs et l'évaluation concrète des résultats du travail.

Une véritable dysfonction fusionnelle (Sainsaulieu) a même été nettement répertoriée. Plus les structures du pouvoir favorisent la communication directe entre acteurs pour élaborer, grâce au AG et aux votes, la matière d'un projet réellement collectif, plus les individus et les groupes découvrent leurs différences, leurs oppositions, et la variété des projets personnels.

Face au vertige de cette différenciation, il semble bien qu'ait presque toujours manqué la culture pertinente de l'autorité d'animation, ainsi que la capacité d'explicitation et d'écoute mutuelles, ou la valeur créatrice du débat de groupe. En d'autres termes, cette démocratie directe n'a jamais pu trouver les bases culturelles de sa réalisation, sauf en circuits fermés, et pour des temps limités, entre professionnels, entre chercheurs, entre ingénieurs conseils, bref entre gens du même micromilieu.

C'est ainsi que le processus de démocratisation directe fait face en permanence au feu et à la force des enjeux personnels et des différences sociales, des lois, et qu'il est explicitement centré sur l'exercice de la décision et du pouvoir central appliqué aux objectifs même de la production.

La voie participative de la gestion des ressources humaines

Parallèlement aux deux voies précédentes de la démocratisation représentative ou directe, un troisième chemin semble bien avoir fait l'objet d'une exploration collective corrélativement à la grande route de l'organisation technocratique et bureaucratique du travail.

En effet, depuis que la psychologie est entrée dans le monde industriel, le facteur humain de la production rationalisée n'a cessé d'être l'objet d'une attention renforcée. Il en est résulté l'affirmation d'un champ nouveau de réglementations centrées, non plus sur l'organisation des fonctions de la production, mais sur l'aménagement des conditions de vie au travail : sécurité, promotion, recrutement, formation, information, participation, évolution, etc., ont été les thèmes de cette préoccupation des individus au travail. Longtemps perçue comme simple correction de l'exercice de l'autorité des chefs, par ailleurs légitimée par l'organisation scientifique et bureaucratique des entreprises, cette production de nouvelles structures de gestion du personnel a pris un grand essor tant avec la crise de la société de croissance et de consommation qu'avec le développement continu des nouvelles technologies et des formes d'organisation plus flexibles et ce, en vue d'améliorer la compétitivité face à la concurrence mondiale. Bref, avec l'apparition d'une forte contingence, les entreprises ont dû compter plus sur les motivations et les capacités d'implication de leurs salariés que sur les vertus de leurs formes organisées. Il a donc fallu inventer de nouvelles règles de gestion des ressources humaines autorisant l'expression, la participation, l'apprentissage, la mobilité, et d'une certaine façon, l'autonomie créative des individus au travail. Là était la ressource humaine capable de fournir la base d'une nouvelle compétitivité de réactivité.

S'agissait-il d'une démocratisation ? Apparemment, la gestion des ressources humaines (GRH) ne poursuivait pas cet objectif, encore que certains y voyaient le moyen de court-circuiter le rôle des syndicats par une sorte de démocratie de participation directe. En réalité, cet appel constant à l'implication individuelle dans une série de projets d'évolution personnelle ou de créativité de groupe, pour améliorer la qualité du produit, introduisait davantage de considérations et de reconnaissance individualisées.

D'une certaine façon, les projets d'entreprise impulsés par le management en appelaient aux capacités des individus à se conduire en acteurs autonomes pour améliorer leurs compétences et la qualité des produits. Et cette ouverture sociale a recueilli l'adhésion de nombreux volontaires soucieux d'échapper aux carcans de la bureaucratie et de la division taylorienne du travail.

Par ailleurs, ces projets d'implication personnelle au service des objectifs de l'entreprise, en échange d'avantages gestionnaires perçus sous la forme de rétributions plus individualisées, d'écoute par les chefs, de mobilités offertes, de formations personnalisées, et de participation à des groupes, ont été accompagnés par la référence aux cultures d'entreprise. Souvent mal comprise et surtout hiérarchiquement imposée, cette notion signifie, quand même, que les objectifs et les finalités de l'entreprise doivent pouvoir s'appuyer sur une sorte de partage de valeurs et de risques entre tous les membres du personnel, quels que soient leurs grades et leurs responsabilités. À l'extrême limite d'un tel schéma d'entreprise, nous voyons apparaître un genre de communauté d'action collective centrée sur la production économique. Nous pouvons aussi y voir une sorte de voie vers la démocratisation des rapports sociaux de production économique, puisque l'ensemble des salariés est en théorie consulté, associé et pris en compte.

Encore très récentes, puisque ne reposant que sur une quinzaine d'années, ces pratiques de la GRH n'ont souvent guère dépassé le niveau de la réalité du discours managérial, ou de la mode du recours à de nombreux experts consultants. Dans les faits, il n'y a encore qu'une minorité d'entreprises concernées par cette expérience de démocratisation gestionnaire. Pourtant, il faut lui reconnaître le mérite d'avoir contribué à définir une nouvelle réalité des pratiques sociales en entreprise, centrée sur les règles de gestion de personnel qui constitueraient une dimension fondamentale de la vie de travail. La démocratie ne concerne pas seulement les décisions d'orientations techniques ou les choix économiques, encore faut-il qu'elle concerne les individus dans leur façon d'exister au quotidien en fonction de leur passé et de leurs projets. La GRH ouvre ainsi la voie d'une démocratisation concrète de la société civile de production, en proposant de restituer aux individus la capacité de conduire leurs histoires personnelles dans la réalisation de projets et d'objectifs communs.

Toutefois, il faut aussi admettre que dans les faits, cette expérimentation participative a trop souvent buté contre de multiples résistances et effets pervers. Nombreux sont les sociologues qui ont critiqué ces modalités de la GRH au cours de leur première mise en œuvre (Martin *et al.*, 1992). D'autres ont analysé les contre-effets dévastateurs et même pathologiques de ces entreprises de l'excellence qui finissent par recréer une sorte de société duale au sein même du travail ; pour ce faire, ils ont sélectionné les meilleurs sujets capables d'innovation et de participation et ont rejeté les autres suivant une incapacité d'affirmer leur utilité sociale (Gaulejac et Aubert, 1991). Il faut enfin reconnaître que toutes ces pratiques de la GRH se sont vite heurtées aux contraintes de licenciement et de plans sociaux que les directions financières imposaient, sans l'ombre d'une préoccupation démocratique, pour tenter de maintenir les entreprises à flot, face aux aléas du marché et ce, sans s'occuper des capacités de participation et de créativité, par ailleurs développées, dans l'intention de trouver d'autres solutions aux difficultés économiques.

C'est ainsi que le processus de démocratisation amorcé avec la GRH s'est trop souvent trouvé aux prises avec les contre-effets d'une gestion brutale des emplois, ainsi qu'avec les réactions viscérales des cultures antérieures issues de la bureaucratie et de la technocratie du temps de la grande croissance antérieure. Parfois, même les représentations syndicales n'ont pas admis ces voies nouvelles d'attention aux modes de gestion des salariés, au nom de leur propre expérience de la démocratie représentative.

De cette relecture de l'histoire industrielle lointaine et récente, il ressort que la démocratisation fait partie de cette histoire. Cette démocratisation a proposé trois expériences d'articulation de l'économie avec le social.

À la suite de l'analyse de ces trois expériences de démocratisation en entreprise, nous pouvons constater que si la tendance économico-technique ne peut se dispenser d'un correctif social soit pour faire accepter ses contraintes par une meilleure justice distributive, soit pour améliorer l'implication même des salaires dans la qualité des décisions et des produits, le développement de cette tendance sociale à la fois par le participatif, la négociation et l'expression directe a toujours rencontré de profondes résistances sociales et culturelles. De telles résistances semblent reposer sur la considération que le pas vers une démocratisation des rapports sociaux de production n'est plus qu'une affaire de droits ou de volonté politique, comme si l'on ne rencontrait pas là un véritable enjeu de société, à l'instar de la démocratie communale ou de l'école égalitaire gratuite et laïque. Il faut donc que de nouvelles exigences sociales s'imposent pour que d'autres processus de démocratisation de l'entreprise émergent.

UN AUTRE PROCESSUS DE DÉMOCRATISATION EN ENTREPRISE

Tout semble confirmer le fait qu'à notre époque, la dynamique technico-économique de l'entreprise fait face au développement des trois nouvelles exigences en matière de dynamique sociale. Une période nouvelle de démocratisation est ainsi probablement en train de naître à l'échelle des sociétés libérales développées ; ces dernières s'affrontent mutuellement davantage dans un contexte de concurrence de pertinence sociale que technologique, comme on le pensait récemment quand sont apparus les robots et la micro-informatique. Cette nouvelle ère devrait normalement engendrer une autre forme structurelle d'entreprise.

Trois exigences de développement social

Au cœur même de leurs volontés de développement économique et de leurs stratégies, les entreprises rencontrent trois types de faits sociaux nouveaux qui bouleversent les anciennes conceptions de la rationalité.

En ce qui concerne la rationalité technico-organisationnelle, le fait nouveau se situe du côté à la fois de la conséquence apportée par le changement technologique, de l'ouverture aux marchés et des pressions de la clientèle. Toutes les recherches sociologiques françaises récentes (effectuées, entre autres, au LSCI, au GIP, au MI, au CNAM) montrent que de nouvelles capacités d'autonomie individuelles, et surtout collectives, deviennent indispensables chez les travailleurs à la production (professionnels et techniques, ou spécialistes du tertiaire) afin de s'adapter aux technologies de production de plus en plus complexes, d'assurer une meilleure régulation technique et de faire face aux aléas de la production, bref d'accomplir des objectifs de qualité. Finalement, ces nouvelles capacités sont nécessaires pour produire en réponse aux exigences variées de la clientèle considérée comme des usagers consommateurs de services publics. La matière sociale de la performance devient ainsi, l'effort volontaire et la vie d'équipe, plus que la perfection du système d'organisation.

En matière de rationalité gestionnaire, la réponse aux impératifs de mobilité et de flexibilité organisationnelle, passe par le développement de compétences et de qualifications évolutives, en rapport avec les projets mais aussi avec les histoires personnelles, et les capacités d'apprentissage et de communication. Il s'ensuit une remise en cause des principes anciens de la discipline hiérarchique et la nécessité de fonder le management sur la dynamique des personnes et des groupes, et non plus sur celle des contrats, des fonctions et des postes.

Sur le plan culturel enfin, l'entreprise doit composer avec la survalorisation de l'emploi. D'une part, la demande d'emploi salarié et stable ne cesse de croître, car tout le monde y voit la source du statut social et de l'identité personnelle. D'autre part, le travail occupe moins de temps qu'il y a trente ans, et n'arrive pas à offrir suffisamment d'initiatives de promotion, de responsabilités et de métiers pour tous et à tout moment, si bien que les motivations à réaliser les tâches offertes dépendent davantage d'investissements personnels et de milieux de reconnaissances liés à des activités familiales, culturelles et associatives. Insuffisamment pourvoyeuse de valeurs reliées au travail et à l'emploi, l'entreprise se retrouve ainsi dépendante de la dynamique culturelle de ses propres environnements. Situation exactement à l'inverse de celle que nous rencontrions à l'époque paternaliste où l'entreprise devait créer des zones de sociétés industrielles au milieu de la société rurale ; il fallait d'abord affranchir la main-d'œuvre rurale de son système de valeurs afin de lui inculquer les valeurs nouvelles de l'usine.

L'entreprise se doit, en fin de compte, d'affronter un double problème de développement social. En interne, fonder la performance et la réussite des projets industriels sur davantage d'autonomie individuelle et collective. En externe, réussir une gestion de l'emploi que l'entreprise elle-même procure ou abandonne, et qui évite le syndrome de l'exclusion et les impasses de l'insertion qui minent les bases mêmes de la cohésion sociale, cohésion dont elle a besoin pour atteindre ses diverses formes de rationalité.

En d'autres termes, les circonstances actuelles conduisent l'entreprise à relever un véritable défi de socialisation sous peine de ne plus pouvoir maîtriser les facteurs clés de son développement. Quel effet supplémentaire de démocratisation peut-il en résulter ?

Les modalités contemporaines de la socialisation en entreprise

Pour s'assurer d'une bonne performance économique, les entreprises doivent pouvoir disposer d'individus socialisés et intégrés aux équipes du milieu de travail de même qu'à la société, sous peine de ne pas pouvoir disposer des ressources humaines nécessaires à leurs exigences de compétitivité. Qu'en est-il des processus de socialisation par lesquels un individu trouve la reconnaissance, l'accueil et la solidarité dans un milieu humain et, par là même, le sentiment de sa propre identité et de sa dignité ?

D'autres observations sociologiques récentes montrent que les voies de cette socialisation ne sont pas uniformes (Dubar (1991), Alter (1985) et Sainsaulieu). De nos jours, trois voies sociales majeures semblent conduire les individus à une dynamique positive de socialisation : le pouvoir, la créativité et la trajectoire professionnelle.

L'accès à la reconnaissance n'est, en effet, pas indépendant des moyens que l'on peut retirer de sa position en organisation pour exercer une influence dans les relations quotidiennes de travail. Qu'il s'agisse du pouvoir lié à l'expertise technique, aux responsabilités militantes, ou à l'exercice hiérarchique de l'autorité, toujours l'individu en retire une attention, parfois un respect pour les risques pris, qui lui permet de s'affirmer au cœur même de sa fonction. C'est en ce sens que l'identité au travail est connexe à la structure des organisations, et que les employés et les ouvriers condamnés à ne faire que des travaux répétitifs et sans véritable expertise, se sentent le plus cruellement aliénés.

Le milieu est aussi une source de reconnaissance par la quantité même de produits réalisés que ce soit à titre de chercheur, de technicien, de professionnel, ou de spécialiste quelconque. Le salarié trouve dans le travail le moyen d'exprimer sa personnalité en créant de la valeur sur le mode technique ou commercial. L'autre type de cette forme de reconnaissance est à rechercher du côté de l'artisanat, des professionnels de métiers, voire des professions libérales. Ainsi, c'est dans la créativité offerte par le travail que l'individu acquiert sa dignité et sa valeur sociale (Alter, Segrestin (1992), Bernoux (1985)). Un travail à soi dans lequel l'on réalise quelque chose est une façon d'être hautement considéré dans la société ; et c'est bien celle dont les chômeurs se sentent le plus durement privés.

Enfin, de nos jours, la promotion hiérarchique n'étant plus la seule voie d'évolution, ce sont les parcours de mobilité au cours desquels se réalisent des projets d'avenir, des réorientations vitales, des accomplissement à longue portée, qui peuvent aussi conférer un sens à la vie. Dans cette optique, le travail favorise la socialisation seulement dans la mesure où il permet de la mobilité dans la fonction, dans l'entreprise et dans la société. Réussir sa vie suppose ainsi que l'on puisse changer de milieu, vivre le passage d'un monde à un autre, et y réussir son intégration. Bien souvent, de tels parcours s'accompagnent de formations pour adultes au cours desquelles peuvent se tisser d'autres liens sociaux. De plus en plus fréquemment, ces projets de parcours impliquent pour l'individu une succession d'investissements dans et hors le travail, notamment par l'accès à d'autres expériences universitaires et associatives qui permettent des formes d'identité plus complexes et plus citoyennes que seulement professionnelles. Ce sont de tels processus de socialisation qui, en dépit des difficultés souvent psycho-affectives propres aux périodes de mobilité, confèrent aujourd'hui autant le sentiment d'appartenance à l'entreprise que le sentiment de bâtir les chemins de sa propre indépendance (Dubar, 1991).

De telles observations se trouvent confirmées par les recherches et les expériences menées auprès de salariés contemporains. Des enquêtes européennes comparatives sur les valeurs des Français ont aussi été réalisées ; celles-ci révèlent que la valeur du travail est universellement considérée comme primordiale pour ses effets sur l'emploi, la relation et l'utilité sociale. Nous sommes ainsi conduits à réfléchir aux voies de la démocratisation des structures des entreprises qui peuvent mener à la prise en charge de ces problèmes de socialisation.

Une autre voie pour la démocratisation en entreprise

Réussir la socialisation pour chacun par le travail devient donc une exigence pour le succès économique de l'entreprise et de la société globale. Ne pas atteindre cet objectif risque de placer l'État devant un accroissement indéfini des charges sociales pour soutenir les chômeurs en perte d'identité. En outre, l'entreprise perdrait toute légitimité aux yeux de ses membres et, par conséquent, toute crédibilité dans ses efforts de mobilisation pour la performance et la qualité de la production. Ne pas se soucier de la socialisation par le travail conduirait dans les deux cas à la faillite économique de l'État et de l'entreprise.

Nous sommes donc bien soulagés par le fait de trouver une nouvelle solution à l'articulation de l'économique et du social. Comme nous l'avons montré, le nouvel effort de démocratisation ne repose plus sur le niveau de vie et la consommation, ni sur l'action syndicale axée sur l'exercice d'une démocratie représentative ; pas plus d'ailleurs qu'il ne repose sur le partage du pouvoir, l'expérimentation de structures autogestionnaires, ou encore sur l'implication managériale attentive uniquement aux besoins individuels des travailleurs.

Ces trois leçons que nous tirons du passé de la démocratisation peuvent nous aider à concevoir les structures de l'avenir, mais selon un objet qui a changé, celui de la socialisation par le travail. Pour ce faire, nous croyons qu'il faudrait pouvoir partager le travail entre tous les citoyens afin d'éviter les risques et les pièges de toute forme de société duale : d'un côté, les nantis de l'emploi et de la socialisation, et de l'autre, les exclus du travail qui se retrouvent, par conséquent, privés de l'identité sociale et personnelle. En d'autres termes, d'un côté les riches en utilité sociale et de l'autre, les zombies réduits à la condition de simple charge sociale, sans âme ni possibilités d'initiative.

Construire le partage des voies de la socialisation par le travail est donc le problème urgent de la démocratisation en entreprise. C'est là un projet nouveau de société que l'entreprise ne peut réussir à elle seule en reproduisant seulement les expériences du passé. L'institution doit faire preuve d'invention et de détermination majeures, mais à cet effet, on peut sans doute prendre appui sur les traditions démocratiques antérieures, à condition d'en actualiser la mise en œuvre selon le nouvel objectif du partage des voies de la socialisation par le travail en tant que facteur clé du développement économique.

Pour reprendre l'expérience récente de la GRH, il importe que soit nettement engagée la connaissance des bases culturelles et sociologiques de la formation des projets personnels et collectifs au sein même de la société que constitue chaque entreprise. Autrement dit, la culture d'entreprise, loin d'être limitée à une transmission volontariste de valeurs managériales, doit faire l'objet d'une exploration permanente et partagée des attitudes et capacités développées, ou freinées, au sein même de la vie de travail. Une telle connaissance des différences culturelles, réellement constitutives de l'ensemble humain de travail, ne peut s'obtenir sans le travail d'experts en sciences sociales ; mais elle doit pouvoir être réintégrée dans la compréhension collective des potentiels et projets porteurs de motivations pour l'exercice de métiers, de responsabilités et de parcours de mobilité.

Connaître les voies concrètes de la socialisation, effectivement à l'œuvre et diversement réparties entre les groupes sociaux de l'entreprise, constitue probablement le premier échelon d'une véritable démocratisation de la socialisation partagée. Comment, en effet, soutenir l'affirmation des uns et des autres si l'on ne sait leurs objectifs et leurs désirs, et si l'on ne restitue pas cette connaissance globale à l'ensemble du milieu concerné après qu'il se l'ait approprié, en ont fait la critique et en ont tiré une lecture réaliste de l'ensemble du problème ?

Pour reprendre la tradition autogestionnaire, il semble que les dynamiques participatives soient actuellement particulièrement désirées plus du côté de l'élaboration des règles de gestion de personnel que de l'organisation technique de la production. La socialisation suppose, en effet, que soient explicitement proposées des voies parallèles d'implication et de reconnaissance par les mobilités évolutives et formatrices, par l'exercice de responsabilités et de pouvoir dans et hors l'entreprise, par divers lieux et formes de créativité professionnelle, expérimentale ou communicationnelle. Inventer les règles de gestion qui permettent aux individus d'équilibrer leurs sphères de socialisation dans et hors le travail, par l'une ou l'autre de ces modalités de socialisation, et non par la superposition simultanée des trois, suppose que les règles de gestion du personnel fassent l'objet d'une élaboration et d'une imagination collectives avant même d'en arriver au stade de l'arbitrage décisionnaire. Penser les programmes de formation, les modalités de recrutement, les procédures d'entretien et d'évaluation, les parcours de mobilité afin de réussir explicitement et volontairement la distribution de voies de socialisation par le travail offert à tous, implique que l'on se concentre sur ce problème des travaux de groupe et de créativité collective.

La démocratie représentative, fondée sur la négociation et le partenariat, prend alors surtout un autre sens puisqu'il s'agit de mettre en place des dispositifs de rencontre et de négociation entre acteurs et institutions susceptibles de faire se combiner les voies internes et externes de la socialisation sur une base généralement locale.

Entre l'expérience même du travail, la participation aux activités culturelles et associatives de la vie locale, l'engagement dans des responsabilités domestiques de même que dans des programmes de formation et d'enseignement, les nécessités de la socialisation accessibles aux salariés de l'entreprise, trouveront des solutions, certes complexes et ouvertes sur l'environnement, mais partageables. L'entreprise ne peut socialiser sans s'ouvrir elle-même sur ses divers environnements, où les institutions interviennent sur les mêmes problèmes, comme l'université, les familles et les collectivités locales. Et pour que l'entreprise se vive comme système ouvert, il lui faut établir des formes concrètes de négociation et de partenariat sur la réalisation de ces voies de socialisation.

Négociations interinstitutionnelles localisées, élaborations collectives des règles de la gestion de personnel, et connaissance approfondie des capacités culturelles de développement social en entreprise, apparaissent ainsi comme les voies principales de la démocratisation en entreprise.

BIBLIOGRAPHIE

ALTER, N. (1985). *La bureautique dans l'entreprise : les acteur de l'innovation,* Paris, Éditions ouvrières.

AUBERT, N. et V. de GAULEJAC. (1991). *Le coût de l'excellence*, Paris, Seuil.

BERNOUX, P. (1985). *La sociologie des organisations*, Paris, Seuil (Collection Points).

DUBAR, C. (1991). *La socialisation : construction des identités sociales et professionnelles*, Paris, Armand Colin (Collection U).

FRANCFORT, I., F. OSTY, R. SAINSAULIEU et M. UHALDE. (1995). *Les mondes sociaux de l'entreprise*, Paris, DDB.

MARTIN, D. *et al.* (1989). *Participation et changement social dans l'entreprise*, Paris, L'Harmattan.

SAINSAULIEU, R. (1977). *L'identité au travail : les effets culturels de l'organisation*, Paris, Fondation nationale des sciences politiques.

SAINSAULIEU, R. (1987). *Sociologie de l'organisation et de l'entreprise*, Paris, Fondation nationale des sciences politiques - Dalloz.

SAINSAULIEU, R., P.-E. TIXIER et M.-O. MARTY. (1983). *La démocratie en organisation : vers des fonctionnements collectifs au travail*, Paris, Méridiens.

SEGRESTIN, D. (1992). *Sociologie de l'entreprise*, Paris, Armand Colin (Collection U).

TIXIER, P.-E. (1992). *Mutation ou déclin du syndicalisme : le cas de la CFDT*, Paris, PUF.

CHAPITRE 19

LA CONSULTANCE SOCIOLOGIQUE ET SOCIANALYTIQUE : UN TRAVAIL DE RELIANCE CULTURELLE ET INTERCULTURELLE AU CŒUR DE L'HYPERMODERNITÉ

Marcel Bolle De Bal
Université libre de Bruxelles

Non spécialiste de l'Afrique et de la sociologie africaine, mais très concerné par l'interculturel, je souhaite soumettre à nos collègues africains quelques thèmes de réflexion qui me sont chers : la reliance, l'intervention psychosociologique et sociologique, la sociologie clinique, la sociologie existentielle, la socianalyse, l'hypermodernité. Fondés sur mon expérience de sociologue du Nord, ils devraient, me semble-t-il, être susceptibles de retenir leur attention, voire d'éclairer certains enjeux de leur travail de sociologues du Sud.

Le titre de mon texte tente de relier ces divers thèmes et annonce la thèse centrale de mon propos : travail de sociologie clinique, la consultance sociologique de type socianalytique, qui constitue essentiellement une action de reliance culturelle (travail sur la culture d'entreprise ou sur la culture personnelle) et de reliance interculturelle (travail sur les rapports entre les différentes cultures internes au sein de l'entreprise, ou entre celle-ci et la culture du monde extérieur), est appelée à d'importants développements dans le cadre de l'émergence de l'hypermodernité (terme que je préfère à celui – galvaudé et à mes yeux inadéquat – de post-modernité).

J'articulerai ce texte autour de trois mots-clés : *socianalyse, reliance, hypermodernité*. Comme je l'ai précisé ci-dessus, je m'adresse principalement à nos collègues africains en tentant de les interpeller directement : ces notions peuvent-elles bien être utiles ? Sont-elles de nature à éclairer leurs problématiques et leurs pratiques ? Sont-elles susceptibles d'aider à cerner la réalité et le devenir de leur travail de sociologues ?

PREMIER MOT-CLÉ : SOCIANALYSE

Par le terme *socianalyse*, j'entends une forme de travail sociologique s'inscrivant dans la perspective de cette *sociologie clinique* aujourd'hui en passe d'acquérir ses lettres de noblesse sous forme de comités de recherche reconnus par l'AIS et l'AISLF.

À l'inverse de ce qu'a affirmé Georges Balandier, pour qui le sociologue aurait pour tâche de « dire sa vérité à la société », je préfère lui confier la mission d'« aider les systèmes sociaux à produire leur vérité », à développer leur autoconnaissance afin d'accroître leurs capacités d'autogestion, de faire des personnes observées ou interviewées des sujets de recherche plutôt que des objets de recherche, à encourager ces personnes à devenir acteurs sociaux autonomes et stratèges, à faire en sorte que ces acteurs se veuillent agents et producteurs de changements plutôt que produits de changements. Cela, notamment, par la mise en chantier de nouveaux modes de recherche : les *recherches-actions*.

Afin de clarifier mon propos, je dirais volontiers que le *socianalyste*, tel que je le conçois, devrait avoir avec les groupes, les organisations et institutions, les systèmes sociaux collectifs, un type de relation similaire, mutatis mutandis, à celui que le psychanalyste développe avec les personnes qui sont des systèmes humains individuels : aider le système à se connaître, à reconnaître ses contradictions, le tout afin de mieux les gérer en fonction de ses objectifs.

Il s'agit là d'un projet à la fois modeste (qui implique de respecter les personnes, les systèmes et leurs valeurs, ne pas imposer les visions du sociologue) et ambitieux (qui consiste à revaloriser l'image du sociologue, sa formation, sa crédibilité et son avenir). Dans cette optique, je ne puis ici que partir de mon expérience, et parler de mon expérience : témoignage personnel, forcément subjectif et nécessairement relatif, il n'entend nullement imposer UNE vérité, encore moins la mienne, seulement ouvrir le débat.

Premier élément d'expérience personnelle : ma rencontre avec le Japon, avec la culture japonaise (à bien des égards plus proche, me semble-t-il, de la culture africaine que de la culture occidentale), avec le modèle japonais de gestion de l'économie. Très rapidement j'ai été frappé par une triple dimension de la réalité japonaise, telle qu'elle peut être perçue par nos regards d'Européens : à la fois *miracle* (vu ses succès économiques), *mirage* (si l'on considère ses problèmes sociaux) et *miroir* (car, par le bon usage qu'elle fait de ses traits culturels, elle nous renvoie à nous-mêmes et à la nécessité de valoriser nos propres atouts culturels). Ceci ne nous rappelle-t-il pas ce que notre collègue Ela, dans son exposé introductif, nous disait à propos de « l'autre comme miroir » ? En quoi nous, tous ici, Africains et Européens, sociologues du Sud et sociologues du Nord, sommes-nous réciproquement des « miroirs » les uns pour les autres ? De façon plus spécifique, comment nos pratiques nordistes nous forcent-elles à vous interroger sur les vôtres... et réciproquement ?

Poursuivant dans la même voie, un deuxième élément de mon expérience personnelle me vient à l'esprit : m'inspirant d'un article de Simon Tshinyingunyingu Mukuna et du livre de Michel Tournier, « Vendredi ou les limbes du Pacifique », je viens ici convaincu que moi, *Robinson* dit civilisé, j'ai certes beaucoup à apprendre de vous, *Vendredis* porteurs d'une autre civilisation... Vous, *Vendredis*, ne pouvez manquer d'être les « miroirs » reflétant les contradictions des *Robinsons* que nous sommes.

Enfin, troisième élément qui inspire la structure du propos que j'ai envie de soumettre à vos réflexions et à notre critique : en vous parlant d'Europe, de mon expérience de sociologue européen, j'espère vous fournir quelques données de nature à vous aider à réfléchir sur votre expérience, à vous renvoyer à vos problématiques professionnelles, fonctionnelles et personnelles.

Ainsi lorsque j'évoque la nature, les finalités et les modalités de mon travail de consultant sociologique/socianalytique, dans le cadre d'une discipline sociologique en pleine croissance, non seulement j'apporte une réponse concrète à la question de Monique Hirschhorn sur les spécificités de la sociologie (la sociologie clinique constitue une de ces spécificités), mais je suis en même temps frappé par les convergences, derrière les différences sémantiques de plusieurs des problématiques décrites par nos collègues africains. Par exemple, le projet de sociologie clinique développé dans les entreprises du Nord n'est guère éloigné, me semble-t-il, du concept de *mobilisation participative* avancé par Sène. Lorsque Ela voit dans l'école un lien d'*invention démocratique*, le socianalyste consultant est certes prêt à reprendre la formule pour caractériser l'entreprise avec laquelle il travaille, et la visée de son intervention. De même lorsque Cheaka nous recommande d'éviter d'évaluer de façon simpliste, en termes d'échec ou de succès, l'impact des Conférences nationales, et nous invite à nous poser plutôt la question « qu'est-ce que cela a fait bouger ? »... Je ne puis m'empêcher de songer à une recherche que j'ai menée en Belgique à propos d'une communauté de jeunes, peu après mai 68 : là où des sociologues chevronnés n'ont vu qu'illusion infantile, utopie sans avenir, faillite prévisible, j'ai pu montrer, derrière l'échec apparent, « ce qui avait bougé », soit l'apprentissage existentiel réalisé par les communards, la dimension de « laboratoire de vie » et d'« atelier initiatique » de cette expérience communautaire, en une société dite développée où la disparition des initiations traditionnelles entraîne une crise de la socialisation, une série de *dé-liances* frustrantes[1].

Or, précisément, la consultance sociologique, en particulier dans sa version socianalytique, va tenter de traiter cette problématique particulière. Elle comporte deux étapes principales : en premier lieu, elle se doit d'être fondée sur un diagnostic sociologique (macrosociologique et microsociologique) ; en second lieu, et à partir de ce diagnostic, elle va s'efforcer d'élaborer une stratégie d'action, d'intervention, essentiellement sur le plan microsociologique. Au centre de ces deux étapes de la démarche va apparaître, dans la conception qui est la mienne, le concept de *reliance*.

DEUXIÈME MOT-CLÉ : RELIANCE

La première étape consiste donc dans le *diagnostic microsociologique*, cadre théorique et pratique qui donne un

---

1. Cf. Bolle De Bal, M. (1985). *La tentation communautaire. Les paradoxes de la reliance et de la contre-culture*, Bruxelles, Ed. de l'Université de Bruxelles.

sens aux interventions concrètes. De façon sommaire et caricaturale, je résumerais mon diagnostic personnel en constatant que la société moderne est une *société de déliance,* par opposition à celle des cultures traditionnelles – en Afrique plus particulièrement ? – fondées sur la solidarité des clans, des tribus, des communautés, bref sur de profondes *reliances* psychologiques, sociales, anthropologiques et cosmiques.

La « modernité », dont le Nord – pour le meilleur et pour le pire – s'est voulu l'apôtre, est venue bousculer les anciennes structures de reliance, rompre les liens sociaux traditionnels, dissoudre le tissu social, que ce soit dans les campagnes du Nord ou dans les sociétés et les civilisations du Sud. Fondée sur le culte de la déesse « Raison », cette modernité a créé une *société raisonnante* (c'est-à-dire « fondée sur des raisonnements », comme l'on parle de *folie raisonnante* pour une folie « fondée sur des raisonnements »), un *système socioscientifique de division et de déliance* composé d'un sous-système scientifique construit autour du paradigme de la raison simplifiante (Morin, 1986) et d'un sous-système social caractérisé par des rationalisations déliantes (entraînant l'éclatement des groupes sociaux primaires : la famille, le village, la paroisse, l'atelier). Déliances scientifiques et déliances humaines se nourrissent et se renforcent mutuellement : les disciplines scientifiques se replient frileusement sur leur pré carré qu'elles défendent jalousement, les individus du temps présent éprouvent beaucoup de mal à se relier à eux-mêmes (consommer au lieu de méditer), à se relier aux autres (les reliances contemporaines sont paradoxales, techniques – la chaîne, le téléviseur, l'ordinateur, l'auto, etc. – plus qu'humaines, elles isolent en prétendant relier), à se relier au monde (sentiment de ne plus avoir prise sur le devenir du monde, fût-ce de son petit monde). Les dieux honorés par cette modernité ont nom Descartes (diviser pour comprendre), Taylor (diviser pour produire), Machiavel (diviser pour régner) : « diviser pour maîtriser et dominer », tel semble être le mot d'ordre transmis et partagé par la plupart des décideurs économiques, sociaux et culturels, grands prêtres de la modernité triomphante.

Face à de tels phénomènes de déliance, émergent au fond du corps social de cette modernité, des *aspirations de reliance,* le désir de nouvelles reliances à la fois *scientifiques* (plaidoyer en faveur d'approches inter-, multi- ou trans-disciplinaires) et *humaines* (recréation de liens avec soi, les autres et le monde).

Dès lors, seconde étape du travail de consultance socianalytique, la stratégie d'intervention du sociologue va logiquement s'organiser autour d'un triple objectif, afin de répondre à ses aspirations de plus en plus répandues :

– un objectif de *reliance psychologique*, c'est-à-dire aider à la conscientisation et à la désaliénation des acteurs sociaux ;

– un objectif de *reliance sociale*, c'est-à-dire recréer les liens détruits par les rationalisations de la modernité, privilégier les communications en réseau plutôt qu'en faisceau, développer la démocratie plutôt que la « démocrature » (selon le terme d'Assogba), favoriser l'émergence d'une société civile et de groupes intermédiaires entre l'individu et l'État ;

– un objectif de *reliance culturelle*, portant à la fois sur la culture d'entreprise (« tarte à la crème » des gestionnaires à la mode, elle peut charrier le meilleur et le pire), sur la culture en général (dans ses sens artistique, esthétique et anthropologique : la sensibilité culturelle apparaît de plus en plus, y compris le sens politique, comme l'une des qualités essentielles que devront posséder les cadres dirigeants de demain) et principalement sur les rapports entre culture (*reliance interculturelle* : qu'il s'agisse des différentes cultures au sein de l'entreprise, ou de celles-ci et de la culture du milieu extérieur).

Ceci étant dit, il importe ici de préciser que la poursuite de ces objectifs ne doit pas induire que la reliance est toujours bonne, ni que la déliance est toujours mauvaise : il existe de « mauvaises » reliances (Nüremberg) et de « bonnes » déliances (la libération de liens emprisonnants). L'objet de reliance, ici, n'est défini que par rapport à des carences constatées et à des aspirations exprimées.

Parmi les moyens à mettre en œuvre pour réaliser ces objectifs, je me contenterai d'évoquer ici ces nouveaux modes de recherche que sont les *recherches-actions* (toute recherche étant action – volontaire ou non – sur le milieu, c'est-à-dire qu'il s'agit de faire de l'action le dispositif central de la recherche) et les *interventions socianalytiques* (le socianalyste comme médiateur, comme tiers reliant).

La pratique de telles interventions sociologiques implique des problèmes d'ordres idéologique et déontologique. D'un point de vue idéologique, je me prononce en faveur d'une orientation « maïeutique » (selon les principes socratiques de l'aide à la production du savoir) à égale distance de ces deux extrêmes que sont les orientations « orthopédique » (adapter les individus aux systèmes) et d'une orientation « démiurgique » (provoquer la transformation radicale du système). D'un point de vue déontologique, je suis partisan d'une attitude d'*implication contrôlée* qui, d'une part, suppose la maîtrise par le sociologue de ses contre-transferts institutionnels et qui, d'autre part, échappe à deux pièges permanents : celui de la froide distanciation (excès de contrôle) et celui de la brûlante immersion (excès d'implication).

TROISIÈME MOT-CLÉ : HYPERMODERNITÉ

Je l'avais déjà dit, je n'aime guère le terme à la mode de *post-modernité* : il me paraît inadéquat et trompeur. En effet, il pourrait laisser supposer que la modernité est achevée, terminée, et qu'elle a laissé la place à quelque chose d'autre, de postérieur, de différent. Or il n'en est rien : la modernité est toujours présente, son paradigme de division et de déliance est plus que jamais à l'œuvre. C'est pourquoi, m'inspirant des thèses de Morin (1986, p. 85 et suiv.) sur l'*hypercomplexité*, et de Pagès (1979) sur l'entreprise *hypermoderne*, je préfère utiliser le terme d'*hypermodernité* pour qualifier le nouveau système socioscientifique en voie d'émergence.

À propos de celui-ci, une question peut être posée : par opposition au paradigme dominant de la modernité, le paradigme de l'hypermodernité ne pourrait-il être défini de la même manière que le *paradigme de reliance*, dont une des manifestations caractéristiques pourrait être soit la résurgence des tribus (Maffesoli, 1988), soit la revitalisation des communautés, ou encore le soi-disant « retour du religieux » ? Pour ma part, j'opterais plutôt pour l'élaboration progressive d'un *paradigme de reliance/déliance* qui illustre les principes de la *dialogique* (Morin, 1986, p. 98-99) et se fonde sur ceux-ci ; la dialogique, principe cher à Edgar Morin, consiste en l'existence simultanée de logiques contradictoires, antagonistes et complémentaires.

Si telles sont les perspectives pour le monde du Nord, qu'en est-il des sociétés du Sud : comment – et j'interpelle ici directement nos amis africains – se présente la problématique de leur devenir, en quels termes se pose – ou ne se pose pas –

en Afrique la dialectique de la modernité et de l'hypermodernité ?

CONCLUSION

Dans le cadre d'une préparation des entreprises à leur entrée dans l'hypermodernité, le travail de consultance sociologique et socianalytique – conçu comme un travail de reliance culturelle et interculturelle – me paraît la plupart du temps devoir se développer selon deux axes généraux : la formation des cadres et la formation du système.

La formation des cadres

Les qualités essentielles des dirigeants de demain seront, je l'ai dit, des capacités *politiques, culturelles* et *existentielles.*

Dès lors, la priorité devrait être accordée à la *formation humaine* des cadres, par rapport à leur formation technique : la finalité cardinale d'une telle politique de formation humaine serait alors, selon moi, le développement des *capacités de reliance* au monde, aux autres et à soi.

Concrètement, ceci conduit à définir trois volets complémentaires concernant la formation des cadres :

– la formation *politique*, visant à développer les capacités *institutionnelles* et *stratégiques* (capacités d'inventer, d'implanter et de gérer de nouvelles structures), de nature à favoriser la *reliance au monde* et à sa production ;

– la formation *culturelle*, orientée vers le développement des capacités *relationnelles* (capacités d'écouter, d'échanger, de respecter, de métacommuniquer), c'est-à-dire les aptitudes à la *reliance aux autres* et à leur culture, la sensibilité à la richesse potentielle des échanges interculturels ;

– la formation *psychosociologique*, destinée à développer les capacités *existentielles* (telles l'introspection, la méditation, l'autogestion), notamment l'amélioration de la *reliance à soi.*

La formation des systèmes

La formation des personnes, certes nécessaire et indispensable, n'est pas suffisante. Elle peut être la meilleure et la pire des choses. Former des cadres, c'est inévitablement, élever leur niveau d'aspirations. Si l'entreprise n'a pas été formée et « travaillée », si le système d'encadrement n'a pas été préparé à accueillir les nouvelles demandes qui manifestent ces aspirations émergentes, l'intervention du sociologue consultant peut se révéler grosse d'effets pervers : loin d'accroître la motivation du personnel, elle peut engendrer frustrations, amertume, retrait et révolte. D'où la nécessité de toujours concevoir la possibilité qu'une action de formation débouche sur la nécessité d'envisager une *intervention* plus large, visant par exemple à accroître les capacités du système en tant que structures d'accueil pour des demandes novatrices. D'où également l'importance, pour le consultant-sociologue, d'accorder toute l'attention qu'il convient à la première étape, essentielle, de son travail : le *traitement de la demande*, la détection des enjeux latents, la négociation d'éventuelles marges de liberté et de structures d'accompagnement de l'intervention.

Peut-être alors s'interrogera-t-il : dans quel jeu joue-t-il, de quel côté – patronal ou syndical – se situe son action, va-t-il favoriser ou empêcher sinon la révolution, du moins des changements radicaux ?

Pour illustrer ceci de façon imagée, j'évoquerai l'image d'événements vécus à Paris au printemps de 1968. Au moins de mai, les étudiants en révolte ont dépavé la rue Gay-Lussac pour construire des barricades et jeter les pavés dans les vitres des banques. Un mois plus tard, en juin, de Gaulle s'est empressé d'ordonner l'asphaltage de cette même rue, afin que ne se reproduise plus une telle « chienlit » (l'expression est de lui). Alors, nous, sociologues-consultants d'orientation socianalytique, nous définirons-nous comme des dépaveurs ou comme des asphalteurs ? Quelles que soient les orientations politiques de chacun, ma conviction personnelle est que ce type d'intervention procède à la fois, dans une perspective dialogique, du dépavage et de l'asphaltage : nous créons des besoins ou réveillons des aspirations refoulées (dépavage) et nous offrons des moyens de les empêcher de menacer la survie du système (asphaltage). Est-ce vraiment difficile de comprendre, d'accepter et d'assumer la dualité de notre rôle ?

BIBLIOGRAPHIE

MORIN, E. (1986). *La Méthode III. La connaissance de la connaissance*, Paris, Seuil, p. 85 et suiv.

PAGÈS, M. *et al.* (1979). *L'emprise de l'organisation*, Paris, Dunod.

MAFFESOLI, M. (1988). *Le temps des tribus. Le déclin de l'individualisme dans la société de masse*, Paris, Méridiens-Klincksieck.

SIXIÈME PARTIE

QUELLE SOCIOLOGIE POUR QUEL DÉVELOPPEMENT EN AFRIQUE ?

CHAPITRE 20

POUR UNE SOCIOLOGIE DES STRATÉGIES DE TRANSITION

REMARQUES D'UN EX-AFRICANISTE DU DEHORS

Gabriel Gosselin
Université de Lille I

Je voudrais proposer quelques considérations sur la pertinence et l'opérationalité des stratégies de transition pour la sociologie du développement. Il me semble que les interventions et les débats, très riches, de ce colloque nous conduisent, pour finir, à une réflexion de cet ordre – à laquelle nous pouvons tous contribuer, quelles que soient notre spécialité et notre position par rapport aux sociétés africaines.

Notre position cependant n'est pas sans importance. Éloigné depuis longtemps de l'Afrique subsaharienne, pour des raisons tant personnelles que professionnelles, et après y avoir travaillé plusieurs années durant les décennies 1960 et 1970, j'appartiens à cette génération d'africanistes français « sur le retour » (à l'hexagone) et formés par ce « détour » (dont parle Balandier, 1985). Ce qui a changé, surtout, c'est la situation des sociologues et anthropologues africains. Bien qu'ils puissent, à juste titre, se dire dominés et périphériques dans le champ de la recherche – Hountondji (cité dans Gosselin, 1993) le remarque depuis longtemps, et Henri Ossebi nous en parlera – les études africaines sur l'Afrique et, malgré les redoutables défis qu'elles affrontent, les institutions de recherche nationales se sont développées. Si j'ai pu analyser le « désenchantement » des sociétés rurales dans les années 1970 (au sens weberien) – ce qu'a bien voulu rappeler Jean-Marc Ela dans sa conférence inaugurale – il est juste d'ajouter que les africanistes du dehors furent, eux aussi, désenchantés à cette époque (au sens moins weberien). Critiques, certainement, à l'égard des institutions de recherche exportées qui les tenaient dans leurs ghettos dominants et, pourtant eux aussi, périphériques dans le champ des développements nationaux. Même s'il n'est pas nécessaire d'être César pour comprendre César, comme l'affirmait encore Max Weber, il faut bien admettre que la modeste expérience quant au partenariat de recherche franco-africain, dont j'ai bénéficié un temps, s'est révélée très féconde. Un premier point de débat, aujourd'hui, pourrait donc porter sur les structures de la recherche et leur rapport aux réalités africaines.

Un second point pourrait porter, à mon sens, sur le degré de pertinence, en Afrique et ailleurs, de la distinction disciplinaire entre sociologie et anthropologie sociale. En effet, l'anthropologie sociale ne peut plus se définir par le caractère exotique de son objet, et ses méthodes (dites « qualitatives ») ont bien servi, aussi, aux sociologues. Surtout si l'on s'inscrit comme je le fais dans une démarche interprétative – dans la lignée des sociologues interactionnistes et d'anthropologues comme Geertz (1973) – un relatif scepticisme à l'endroit d'une objectivité et d'une cumulativité rigoureuses des savoirs rapproche, me semble-t-il, les diverses branches des sciences sociales. Si la chute du mur de Berlin, et ce qui s'ensuivit à l'Est de l'Europe et en son centre, ont détourné l'attention, les politiques et les investissements du Sud vers le nord-est, de même qu'une crise de l'imaginaire dans les modèles et dans des théories n'ont pas tardé à suivre ces détournements. À quel modèle se vouer, quand les catégories « marxistes » deviennent caduques pour la plupart des acteurs ? En outre, les structuralistes eux aussi sont critiqués, de sorte que notre projet d'un manuel et d'un recueil de textes de sociologie « africaine », pour faire suite au partenariat établi dans le cadre de ce colloque, mériterait dans ce contexte, de figurer dans nos débats. Vous avez dit « africaine » ? Est-ce à dire « sur l'Afrique » ou « par l'Afrique » ? Y aurait-il autant de sociologies que de continents, comme d'autres en virent, naguère, aussi nombreuses que les classes sociales ? Pourtant nous sommes aussi convaincu que la qualité « francophone » de la sociologie n'est pas sans rapport avec les démarches, les théories et les concepts.

Ces deux premiers points nous conduisent rapidement à un troisième thème de débat, non plus d'ordre épistémologique ni historique, mais éthique. Car, j'ai pu le montrer, une éthique des sciences sociales se développe et devient de plus en plus pertinente (Gosselin, 1992). Abel Kouvouama disait à la fin de notre session sur le politique : « On ne peut pas faire d'analyse sociologique en Afrique sans prendre position ». Pourquoi la situation en Afrique serait-elle particulière ? Généraliseriez-vous la proposition ? Plus fondamentalement : où passe la limite, en chacun de nous, entre le sociologue et le citoyen ? Il s'agit certes d'un seul et unique chercheur, avec *un* système de valeurs, *une* formation, *une* culture. Mais il y a bien, aussi, *deux* attitudes à différencier même si, comme citoyen, je peux être instruit par ma recherche et, comme chercheur, motivé par mes convictions. Nous comprenons bien qu'en matière, particulièrement, de sociologie du développement, cette limite n'est pas facile à tracer. Par contre, si moi, sociologue « du dehors », je ressens plus un besoin et une exigence de familiarisation – même si je ne me porte pas aux extrêmes, d'ailleurs controversés ici au Bénin, d'un Pierre Verger – le sociologue africain ne voudra-t-il pas chercher une distanciation ? Concernant cette question éthique, il y aurait ainsi, me semble-t-il, matière à réfléchir collectivement et individuellement, aux auto-analyses nécessaires : comment le sociologue se situe-t-il par rapport à son monde d'origine, à sa tradition, aux pratiques et aux croyances de ses ancêtres, bref, à sa propre culture ?

D'où qu'il vienne, le sociologue ne peut échapper à ces questions. Que peut donc faire un sociologue « du dehors » s'il veut contribuer à une sociologie opératoire du développement, c'est-à-dire finalement à une analyse de toutes les émergences que connaissent les sociétés africaines actuelles ? Écouter, questionner, s'interroger – avec ses collègues « du dedans ». Cette quatrième remarque nous conduit, me semble-t-il, dans deux directions. D'une part nous sommes amenés – et nombreux furent les commentaires en ce sens dans nos débats – à nous demander ce qui est, dans ces émergences, particulier à l'Afrique et ce qui est universel. Et mieux encore, nous sommes appelés à distinguer les modes de différenciation et les tendances à l'universalisation. En politique, par exemple, nous nous sommes interrogés sur la sacralisation du pouvoir : de quelles transgressions faut-il en payer le prix ? De quelles sacralisations participe-t-il ? Nous avons de même questionné les processus de la démocratisation : quelles instances d'arbitrage nécessite-t-elle ? Comment assurer la protection des minorités ? D'autre part, nous avons interrogé, en économie, la spécificité et l'universalité de plusieurs « rationalités » en présence. Nous avons évoqué en ce sens la différence entre prévoyance et prévision, avenir et futur, conceptions du temps et celles de l'argent, accumulation et rapports aux objets et aux hommes : ces anthropologies, politique ou économique, ne sont d'ailleurs pas elles-mêmes sans ancêtres respectables...[1]

Mes réflexions m'incitent à m'engager aussi dans une autre voie : vers ce qui n'a pas été dit, ou ce que je n'ai pas entendu. Y aurait-il, peut-être, des objets plus ou moins légitimes ? Par exemple, nous avons peu parlé du sida et peu parlé de l'excision ; l'excision qui occupe les cours d'assises françaises, elles-mêmes instruments d'un État de droit qui s'est décidé à définir cette pratique comme une mutilation, pratique qui tombe sous les coups de l'article 312 du code pénal. Nous avons peu parlé de « conflits ethniques » : le fait de nommer ainsi tel ou tel conflit, parce qu'il se développe au sud du Sahara, n'explique certes rien, si ce n'est l'ethnocentrisme du locuteur. Mais n'existerait-il pas des appartenances et des distinctions symboliques fortes, irréductibles à d'autres appartenances ou distinctions tant religieuses, politiques, culturelles qu'économiques ? À l'instar de Barth (1969), j'inclinerais à interroger l'ethnicité à ses frontières, dans sa dimension relationnelle, au lieu d'utiliser un concept substantivé pour enfermer des groupes dans des différences essentielles. Nous pourrions encore parler, longuement, du rôle des Églises et des grandes religions universalistes, en concurrence ou en complémentarité avec celui de la sorcellerie et de maintes pratiques occultes. De même, nous pourrions discuter du racisme et des frontières nationales. Plus généralement, et toujours dans cette optique, il me semble que nous devrions ensemble nous interroger sur les limites, dans un État de droit, de l'institutionnalisation des différences culturelles.

Pour terminer, je voudrais évoquer un cinquième et dernier point, à savoir : peut-on préciser un peu ce point de vue stratégique qui devrait permettre au sociologue des transitions d'être plus opératoire sans cesser d'être analyste ? On ne peut étudier le sous-développement comme étant le propre de structures sociales « traditionnelles » : non plus d'ailleurs

1. Je songe à G. BALANDIER et à C. MEILLASSOUX, notamment.

comme étant le produit pur et simple de facteurs « externes ». La dépendance est une situation globale, non un phénomène externe. C'est dire qu'il faut étudier aussi les facteurs internes à la société « dépendante ». Car la manière dont agit « l'extérieur » sur la réalité nationale, est déterminée par les relations sociales propres à cette réalité nationale. S'il y a des dynamiques animées « du dehors » ou « du dedans », les changements ne sont jamais totalement exogènes ni endogènes. Comment, donc, le rapport « externe » demeure-t-il possible du point de vue de la société nationale ? « Tout se passe, écrivait Berque (1964, p. 82), comme si la décolonisation intervenait quand le système colonial s'avère incapable de faire face aux problèmes posés par l'accentuation de la poussée technologique ne s'exerçant plus seulement du dehors, mais du dehors et du dedans, et maintenant conçue et voulue par les intéressés eux-mêmes ». Ce qui conduit à s'interroger sur les interprétations des transitions : s'agit-il de capitalismes ? Quel est le produit de l'expansion coloniale et postcoloniale, quel est son caractère propre ? Il n'y a plus de modèle simple.

Le point de vue stratégique serait celui des voies et des moyens d'action. Et si toute transition est un conflit, nous devrions concevoir un point de vue stratégique en termes de conflits. Pour ce faire, il est nécessaire de nous rappeler que les conditions de la modernisation varient d'une sphère institutionnelle à une autre, et qu'elles n'apparaissent pas simultanément dans toutes les sphères, et cela afin que certains changements, destructeurs de réalités traditionnelles, ne conduisent pas à cristalliser des sociétés modernes viables. Il faut donc revoir les relations entre la persistance des formes traditionnelles d'organisation et le développement de nouvelles structures sociales, comme l'analyse des facteurs et des forces qui, dans la société traditionnelle, facilitent ou freinent les procès de changement. J'ai naguère conceptualisé ce point en termes d'une « théorie des pierres d'attente » (Gosselin, 1976, p. 111-133).

Ne parlons donc pas d'invention ou de destruction de société, mais de déstructuration et de restructuration. Les sociétés ne sont pas des éprouvettes, où nous pourrions prendre ceci, laisser cela. Il existe des cohérences, ce ne sont pas non plus des totalités closes. Ce sont des ensembles conflictuels, plus ou moins intégrés, qui se transforment par ruptures et retotalisations. Le développement est une retotalisation différente, sans qu'il y ait nécessairement destruction des éléments de la société initiale, même si celle-ci n'existe plus comme avant. Les hommes d'action sont souvent cyniques, ou simplistes : ils confondent déstructuration et destruction. On a même pu écrire qu'il fallait susciter le malheur et le mécontentement, les désirs au-delà de ce qui était possible. La souffrance et la dislocation seraient, écrit Sadie (1960), le « prix à payer » pour le développement. Ce à quoi naturellement le sociologue indien V.K.R.V. Rao (1965, p. 219) peut répondre : « nous ne voulons pas payer ce prix ». Ces éléments qui disparaîtraient sont d'une valeur permanente, ce sont nos vérités éternelles. L'ethnocentrisme moderniste engendre ainsi un ethnocentrisme traditionaliste. Il reste que les « choix » du développement se situent à l'intérieur de limites contraignantes. Dans le fameux débat entre Foster (1962, p. 165) et Tax (1958, p. 18-19), à propos des Indiens Fox de l'Iowa, le second arguait que les peuples doivent être libres de faire les changements qu'ils veulent, qu'une communauté doit pouvoir choisir son mode de vie. Propos auquel le premier répondit : même si c'est éthiquement désirable, n'oublions pas qu'une société n'est « libre » que dans des limites étroites. Malheureusement.

BIBLIOGRAPHIE

BALANDIER, G. (1985). *Le Détour*, Paris, Fayard.

BARTH, F. (1969). *Ethnic Groups and Boundaries*, Oslo, Universitets Forlaget.

BERQUE, J. (1964). *Dépossession du monde*, Paris, Les Éditions du Seuil.

FOSTER, G.M. (1962). *Traditional Cultures and the Impact of Technological Change*, New York, Harper and Brothers.

GEERTZ, C. (1973). *The Interpretation of Cultures*, New York, Basic Books.

GOSSELIN, G. (1976). « Le développement africain et la théorie des "pierres d'attente" », *L'Homme et la société*, Paris, janvier-juin, p. 111-133.

GOSSELIN, G. (1978). *L'Afrique désenchantée*, Paris, Anthropos, vol. 1.

GOSSELIN, G. (1980). *L'Afrique désenchantée*, Paris, Anthropos, vol. 2.

HOUNTONDJI, P. (1993). « Situation de l'anthropologue africain », dans GOSSELIN, G., *Les nouveaux enjeux de l'anthropologie*, Paris, L'Harmattan, p. 99-108.

RAO, V.K.R.V. (1965). « Some Problems Confronting Traditional Societies in the Process of Development » dans ARON, R. et HOSELITZ, B.F., *Le développement social*, Paris, Unesco-Mouton.

TAX, S. (1958). « The Foxproject », *Human Organization*, vol. 17, n° 1, p. 18-19.

CHAPITRE 21

LA « SOCIOLOGIE AFRICAINE » AUJOURD'HUI : CONTEXTES, CONTRAINTES ET PERSPECTIVES IDENTITAIRES

Henri Ossebi
Université Marien Ngouabi
Brazzaville

En Afrique, aujourd'hui plus encore que par le passé, voici à nouveau les spécialistes des sciences sociales, les sociologues en particulier, qui se retrouvent face à la question récurrente de leur activité, sinon de leur utilité sociale.

Cette interpellation réitérée doit sans doute beaucoup au « moment » actuel sur le continent, et davantage à l'ambiguïté des mutations qui le caractérisent : d'une part, la persistance et l'aggravation d'une crise multidimensionnelle démultipliée par les contraintes de l'ajustement structurel, et d'autre part, la promotion des expériences de « démocratisation » dont la conséquence, la plus immédiatement visible, est l'ouverture ou l'élargissement des espaces d'expression institutionnels.

C'est donc dans ce contexte effervescent que les sociologues sont aujourd'hui régulièrement conviés, à chaud, pour dire ou anticiper le sens des événements. Parallèlement, malgré « l'afro-pessimisme » international, une demande pressante d'expertise accompagne aujourd'hui le diagnostic du « mal-développement » africain. Dans la recherche des solutions que ce diagnostic appelle, cette démarche d'expertise réactualise localement (quoique de façon technocratique et limitée) l'intérêt pour des « objets » que l'on croyait désormais obsolètes, vu le déclin progressif de l'africanisme universitaire, notamment là où sa légitimité s'était largement imposée (Le Roy, 1990, p. 161-165). Enfin, un indice supplémentaire de cette réactivation des terrains africains nous provient de l'édition africaine qui, bien qu'elle soit pluridisciplinaire, n'en demeure pas moins envahie, depuis quelques années, par une littérature *globalement ou à prétention* sociologique, en écho aux problématiques actuelles[1].

En dépit des apparences, les effets « porteurs » de la conjoncture comme nous l'avons décrite précédemment, recouvrent cependant un paradoxe. De fait, malgré la richesse et les potentialités de ses effectifs, le milieu scientifique africain, celui des sociologues en particulier, demeure encore poreux et faiblement structuré. Sa discrétion sur le plan international est flagrante en ce qui a trait aux colloques, aux congrès, aux tables rondes, etc., et la parole scientifique qui s'y énonce ne remonte encore que très peu à la surface de la discipline ; cette attitude retarde ou bloque la visibilité des sociologues africains et leur légitimation académique hors frontières.

Partant de ce double constat, la question centrale qui nous est posée est la suivante : quels sociologues pour quelle sociologie en Afrique aujourd'hui ?

Nous croyons primordial en effet de considérer, qu'avant d'envisager la place et le rôle de la sociologie en Afrique, il serait peut-être plus justifié de s'interroger, à savoir s'il existe au moins ou déjà une « sociologie africaine ». Que recouvre cette désignation générique ? Étant donné les controverses suscitées par le vocable « philosophie africaine » (Hountondji, 1980), au sein de certaines disciplines connexes à la sociologie, nous nous demandons comment éviter une « indigénisation » de la sociologie au nom des « spécificités » africaines. À l'inverse, est-il possible, en sachant que l'impact international de la production « africaniste/africaine » de la sociologie est faible, de s'appuyer sur les rares producteurs et produits qui existent afin de structurer le milieu des sociologues africains, et espérer ainsi contribuer au « développement de l'Afrique », si tant est que celui-ci constitue aujourd'hui *le* problème du continent ?

---

1. Voir à ce sujet le rythme d'extension des collections et des fonds africanistes chez l'Harmattan et Karthala, depuis notamment le déclin de Présence Africaine.

Ces questions sont complexes. Elles peuvent paraître dérangeantes, voire provocatrices. L'événement, pourtant, les autorise : c'est en effet pour la première fois qu'en terre africaine, au sud du Sahara, sociologues francophones du Nord et du Sud se rencontrent pour mesurer, autour d'un thème d'actualité, leur lecture du social en vue d'en tirer un mutuel enrichissement. Pour notre part, nous pensons qu'il est possible de trouver un double intérêt à ces interrogations. Dans un premier temps, nous voulons par là convier les participants à une introspection collective, sans complaisance ni paternalisme scientifique et qui irait au-delà de la présence manifeste d'une population d'universitaires se prévalant de l'étiquette de « sociologues africains ». Dans un deuxième temps, ces questionnements sont destinés à nourrir une dynamique émergente de maillage scientifique *par et dans* l'AISLF. Or, d'après nous, ce maillage ne peut, à long terme, exister et être efficace que dans la mesure où s'établit un partenariat réel, fondé sur une interconnaissance et une reconnaissance scientifique mutuelle. Évidemment, la réalisation de cet objectif, dans les conditions actuelles de faible visibilité des sociologues africains, pose encore problème.

En somme, nous nous bornerons à présenter deux axes de réflexion. Selon le premier axe, nous identifierons les contraintes contextuelles qui, depuis l'apparition de la *sociologie africaniste*, pèsent sur le milieu local et retardent par contre-coup, l'éclosion d'une *sociologie africaine* (qui équivaudrait à ce que l'on pourrait dire de la *sociologie américaine* ou de la *sociologie française*). Au regard du second axe, nous nous efforcerons de considérer les perspectives d'émergence identitaire de ce milieu encore embryonnaire.

ESQUISSE D'UN ÉTAT DES LIEUX

Il y a quelques années, au terme d'un bilan très sommaire, nous signalions, entre autres, comme obstacle « politique » à l'émergence en Afrique d'une sociologie « africaniste/africaine », le fait que :

(...) la sociologie n'est pas placée, en Afrique, en situation d'exister (...) Sa marginalisation, comme celle de ses producteurs, est révélatrice du déficit démocratique à l'échelle du continent et des enjeux qui entourent les pouvoirs. La culpabilisation des régimes autoritaires n'est pas la seule réponse. Il convient d'y ajouter la responsabilité des élites intellectuelles elles-mêmes, détentrices de savoirs, donc proches des pouvoirs qui, par repli frileux sur des positions prétendument nationalistes, ou par incapacité à constituer en couche autonome, n'ont pas encore réussi à s'affranchir d'une double tutelle : celle de leurs princes locaux et de leurs maîtres à penser occidentaux. Les prochains défis de l'évolution des conjonctures sociales et scientifiques en Afrique contribueront, à coup sûr, à exaspérer ces contradictions (Ossebi, 1991, p. 93).

Comparé au contexte politique d'ensemble auquel nous nous référions à l'époque, celui qui règne actuellement dans la plupart des pays africains francophones au sud du Sahara est en train de changer malgré que certaines libertés publiques consenties, dans l'euphorie des « démocratisations » déferlantes (de 1990 à 1992), commencent déjà à être grignotées (en ce qui concerne la liberté de presse et de réunion par exemple). Certes, les fonctionnaires et diplômés africains ne sont plus astreints, comme il y a peu et au même titre que toutes les « masses populaires », à faire preuve de docilité militante lors de chaque manifestation officielle du pouvoir. Plusieurs d'entre eux fréquentent même volontiers les milieux des « oppositions » ayant pignon sur rue. Il n'empêche que « tout » n'est pas encore permis, la raison d'État, quoique plus discrète, continue en effet à s'imposer au-delà de certaines limites[2].

Il en résulte que, même si elle accède aujourd'hui à un statut de relative reconnaissance officielle, la sociologie continue encore, sur le terrain, à subir les effets conjugués du contexte et des contraintes sur les sociologues africains eux-mêmes. Mises à part quelques rares exceptions comme l'IFAN (Institut fondamental d'Afrique noire, situé à Dakar), il n'existe pas, en Afrique noire francophone, d'institut de recherche sociologique qui émerge comme pôle de promotion et de diffusion des travaux sociologiques. Par conséquent, c'est l'université (elle-même directement tributaire de la « santé » financière de l'État) qui demeure la principale source de production des travaux de sociologie. Or notamment, avec la généralisation et le resserrement des conditionalités imposées par les bailleurs de fonds internationaux (FMI,

---

2. Voir, par exemple, ce sujet des obstacles rencontrés par les chercheurs africains qui s'aventurent sur le terrain (pourtant très riche) de la sociologie politique aujourd'hui.

Banque mondiale) davantage préoccupés par le remboursement de la dette publique des États africains et par la « restructuration des grands équilibres macroéconomiques » que par la visibilité des sciences sociales, les universités et universitaires africains subissent de plein fouet les effets de la faillite économique et financière de leurs États tels que la diminution et le gel des salaires, le blocage des avancements, la suppression de primes diverses, etc.

Plus grave encore est la philosophie qui oriente les mesures coercitives de la Banque mondiale : pour celle-ci, il n'existe aucune distinction entre le *modèle* de rationalisation imposé aux économies africaines en phase d'ajustement et le *traitement* qu'elle « propose » pour les réformes du système éducatif en particulier. Dans cette optique, l'enseignement supérieur est la cible privilégiée des récriminations technocratiques contre « l'inefficacité » des États africains. Dans un rapport célèbre publié il y a une dizaine d'années, la Banque mondiale pouvait affirmer que :

Compte tenu de la pénurie des ressources fiscales et des nombreuses charges qui pèsent sur les recettes en Afrique, toute stratégie éducative doit avoir un objectif-clé, à savoir une utilisation des ressources la plus efficace possible. En Afrique, l'éducation coûte cher, non seulement parce qu'elle absorbe une part importante des ressources du secteur public, mais aussi en raison du coût moyen par élève, notamment dans l'enseignement supérieur. Les gouvernements africains dépensent autant par étudiant que des pays dont les revenus per capita sont au moins trois fois, sinon huit fois supérieur aux leurs (World Bank, 1981, p. 82, dans Bako, 1994, p. 175).

Aujourd'hui dans la plupart des pays, on est passé de l'étape des récriminations à celle des décisions, comme peut en témoigner la dégradation, sinon l'agonie que l'on constate partout dans les universités. Cette dégradation est imputable à la détérioration accélérée des équipements, aux contingentements et aux limitations des voies d'accès à l'enseignement supérieur, à l'abandon des infrastructures nécessaires à la fois à l'enseignement, à la formation et à la recherche, etc. Pour les gouvernements africains sous le contrôle étroit des bailleurs de fonds internationaux, « les universités restructurées devront être financièrement auto-suffisantes et générer elles-mêmes des ressources, afin de dépendre le moins possible des subventions de l'État » (Bako, 1994, p. 175).

Comme nous venons de le voir, nous faisons face à de nombreuses contraintes « structurelles » auxquelles il faut ajouter d'autres pesanteurs afférentes aux conditions quotidiennes de travail des chercheurs en Afrique, telles que :

– les difficultés d'accès au financement de la recherche individuelle, en dehors des grosses commandes étatiques ou internationales ;

– l'inégale répartition de la charge et du temps de travail entre l'enseignement et la recherche ;

– l'absence quasi totale d'équipements de base, modernes et adaptés, la plupart des chercheurs ne disposant à peine que d'un minimum vital ;

– le poids des prescriptions sociales et des sollicitations domestiques (obligations de solidarité et de redistribution élargie) sur la gestion quotidienne du temps (naissances, décès, maladies, etc.) ;

– la faible valorisation de l'activité de recherche en dépit du statut envié dont peuvent jouir les universitaires ;

– l'insuffisante appartenance, individuelle ou institutionnelle, aux réseaux internationaux de recherche ;

– l'enclavement intellectuel des universités qui ne disposent pas de moyens rapides et efficaces de communication horizontale pour un échange régulier de leurs produits.

Une enquête de 1987 avait déjà révélé que, pour les chercheurs des pays en développement, toutes disciplines comprises, les facteurs qui limitent le plus l'avancement des travaux de recherche étaient, par ordre décroissant :

– le manque de ressources financières (32 % des enquêtés) ;

– le manque d'équipement (22 % des enquêtés) ;

– le manque de temps (10 % des enquêtés) ;

– le manque de personnel qualifié (8,5 % des enquêtés) ;

– l'isolement scientifique (7,5 % des enquêtés).

Sans donner dans le misérabilisme facile ni céder à la tentation d'un fatalisme résigné, force est de constater que de telles conditions d'ensemble ne créent pas, en tout état de cause, un environnement favorable à la productivité scientifique en Afrique. Une enquête bibliométrique exhaustive permettrait, en suivant le cursus de la plupart des sociologues actuellement en activité dans les institutions africaines, de mesurer l'impact de ces conditions à partir des travaux entrepris et publiés depuis leur entrée en fonction. Ce qui ne signifie pas pour autant qu'il faille désormais justifier ou expliquer la faible prégnance de la « sociologie africaine » par un déterminisme contextuel : il existe probablement, sinon de façon certaine, d'autres raisons individuelles ou collectives. Ces raisons renvoient, entre autres, à la faible diffusion de la « culture de la recherche », à l'absence, jusqu'à tout récemment, de procédures institutionnelles d'évaluation et de promotion des enseignants-chercheurs, de même qu'à l'attrait des positions « hautes » ou des postes « alimentaires » dans la hiérarchie administrative au détriment du sacerdoce de l'enseignement ou de la recherche, ou l'un et l'autre, etc. Il n'empêche que, plus de vingt ans après les indépendances, les sociologues africains disposent aujourd'hui de figures de référence à même de représenter des *modèles* susceptibles de stimuler leurs efforts pour se rendre visibles, déjà en Afrique, et sur le plan international.

QUELLES PERSPECTIVES IDENTITAIRES ?

Le constat paradoxal de l'inexistence d'une « sociologie africaine », alors qu'il existe une pléthore de sociologues ou de diplômés en sociologie en Afrique, nous interpelle donc brutalement aujourd'hui, *moins en tant qu'Africains qu'en tant que scientifiques* ; il conduit directement à examiner la question de la nécessaire et urgente structuration spécifique de ce milieu scientifique. Comme l'a déjà souligné ailleurs Hountondji (1993, p. 100) :

> Le problème cependant ne doit pas être posé en termes de compétence individuelle, mais en termes de structures. Le vrai problème est en effet celui de la destination réelle ou, si l'on préfère, du mode d'appropriation sociale du savoir produit, quelle que soit par ailleurs l'origine particulière ou la nationalité du producteur.

Inutile, par conséquent, au vu de la situation actuelle, de revenir ni sur les conditions de « l'entrée » de l'Afrique en sociologie (Copans, 1976) ni sur les soubassements idéologiques et épistémologiques de la promotion des « terrains » africains au rang d'espaces-étalons, sources insoupçonnées de revitalisation, « par détour », de la pensée sociologique contemporaine (Balandier, 1985). La question essentielle qui se pose à nous aujourd'hui relève d'un autre ordre : maintenant qu'il semble exister en Afrique au moins les conditions minimales d'une prise de parole critique, comment passer de la masse des travaux sociologiques méconnus, le plus souvent de qualité, actuellement stockés un peu partout en Afrique, à la construction d'un savoir *identitairement marqué*, qui puisse s'éprouver, circuler et se légitimer sur le marché international, malgré la position excentrée ou marginale que l'Afrique occupe par rapport à celui-ci ? Au fond, l'Afrique ne subit-elle pas, sur le plan scientifique, les effets de sa balkanisation territoriale, culturelle, linguistique et politique, au point que le singulier qui la nomme ne soit en définitive qu'une illusion culturaliste ?

La question que nous venons de soulever nous amène au cœur du problème au point de vue identitaire. En raison, notamment, du contexte précédemment décrit, les travaux sociologiques produits par les Africains, quel que soit le champ d'application, n'existent encore que sous forme fragmentée et dispersée (rapports d'enquêtes, thèses, mémoires, documents de travail, articles divers, etc.). Il en va de même pour les ouvrages qui parviennent laborieusement à « passer » chez certains éditeurs, puisque ces derniers sont eux-mêmes le plus souvent, par rapport à leur propre champ de concurrence, considérés, du fait de leur spécialisation africaniste, comme mineurs dans le procès de construction des légitimités académiques. De plus, généralement déconnectés les uns des autres, les universitaires africains sont souvent coupables de redites flagrantes sur les mêmes objets étudiés ; ce qui retarde considérablement l'accumulation du savoir, disperse inutilement les énergies et empiète sur les capacités de formalisation théorique ou conceptuelle des meilleurs d'entre eux et ce, à partir d'une perspective comparative, sachant que la langue de travail et de publication est la même, soit le français.

Les corpus sociologiques produits en Afrique se caractérisent donc, entre autres, par ce faible bilan national ou régional, doublé d'une insuffisante visibilité théorique ou conceptuelle. Par ailleurs, en ce qui concerne la maîtrise de la méthodologie ou d'une certaine érudition sociologique ou anthropologique, les sociologues africains parviennent aujourd'hui à s'imposer sur le plan international et à accéder peu à peu, hors de l'Afrique, à une certaine reconnaissance académique.

Le diagnostic de l'inexistence d'une sociologie africaine que nous posons rend ainsi compte de l'absence (provisoire), sur le continent, d'une tradition historiquement constituée, d'idées-forces originales, visant, par-delà les produits individuels, à promouvoir une « rhétorique » d'élucidation du social africain ou universel.

Faut-il pour autant, en reconnaissant ces lacunes, même si le propos peut agacer, revoir à la baisse les exigences des sociologues africains, au nom des « contraintes spécifiques » qui sont les leurs ? Autrement dit, est-il nécessaire aujourd'hui d'« acclimater » la sociologie en Afrique, sous prétexte que le diagnostic avancé ici se réfère *normativement* aux modèles occidentaux de l'excellence scientifique ?

À vouloir trop insister sur la relativité contextuelle, il faut craindre que les scientifiques africains, les sociologues en particulier, ne se laissent, par paresse, séduire par la facilité d'un argumentaire récurrent, culturaliste ou « négriste » (Kabou, 1992), qu'ils brandiraient comme propos d'autorité pour justifier leur marginalisation scientifique. L'enjeu n'est donc pas tant de reproduire, par mimétisme, les principes, les institutions et le fonctionnement du marché scientifique « occidental », que de se forger, si l'on peut dire, une « identité au travail » (Sainsaulieu, 1980). Pour ce faire, il s'agit d'amorcer *sur les terrains* une dynamique d'émergence identitaire, fondée sur des universaux de la discipline, notamment, ceux que résume sa vocation à l'élucidation ou à l'intervention sociales. Pour cette entreprise auto-centrée et endogène visant la promotion et la valorisation de la communauté africaine des chercheurs en sciences sociales, le fait de recevoir l'appui décisif d'une institution comme le CODESRIA constitue déjà un acquis, sinon un atout.

Tout compte fait, en ce moment historique où la « sociologie du développement » elle-même bat de l'aile, faute de n'avoir peut-être jamais réellement existé (Guichaoua, 1992, p. 107-137), c'est sur les objectifs et sur les moyens d'une véritable stratégie identitaire que nous, sociologues africains, devrions nous mobiliser, si nous souhaitons voir émerger une « sociologie africaine ».

Vous me pardonnerez, nous l'espérons, cette sortie quelque peu iconoclaste. Nous sommes, pour notre part, convaincu de son bien-fondé, car ce n'est pas en refusant de prendre notre température que nous ferons baisser « la fièvre qui est en nous ».

BIBLIOGRAPHIE

BAKO, S. (1994). « Éducation et ajustement en Afrique : conditionalités et résistance », *Liberté académique en Afrique*, Dakar, CODESRIA, p. 171-201.

BALANDIER, G. (1985). *Le détour*, Paris, Fayard.

COPANS, J. (1976). « Les tendances de l'anthropologie française », *Questions à la sociologie française*, Paris, PUF, p. 45-60.

GAILLARD, J. (1987). *Les chercheurs des pays en développement. Origines, formations et pratiques de la recherche*, Paris, Orstom.

GUICHAOUA, A. (1992). « Crises et stratégies disciplinaires des sciences sociales du développement », *L'Année sociologique*, vol. 42, p. 107-137.

HOUNTONDJI, P. (1980). *Sur la philosophie africaine*, Paris, Maspero.

HOUNTONDJI, P. (1993). « Situation de l'anthropologue africain », *Les nouveaux enjeux de l'anthropologie*, Paris, L'Harmattan, p. 99-107.

KABOU, A. (1992). *Et si l'Afrique refusait le développement ?*, Paris, L'Harmattan.

LE ROY, E.(1990). « Le bateau de l'africanisme universitaire en France », *PolitiqueAfricaine*, n° 39, p. 161-165.

OSSEBI, H. (1991). « Sociologues et sociologie en Afrique Noire aujourd'hui : quelques réflexions », *Bulletin de l'AISLF*, n° 7, p. 89-94.

SAINSAULIEU, R. (1980). *L'identité au travail*, Paris, Presses de la FNSP.

WANE, Y. (1970). « Réflexions sur la recherche sociologique en milieu africain », *Cahiers d'études africaines*, vol. 39, p. 384-400.

CHAPITRE 22

DES SCIENCES SOCIALES COMME FERMENT DE DÉMOCRATIE EN AFRIQUE OU LA DIALECTIQUE DE LA CULTURE ET DU DÉVELOPPEMENT : QUELLES INDICATIONS HEURISTIQUES ?

Séri Dédy
Université d'Abidjan

Au regard des problèmes politiques, économiques, sociaux et culturels qui secouent si violemment l'Afrique, et qui illustrent de façon éclatante l'échec des stratégies de développement mises en œuvre dès le « lever du soleil des indépendances », il faut saluer la triple pertinence du thème du colloque de Cotonou.

Premièrement, le thème est pertinent en ce que les termes de *démocratie*, *culture* et *développement* sont les catégories les plus importantes des disciplines anthropologiques et sociologiques ; ce sont des notions dont la fortune est en liaison avec l'évolution des mentalités et les enjeux de l'épanouissement individuel et collectif ; et comme la *Fin de l'histoire*[1] n'est pas pour demain, ces notions stratégiques polariseront toujours l'attention des ingénieurs du social : un vieil adage africain enseigne qu'« à plaie non guérie, remède infini » ; la *plaie* ici, c'est le blocage politique de l'Afrique en

1. Tel est le titre de l'ouvrage du philosophe américain Francis Fukuyama (1990). Un titre provocateur selon nous, dans la mesure où précisément la chute du mur de Berlin (la fin de la guerre froide ?) ne met pas fin à l'histoire comme processus, devenir du monde avec ses contradictions qui en constituent le moteur.

termes de reproduction des inégalités, de la pauvreté, de l'exclusion, du musellement des masses et du génocide (culturel et ethnique) ; quant au remède, il correspond aux conditions et moyens de régénération des plus fécondantes des valeurs comme la liberté, l'égalité, la démocratie, la paix, etc. Selon quels processus et sous quelles conditions les sciences sociales en sont-elles arrivées à assister, impuissantes, au dépècement de l'Afrique ?

Deuxièmement, le thème est pertinent de par le lieu des débats : la rencontre se tient à Cotonou (Bénin), c'est-à-dire sur le sol africain, espace géopolitique dont on a pu dire qu'il n'était pas mûr pour la démocratie[2]. Cette thèse résiste-t-elle à l'analyse des faits ? L'expérience béninoise est-elle l'exception qui confirme la règle du déficit démocratique chronique en Afrique ?

Pour certains spécialistes des sciences sociales, ce déficit et le sous-développement qui l'accompagne, trouvent leurs racines dans la culture africaine : celle-ci n'aurait été qu'un magma de systèmes oligarchiques et de despotismes plus ou moins éclairés ; si au cours des deux premières décennies qui ont suivi les indépendances, on a parlé de « démocratie » à propos de l'Afrique ancienne, c'était, disent-ils, par « abus de langage », par « complaisance » ou par « idéalisation » du passé, processus psychologique « lié à la violence coloniale » (W.O. Oyugi, 1987) ; cela est d'autant plus vrai que, dès après les indépendances, le modèle autocratique a retrouvé ses droits sous forme de monolithisme politique, et que le vent de la démocratie se heurte aujourd'hui à tant de résistance.

---

2. Pendant longtemps, les dirigeants africains avec à leur tête feu Félix Houphouët-Boigny, considéraient la démocratie comme un luxe pour le continent noir; c'est ce que confirma Jacques Chirac lors d'une visite officielle en Côte-d'Ivoire en 1989. Le président L.S. Senghor soutient la même thèse dans ses conversations avec Mohamed Aziza, *La poésie de l'action*, ed. Stock, 1980 : « l'instabilité politique tient à la fois à l'ethnie et à l'histoire. Elle tient à l'ethnie car, comme les Méditerranéens, comme les Latino-Américains, nous sommes, nous Africains (...) des Fluctuants (souligné par l'auteur L.S.S.). Pour me résumer, les causes de notre instabilité politique en Afrique tiennent essentiellement à notre tempérament de Fluctuants, mais surtout à notre manque de culture moderne et démocratique... À mesure donc du développement de l'enseignement dans nos pays et du progrès de la démocratie dans nos États, nous retourneront, progressivement, vers une certaine stabilité » p. 242-244.

Pour d'autres chercheurs, bien qu'elle se soit mieux épanouie dans certaines parties de l'Occident, il n'est pas vrai que la démocratie soit l'expression d'un monde purement occidental et chrétien (Padover, S.K. 1970). Son attrait est universel, et l'idée de liberté qui est à sa base, constitue le critère fondamental de toute culture. Produit de l'histoire, la démocratie est un ferment d'évolution.

Troisièmement, pertinent est le thème pour autant que sur la voie du développement (entendu au sens anthropologique), l'Afrique piétine ou même recule, confirmant en cela les thèses jugées excessives au début des années 1970[3], et donnant surtout l'impression que la domination extérieure et intérieure, la stagnation du niveau de vie général, l'aggravation des inégalités, la négation des droits de l'homme, le faible niveau de participation populaire, etc., constituent une *fatalité*.

Dans le présent texte, le but que nous poursuivons est de montrer :

– qu'il en est rien, la crise actuelle résultant d'une série de facteurs objectifs et étroitement liés ;

– que l'Afrique peut amorcer son développement par la démocratie, à condition qu'elle prenne part à la réflexion théorique mondiale à partir des matériaux de son patrimoine culturel ; pour illustrer mon propos, je prendrai, à titre d'indications heuristiques ou méthodologiques, quelques exemples intéressant aussi bien l'anthropologie esthétique que politique ; au centre de cette réflexion qui suppose l'interdisciplinarité dans un contexte de liberté académique, l'intégration scientifique sous-régionale ainsi que la coopération internationale, je vois, comme axe de recherche, l'étude comparée des contre-pouvoirs dans l'Afrique ancienne et moderne autour de catégories politiques et esthétiques telles que *sran-nouan* (Baoulé), *gronouan* (Bété), *köta* (Soussou), *srèlè, bagnon, didiga, gnibhié* (Bété), *lakkàl* (Zarma), etc.

---

3. Il s'agit notamment des positions «prophétiques» de Samir Amin, selon qui, le «miracle ivoirien» de 1960-1970 allait vite s'essouffler comme toutes les économies périphériques sans bourgeoisies nationales authentiques. Le dernier colloque du GIDI-CI (Groupe interdisciplinaire en sciences sociales Côte-d'Ivoire) et de l'ORSTOM (Institut français de recherche scientifique sur « Crise, ajustements et recomposition en Côte-d'Ivoire : la remise en cause d'un modèle », tenu à Abidjan du 28 novembre au 2 décembre 1994, a permis à Samir Amin de réaffirmer ses thèses.

Sont impliquées principalement dans cette initiative de régénération, l'anthropologie, l'esthétique, la sociolinguistique et la littérature orale.

Ce texte comporte trois moments majeurs : dans un premier temps, j'essaierai de définir, tout en les mettant en perspective, les notions de *culture*, de *démocratie* et de *développement* ; la deuxième partie sera consacrée au rôle joué par l'anthropologie et la sociologie dans le processus de développement ; les causes des succès ou des échecs des sciences sociales seront exposées ici. Enfin, la troisième partie indiquera – modestement du reste – par quelles voies et modalités, les sciences sociales pourraient s'affirmer et contribuer plus efficacement au développement du continent africain.

DÉFINITION DES NOTIONS DE CULTURE, DE DÉMOCRATIE ET DE DÉVELOPPEMENT

La culture comme richesse matérielle et non matérielle

Il ne s'agit pas ici de passer en revue l'abondante littérature consacrée à la culture, mais plutôt d'étudier le mot *culture* de l'« intérieur » et de montrer en quoi la tradition orale, si souvent niée, oubliée ou négligée pour diverses raisons, est digne d'intérêt et susceptible de contribuer au renouvellement de la réflexion théorique.

Je dis « de l'intérieur », car je suis parti de la réalité africaine et non des définitions des dictionnaires ; la réalité en question, ce furent d'abord les différentes aires culturelles du contexte ivoirien (Akan, Krou, Mandé, Gour), ensuite celles de la Guinée, du Sénégal et du Niger. Quelle est la conception de la culture à l'œuvre dans les sociétés ethniques de ces pays ? Plus spécifiquement, y a-t-il dans nos langues, des équivalents sémantiques pour le mot culture ?

Il ressort de notre enquête de terrain qu'en général, l'idée de culture existe, la notion ou le concept lui-même étant rare ou confondu avec la « tradition », la « coutume », le « passé », etc. ; cet héritage est associé, dans maintes expressions métaphoriques, à d'autres réalités relevant du monde végétal, animal ou minéral. Pour désigner la culture, au sens anthropologique du terme, les Malinké emploient le vocable *syia* ; les Serrer, *thiosaan*, les Baoulé, *mala* ou *nantiwlè* ; les Agni utilisent le terme *agnytiè*, les Senoufo, *yatag*, les Hawsa, *galgadia*, les Peulh, *amatawa*, *adal* et les Bété, *gnibhié*.

D'après les données de la sociolinguistique, ces termes recouvrent une variété de faits et catégories à la fois esthétiques, ethniques et intellectuels. Ce sont des notions englobantes : par exemple le terme *galgadia* chez les Hawsa comprend l'art (*kiyao*), c'est-à-dire la musique (*kidi*), la danse (*rawa*), le chant (*waka*), la beauté (*kiya*), la bonté (*kirki*), l'intelligence (*kiyao*). Telle est la conception que les Bété se font de la culture dans ses rapports avec d'autres domaines de la vie sociale : *srèlè* désigne l'art, l'habileté ainsi que la musique en tant que *looyiyiè* (danse), *loobhlibhlè* (chanson) ; produit de *gnibhié* (culture), *srèlè* contribue dialectiquement au perfectionnement de celle-ci en termes de satisfaction des besoins des individus et de la société ; *köta* est pour les Soussou de Guinée ce que représentent *srèlè* chez les Bété (Côte-d'Ivoire), *fît* ou *xalaat* chez les Wolof (Sénégal), *maskam* chez les Peulh et *illimi* chez les Hawsa (Niger).

En observant plus attentivement les faits et tendances, on s'aperçoit que l'idée de culture, si intimement associée à l'intelligence-action, renvoie aux mêmes symboles et aux mêmes pratiques économiques, magico-religieuses et médicales. En effet, pour la quasi-totalité des sociétés ethniques étudiées, il y a une relation directe entre le Beau et le Bien, entre l'Art et la Vie. Cette relation est symbolisée chez les Toucouleur (Guinée, Sénégal) par *jingalère*, chez les Bété (Côte-d'Ivoire) par *tutuzabglegbo*, chez les Baoulé (Côte-d'Ivoire) par *monmontiè*, et chez les Hawsa, par *jùbha* ; l'ensemble de ces termes désignent cette petite termitière que les entomologistes nomment *nid de cubitermes* ou *microtermes* : un joyau architectural chargé de valeurs et d'idéaux. Cette termitière est considérée partout en Afrique comme un archétype culturel : *tutuzabglegbo, ô le gnibhie sê*, autrement dit, « tutuzabglegbo, géniteur de culture ».

Il faut savoir que ces nids sont d'une grande utilité pour l'homme en tant qu'être de besoin. Sur plusieurs plans en effet, cette utilité est attestée par toutes les expériences ethniques :

– sur le plan domestique, on sait que les nids de microtermes servaient et servent encore de trépieds, et la pâte que les ménagères fabriquaient à partir de tutuzabglegbo, servait également de ciment pour le crépissage des murs (Côte d'Ivoire, Guinée, Sénégal, Niger) ;

– sur le plan médical, la même pâte, plus ou moins associée à d'autres substances naturelles, entrait et entre encore dans le traitement d'une série de maux ou d'affections dont le paludisme, l'asthme, le rhumatisme, etc. ; selon de nombreux témoignages (recueillis à Dakar, Niamey, Conakry, Abidjan, Bangui, Yaoundé, Douala), cette pâte constitue un remède radical en obstétrique (grossesse délicate) comme en pédiatrie. En outre, on sait maintenant, à la suite des Zarma et des Peulh du Niger, qu'on guérit facilement les morsures de serpent en mâchant un bout de ce nid. Fait intéressant ici, les entomologistes révèlent que ce ciment n'est autre chose que l'excrément des fourmis qui construisent et habitent la minuscule termitière, que cet excrément contient de la vitamine b. Or la vitaminothérapie, de son côté, souligne l'efficacité du complexe B (B1, B2, etc.) dans le traitement de différents syndromes douloureux comme celui de diverses cardiopathies plus ou moins proches des cardiopathies carentielles :

- douleur rhumatismales ;
- accès migraineux ;
- névralgies dentaires ;
- myocardie alcoolique ou gravidique ;
- dilatation essentielle du coeur chez les nourrissons et les jeunes enfants.

– sur le plan géographique, les Zarma et les Hawsa utilisent le *nid* comme boussole car, d'après les spécialistes, « les termites orientent toujours le plan de l'édifice vers le Nord » ; c'est que les « termites sont sensibles au magnétisme terrestre » ;

– sur le plan avicole, tous les peuples d'Afrique nourrissent leurs volailles avec les larves des termitières, une fois celles-ci brisées ;

– sur le plan spirituel ou magico-religieux, les gens croient que ces fourmilières sont habitées par des forces occultes, des génies bienfaisants ; ceci explique le grand intérêt que revêtent ces objets aux yeux des tradipraticiens : voyants, guérisseurs, maîtres des structures initiatiques ou bois sacrés (Wê, Senoufo, Toma, Dan, etc.) ; en pays Toucouleur (Guinée) par exemple, « les fourmilières fonctionnent comme de véritables autels sur lesquels les femmes stériles viennent faire des offrandes, dans certains cas, elles portent le jingalère au dos pendant un moment, comme on porte un bébé ; généralement, il paraît que les patientes obtiennent satisfaction[4] ».

Outre l'efficacité matérielle, *tutuzabglegbo* incarne le sens de la communauté, de la solidarité et de l'équilibre, autant de qualités qui le hissent au rang de matrice culturelle (gnibhié) :

– le sens de la communauté, et de la solidarité pour autant que les termites font preuve d'une parfaite organisation qui fait penser à la famille humaine ; au sein de l'édifice, il y a une structure sociale comprenant un couple royal, des travailleurs, des guerriers. La reine tronozi et son époux gèrent la société dont les différentes composantes se soutiennent mutuellement ;

– le sens de l'équilibre, en ce que l'intérieur de l'édifice n'est jamais surpeuplé : la demeure reste toujours propre, les fourmis dévorant tout ce qui peut polluer l'édifice.

Toutefois la culture *gnibhié* n'est pas qu'un résultat ; c'est aussi un processus, au sens de renouvellement perpétuel. Cette idée est rendue par les qualités de *gblissi* (marantochloa leucanta), plante herbacée à rhizome dont on pense qu'elle se régénère comme la culture. C'est le symbole de la culture en tant que création continue de la créativité et de la vie.

En s'appuyant sur ce qui précède, on peut affirmer que la culture chez les sociétés africaines est un tout comportant une composante tant matérielle que non matérielle, chargé de sens et en perpétuel changement ; produit et héritage du passé, *gnibhié* contribue à façonner les individus et les groupes qui, à leur tour, l'orientent vers des actions plus nobles et plus profitables. La culture *gnibhiè* est un humanisme en tant qu'elle représente à la fois le bien-être matériel et non matériel des sociétés.

La démocratie comme composante essentielle du développement

Nos langues ne comportent pas de vocables précis et univoques pour désigner les mots *démocratie* et *développement.* Il y a cependant une idée de la démocratie et du développement qui mérite d'être mise en relief.

---

4. Entretien avec Madina Seck et Papa Ousmane Camara, Conakry, le 23 février 1985.

À la base de la démocratie se trouvent les valeurs de liberté, d'égalité et de justice qui, lorsqu'elles font défaut ou dépérissent, entraînent le dépérissement de la société tout entière, blocage que les économistes nomment sous-développement. On ne peut donc réaliser le développement sans la démocratie, la liberté étant le meilleur investissement de toute société, si l'on en croit le mythe de Triqueult.

Mise en scène de l'idée d'égalité et de liberté : le mythe de Triqueult

Selon la tradition orale Bété, au commencement régnait la démocratie (*amlene*) qu'un certain Triqueult – le premier tyran de l'humanité– remplaça par la monocratie : il avait tellement abusé de son pouvoir qu'il finit par imposer le culte de sa personne à tous les artistes musiciens de son pays ; en effet, ces derniers (chanteurs, danseurs, batteurs, etc.) étaient tenus de célébrer et de chanter Triqueult, n'importe où et n'importe quand, dans les termes suivants :

Triqueult, Triqueult, Triqueult de Gnazablé
Triqueult, Triqueult, Triqueult de Gnazablé
Triqueult, Triqueult, Triqueult de Gnazablé
Triqueult, grâce à qui les Gnazabouo vivent[5].

Mais cette formule fut aussitôt ressentie par les Gnazabouo comme une litanie à la fois humiliante et stérilisante, qu'il fallait enrayer pour le bien-être de la population. Pour ce faire, le peuple mit au point un plan qui prévoyait l'élimination physique de Triqueult si le tyran n'acceptait pas de faire adopter, lors des prochaines manifestations artistiques, une formule plus satisfaisante ou démocratique, à savoir :

Triqueult, Triqueult, Triqueult de Gnazablé
Triqueult, Triqueult, Triqueult de Gnazablé
Triqueult, Triqueult, source de vie des Gnazabouo
Triqueult, qui vit aussi grâce aux Gnazabouo.

Ayant été informé à temps de ce projet de redressement, Triqueult exauça le voeu populaire en réorientant le contenu

---

5. C'est un texte oral que nous avons recueilli auprès de Bruly-Bouabré Frédéric en juin 1980, à la suite du Conseil national mettant «la démocratie sur les rails en Côte-d'Ivoire». Pour toute réponse à la question posée de savoir ce qu'est la démocratie en langue Bété, le penseur Bruly-Brouabré nous livra le mythe de Triqueult, symbole de la tyrannie (vaincue) devenue Démocratie.

du message artistique et du coup, se réconcilia avec la logique politique originelle du peuple gnazabouo. Car, en admettant désormais que ses compatriotes vivaient ou survivaient grâce à lui, et que lui-même vivait et gouvernait grâce à eux, Triqueult établit clairement une relation de mutuelle dépendance entre lui et son peuple. Le renversement de la vision monolithique du pouvoir par l'art musical marque, ici, une ère nouvelle qui est celle de l'interdépendance de deux éléments que sont Triqueult et les Gnazabouo : la démocratie.

Idée et notion de développement

Le développement suppose l'épanouissement individuel et collectif par la satisfaction tout autant des besoins que des aspirations d'une société donnée à un moment de son histoire. Certes, le mot *développement* est d'élaboration récente, mais son idée même est aussi vieille que l'humanité, dans la mesure où aucune société n'est jamais totalement ajustée à son projet, dans la mesure « où toute époque aspire à un monde plus beau. Plus le présent est sombre et confus, plus ce désir est profond » (Huizinga, 1975, p. 35), et c'est ce désir d'un mieux-être ou d'un avenir plus brillant, pour nous-mêmes ou pour nos descendants, qui constitue nos aspirations.

Pendant longtemps, cette notion a été comprise dans son acception purement matérielle, les économistes classiques en ayant négligé les dimensions politiques, sociales, culturelles ou idéologiques. Comme si dans la vie des individus, des groupes et des États, il était toujours possible de dissocier les besoins économiques des préoccupations culturelles et spirituelles ; comme si, dans certaines contingences historiques, les aspirations politiques ou religieuses n'avaient aucune influence sur la production et la consommation des biens matériels. Lê Thành Khoî (1984, p. 6) définit le développement « comme une totalité dialectique incluant le politique, l'économique, le social et le culturel qui agissent les uns sur les autres de façon dialectique, tantôt complémentaires et tantôt opposés. Le développement politique est défini comme la libération intérieure et extérieure, le développement économique comme celui des forces productives, le développement social, celui de l'élévation du niveau de vie général, le développement culturel, celui des connaissances des valeurs et des attitudes qui permettent l'épanouissement des personnalités et de leurs capacités créatrices ». Ainsi qu'on peut le constater, nous retrouvons la culture gnibhié comme moteur du mouvement historique national ; les spécialistes des sciences sociales font remarquer en effet que « la culture se traduit par des faits matériels, mais qu'elle est aussi conscience et représentation. L'image qu'un groupe perçoit de sa culture, de son identité, joue un rôle extrêmement important vis-à-vis de lui-même et des autres groupes » (Lê Thành Khoî, 1984, p. 17) : l'histoire nous rappelle qu'au lendemain de leur accession à l'indépendance – du reste obtenue de haute lutte – les États-Unis avaient décidé de ne consommer qu'« américain », par orgueil ou par souci de consolidation des bases économiques de leur souveraineté nationale. Plus près de nous, la révolution iranienne a résisté à bien des agressions extérieures grâce à la foi en tant que symbole.

Les explications précédentes montrent, si besoin en est, que la culture, produit de l'histoire, contribue dialectiquement à façonner l'histoire ; que celle-ci n'a de sens que par rapport à certaines valeurs fondamentales dont la démocratie ; cette dernière subsume la liberté, l'égalité, la justice, la tolérance, la coopération, etc., autant d'idéaux sans lesquels le « développement » devient une « grimace macabre » (Joseph Ki-Zerbo). Pour illustrer notre propos, prenons le cas de l'expérience ivoirienne qualifiée de « miracle » mais qui, en réalité, n'a été qu'une vaste mystification, la classe dirigeante estimant que la culture et la démocratie étaient un luxe dangereux ; à cet égard, les conclusions d'un rapport d'enquête intitulé *Opinions et attitudes des paysans et ouvriers ivoiriens face au développement* (1972, p. 14), restent d'actualité et permettent de comprendre aujourd'hui le processus de démocratisation en cours, ainsi que les obstacles qui le retardent :

On garde l'impression, à la suite des enquêtes, que ce qui constitue le monde propre aux paysans est mis entre parenthèses dans le contexte du développement national. Les directives restent formelles ; un système étranger est mis en place sans référence au système millénaire de pensée et d'action. Les paysans ne refusent pas le nouveau système ; ils ne le comprennent pas, car on ne le leur explique pas ; ils s'en méfient donc. Ils ne résistent pas au développement, ils résistent aux manipulations venues de l'extérieur.

On sait à quoi un tel contexte a abouti : le développement et le modèle de type oligarchique ne faisant pas bon ménage, la Côte-d'Ivoire est vite devenue une société bloquée à l'image de toute l'Afrique ; le « miracle ivoirien » en question n'était qu'un « mirage », ou plus exactement le « développement du sous-développement » selon l'expression de Gunder-Frank. Pourquoi en est-on arrivé à ce paradoxe tragique alors que les sciences sociales dont on connaît l'humanisme, étaient au rendez-vous ?

PLACE ET RÔLE DES SCIENCES SOCIALES DANS LE PROCESSUS DE DÉVELOPPEMENT DE L'AFRIQUE POSTCOLONIALE

Sont en cause ici, principalement, l'anthropologie, l'histoire et la sociologie, en tant que regards analytiques et critiques sur les dynamiques sociales d'hier et d'aujourd'hui, qui cherchent à saisir le sens profond des traces du passé et des structures actuelles, le but ultime des sciences sociales étant l'épanouissement de l'Homme.

Le rôle que les sociétés africaines étaient en droit de s'attendre à voir jouer de la part de l'anthropologie et de la sociologie ne semble pas avoir été rempli : non seulement ces sciences ont souvent observé un silence consternant face à une crise dont l'ampleur évoque celle qui interpella, il y a un siècle environ, des chercheurs comme Karl Marx, Alexis de Tocqueville, Marcel Mauss, Émile Durkheim, Auguste Comte, Herbert Spencer, etc., mais encore elles se mettent de plus en plus au service des forces obscurantistes et de régression pour perpétuer les inégalités, l'exclusion, la pauvreté et le conformisme. Ce silence et cette collusion avec les classes dominantes tiennent à une série de facteurs ; la conséquence directe de cette carence est le sous-développement scientifique qui entraîne ou renforce le sous-développement général. Alors que la décennie qui s'achève (1988-1998) a été décrétée celle du « développement culturel », rares sont les États africains qui consacrent 1 % de leur PIB à la recherche scientifique, y compris la recherche sociocomportementale ; 85 % de la recherche sur l'Afrique se fait hors du continent noir. De manière générale, l'Afrique est perçue et se comporte davantage comme un réservoir de « matières premières sociologiques » que comme un espace culturel où peuvent s'élaborer et se renouveler des concepts et des théories. Quels sont les facteurs explicatifs du sous-développement des sciences sociales africaines alors que la fondation de la plupart de nos universités remonte aux indépendances ?

La sclérose et l'impuissance de la sociologie africaine tiennent à trois causes essentielles : les circonstances historiques, les conditions politiques et la crise économique.

Les causes historiques

La tradition orale en tant que mode de communication de la pensée peut être considérée comme l'une des causes lointaines du sous-développement de la sociologie africaine. Il est vrai que l'Afrique a connu des îlots d'écriture et que ce qui est écrit procède de l'oralité ; mais l'écriture comme moyen privilégié de stockage des idées reste un outil de première importance que l'Afrique n'a pas expérimentée avant la colonisation.

La parole écrite a un certain nombre de vertus cumulatives et garantit la raison critique : en effet, elle démocratise la connaissance et l'expérience tant individuelle que collective ; il suffit de se référer aux conséquences de l'invention de Gutenberg pour s'en convaincre. Selon Goody (1986, p. 91) une autre « propriété majeure de l'écriture est la possibilité qu'elle a de communiquer non pas avec d'autres personnes, mais avec soi-même ». Ce qui permet de se remettre en cause et de remettre les autres en cause, à distance, hier, aujourd'hui et demain. Cette possibilité favorise objectivement le développement de visions alternatives du monde, c'est-à-dire la contestation.

De son côté, comme l'estime Ali A. Mazrui (1985, p. 14) :

L'absence d'écriture a privé une grande partie de l'Afrique des bénéfices d'une tradition contestataire. En effet, la tradition orale a tendance à transmettre l'unisson plutôt que des notes discordantes, ce qui est accepté plutôt que ce qui est rejeté par les autorités. C'est ainsi que les Platon, les John Locke, les Rousseau et les Lénine de l'Afrique sont devenus des gisants anonymes dans le grand cimetière de l'accord collectif et de la tradition orale. Combien d'esprits brillants n'ont jamais pu se dégager de l'emprise du milieu villageois enraciné dans la tradition non écrite de l'Afrique rurale ? Parlerait-on encore de Karl Marx si sa réflexion avait eu pour cadre une Europe du XIXe siècle complètement immergée dans la tradition orale ? Marx avait besoin de l'écriture pour présenter son message révolutionnaire dans la forme choisie par lui.

Les considérations que nous venons d'exposer ne signifient nullement que l'activité critique n'a pas existé dans l'Afrique ancienne ; elle a existé mais la question qu'on se pose est de savoir quels messages significatifs et visibles elle a laissés à la postérité en dehors des proverbes et dictons consacrant généralement l'injustice et l'inégalité. Autrement dit, l'écriture favorise davantage la pensée critique que ne le permet l'oralité.

Le deuxième facteur historique « incontestable », à la base du sous-développement des sciences anthropologiques et sociologiques, est la domination coloniale dont les effets se font toujours sentir trois décennies après les indépendances et ce, à tous les niveaux de la vie sociale. Concernant la pratique de l'anthropologie et de la sociologie, le poids du passé explique bien des insuffisances et des atermoiements.

Les premiers embryons universitaires africains remontent aux années 1950-1960 : l'Université de Dakar fut créée en 1954, celle d'Abidjan en 1964. Avant 1969, l'ensemble des université étaient des institutions à vocation régionale ; en effet, l'Université de Dakar, qui « couvrait » le Sénégal, le Mali et la Mauritanie, dépendait de Paris au même titre qu'Abidjan, qui elle, était à la disposition de la Côte-d'Ivoire, de la Haute-Volta, du Niger, du Togo et du Bénin ; celles d'Ibadan et d'Accra dépendaient de Londres, de même que Élizabethville était sous la tutelle de Bruxelles.

Il faut rappeler que Paris et Londres n'ont jamais eu la même approche en matière d'administration coloniale et que, par exemple, l'anthropologie (appliquée) a d'abord acquis ses lettres de noblesse dans la sphère d'influence britannique avant de gagner l'espace francophone. Ce n'est pas un hasard si Dr Koffi Busia fut l'un des tout premiers universitaires africains à enseigner l'anthropologie en Angleterre. Sans entrer dans les détails, faisons remarquer qu'il y a un parallélisme éclairant entre les progrès de l'anthropologie/sociologie de langue anglo-saxonne (Ghana, Nigéria, etc.) et le retard de l'anthropologie francophone. Déjà, dans les années 1950, l'anthropologie (politique) était enseignée à l'Université de Legon au Ghana, alors qu'elle a débuté en 1977 à Abidjan.

Mais le facteur historique à lui seul ne rend pas compte du sous-développement de la sociologie. Aux vicissitudes de l'histoire s'ajoutent bien des pesanteurs politico-idéologiques, voire psychologiques.

Les causes politico-idéologiques et psychologiques

Lorsque l'Université d'Abidjan perdit sa vocation régionale en 1969-1970 et renvoya les étudiants étrangers dans leur pays d'origine, l'opinion justifia ce geste par des considérations d'ordres pédagogique, matériel et financier. En fait, il était question d'un problème proprement politique et idéologique, en liaison avec la crise de mai 1968 dont la sociologie aurait été la grande instigatrice. Par rapport à ce vaste mouvement de contestation initié à Nanterre, le Département de sociologie de l'Université d'Abidjan a été supprimé et ses étudiants contraints d'aller poursuivre des études plus « pacifiques » en France (psychologie, philosophie, sciences de l'éducation).

À la place de la sociologie, l'Université d'Abidjan réussit à faire admettre au pouvoir politique l'enseignement d'une certaine « sociologie », mais dans une atmosphère de semi-clandestinité ; une situation dont le corps enseignant ivoirien s'est visiblement réjoui par comparaison avec l'Université de Dakar qui perdit définitivement son département de sociologie. À vrai dire, Abidjan doit la « survie » de son département de « sociologie » à un subterfuge : la sociologie en question s'est muée successivement en une « ethnosociologie » et en « sciences sociales appliquées » (au développement), toutes choses qui, aux yeux du pouvoir central, n'avaient que des rapports lâches avec les idées subversives ou « sociétisantes » de Nanterre. De sorte que plus d'une décennie durant, la sociologie/anthropologie a été tolérée ne jouissant d'aucune autonomie académique par rapport à l'histoire et à la géographie, et ne bénéficiant d'aucune aide financière.

Par ailleurs, l'obstacle politique et idéologique (favorisé et entretenu par la guerre froide) ne s'est pas atténué avec l'autonomisation des sciences sociales appliquées ; tantôt on soupçonnait les enseignants de vouloir semer les germes d'une dangereuse subversion politique au travers de leurs idées marxistes ou contestataires, tantôt on considérait le Département des sciences sociales appliquées comme celui qui formait le plus de chômeurs. Anathèmes, discrédit, hostilité orchestrée contre l'anthropologie/sociologie, voilà les pesanteurs politico-idéologiques à l'origine de la sclérose évoquée plus haut. Pour nous résumer, soulignons que ce discrédit, cette hostilité ne sont pas propres à la Côte-d'Ivoire ; ils décrivent une situation générale à laquelle se sont ajoutés d'autres problèmes sur le plan international tels que le statut épistémologique et l'utilité même de l'anthropologie.

Rappelons, sur le plan international, qu'à partir de 1973, la situation de l'anthropologie s'est dégradée dans les pays du Tiers-Monde. On se souvient que suite au XIIIe Colloque international d'ethnologie tenu à Alger en avril de la même année, cette discipline avait été rejetée par les chercheurs du Tiers-Monde. Ils l'avaient qualifiée, notamment, de science « paternaliste », « méprisante » et « raciste » : une « fausse science », un « écran idéologique », produit à la fois mystificateur et mystifié de la situation coloniale. Cette critique à la fois naïve et justifiée n'a fait que conforter les oligarchies africaines dans l'hostilité et le mépris affichés contre la sociologie : 1) critique naïve parce qu'on n'abandonne pas une discipline à cause de ses aspects idéologiques ; il n'y a pas de sciences « pures », sans rapport avec les préoccupations et la vision du monde des individus et des groupes où elles prennent corps et se pratiquent (Rousseau, 1960) ; 2) critique justifiée dans la mesure où l'anthropologie/ethnologie classique n'a pas pu s'adapter rapidement au contexte postcolonial, continuant dans le même style, avec les mêmes méthodes. On peut citer quelques exemples à titre d'illustration : il y a d'abord la théorie primitiviste qui nie toute possibilité de changement chez les peuples non européens, il y a ensuite la méthode « safari » ou « hélicoptère » qui consiste, pour les « africanistes du dehors », à prendre les matériaux collectés et à s'en aller, sans le moindre souci de partage avec les populations d'accueil et les chercheurs locaux. Ces derniers souvent instrumentalisés ou marginalisés, finissent par douter d'eux-mêmes et intérioriser leur statut d'apprenti-chercheur.

Les causes matérielles et économiques de la stérilisation de la pensée sociologique

« Un homme qui a faim n'est pas un homme libre ». Cela veut dire qu'un degré de pauvreté excessive, au lieu d'entraîner la combativité, devient plutôt un « dissolvant » et une source d'insouciance, l'activité intellectuelle exigeant un minimum de confort matériel. Or, justement, parce que les sciences sociales sont des disciplines humanisantes ou démocratisantes, les oligarchies africaines les ont toujours combattues aussi bien structurellement que matériellement ; parlant de la base matérielle de la liberté académique en Afrique, Claude Aké décrit fortement la détérioration de la situation de ces sciences :

La situation à laquelle nous sommes confrontés est, objectivement, assez difficile et s'aggrave de jour en jour. Les problèmes liés à la liberté académique, et qui trouvent leur fondement dans la nature de l'État en Afrique, ont été exacerbés par la crise économique. Des infrastructures académiques comme les bibliothèques, les librairies et les structures de recherches se détériorent. Il est pratiquement impossible d'acquérir des matériaux didactiques, les classes sont surpeuplées et beaucoup sont mal équipées, les enseignants démoralisés essaient de dispenser leurs cours à des étudiants devenus trop dépendants du maître

Les différents programmes d'ajustement structurel imposés par la Banque mondiale et le FMI achèvent d'anéantir les universités africaines et avec elles, les instituts et départements de sociologie qui ont survécu à la crise de mai 1968.

Il y a comme un cercle vicieux de la répression qui se referme autour de cette discipline, « au fur et à mesure que la crise s'approfondit, s'exacerbent aussi la réglementation administrative et la répression politique de la communauté universitaire dont les membres sont malheureusement accusés d'être les colporteurs d'idées subversives » (Aké). Blocage et suspensions des salaires, suppression de voyages d'études et de libertés syndicales, à un moment où les gens aspirent à plus de liberté, voilà les conditions d'exercice de la sociologie. Elles ont eu des répercussions « inédites » sur le fonctionnement des universités africaines. Nous relevons deux faits caractéristiques : d'une part la *trahison* des ingénieurs du social, d'autre part, l'émergence d'une « mentalité poisson braisé » (Memel-Foté, 1988, p. 7)).

À propos de la *trahison* qu'ont fait les sociologues/anthropologues lorsque l'étau des pressions a commencé à se resserrer autour d'eux ? Aké répond que :

(...)nous n'avons pas fait grand chose pour défendre l'enseignement supérieur et la liberté académique. Certains d'entre nous ont coopéré de manière opportuniste avec les recteurs et autres représentants de l'État, pour mâter des étudiants et d'autres collègues qui ont essayé de résister à l'assaut donné contre les universités. Certains d'entre nous qui ont rallié le gouvernement, sont devenus les défenseurs de l'attaque contre les universités et en ont profité pour se venger contre des collègues pour des motifs le plus souvent bien piètres.

La « mentalité poisson braisé » décrit le comportement des universitaires qui s'installent dans la consommation (alimentaire) et le divertissement, oubliant l'activité réflexive. Pour ces spécialistes « désœuvrés », la thèse devient une fin en soi ou un tremplin alimentaire, et l'université, un lieu de passage et de mystification : toute société a les intellectuels qu'elle mérite, la science étant un produit de l'histoire.

QUELQUES INDICATIONS HEURISTIQUES OU QUELLES SCIENCES SOCIALES POUR QUEL DÉVELOPPEMENT ?

Les indications heuristiques qui suivent se placent dans la mouvance du développement par la culture et la science chère à J. Ki-Zerbo et à H. Memel-Foté. En effet, pour l'historien burkinabé Ki-Zerbo, cette question est une nécessité qu'impose le retard scientifique du continent noir pour autant que la recherche fondamentale tend à déceler et à « mettre en valeur dans la société les structures-germes capables de féconder l'avenir. Et cela, le cas échéant, en utilisant les mots africains eux-mêmes, sur lesquels, après tout, nos ancêtres ont un droit d'auteur » ; c'est d'autant plus urgent qu'en matière de réflexion critique et théorique, l'Afrique n'a laissé que des traces fragmentaires et que, de nos jours, elle ne semble pas vouloir faire preuve d'audace – nous ne parlons pas de cas exceptionnels – l'essentiel de nos efforts se limitant à la collecte de « matières premières ».

L'anthropologue ivoirien Memel-Foté abonde dans le même sens que Ki-Zerbo, soulignant que le débat sur les concepts et les théories est un impératif pour deux raisons qui fondent pleinement l'utilité théorique et pratique de la sociologie ; d'une part, il soutient que « si nos disciplines ont cette (...) spécificité à se conquérir sans cesse sur leur condition socio-culturelle d'existence ; si cette nécessité est permanente et universelle, alors il est clair que l'abandon du débat théorique, l'inattention à la théorie ou l'insuffisance théorique nous condamnent à un mauvais empirisme » ; d'autre part, il affirme avec raison que ce mauvais empirisme conduit à la sclérose intellectuelle, au sous-développement scientifique qui favorise le sous-développement général.

Par ailleurs, les observations précédentes ne témoignent pas du fait que la réflexion sociologique est inexistante ou embryonnaire. D'importantes recherches ont été réalisées individuellement ou collectivement sur des questions fondamentales, à une période où la sociologie et les sciences sociales en général étaient si mal vues, voire persécutées. S'il n'est donc pas exact de dire qu'elle est à l'état d'enfance, il serait tout à fait complaisant d'affirmer ici qu'elle a atteint un niveau de développement lui permettant de ranimer la créativité si étouffée ou stérilisée au cours des trois dernières décennies, de multiplier les associations professionnelles, de faire son autocritique, d'anticiper les mouvements (le processus de démocratisation par exemple) au lieu de les accompagner, de repenser sa vocation au regard des problèmes rencontrés sur un terrain et à une époque qui ne sont pas ceux des pères fondateurs des sciences sociales, etc.

Ces objectifs fondamentaux se résument en un mot : intégration. Celle-ci est triple : l'intégration verticale, l'intégration horizontale, l'intégration sociale. Il s'agit bien sûr d'intégrer l'Afrique (occidentale), dont nous soutenons qu'elle constitue une entité solidaire en dépit d'une apparente diversité ethnoculturelle. Voyons plus en détail ces trois types d'intégration.

– L'intégration verticale dans l'axe du temps consistera à retrouver l'identité historico-culturelle de nos sociétés (Ki-Zerbo). Et les sciences sociales peuvent et doivent y contribuer, les micronationalismes ayant fait la preuve de leur inefficacité. L'Afrique de l'Ouest est bien outillée pour réaliser son intégration si l'on en juge par l'histoire : « si on superpose sur une carte les principaux États de l'Afrique médiévale, l'on se rend compte immédiatement qu'ils ont prospéré dans une même bande située à peu près à la même latitude entre le 11° et le 17° nord ».

– L'intégration horizontale, à l'instar de l'intégration verticale, a pour but de rapprocher nos peuples, l'identité de chaque peuple africain débordant souvent les frontières ; c'est pourquoi en même temps qu'on parle de diversité ou de mosaïque culturelle, on devrait souligner le caractère solidaire de la sous-région : diversité/unité du paysage ethnolinguistique, diversité/unité des structures sociopolitiques.

En ce qui a trait au paysage linguistique, on distingue six grandes familles qui se chevauchent parfois. Pour ce qui est des systèmes sociopolitiques, on distingue deux types d'organisation politique traditionnelle : le type centralisé et le type décentralisé. Le premier type correspond au phénomène d'étatisation lié à l'avènement des empires médiévaux ; comme dans la société féodale occidentale, il comporte des divisions sociales caractéristiques. Le second type d'organisation correspond quant à lui, au modèle de démocratie villageoise ou *migonale* (de *migone* terme de langue Gouro signifiant « big-man » au sens de Marshall Sahlins).

En parcourant cet espace géoculturel, on se rend compte que la structure dominante est le modèle centralisé, et que ce modèle coïncide, grosso modo, avec le siège des anciens empires médiévaux. Partout où ce modèle est profondément enraciné, se pratique l'endogamie, il y a des patronymes s'appliquant à un vaste clan (Coulibaly, Touré, Ouattara, etc.) et des systèmes d'alliance fondés sur le sang. Le processus de démocratisation actuel aura-t-il un impact sur ces structures et dans quels sens ? Autrement dit, le passé peut-il féconder le présent et permettre de bâtir l'avenir ?

– L'intégration sociale consiste à mettre en œuvre une sociologie du développement en favorisant la recherche partagée. Il s'agit pour les sociologues d'« associer à la recherche les groupes de la société civile qui deviennent ainsi des coproducteurs du savoir » : la démocratisation du savoir est le premier pas vers la démocratie.

Les sciences sociales et l'intégration de l'Afrique de l'Ouest : indications heuristiques

Nous pouvons maintenant donner un contenu réel aux propositions qui précèdent par des exemples concrets et ainsi fixer les idées concernant la responsabilité historique de l'anthropologie et de la sociologie. Deux orientations de recherche paraissent prioritaires ; ce sont d'ailleurs deux aspects d'une même réalité : il s'agit d'une part de recherches sur les forces de régression sociopolitique en Afrique, d'autre part, des études intéressant quelques ferments d'évolution qualitative, le tout avec ou grâce à des concepts éthiques et esthétiques.

Recherche sur les forces de régression sociopolitique en Afrique

Si l'on examine les évolutions sociologiques en cours dans le monde, force est de constater que le sous-développement tient moins à des ressources matérielles qu'aux structures sociales et mentales : l'endettement excessif de l'Afrique et les mesures de restructuration qu'il a provoquées procèdent par exemple de la mentalité « poisson braisé » des « pères de la nation » ; ces derniers continuent d'opprimer les populations, le processus de démocratisation actuel s'identifiant, en fait à « des procédures de décompression autoritaire ». Il « anesthésie » plus qu'il n'éveille les consciences individuelles et collectives : la « paristroïka » n'est pas la « perestroïka », pour parler comme Toulabor. Face à ce second souffle du monolithisme et à la mise en place de gouvernements-Triqueult sans le consentement des gouvernés-Gnazabouo, la sociologie doit produire un type de savoir qui permette que l'on assure la lecture critique des processus, des forces de régression et des *didiga* en cours : les structures inégalitaires et la pensée féodale, l'agoraphobie et l'hétérophobie qui nourrissent et développent presque partout une conscience excluante (marginalisation et automarginalisation).

Didiga est un concept esthético-éthique, issu du théâtre traditionnel Bété et exploité par la littérature et la pensée sociale modernes. Il est la réunion de *didi* (« déchet, ordure, saleté ») et de *ga* (au sens de « tas, paquet, ensemble ») : *didiga* désigne la saleté au sens vrai comme au figuré. Au sens vrai, *dididj-goulouzèbhlè* est, par exemple, la pluie diluvienne dont les eaux de ruissellement exhument bien des déchets et puanteurs ; au sens métaphorique, *didiga* désigne tout ce qui est laid parce qu'insupportable intellectuellement ou moralement. Ainsi que le souligne le dramaturge ivoirien Zadi Zaourou, le terme *didiga* est emprunté à la tradition orale et signifie « l'impensable ». Le thème renvoie à un art très ancien, plus précisément, un art de dire propre aux chasseurs du pays Bété.

À ce propos, un chasseur qui vous raconte avoir pêché une pintade sur le chemin de retour au village, raconte un événement qui relève du *didiga*. Mais quel est le principe de fonctionnement du théâtre didiga ?

Notre principe de base, affirme Zadi Zaourou, ce n'est pas de nous faire prisonnier de cet art ancien mais de nous en inspirer pour créer un art moderne qui échappe au carcan du conservatisme. Je précise que notre esthétique n'est pas prisonnière d'une ethnie. Nous ne faisons pas de la reproduction de l'art Bété, mais nous tendons vers un art national et africain.

Autrement dit, *didiga* signifie « contradiction », « drame », « entropie », « putréfaction morale », bref tout ce qui déshumanise et choque la conscience morale. Et le même de poursuivre :

Dans notre société africaine le danger ce n'est pas tant de voir apparaître des didiga (= contradictions), mais c'est le fait que, petit à petit on s'en accommode et qu'ils sont en train de s'intégrer dans nos mœurs de tous les jours. Notre art entend dénoncer courageusement les comportements *impensables* qui ruinent toutes les valeurs positives et travaillent contre notre peuple et notre civilisation.

L'anthropologie et la sociologie africaines pourraient enrichir le concept et la théorie de didiga dans une perspective comparatiste et pédagogique qui aiderait les peuples africains à mieux comprendre les causes et les effets pervers des stratégies de développement ; comparer et confronter les didiga anciens et ceux d'aujourd'hui, sans complaisance aucune, ni idéalisation.

Cet effort de dévoilement responsable devra se faire dans un esprit de partage, dans lequel esprit l'interdisciplinarité sera de règle. Car « pour tuer un rat dans son terrier, il faut se mettre à plusieurs », dit la sagesse africaine. Cette recherche essaiera de dévoiler les structures de mécanismes de domination dans l'Afrique ancienne : l'inculcation idéologique dans les bois sacrés qui sacralise les inégalités, les pactes et autres alliances de sang qui semblent constituer aujourd'hui de sérieux obstacles dressés sur le chemin de la démocratisation.

Toutefois, à côté des didiga qu'on aura dévoilés, il y aura d'autres faits et tendances dignes d'intérêt.

Regards sur quelques ferments d'évolution qualitative

Il s'agit de contre-pouvoirs traditionnels dont on soutient qu'ils permirent aux sociétés d'hier de ne pas tomber ou s'installer dans la tyrannie. Les dirigeants de l'Afrique moderne savent-ils que la démocratie a fait ses premiers pas dans le dialogue social, et que le dialogue suppose la liberté d'expression, c'est-à-dire le double droit à émettre et à recevoir des messages ? Face au musellement des peuples et à la négation de la souveraineté de la parole, la sociologie doit jouer son rôle classique de guide et d'éclaireur des consciences.

Selon un philosophe Abron de Côte-d'Ivoire, c'est par et dans la parole que s'actualisent la vérité et la raison. Empêcher votre adversaire/interlocuteur de se défendre, c'est à la fois le fuir et fuir la manifestation de la vérité. Et il est déraisonnable de ne pas admettre que votre vis-à-vis prenne la parole pour exposer sa vérité devant le juge suprême qu'est l'opinion publique : *glonoua* (Bété), *sran-nouan* (Baoulé), *nyan-wlu* (Wê), *minoulré* (Gouro), *klofwonouan* (Agni) ; en d'autres termes, l'opinion publique c'est la bouche du peuple qui représente pour la cité ce que sont les organes sensoriels pour l'individu. Il suffit de se pencher un tant soit peu sur le rôle des institutions telles que l'*Abyssa* (Nzema), le *Gla* (Wê), le *Taasu* (Wolof), le *Bôh* (Bété), le *Wasan-kara* (Hawsa) pour s'en rendre compte ; ces institutions étaient des *agoraï* d'éducation sociale et politique dans certains contextes socioculturels. Pourquoi n'en serait-il pas de même aujourd'hui, surtout que nos États se sont dotés de toutes les panoplies de mass-média ? La sociologie doit entreprendre de telles recherches et en diffuser les résultats pour restituer le sens des choses et hâter la promotion d'une culture politique de type *migonal* : nos différents services de radiodiffusion et de télévision représentent pour les pays et les peuples modernes ce qu'était l'arbre à palabre pour l'Afrique ancienne et nos ancêtres ou encore, l'agora-forum pour l'Antiquité gréco-romaine.

La *démocratie migonale* est un concept forgé par H. Memel-Foté ; elle est spécifiée et symbolisée par le *migone*, personnage central dans la vie socio-économique et politique des Gouro de Côte-d'Ivoire. Courage, générosité, sens de la justice et de l'équité, voilà les qualités du *migone* et du bon chef, ce qui rappelle étrangement le *big-man* trobriandais décrit par Marshall Sahlins : entre le chef et le peuple, il y a une relation de dette qui impose au chef un certain devoir de générosité. Le leader, du seul fait qu'il est leader, contracte une dette envers le peuple car le prestige, le nom que confère le pouvoir, le chef doit l'acquérir à la sueur de son front, « en échange de biens ». C'est que le nom, le prestige constitue un bien, une récompense ; il y a déséquilibre et injustice si le chef, à qui le peuple accorde prestige et renom, doit s'octroyer des richesses matérielles produites par le peuple. En niant au chef le droit de s'approprier les biens publics, la société le piège littéralement et « s'assure contre le risque mortel de voir le pouvoir politique se séparer d'elle pour se retourner contre elle ». Ce principe de la *démocratie migonale*, non seulement rejoint le point de vue d'Ibn Khaldoun (XIVe siècle) selon lequel le souverain qui fait le commerce pour son compte, nuit aux intérêts de ses sujets et ruine les revenus de l'État, mais encore, il combat la *théorie des arachides.*

On nomme *théorie des arachides* la conviction et la pratique selon lesquelles le souverain ou tout détenteur du pouvoir, ou encore d'une parcelle de ce pouvoir, a le droit de dominer et d'exploiter économiquement ses sujets ; métaphoriquement, on désigne par *arachides*, les biens économiques de la collectivité nationale que le souverain considère comme sa propriété personnelle du seul fait qu'il gouverne. Cette théorie et cette conception féodale du pouvoir ne sont-elles pas à l'origine de la crise actuelle ?

CONCLUSION

La théorie des arachides qui se prolonge dans la « mentalité poisson braisé » ayant ruiné l'Afrique, la sociologie a l'impérieux devoir d'identifier et de vulgariser des théories alternatives, pour le bien-être de la majorité. Afin que reculent toutes sortes de *didiga* : si la sociologie est un humanisme, elle doit permettre à l'Afrique de se ressourcer en direction de ses plus fécondantes valeurs dont la démocratie migonale. Avec les matériaux du patrimoine culturel et un minimum d'organisation, elle peut y parvenir.

BIBLIOGRAPHIE

GOODY, J. (1986). *La logique de l'écriture : aux origines des sociétés hmaines*, Paris, Colin.

HUIZINGA, J. (1975). *L'automne du Moyen âge*, Paris, Payot.

INSTITUT D'ETHNO-SOCIOLOGIE, (1972). *Opinions et attitudes des paysans et ouvriers ivoiriens face au développement*, Abidjan, Université d'Abidjan, Rapport d'enquêtes ponctuelles pour le Ministère du Plan, Tome III.

LÊ THÀNH KHÔI, (1984). « Présentation » et « Culture et développement », *Revue Tiers-Monde*, XXV, 97, p. 5-28.

MAZRUI, Ali A. (1985). « Tradition orale et archives », *Le Courrier de l'UNESCO*,, février, p. 14.

MEMEL-FOTÉ, H. (1988). « Pourquoi une revue ivoirienne d'anthropologie et de sociologie », *Kasa Bya Kasa*, nouvelle formule, n° 1.

PADOVER, S.K. (1973). *Sources of democracy : voices of freedom, hope and justice*, New York et Toronto, McGraw-Hill.

ROUSSEAU, P. (1960). *Histoire de la science*, Paris, Fayard.

CHAPITRE 23

L'AFRIQUE À L'ÉPREUVE DU DÉVELOPPEMENT : MATÉRIAUX POUR UNE SOCIOLOGIE DE L'INVENTION

Albert Tingbe-Azalou
Université nationale du Bénin
Cotonou

Le colloque de Cotonou a permis de situer le mal-développement de l'Afrique et de mettre en relief un nombre important de questionnements sur le devenir du continent. Mais cette position de la thématique du développement des sociétés au Sud du Sahara renvoie inéluctablement au fonctionnalisme de la sociologie dont l'apport, aussi bien dans l'analyse de la situation que dans l'approche inventive de l'avenir africain, semble prépondérant.

C'est pourquoi il apparaît crucial d'examiner les fondements paradigmatiques explicatifs du processus actuel du développement desdites sociétés en vue, d'une part, de les aider à consolider ce qui, historiquement, peut être considéré comme acquis, et d'autre part, de rêver d'utopies fécondes susceptibles d'influencer positivement leur avenir.

DES SCIENCES SOCIALES AUX PARADIGMES DÉVELOPPEMENTISTES

Il serait difficile, sinon impossible de passer en revue tous les modèles tant théoriques que pratiques, ayant servi d'une manière ou d'une autre de référence au développement de l'Afrique, voire à son explication. Cependant, certains courants ayant généré des faits concrets ont fait date dans les pays du Tiers-Monde en général sans que l'on ne puisse en exclure l'Afrique.

En effet, il est bien admis que la prise de conscience et le premier examen des problèmes du développement sur le plan des sciences sociales datent seulement du refus des dépendances coloniales manifesté aussitôt après la Seconde Guerre mondiale. Dans une première étape se produit, dans les pays riches, une sensibilisation aux problèmes de la misère et de la faim. L'analyse qui part du constat d'un manque de capitaux, de l'absence d'esprit d'entreprise et de la non-réalisation du plein emploi, débouche sur une thérapie consistant à créer dans les économies sous-développées un processus de développement semblable à celui des pays avancés. L'échec d'une telle méthode devenant évident, le sous-développement tend à être reconnu à partir de 1950-51, dans une seconde étape, comme un phénomène spécifique qui doit être décrit concrètement. Selon la spécialisation des chercheurs, leur mode d'approche varie considérablement. Tandis que les économistes mettent en évidence la désarticulation et l'extraversion de la structure économique des pays du Tiers-Monde, les démographes portent une attention privilégiée aux taux de mortalité et de fécondité, à la richesse calorifique de l'alimentation, aux proportions d'analphabètes et de ruraux, à la structure socioprofessionnelle de la population active. De plus en plus, les politologues insistent sur les instabilités de régime et les compétitions entre gestionnaires de l'État. Quant aux psychologues, ils s'intéressent de préférence à l'alternance des comportements traditionnels et modernistes, à l'adaptation des hommes à leurs nouvelles tâches dans les secteurs industriels ou administratifs, alors que les sociologues soulignent plus volontiers les phénomènes de déséquilibre socioculturel, de restratification sociale, de conflit et d'intégration.

À l'effort de réalisme de ceux qui tentent à la fois de mieux observer et de rassembler les résultats des diverses sciences sociales, correspond un effort de recherche théorique concernant le choix et la pondération des critères généraux et indicateurs quantifiables du sous-développement. Depuis 1959-60, et dans une troisième étape dont le début coïncide avec celui de beaucoup d'indépendances nationales, une science globale du développement va chercher à s'élaborer à partir du bilan d'expériences locales menées en Afrique, en Asie et en Amérique latine : la sociologie du développement.

En fait, malgré son ambition de provoquer une mutation de la sociologie générale par une remise en cause de modèles occidentaux utilisés comme référence, la sociologie du développement révèle encore sa précarité en tant que science. À peine née, elle s'est vue contestée par Gunder-Frank (1970) en raison de son inadéquation aux sociétés dont elle traite. En effet, du point de vue de Gunder-Frank qui s'en prend particulièrement tout aussi bien à la méthode des types idéaux ou indices, la méthode des acculturationnistes qu'à la méthode du processus à appliquer dans les pays dits sous-développés, la sociologie du développement non seulement manque de fondements empiriques, mais elle ne répond pas théoriquement à ses propres critères scientifiques et s'avère inefficace à réaliser son but qui est le développement. D'autres critères seraient à formuler quant à l'objectivité de cette science infléchie par les deux tendances qui partagent actuellement la sociologie : d'une part, une tendance descriptive et analytique qui se prolonge dans des attitudes technocratiques et réformistes, et d'autre part, une tendance idéologique d'auteurs qui adoptent une attitude critique vis-à-vis des sociétés occidentales et qui soulignent la place dévolue aux masses dans la révolution du développement.

En outre, on ne saurait aborder les problèmes de développement qu'à la condition de se prémunir contre quelques illusions. Le préjugé européocentrique inspire trop souvent une vision unilinéaire du progrès social. L'idée d'un misonéisme et d'une stagnation des sociétés traditionnelles constitue un stéréotype que les meilleures démonstrations de Balandier (1971) ou de Mercier (1966) contrebattent sans l'éliminer tout à fait. Enfin, il est encore fréquent qu'une explication se construise à partir d'un facteur estimé prédominant. On peut alors se demander si des facteurs tels l'analyse et la planification économiques, ou bien l'élimination du néocolonialisme, constituent chacun isolément la panacée miracle du développement.

Deux démarches ont particulièrement eu cours à l'égard du Tiers-Monde qui se situent dans un courant inspiré de l'évolutionnisme du XIXe siècle. Le problème du développement est posé en termes de transformation et de processus, mais le schéma de référence en présente le procès comme un phénomène répétitif et de validité universelle.

D'un côté, certains raisonnent en fonction d'une périodisation de l'histoire proposée par Marx. Les points de litige sont alors ceux du mode de passage d'un stade à un autre, de l'identification d'un féodalisme dans le Tiers-Monde, de la transition par une phase capitaliste, de la diversification des voies du socialisme, de l'urgence d'une révolution totale.

D'autres, tels que Hozelitz (1964) et Rostow (1963), soutiennent des démarches aussi schématiques que déformantes. Pour Hozelitz qui dessine par contraste – selon des modèles parsoniens – la physionomie sociologique des sociétés traditionnelles et des sociétés industrielles[1] , les conditions du développement résident dans l'existence de capitaux physiques d'utilisation générale, dans l'esprit d'innovation et d'entreprise qui suscite des marginalités et déviances temporaires, et dans une intervention massive de l'État pour définir les objectifs et provoquer l'accumulation.

Les insuffisances théoriques et empiriques observables chez Hozelitz se retrouvent aussi chez Rostow. Si cet auteur a eu le mérite de tenter une analyse dynamique en montrant les modifications essentielles qui se produisent à chaque étape (société traditionnelle – conditions préalables au démarrage – décollage – maturation – consommation de masse), et en faisant dépendre la genèse de chaque phase, de variables même extra-économiques qui agissent comme conditions pour la production d'un effet déterminé, son omission de prendre en compte les rapports internationaux de forces économiques paraît autant critiquable que l'absence de principe unissant nécessairement les différentes étapes entre elles. De quel droit pouvons-nous réduire le phénomène de croissance économique à un seul modèle en cinq étapes et insérer tous les types d'organisation économique dans ce schéma ? Le traditionnel se présente de manière trop variée et la croissance subit trop d'irrégularités dans le Tiers-Monde pour que l'on hausse l'exemple occidental au niveau du modèle général d'explication. La voie qui conduit à la société de consomma-

---

1. Soit l'attribution des rôles selon le statut social des agents ou selon les résultats de leur action, la répartition des avantages sociaux de manière particulariste ou universaliste, et la polyvalence des fonctions ou spécificité typique et fonctionnelle des rôles économiques.

tion de masse est-elle plus certaine que celle qui mène à la société sans classes ? Construite à partir de critères hétérogènes, l'échelle de Rostow relève de l'impressionnisme descriptif bien plus que de la synthèse explicative. La même critique vaudrait pour beaucoup d'études du développement qui, malgré les apparences et le vocabulaire, sont menées de manière plus morphologique que physiologique, plus statique que dynamique.

Ces paradigmes appliqués à l'Afrique ne peuvent favoriser son vrai décollage développementiste.

L'AFRIQUE MALADE DE SON DÉVELOPPEMENT

Depuis la publication par Louis XIV du Code noir en 1685 qui stipulait en son article 44 que les esclaves sont des êtres « meubles » et son application manifeste d'une part, la Conférence de Berlin de 1884-85 et la colonisation d'autre part sont autant de faits historiques ayant plongé l'Afrique noire dans des difficultés éprouvantes que les trente-cinq années d'indépendance n'ont pas pu supprimer.

En effet, l'Afrique contemporaine est en proie à une multiplicité de problèmes inextricables et imbriqués, tous prioritaires et urgents, globalement dramatiques et chargés d'interpellations catégoriques. De plus, l'aide extérieure, dans sa structure et dans ses orientations générales, a globalement abouti à créer un niveau d'endettement critique dont la responsabilité incombe en grande partie aux récipiendaires. Le transfert massif de technologies et d'industries inadaptées au contexte socio-économique et à l'environnement culturel a renforcé les phénomènes d'extraversion et de dépendance.

Il est alors apparu de plus en plus clair que le continent ne pourra affronter avantageusement les nombreux défis auxquels il fait face qu'en développant chez ses propres acteurs une véritable capacité de développement, c'est-à-dire en remettant en place les mécanismes dynamiques susceptibles de promouvoir l'innovation et la capacité d'engagement constructif de chacun. Se posent alors les questions fondamentales de la formation et de la recherche. Or l'Afrique est profondément malade de son système éducatif et de ses structures de recherche. L'éducation, qui devrait permettre aux Africains de puiser dans leurs valeurs et dans leur dynamisme propres pour accéder au progrès par l'assimilation lucide de la technologie moderne, est demeurée dans la plupart des cas à un stade de sédimentation de connaissances et d'attitudes inaptes à assurer un processus réel de développement.

La recherche scientifique et technique, étroitement confinée dans quelques établissements fondamentalement vulnérables, ne peut compter que sur quelques maigres ressources humaines hautement qualifiées et des allocations financières aléatoires. Du fait surtout du marasme économique et financier, aucun État d'Afrique noire ne peut soutenir durablement des activités d'investigation et d'innovation technique portant sur le moindre problème de développement.

L'une des conséquences évidentes de ce tâtonnement de l'Afrique sera incontestablement sa soumission au Programme d'ajustement structurel (PAS). La dévaluation de 50 % du franc CFA intervenue en janvier 1994 fera dégrader davantage la marche économique des pays francophones d'Afrique.

Ainsi, dans une conception évolutionniste unilinéaire *supra* indiquée, le développement de l'Afrique sera conçu en termes de reproduction d'un modèle préfabriqué, un prêt-à-porter où la culture locale n'a pas de place (Traoré, 1991). Ce bafouement du développement de l'Afrique, comparable à un sinistre, a donné lieu à des termes comme « mise en valeur des colonies », « pays arriérés », « pays sous-développés », entachés de préjugés ethnocentristes que tente de corriger de nos jours l'expression « pays en développement ».

En somme, l'Afrique a non seulement perdu le contrôle du cours initial de son évolution, mais elle semble de nos jours marcher dans l'errance au gré du bon vouloir de l'autre. L'amnésie collective astucieusement entretenue, le mimétisme politique et la satellisation ont fait du continent un pâle reflet de ce dont bien d'autres sociétés aimeraient se débarrasser : l'analphabétisme, la faim, la dette, la maladie, le gaspillage, le culte de la personnalité, l'extraversion sous toutes les formes économique, sociale, culturelle et scientifique. La conjugaison inévitable de toutes ces données aboutit au développement du sous-développement, mieux, à une dualité de développement dont l'un des secteurs plie sous le joug du conditionnement exogène et dont l'autre tente de satisfaire les exigences endogènes.

Il résulte de ce constat porteur de trouble et d'insécurité la nécessité pour les chercheurs et les spécialistes de l'Afrique d'oeuvrer à une renaissance sociologique pour son véritable développement.

Or les sciences sociales et humaines dont l'une des missions premières consisterait à sortir l'Afrique de son impasse sont quasiment en crise. Comme le témoigne la déclaration issue des travaux de la réunion des experts africains (tenue du 8 au 12 octobre 1979 à Kinshasa au Zaïre) sur la formulation des politiques des sciences sociales en Afrique subsaharienne :

> (...) leurs traditions rigides consistant à compartimenter l'étude de l'homme en plusieurs disciplines, leur conception de la société en tant que groupe d'individus recherchant la réalisation maximale de leurs intérêts personnels et leur préoccupation avec l'ordre comme principal objectif social constituent les déficiences majeures de ce type de sciences sociales (Aguessy et Oke, 1980).

À LA RECHERCHE DE NOUVEAUX PARADIGMES

Il est à peine besoin de rappeler que l'histoire politique et sociale européenne en Afrique a conduit à la mise en place de modes de pensée, de notions et de catégories qui sont en contradiction avec les visions du monde des sociétés africaines plutôt essentiellement religieuses, collectives dans leur ensemble, et hiérarchiques. Dans le même sens, des concepts tels que, entre autres, l'État, le développement, la culture, la civilisation, la langue, la religion, la modernité sont encore utilisés par certains hommes de science, aussi bien de l'Occident que de l'Afrique, sans esprit critique et sans relativisme aucun : du même coup, les méthodes utilisées pour rendre compte des dynamiques sociales endogènes des technologies appropriées se sont avérées inopérantes. Une telle dichotomie fait appel à un recentrage sociologique générateur de paradigmes favorables à un développement équilibré de la science des faits sociaux et partant, de valeurs indispensables à un développement humain en Afrique.

Une sociologie orientée vers les acteurs

Il apparaît, au regard des changements sociaux provoqués par les mutations rapides qui affectent tous les domaines de la vie sociale, au regard de l'état de développement de l'Afrique, que les spécialistes des sciences sociologiques doivent prendre en compte le rôle important joué par les acteurs sociaux du développement culturel que sont non seulement les jeunes, les femmes et la famille, mais tous les cadres sociaux de la connaissance et de la vie.

Dans leur tentative d'accomplissement efficace de leurs tâches d'explication, d'éducation et de formation de l'homme et du citoyen, ces sciences doivent être fondées sur la pesanteur socioculturelle ambiante. Toutefois, l'on comprend Evans-Pritchard (1968) quand il souligne concernant les anthropologues, qu'ils sont des spécialistes d'un terrain à partir duquel ils s'ouvrent aux autres. Cependant, nous ne devons pas perdre de vue que les intérêts de la connaissance ne sont pas forcément les mêmes pour l'africaniste du dedans et pour celui du dehors. En d'autres termes, le souci qui porte le sociologue africain, par exemple, à interroger le fait social peut répondre à un autre réalisme, déterminé par l'enveloppe culturelle qui, elle-même, ne saurait se soustraire au symbolisme quel qu'il soit. Ceci se justifie par l'antériorité de la fonction symbolique sur la fonction conceptuelle, le symbole compris comme une expression d'un système de pensée dont la particularité dans les civilisations de type « traditionnel » s'explique par sa fréquence au travers des différents paliers de la réalité sociale, comme par exemple certains mots qui se révèlent insuffisants, altérant même parfois le phénomène à décrire. C'est en cela que les langues africaines, qui sont par essence analytiques, donnent plutôt une image concrète de la réalité, contrairement aux langues abstraites, telles les langues européennes.

Une sociologie « sur » le développement africain

Une sociologisation adaptée des mécanismes de construction sociale peut aider à délimiter davantage les dimensions importantes de changement social en Afrique. Cette assertion renvoie à de nouveaux objets « informels », spontanés ou non intentionnels liés au processus de transformation et à des phénomènes portant sur des opérations de développement proprement dites. Au nombre de ces objets, on peut citer, entre autres, l'analyse des stratégies d'acteurs, les processus d'interaction entre acteurs et groupes, le développement comme « arène », comme négociation, les processus locaux d'innovation ou d'emprunt, les savoirs techniques communautaires ou sociétaux, les « ethno-sciences », les modes de transmission des savoir, etc.

Une nouvelle approche de formation, de recherche et de mise en œuvre des projets

L'état général actuel des universités africaines au point de vue de la formation en sciences sociales en général, et spécialement en sociologie, laisse beaucoup à désirer comme peuvent en témoigner de nombreux enseignants-chercheurs africains.

En réalité, les mauvaises conditions de formation posent un problème particulièrement grave pour l'avenir. De ce fait, la qualité de formation ambitionnée pour les étudiants doit faire l'objet d'une attention singulière. Il conviendrait aussi de réfléchir à ce que pourrait être une formation continue des chercheurs africains, souvent coupés des récents développements des sciences sociales et de la sociologie. Il devra en être également pour d'autres types de cibles que les futurs sociologues professionnels. Il s'agit par exemple de chercheurs d'autres disciplines de développement, soit des cadres nationaux et des expatriés du développement, voire des agents de développement de terrain.

Il importe aussi de nouer un dialogue avec les institutions chargées de développement, qu'elles soient publiques ou privées, nationales ou internationales, pour tenter de définir avec elles la place de la sociologie dans la préparation, la gestion et l'évaluation des projets.

Enfin, pour parvenir à la réalisation de ces idéaux de développement de la société africaine, chercheurs et enseignants africains sont conviés à inaugurer une nouvelle approche de recherche et d'enseignement qui permette aux sciences sociales de faire un progrès théorique en harmonisant leurs terminologies, leurs problématiques et leurs méthodes en même temps qu'elles éclairent des actions de développement africain. Ils doivent privilégier les recherches applicables, les recherches-action et recherches-développement plutôt que de continuer à nourrir un engouement facile et remarqué pour des études portant sur des théories fumeuses, dénuées d'intérêt concret, relatives à des thèmes dépassés mais qu'on ressasse sans cesse tels que le colonialisme, le néo-colonialisme, l'esclavage, la mentalité primitive, etc.

Le souhait formulé ici n'est pas de prôner une sociologie séparatiste ou des sciences sociales de « seconde zone ». La préoccupation essentielle à ce point de vue est que les spécialistes du terroir éprouvent de plus en plus le besoin d'être plus africains dans leurs réflexions pour une adéquation des schémas et concepts propres désignant objectivement les faits placés au centre de leurs travaux.

Quant à l'État, il devra rompre avec sa méfiance séculaire et sa culpabilité vis-à-vis des spécialistes desdites disciplines pour les encourager à persévérer dans leurs investigations. L'État, dans ce contexte de dynamisation des sciences sociologiques, devra avant tout aussi se départir des décombres coloniaux qu'il a hérités pour remanier totalement les espaces socioculturels légués par l'histoire, encourager l'interdisciplinarité de la recherche afin qu'elle puisse être à la fois complète et génératrice de progrès, pour aider à la valorisation des archives nationales et à l'équipement en ouvrages appropriés des centres de documentation, pour redynamiser, de même que pour assurer la périodicité et l'accroissement de la qualité des revues scientifiques devant véhiculer des résultats de recherche.

BIBLIOGRAPHIE

AGUESSY, H. (1984). « Libérer l'initiative africaine », Laboratoire de sociologie, d'anthropologie et d'études africaines, UNB.

AGUESSY, H. et F. M. OKE (1980). « Conclusion des experts africains sur la formulation des politiques des sciences sociales en Afrique sub-saharienne », *Guide de l'étudiant*, Laboratoire de sociologie, d'anthropologie et d'études africaines, UNB, p. 66-74.

BALANDIER, G. (1971). *Sens et puissance, les dynamiques sociales*, Paris, PUF.

EVANS-PRITCHARD, E. E. (1968). *Les Nuer, description des modes de vie et des institutions politiques d'un peuple nilote*, Paris, Gallimard.

GODELIER, M. (1992). *Les sciences de l'homme et de la société en France, analyse et propositions pour une politique nouvelle*, La Documentation française, p. 22-27.

GUNDER-FRANCK, A. (1970). *Le développement du sous-développement*, Paris, Maspero.

HOZELITZ, B. F. (1964). « Social Stratification and Economic Development », *International Social Science Journal*, vol. 16, nº 2.

KOUVOUAMA, A. (1991). « Sciences sociales et modernité en Afrique », conférence prononcée à l'Université nationale du Bénin, Abomey-Calavi.

MERCIER, P. (1966). *Histoire de l'anthropologie*, Paris, PUF.

ROSTOW, W. (1963). *Les étapes de la croissance économique*, Paris, Le Seuil.

TRAORÉ, M. B.(1991). « Pour une culture de l'autogestion », *La culture du développement*, sous la direction de Souleymane Bachir Diagne, Dakar, CODESRIA.

669664 - Août 2016
Achevé d'imprimer par

1livre.com
du rêve à la réalité !

Made in United States
Orlando, FL
04 November 2026

90201005R00205